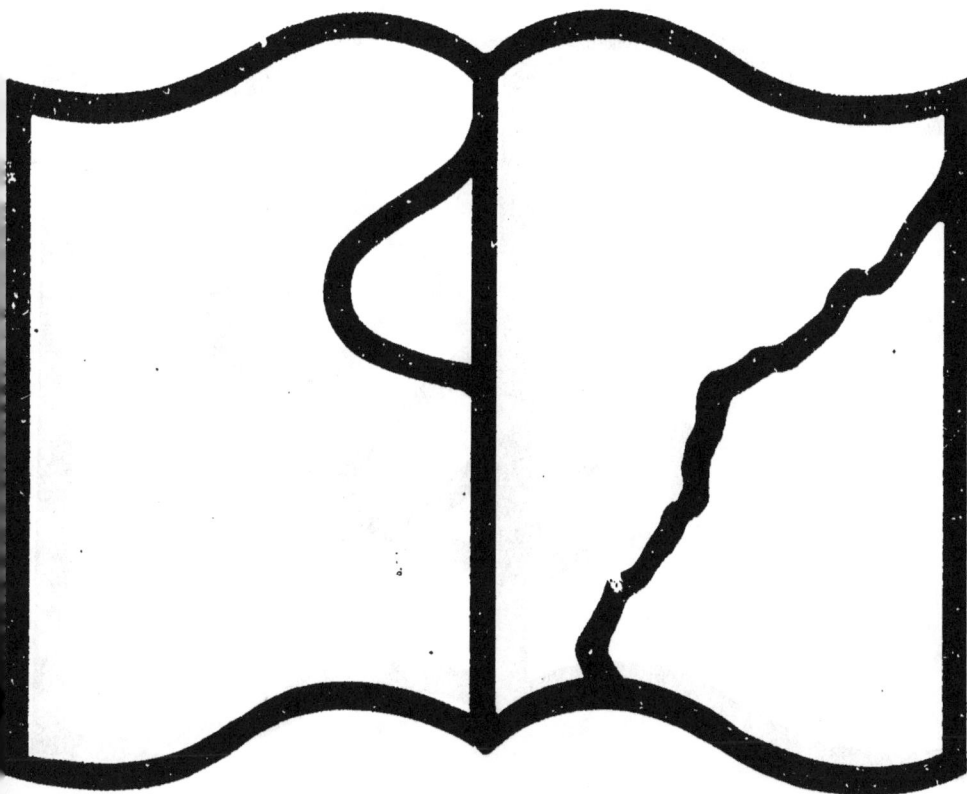

Texte détérioré — reliure défectueuse

NF Z 43-120-11

Symbole applicable
pour tout,ou partie
des documents microfilmés

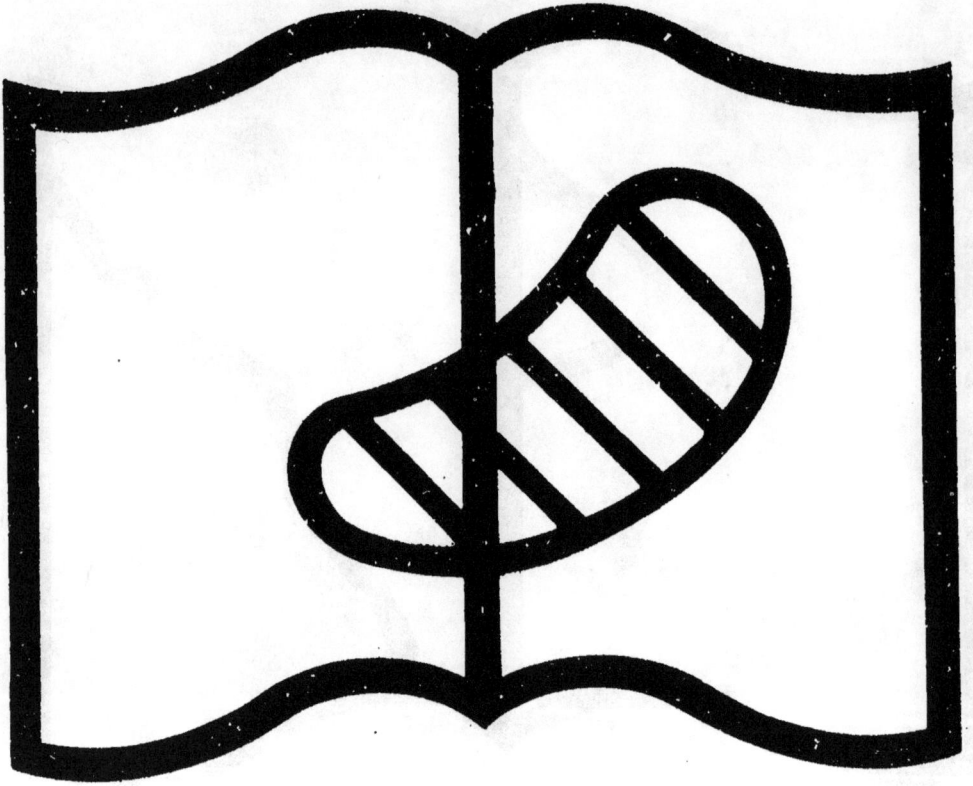

Original illisible

NF Z 43-120-10

Symbole applicable
pour tout,ou partie
des documents microfilmés

J.-J. CLAMAGERAN

—

ÉTUDES

POLITIQUES, ÉCONOMIQUES

ET FINANCIÈRES

—

AVEC UNE PRÉFACE

Par Marcelin **BERTHELOT**

————

PARIS

FÉLIX ALCAN, ÉDITEUR

108, BOULEVARD SAINT-GERMAIN, 108

—

1904

ÉTUDES

POLITIQUES, ÉCONOMIQUES ET FINANCIÈRES

La France républicaine. Études constitutionnelles, économiques et administratives. 1 vol. in-12, de la *Bibliothèque d'histoire contemporaine* (Félix Alcan). 3 fr. 50

L'Algérie, 4e édition. 1 vol. in-12. (Félix Alcan). . . . . 3 fr. 50

La Réaction économique et la démocratie, 1 vol. in-12, 1891. (Félix Alcan). 1 fr. 25

La Lutte contre le mal, 1 vol. in-12, 1897. (Félix Alcan).. . . . . 3 fr. 50

Louage d'industrie, mandat et commission, 1 vol. in-8, 1856. (Durand).

De l'état actuel du protestantisme en France. 1 vol. in-12. 1857. (Cherbuliez.)

Histoire de l'impôt en France, 1867-68-76, 3 vol. in-8°. (Guillaumin.)

Le matérialisme contemporain, 1 vol. in-12, 1869. (Sandoz et Fischbacher.)

Cinq mois à l'Hôtel de Ville, septembre 1870-février 1871. 1 plq. in-8°, 1872. (Guillaumin.)

J.-J. CLAMAGERAN

—

ÉTUDES

POLITIQUES, ÉCONOMIQUES

ET FINANCIÈRES

—

AVEC UNE PRÉFACE

Par Marcelin BERTHELOT

———

PARIS

FÉLIX ALCAN, ÉDITEUR

108, BOULEVARD SAINT-GERMAIN, 108

—

1904

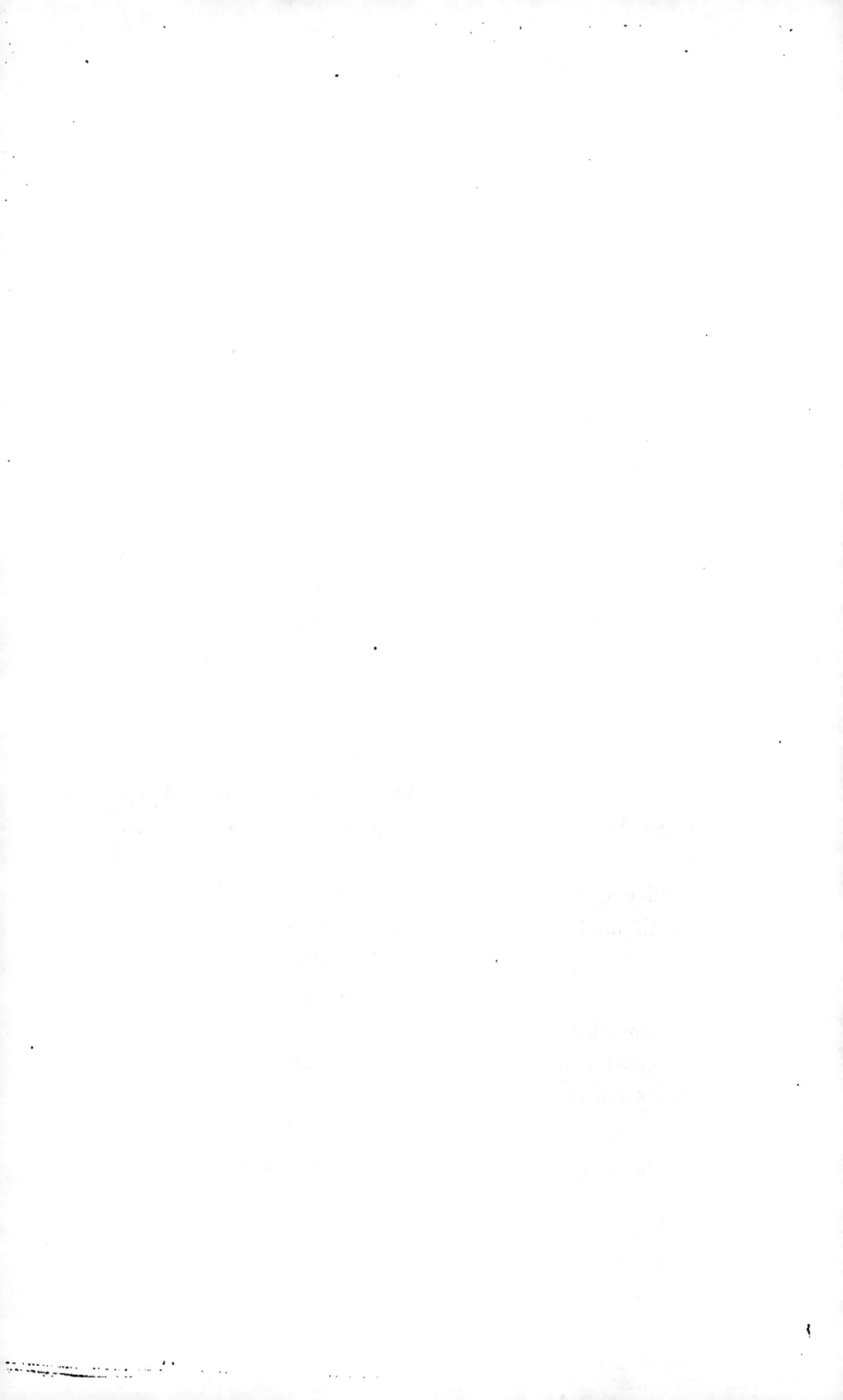

PRÉFACE

Ce volume renferme les derniers monuments de l'activité intellectuelle et politique féconde qui a signalé la longue et utile carrière de Clamageran, sénateur inamovible, économiste de premier ordre. Elle s'est manifestée par d'importants ouvrages et spécialement par une *Histoire de l'impôt*, qui a fait époque. Aujourd'hui, sa veuve, Mᵐᵉ Clamageran, et son neveu, M. Ferdinand Hérold, ont entrepris de réunir ses recherches inédites et ses publications ultimes, et ils m'ont prié de rappeler en quelques pages les phases et le développement régulier de son existence.

Clamageran a marqué parmi les hommes de la seconde moitié du xɪxᵉ siècle, époque de si profonds changements dans l'état politique et économique des sociétés de notre temps. Ce fut un libre penseur, ferme dans ses convictions personnelles et dévoué à la République, un ami fidèle dans ses affections privées et dans ses actes officiels. Son caractère franc et décidé, la sincérité désintéressée de ses opinions, la direction toujours nette et rectiligne de sa vie en ont fait le type de l'homme loyal et du bon citoyen. Il a

été mêlé d'ailleurs aux grands mouvements intellectuels et
moraux de son époque, et son existence réprésente un
chapitre de l'histoire de la période présente.

J'ai regardé comme un devoir d'apporter à la mémoire
de Clamageran le témoignage d'un ami, mêlé depuis son
enfance à sa vie, associé à ses affections et à son idéal.
Pendant soixante-cinq ans, nos carrières sont demeurées
parallèles, dans des directions différentes au point de vue
de leur objet scientifique, mais semblables à celui des
convictions morales et politiques.

Nous avons débuté ensemble au Collège Henri IV, à
l'âge de onze ans; nous avons été tous deux défenseurs de
Paris, lors du siège de 1870, et nous finissons notre vie
comme sénateurs démocratiques, aux débuts du xxᵉ siècle.
Le souvenir des années de la jeunesse est à la fois doux et
amer: doux par la mémoire de ce que nous avons été, et
de ce que nous avons aimé; amer par la douleur irréparable des affections que nous avons perdues. Il y a là
comme la cicatrice d'anciennes blessures, toujours prêtes
à se raviver lorsque nous réveillons dans notre mémoire la
vision des amis et des parents qui ne sont plus!

Clamageran (Jean-Jules) est né à la Nouvelle-Orléans le
29 mars 1827. Son père, d'origine bordelaise, s'y était
établi et il y avait fait une certaine fortune. Il revint en
France en 1830 avec son fils, âgé de trois ans, et se fixa à
Paris où il dirigea avec sollicitude l'éducation de ses trois
enfants, son fils et deux filles, dont l'une, morte à Paris à
l'âge de dix ans; l'autre fut depuis Mᵐᵉ Risler, mariée à
un grand industriel de Rouen.

C'est en 1838 que nous nous sommes connus, dans la

classe de sixième du Collège Henri IV. Cinq élèves de ce temps ont fait partie du Sénat : Clamageran, Delsol et Hamel, aujourd'hui décédés, M. Ollivier, sénateur des Côtes-du-Nord et moi-même; sans parler de plusieurs condisciples du même Collège et des mêmes classes, qui ont marqué en dehors de la politique, tels que Fouqué, membre de l'Académie des sciences, Leblanc, membre de l'Académie de médecine, Lénient, professeur à la Faculté des Lettres de Paris; ni des contemporains, devenus depuis nos amis; tels qu'About. Taine et bien d'autres disparus : notre génération a été féconde en hommes, qu'il soit permis de le rappeler !

Nous nous liâmes tout d'abord, Clamageran et moi, d'une affection d'autant plus vive que nous étions rivaux, nous disputant les premières places et les premiers prix dans les études littéraires et historiques : rivalité qui s'est prolongée pendant toute la durée de nos études jusqu'en 1846. Le père de Clamageran, homme excellent, encourageait les amitiés enfantines de son fils. Il avait eu d'ailleurs quelques relations à la Nouvelle-Orléans avec un parent de ma famille, M. Manoury, cousin de ma mère et mon parrain, qui était revenu comme lui s'établir à Paris.

Clamageran perdit son père en décembre 1848 : c'est l'annonce de ce malheur qui fait l'objet de la lettre la plus ancienne de lui que j'aie conservée.

* *

A ce moment, nous étions tous deux étudiants. animés du même enthousiasme pour la République, proclamée

en février 1848, et attristés également par le développement
d'une réaction cléricale et bourgeoise, qui grandissait
chaque jour. Nous nous réunissions de temps en temps
chez Clamageran, qui demeurait rue de l'Odéon et qui
poursuivait ses études de droit.

Il manifesta tout d'abord l'énergie sincère de ses convictions, lorsque l'expédition dirigée contre la République
romaine provoqua la protestation et la tentative d'insurrection de Ledru-Rollin, le 13 juin 1849. Clamageran y prit
une part tellement active qu'il crut nécessaire de disparaître après l'échec de l'entreprise et l'arrestation de Ledru-
Rollin. Il trouva un asile secret rue du Faubourg-Saint-
Jacques et j'ai encore la lettre par laquelle il me prie de
passer à son domicile régulier, à 10 heures du soir, pour
lui rapporter, avec les précautions nécessaires, le petit
bagage indispensable.

À la même époque remontent les lettres suivantes que
nous échangions et qu'il n'est pas sans intérêt de transcrire,
pour montrer les opinions de la jeunesse avancée d'alors,
l'ardeur des convictions de Clamageran et leur invariabilité
jusqu'à la fin de sa vie : tout en faisant la part de l'expression, parfois excessive dans sa sincérité, des sentiments de
jeunes gens de vingt-deux ans.

Déville, le 23 août 1849.

Mon cher ami,

Je te dois bien des excuses pour n'avoir pas été te rendre
une petite visite depuis quelques jours ; mais tu sais ce que
c'est qu'un examen : j'étais tellement absorbé que je ne pou-
vais songer à autre chose. Enfin j'ai fini par trouver une place
lundi dernier, et j'ai été reçu avec trois boules blanches et

deux rouges. Maintenant je suis auprès de ma sœur à la campagne et je me repose jusqu'au mois d'octobre. Et toi que deviens-tu? Es-tu encore plongé dans de nouveaux examens? Tu ferais bien de prendre quelques semaines de vacances?

Je ne te parle pas de la politique : décidément la démocratie en est à sa période d'épreuves et de malheurs. Les courageux Hongrois ont succombé. L'Europe entière est maintenant livrée à la réaction : il faut courber la tête et attendre des jours plus heureux. A ce propos je te demanderai si tu as lu le Nouveau-Monde de Louis Blanc. Je t'engage bien à le lire : il y a de très belles choses. Si tu écris à Blanchet, rappelle-moi, je te prie, à son souvenir et félicite-le de la bonne voie où il est entré. Adieu, mon cher ami, je te serre la main bien affectueusement.

Ton tout dévoué,

J.-J. CLAMAGERAN.

Paris, 31 août 1849.

Mon cher ami,

J'ai tardé quelques jours à te répondre pour deux motifs : d'abord j'avais à terminer à mon laboratoire un travail avant de cesser d'y aller pour trois mois. Ensuite les affaires de Hongrie étaient si obscures au début que je voulais avoir quelque chose de certain avant d'en causer avec toi. Ce brusque dénouement m'a causé comme à toi la plus vive impression... Et c'est en présence de tels faits que nos boutiquiers, prévoyant une invasion, et sentant qu'il faudrait simuler un peu de résistance, parlent hautement de donner dans cette hypothèse la dictature à Changarnier. Voilà ce qu'on nous prépare! c'est une chose effrayante.

Dans les villes le socialisme languit et semble prêt à s'affaisser dans le découragement et l'impuissance : à cela quoi d'étonnant? N'a-t-il pas voilé ses nobles doctrines, ses idées vitales, pour mettre uniquement en avant ces questions matérielles.

incapables à elles seules d'exciter de grands dévouements ? Et
dans les campagnes, comme le dit *la Presse*, ce n'est pas l'idée
de solidarité, le vrai socialisme qui exaspère les esprits ; c'est la
haine du percepteur. L'absence de toute idée de dévouement et
de générosité, le culte exclusif des idées matérielles, l'impuissance théorique des sciences, si ce n'est au point de vue critique ;
voilà des symptômes fatals. Serons-nous donc cosaques ?

J'ai lu dès son apparition les deux numéros de Louis Blanc,
le second surtout m'a fait plaisir.

Mais je m'aperçois que depuis le commencement de cette
lettre je ne t'ai pas encore dit un seul mot qui te soit relatif.
Comment vas-tu là-bas et qu'y fais-tu ? Jouis-tu un peu de la
nature ? Quels sont tes délassements, tes promenades, tes travaux ? conte-moi tout cela en détail, tu me feras grand plaisir.
As-tu dans ton voisinage quelque ancien camarade ? si tu es
seul, bien qu'on puisse toujours s'occuper, je ne t'en plains
pas moins.

Lis-tu un peu : as-tu lu la Nouvelle-Héloïse ? Je viens de la
lire ; dis-moi ton avis là-dessus et je te donnerai le mien après.
A bientôt ta réponse, n'est-ce pas ?

Tout à toi,

Marcelin BERTHELOT.

Déville, le 11 septembre 1849.

Mon cher ami,

Me voici de retour d'une petite excursion que j'ai faite sur
les bords de la mer aux bains de Dieppe : le ciel m'a été favorable : tous les jours un beau soleil, tous les soirs une belle
nuit étoilée. Quelquefois des vagues écumantes, soulevées par
le vent du Nord, venaient animer ces magnifiques scènes de la
nature et exercer la patience des nageurs. A part cette muette
contemplation de Dieu dans ses œuvres et de l'infini dans
son image, j'ai mené pendant cette dernière semaine une vie

peu intellectuelle : mais tu sais que l'esprit a besoin de repos. Cependant je recevais et je lisais toujours avec intérêt mes trois journaux : *Le National, La Presse* et *La Réforme*. La trahison de Gœrgey m'a fait éprouver comme à toi et à tous les bons patriotes une bien vive douleur. Comment un homme peut-il être assez lâche pour flétrir ainsi ses lauriers, et pour courber la tête comme un esclave devant un ennemi tant de fois vaincu? La conduite de Kossuth a été admirable jusqu'au bout; son plan de concentration pouvait seul sauver la Hongrie.

Les affaires de Rome s'embrouillent de plus en plus. Après avoir renversé la République à coups de canon, on veut faire la loi au Pape : le Pape résiste, que va-t-il sortir de tout cela? Malgré la triste situation des affaires politiques, je ne désespère pas autant que toi : j'ai foi dans le socialisme et je crois qu'il régénérera l'humanité. Il fait des progrès de plus en plus; il pénètre même dans les classes moyennes et les classes élevées. Je sais bien que Louis-Philippe nous a légué comme un ver rongeur une démoralisation presque générale : mais ce sera le triomphe des idées nouvelles d'arrêter les ravages du mal. Ce qui manque au socialisme, selon moi, c'est, pour employer le langage de Proudhon, une vigoureuse synthèse, qui embrasse tous les systèmes, qui les rapproche, qui les coordonne, qui en fasse ressortir une religion, une morale, une économie sociale, règle future de l'âme vers le bien.

A ce propos je te demanderai ce que tu penses des idées de Littré et Auguste Comte, *Le National* ouvre ses colonnes à leurs théories.....

Je vois qu'au milieu de tes occupations scientifiques tu as trouvé quelques loisirs pour la Nouvelle-Héloïse. Je ne sais quels sentiments cette lecture a éveillés chez toi : mais il me semble que ce livre a été jusqu'ici bien mal apprécié, on l'a éconduit comme dangereux, comme immoral : pour moi je voudrais le voir dans les mains de tous les jeunes gens, de toutes les jeunes femmes. L'âme s'élève et s'épure au contact de tant d'idées

généreuses, de tant de sublimes pensées. Les premières pages,
il est vrai, sont bien voluptueuses, et la faute de Julie semble
tacher cette naissante création de J.-Jacques. Mais par là
Rousseau voulait atteindre un double but ; il voulait d'abord
combattre ce préjugé de tous les siècles que la jeune fille qui
succombe est à jamais flétrie, tandis que la femme mariée
commet à peine une peccadille en violant la foi conjugale :
ensuite Rousseau voulait faire voir comment une âme humaine
peut s'élever à la plus haute et la plus sublime de toutes les
passions.

Je te parle longuement d'anciennes lectures : mes lectures du
moment ne sont pas bien fréquentes. Cependant je lis quelques
ouvrages anglais et je me propose bientôt de relire l'*Ordre dans
l'humanité* ; je serais curieux de connaître ton opinion sur ce
dernier ouvrage.

Du reste, je n'ai ici aucun ancien camarade ; mais avec ma
sœur je ne me trouve jamais seul. Dans quelques semaines je
serai à Paris : écris-moi à quelle époque tu y seras, afin que
nous puissions nous joindre. J'espère que tu prends quelques
vacances et que tu respires un peu après avoir passé tant d'examens, pour te préparer à en passer encore tant d'autres.

J'attends avec impatience de tes nouvelles. Adieu, mon cher
ami, reçois l'expression bien sincère de mes sentiments dévoués.

J.-J. CLAMAGERAN.

Mon adresse jusqu'à la fin de septembre :

*Monsieur J.-J. Clamageran, chez M. Risler, Déville-les-Rouen
(Seine-Inférieure).*

Paris, le 14 septembre 1849.

Mon cher ami,

Je suis toujours à Paris et j'y resterai cette année toute
entière : j'ai pris l'an dernier mes dernières vacances. Dans les

études que j'ai commencé à suivre, le côté matériel et pratique
est tellement mêlé au travail intellectuel que l'esprit n'a pas
besoin, pour reprendre ses forces, d'un repos intermittent. Si
donc tu viens à Paris, tu me trouveras à la maison.

Tu me demandes ce que je pense de l'*Ordre dans l'humanité* de Proudhon? Je ne l'ai pas lu. Quant à la Nouvelle-
Héloïse, je partage complètement ton avis sur ce livre, et c'est
parce que je pensais le connaître à l'avance que je ne t'ai pas
dit le mien, afin d'avoir le tien. Quelles critiques de détail on
pouvait et l'on a en effet adressées à ce livre, tu le sais mieux
que moi : mais ce que je regarde toujours dans un ouvrage,
c'est l'idéal que l'auteur s'y est proposé, pourvu que l'exécution
n'y soit pas restée trop inférieure et en indique bien l'étendue.
Or, à ce point de vue la Nouvelle-Héloïse me paraît comme à
toi un livre admirable, propre à élever l'âme et à l'épurer.

Ce qui a contribué à établir sur ce livre le préjugé dont tu
parles : c'est que la plupart des lecteurs l'abordent avec un
cœur impur ; ils n'y voient que le côté sensuel de la première
partie. Le reste est à peine parcouru d'un œil négligent, et
plus tard quand ils parlent de ce livre, c'est l'impression sous
l'empire de laquelle ils l'ont lu, qu'ils blâment sans s'en douter,
bien plus que le livre lui-même.

Auguste Comte et Littré? Je ne les connais qu'un peu super-
ficiellement. La forme sous laquelle tu les résumes demande-
rait quelques distinctions ; mais au fond je suis du même avis
que toi, sur leur compte. Cela n'empêche pas M. Littré d'être
un homme d'une haute et délicate moralité.

Je connais Dieppe et ses environs ; j'y ai passé plusieurs
mois de ma première enfance à l'âge de cinq ans, c'est de là
que datent mes premiers souvenirs. Aussi c'est toujours avec
plaisir que je pense à ce pays. Ce qui dans ma mémoire a laissé
le plus de traces, ce n'est pas l'immensité de la mer, chose un
peu abstraite, pour un enfant : ce sont les falaises et la marée
montante. Dès que j'aurai quelque répit, je compte faire une

tournée de ce côté. Ce ne sera sans doute pas avant un an.

Voyager c'est l'une des choses qui me plairaient le plus. En sortant d'un milieu que l'habitude a émoussé, on sent bien plus vivement la vie des autres hommes et la vie de la nature. Si j'étais riche, ce serait là l'un des premiers emplois de mon argent. Voir les divers peuples, vivre au milieu d'eux pour mieux connaître leurs mœurs, étudier l'action de la civilisation sur eux et l'état de ceux que l'Europe n'a pas encore comprimés ou déviés dans leur développement normal ; c'est une étude que je voudrais faire et qu'il faudrait se hâter d'entreprendre. C'est à peine s'il en est encore temps. Combien de peuples ont été déjà modifiés ou détruits depuis quelques années? Combien dans cinquante ans en restera-t-il à connaître dans leur virginité native ? C'est un triste état pour les peuples que celui qui succède à l'état spontané primitif. La première invasion de l'esprit réflexe se traduit d'une manière souvent hideuse, par le déchaînement de toutes les passions, gardant à la fois l'empreinte de la brutalité du sauvage et des raffinements du civilisé. Si tu retournes jamais visiter la Nouvelle-Orléans, dans quelques années, j'espère être libre de faire le voyage avec toi.

Et les gens de la Normandie qu'en dis-tu ? As-tu été témoin de la concentration de la propriété et de la misère effroyable de certains cantons de ce riche pays? De ton côté, quel est l'état des personnes et celui des esprits ? L'idée religieuse, l'idée de dévouement du socialisme s'y répand-elle? Ou bien n'est-ce que l'appel aux instincts et aux intérêts? Hélas ! nous sommes bien vieux, bien réfléchis, bien critiques pour entreprendre une nouvelle religion ! et nous sommes bien ignorants et bien égoïstes pour être dirigés par la seule raison.

Les Slaves sont plus naïfs, plus mystiques, moins raffinés que nous. Il y a là des qualités encore en réserve, un peuple neuf en un mot. Je ne sais si tu as connu les tentatives religieuses, la plupart à demi communistes, faites parmi eux? Si

le progrès est de ce côté? Pourquoi non..... ? Nous tomberons
peut-être, dévoués combattants d'une cause perdue à nos propres yeux! Nous aurons défendu nos traditions, tout en voyant
l'avenir d'un autre côté ; nous aurons eu le courage de lutter
sans espoir, après la trahison des meilleurs amis de leur patrie,
et tout sera dit.

Ton dévoué,

Marcelin Berthelot.

Déville, le 25 septembre 1849.

Mon cher ami,

J'ai reçu, il y a quelques jours, ton excellente lettre, dont
les divers détails m'ont beaucoup intéressé. Je suis bien aise
de te savoir toujours à Paris, car j'y serai de retour lundi prochain : nous pourrons ainsi reprendre de temps en temps nos
conversations philosophiques. Il paraît que tu as l'intention de
faire un voyage aux États-Unis dans quelques années. J'ai
aussi formé ce projet, et je compte l'exécuter après mon doc-
torat, c'est-à-dire dans deux ans d'ici. Si nous pouvions y aller
ensemble, ce serait bien heureux. Que de scènes de la nature
à contempler et quelles scènes ! les forêts vierges, le cours du
Mississipi, les grands lacs du Nord, les chutes du Niagara, le
vaste développement de l'industrie, l'état physique et moral
des ouvriers, l'abondance et la fertilité des terres, le flot conti-
nuel de l'émigration vers l'Ouest, le mélange de toutes les
nations, de toutes les religions sur un seul point du globe, la
démocratie organisée sur des bases inébranlables et sincère-
ment respectée de tous ; enfin à côté de tous ces bienfaits, la
plaie hideuse de l'esclavage, menaçant de compromettre tout
l'édifice politique, et d'infiltrer dans tout le corps social le poi-
son de la corruption : quel sujet d'étude sérieux et fécond ! Mais
hélas ! Fénelon l'a dit avec raison : l'homme propose et Dieu

dispose ; notre sagesse est impuissante à prévoir les obstacles que l'avenir réserve à nos desseins !

En attendant il nous faut être les témoins de toutes les hontes de la France, sous le gouvernement du prince Louis ! As-tu lu la lettre de Joseph Mazzini à MM. Falloux et de Tocqueville ? Quel éloquent plaidoyer en faveur de la République romaine ! Quelle généreuse protestation contre les calomnies des gens prétendus honnêtes, qu'il convainc tous de mensonge, depuis le premier jusqu'au dernier ! Les articles d'Émile Girardin dans la *Presse* et cette lettre de Mazzini portent le dernier coup aux fauteurs de l'expédition romaine : le procès du 13 juin est devenu moralement impossible, à moins qu'on ne retire aux accusés la liberté de la défense. En effet, s'il y a une chose évidente au monde c'est que la Constitution a été violée ; et que pour arriver à cette violation on a eu recours aux subterfuges les plus vils, aux moyens les plus honteux. Maintenant les accusés seront-ils acquittés ? j'en doute : ce ne sont pas des juges qu'on leur a donnés, ce sont des ennemis ; mais l'opinion publique réformera tôt où tard le verdict du jury.

Tu me demandes ce que je pense du pays que j'habite en ce moment ; ma réponse ne sera pas longue ! sous le rapport de la vie intellectuelle et morale, la Normandie est la dernière province de France. Idées élevées, sentiments généreux, nobles instincts du cœur, tout cela est inconnu ici. Il n'y a qu'un seul et unique mobile de toutes les actions, c'est l'argent ! Dès leurs plus jeunes années les enfants respirent l'air impur de la cupidité, et à l'âge de 5 à 6 ans ils savent déjà (selon l'expression de l'un d'eux) que l'argent dans le commerce fait des petits. On a bien soin de leur apprendre ce que c'est que des actions de la banque de France, ou des chemins de fer : mais on se garde de leur laisser soupçonner ce que c'est que de bonnes actions. La bourgeoisie est corrompue jusqu'à la moelle des os : c'est le type du positivisme et de l'égoïsme. Les paysans sont sous le joug des prêtres et des grands propriétaires, c'est tout dire !

Quant aux ouvriers des villes, la misère la plus profonde, avec
tout ce qu'elle entraîne de dégradations pour l'homme, voilà
leur sort ! tu n'as qu'à lire à ce sujet la petite brochure de
Blanqui. Dans les vallées autour de Rouen (vallées remplies de
manufactures et d'usines), il y a plus d'aisance, des habitations
moins malsaines, moins de chômages, plus de ressources
diverses, la vie à meilleur marché, grâce à l'absence de l'octroi, de l'air enfin et du soleil : ce qui est beaucoup. C'est
selon moi l'élément le plus sain de la population : le terrain le
plus propice à recevoir les idées nouvelles. Mais là comme
partout l'amour ou plutôt la fureur de l'argent *auri sacra
fames* a envahi les cœurs, démoralisé les âmes. Là, plus
qu'ailleurs, les patrons exercent une influence sans rivale et
répandent avec soin les vieilles idées corruptrices.

En outre, le socialisme, dès le début, a été mal représenté :
ses propagateurs ne sont trop souvent que des personnes mal
famées. Il est vrai qu'il faut tenir compte des calomnies bour-
geoises : mais néanmoins je ne crois pas que leur conduite soit
irréprochable sous le rapport de la régularité et des bonnes
mœurs ; et elle devrait l'être : sans cela, au lieu d'avancer nous
reculerons. Pour atteindre notre but il nous faut une nouvelle
génération, génération plus austère, plus convaincue, mieux
pénétrée de la sainteté de sa cause et plus infatigable à la
défendre. Espérons que cette génération surgira enfin et que si
les Slaves doivent nous envahir, comme tu sembles le craindre,
et rajeunir notre vieux sang, nous les envahirons nous-mêmes
avec nos doctrines et nous les pénétrerons de notre foi. Adieu,
mon cher ami, à bientôt.

Ton tout dévoué,

J.-J. CLAMAGERAN.

Ce langage est extrême et passionné, parfois jusqu'à
l'injustice, comme celui de la jeunesse. Je ne sais si on le

retrouverait dans les lettres privées du temps présent. On n'entretient plus à l'âge mûr de correspondance aussi explicite : tout se passe dans les brefs échanges du télégraphe, ou bien en conversations téléphoniques, sommaires aussi et dont il ne reste pas de traces. Notre vie a perdu surtout ce caractère individuel qui en faisait autrefois l'intérêt, pour confondre son cours avec celui du flux et du reflux des sentiments et des passions collectifs de la vie universelle.

.˙.

En 1850, Clamageran réclama la nationalité française, dont son lieu de naissance aurait pu le séparer, mais dont en bon patriote il revendiquait la solidarité nationale. A la même époque, il retourna une dernière fois en Amérique, comme il rêvait déjà de le faire l'année précédente. Sa thèse de docteur en droit *(Des obligations naturelles)* fut soutenue en 1851 et il obtint la première médaille d'or au concours de 1852. Son mémoire, *Du louage d'industrie, du mandat et de la commission dans le droit romain, dans l'ancien droit français et dans le droit actuel* (1856), fut couronné par la Faculté de droit.

Lors du coup d'État de décembre 1851, nous nous retrouvâmes parmi les citoyens obscurs qui tentèrent de résister par la force à la violation de la Constitution.

Clamageran compléta depuis son instruction par un voyage en Orient, qui le conduisit en Palestine et jusqu'à Palmyre, avec les petites péripéties et difficultés ordinaires de ce genre d'excursions. Sa connaissance du monde s'élargissait ainsi de plus en plus.

Alors vint l'un des moments décisifs de son existence, son mariage. Il épousa, le 24 août 1854, Mademoiselle Hérold, la fille du célèbre musicien. Pour les esprits idéalistes, concentrés jusque-là dans le domaine des idées pures, il y a là une épreuve et une extension soudaine de l'horizon. L'art et les sentiments esthétiques, naguères un peu vagues et confus, s'introduisent dans leur évolution et y prennent une importance inoubliable. C'est ce qui arriva à Renan lors de son mariage avec la nièce du grand peintre Ary Scheffer. Clamageran, en s'unissant avec la fille d'Hérold, reçut aussi une empreinte nouvelle. Cette empreinte fut d'autant plus profonde que la mère de Mme Clamageran, la veuve d'Hérold, conservant le culte du grand homme auquel sa vie avait été associée, cherchait à grouper autour d'elle des esprits indépendants, animés comme elle du culte de l'art et de la liberté.

J'ai décrit ailleurs, en retraçant la biographie de son fils (*Science et philosophie*, p. 370) cette petite société. Quelques hommes distingués et indépendants se réunissaient tous les dimanches aux Ternes, autour du foyer hospitalier, Clamageran et sa femme y jouaient naturellement le premier rôle, entourant de leur vive affection Mme Hérold, leur mère commune. Après le jour douloureux où la mort frappa la chère maîtresse du logis (29 décembre 1861), ils se retrouvèrent quelques mois plus tard pour reconstituer ce centre à la fois artistique et politique, un moment attristé par l'adhésion d'un de nous, Émile Ollivier, à l'Empire. Il subsista cependant jusqu'à la guerre de 1870. Clamageran y apportait le sérieux et la droiture de ses convictions, la résolution active et efficace de son caractère. Mais sa raideur masculine était tempérée par la grâce sympathique et la tendresse affectueuse de sa femme.

Dans nos réunions amicales des Ternes, présidées par les deux beaux-frères, Clamageran et Hérold, ils s'unissaient de cœur, de volonté et, dans l'occasion, de sacrifices pour la poursuite de leurs visées politiques communes. Mais leur conduite dans le détail donnait lieu à des contrastes, qui mettaient en évidence la différence de leurs caractères. Hérold, nature prime-sautière et spirituelle, parfois jusqu'à l'ironie, en tout cas particulariste, était plus prompt à exprimer ses sentiments et son enthousiasme : il s'emballait, comme on dit aujourd'hui. Tandis que Clamageran, non moins généreux au fond, mais plus profond, plus méthodique, plus systématique, pensait et agissait d'une façon froide, d'après des principes longuement réfléchis, en se rendant compte davantage des phases successives d'une entreprise, des difficultés et des conditions nécessaires de sa réalisation. Bref, l'un avait plus de raison, l'autre plus d'imagination : tous deux un égal dévouement.

Clamageran joua un rôle prépondérant dans notre petit groupe pendant la dernière période de l'Empire.

L'œuvre dont il était alors l'organe était triple :

Opposition républicaine, doctrine du libre échange et protestantisme libéral.

Parlons d'abord de son rôle politique, qui s'accentuait de plus en plus.

. .
, .

Les revanches de l'histoire sont longues à venir. Six ans

de compression morale et politique avaient pesé sur la
France jusqu'au jour où la détente se fit. Ce fut en 1857
seulement que l'opposition légale contre l'Empire devint
possible, représentée par cinq députés dans le Corps législatif : Jules Favre, Émile Ollivier, Ernest Picard, Darimon
et Henon. Deux d'entre eux, Ollivier et Picard, faisaient
partie de notre société des Ternes.

Elle accueillit avec sympathie la guerre d'Italie, d'accord
avec la fraction avancée de l'opinion française ; tandis que
cette guerre soulevait l'hostilité des cléricaux. Il se produisit
un mouvement d'opinion, qui obligea l'Empire à s'écarter
de ces derniers pour chercher de nouveaux points d'appui.
De là, en 1862, la restitution aux pouvoirs parlementaires
de quelques-unes de leurs prérogatives.

C'est à ce moment que Clamageran entre en ligne dans
le petit groupe républicain, avec la détermination un peu
rigide de son esprit, façonné par les souvenirs et les traditions des Américains du Nord, dont il était le frère par son
lieu de naissance, ainsi qu'il aimait à le rappeler. Clamageran
publia en 1861 un *Manuel électoral*, en collaboration avec
Hérold, et ses amis Dréo, Durier, Ferry et Floquet ; manuel
réédité en 1869 et qui eut quelque importance, comme l'une
des bases de la résistance légale contre l'Empire. L'un des
épisodes les plus marqués de cette campagne fut le procès
dit des *treize* (1864), soutenu contre les chefs du parti
républicain et qui aboutit, comme on pouvait s'y attendre,
à la condamnation de chacun d'eux à 500 francs d'amende ;
Clamageran était du nombre.

Les fautes du régime impérial s'accumulaient et elles
amenèrent la catastrophe nationale de 1870.

Au moment du siège de Paris, Clamageran remplit son devoir, avec son zèle ordinaire pour la chose publique. Comme il arrive souvent dans la vie des nations, ce furent les victimes du régime, ceux qu'il avait d'abord écrasés qui affrontèrent la tâche cruelle de relever la patrie. Il fut adjoint dès le 5 octobre 1870 à la Mairie de Paris et accepta une besogne pénible, toute de dévouement : celle de veiller à la question des subsistances, dont l'existence et la durée formèrent pour ainsi dire le point fondamental dans la prolongation de notre résistance. La question de la psychologie morale de la population y joua un rôle plus important, peut-être, que les problèmes de la pure statistique. La clarté calme dans son esprit, sa connaissance approfondie des questions économiques, sa méthode exacte et sa fermeté dans les décisions administratives ont rendu alors à la patrie des services parfois méconnus. Les Parisiens se sont souvent, à tort ou à raison, plaints du pain de siège, ou plutôt de la fin du siège. Les erreurs qui ont pu être commises à cet égard ne sont pas attribuables à Clamageran.

Il a exposé lui-même, non sans une profonde tristesse, toute cette histoire dans ses « *souvenirs du siège de Paris* » consignés au présent volume.

En février 1871, le siège était fini. Nous avions fait tous deux, chacun suivant ses aptitudes et sa science spéciale, notre devoir. Nous avions besoin d'un peu de repos matériel et moral. Accompagnés de nos fidèles compagnes, qui nous avaient soutenus durant cette pénible épreuve, nous nous retrouvâmes le 15 février dans un wagon de chemin de fer, traversant avec des sauf-conduits délivrés par l'état-major ennemi, les environs de Paris et le centre de la France occupés par les Prussiens, nous échangions les amers souvenirs des incidents du siège et les tristes pressentiments de l'avenir ; la guerre civile imminente et la réaction qui allait se déchaîner ! A Vierzon, nous nous séparâmes, pour poursuivre chacun une destination différente.

Quelques mois après je retrouvais Clamageran et Hérold à Paris, reprenant avec fermeté la lutte politique interrompue. Mais, avant de retracer cette nouvelle phase de sa vie, il convient de compléter le tableau de la précédente, en rappelant l'œuvre poursuivie par Clamageran dans l'ordre religieux et dans l'ordre économique.

En effet Clamageran, en même temps qu'il participait à l'action des gens avancés en politique, s'était associé à une entreprise analogue parmi les protestants, dont il faisait partie par ses traditions de famille. Il s'était joint à une tentative généreuse, un peu oubliée aujourd'hui, mais qui a joué un certain rôle dans l'histoire morale du second Empire ; je veux parler du protestantisme libéral. Le pacte conclu entre le cléricalisme et l'esprit conservateur, pacte qui amena la chute de la seconde République et le succès du coup d'État en décembre 1851, avait eu pour résultat depuis 1849 une oppression officielle contre la libre pensée. Un lien étroit a toujours existé entre les adversaires des esprits indépendants, dans l'ordre intellectuel et moral et dans l'ordre politique. Cette oppression atteignit son plus haut degré au temps où le ministère de l'Instruction publique fut tenu par Fortoul

et elle ne commença à se détendre un peu que vers 1860,
à l'époque de l'expédition d'Italie.

Or pendant cette période, un esprit nouveau apparut
dans le protestantisme français. Un certain nombre de ses
adhérents crurent qu'il était possible de le transformer
suivant une direction plus d'une fois accusée dans son
sein depuis le XVIᵉ siècle: je veux dire en mettant en première ligne le lien qui résulte entre les hommes de la
communauté des idées morales, envisagées, comme élément fondamental et officiel d'une association religieuse:
tandis qu'on abandonnait aux appréciations individuelles
les affirmations dogmatiques. Toute une école se forma
ainsi, sous la direction d'hommes tels que les Coquerel,
Fontanès, Réville et autres en France. Un certain nombre
des personnages les plus distingués de cette époque étaient
disposés à se rallier au protestantisme ainsi entendu: il
devenait par là un centre officiel et une garantie, à la fois
pour le gouvernement d'alors et pour la liberté scientifique.
Si cette alliance avait pu se constituer en France, elle aurait
singulièrement accru la puissance du groupe protestant:
et peut-être arrêté ou ralenti l'évolution qui eut lieu depuis
vers des solutions philosophiques et sociales plus absolues.
Clamageran était l'un des représentants les plus sérieux et
les plus convaincus de cette manière d'entendre le protestantisme, et il s'en fit l'organe.

Mais elle rencontra presque aussitôt une résistance et
une barrière dans l'esprit étroit et attaché au dogmatisme
de la majorité des Conservatoires parisiens. Guizot apporta
dans cette discussion le même esprit dénué de souplesse
et ennemi de toute conciliation, qui a amené sa résistance

à la Réforme électorale, comme président du Conseil des
ministres, et la chute de la Monarchie constitutionnelle. Le
malheur n'avait abattu ni sa fierté ni son intransigeance. Il
fut soutenu par les banquiers et autres protestants riches,
dont les contributions alimentaient le culte protestant et ils
se hâtèrent de fermer la porte aux esprits plus avancés et
plus intelligents parmi les pasteurs déjà engagés dans la
carrière ecclésiastique et qui s'efforçaient d'élargir leur
groupement religieux, en l'étayant sur des vues et des
méthodes nouvelles. Ils furent appuyés énergiquement par
l'adhésion de Clamageran, adhésion manifestée par une
brochure sur l'état du protestantisme en France (1857),
par diverses publications dans les revues protestantes et
par son intervention dans les débats du Synode général
des Églises réformées de France en 1872.

.˙.

L'œuvre la plus durable peut-être de Clamageran, c'est
son œuvre économique. Il a exprimé à cet égard ses opinions et résumé de ses recherches dans un certain
nombre d'articles imprimés par le *Journal des Économistes*. Il s'est rattaché à la doctrine du libre échange, avec
la fermeté ordinaire de ses convictions. On trouve également l'exposé de ses opinions dans ses publications inti-
tulées : *La France républicaine*, études constitutionnelles,
économiques et administratives (1873); *la Réaction économique et la démocratie* (1891). Le témoignage et l'expression
des mêmes idées figurent encore au cours du présent volume.
consignés dans des articles sur *la liberté de la boucherie et*

de la boulangerie; Sur la réaction économique en 1871 *et* 1872; où il agite la question des droits sur les matières premières et celle des traités de commerce; dans son *Étude des résultats du travail national depuis* 1872 (1880); sur la question si controversée de l'*Impôt sur le revenu*, sur la *Surtaxe sur les blés* (1887).

Il y est resté fidèle jusqu'à ses derniers jours, malgré les réserves faites depuis à cet égard dans beaucoup d'esprits éclairés et surtout dans les décisions législatives et règlements des différentes nations.

Son œuvre capitale dans l'ordre économique est une *Histoire de l'impôt en France*, grand traité en trois volumes fortement documentés et dont la publication l'a occupé pendant dix années. L'autorité que lui donnait ce vaste travail l'aurait assurément, de l'avis des gens compétents, conduit à l'Institut, à la section de l'Académie des sciences morales et politiques; si par un scrupule exagéré mais respectable d'indépendance, il n'avait récusé toute candidature. Ses études sur les *Finances de la France depuis* 1814, et sur le *Budget de* 1885 peuvent être considérées comme la suite de cette première enquête.

.·.

J'ai exposé l'œuvre principale et le rôle de Clamageran dans l'ordre économique, religieux, politique: ce dernier seulement jusqu'à la fin de la guerre de 1870. Il convient de reprendre et de résumer sa carrière politique pendant le tiers de siècle écoulé depuis.

Jusque-là ses opinions l'avaient écarté de toute fonction

qui lui permit de prendre part à la direction officielle des choses ; le triomphe de la République, proclamée le 4 septembre 1870, ne devint définitif qu'après une longue lutte intérieure, par la proclamation de la Constitution de 1875. Clamageran débuta dans cette nouvelle carrière par son élection au conseil municipal de Paris, comme représentant du quartier des Bassins en 1876. Réélu en 1878, il y rendit les services prévus d'après ses connaissances économiques et ses aptitudes administratives.

Il fut nommé conseiller d'État le 14 juillet 1879. Le 1er janvier 1882, il fut atteint par un cruel deuil de famille, la mort de son beau-frère, Ferdinand Hérold, son compagnon de vie et de lutte depuis un tiers de siècle. Mais la vie humaine se poursuit à travers les douleurs: chacun doit remplir son devoir jusqu'au bout. Clamageran fut élu sénateur inamovible, en remplacement de l'amiral Pothuau, le 7 décembre 1882. Il était l'un des premiers désignés, depuis le moment où la majorité de l'Assemblée passa des réactionnaires aux républicains. Il fit partie avec moi du groupe de l'Union républicaine, le plus avancé de cette époque, et déploya dans les discussions une science financière exceptionnelle, qui répondait à l'ordre spécial de ses études. À ce titre, il prit le portefeuille de ministre des Finances, le 6 avril 1885, au sein du ministère Brisson.

C'était le légitime objet de ses ambitions. Mais, il était trop tard ! Trop souvent hélas ! nous parvenons au but désiré, au moment où nos forces physiques épuisées ne nous permettent plus d'en jouir. C'est ainsi que Clamageran, dans le cas actuel, eut la douleur de ne pouvoir fournir le travail réclamé à son mérite et à son dévoue-

ment. Dix jours après sa nomination, il fut obligé de se
retirer. Sa santé demeura dès lors ébranlée par des indis-
positions et des maladies réitérées, qui l'empêchèrent de
donner sa mesure et de rendre les services qu'on attendait
de lui.

Sa parole était toujours écoutée avec respect dans les
commissions et dans les séances publiques, où il exprimait
avec clarté et bon sens des idées souvent fort avancées :
également opposées à l'esprit des conservateurs, qui repoussent tout changement, et à celui des rêveurs qui poursuivent des réformes chimériques, dont l'espérance les
enivre et les dégoûte de celles qui seraient actuellement
réalisables.

Son autorité trouva encore quelque exercice dans la présidence de la commission de l'Algérie, contrée dont il avait
pris une connaissance spéciale dix ans auparavant au
cours de ses voyages (*L'Algérie, impressions de voyage,*
1873-1881).

Un des chapitres de ce volume montre avec quelle ardeur
il s'était associé aux protestations soulevées au nom de la
justice dans l'affaire Dreyfus, qui a si profondément divisé
la France. Durant la lutte engagée au cours de ces dernières années, à l'occasion des lois relatives aux associations
et aux congrégations, il avait également pris parti d'une
façon très nette contre ces dernières, éternelles ennemies
de l'esprit scientifique et de la République. Son opinion est
exprimée à cet égard dans le présent volume.

Sa vie privée conservait pendant ce temps sa régularité
ordinaire, affligée en 1892 par la perte de sa sœur, Mme Risler; ce fut l'une des grandes douleurs de son existence

Sa santé d'ailleurs ne cessait d'être troublée par le retour périodique d'affections rhumatismales.

Je le vois encore, au sein de sa résidence estivale de Limours, installé dans une maison modeste, où il recevait quelques amis : jouissant du soleil et de la campagne avec Mme Clamageran et poursuivant ensemble leur vie d'affection et de dévouement réciproque depuis un demi-siècle. Originaire d'un pays chaud, il avait conservé le besoin d'une température un peu supérieure à la moyenne de nos climats et qu'il trouvait dans les vérandas de sa villa, et aussi sur la pente d'une colline sableuse, plantée de pins et chauffée par le soleil. Nous y avons tenu plus d'une fois les dernières conversations de vieillards, rappelant les traverses de notre vie, demeurés toujours bienveillants pour nos contemporains et prompts à accueillir et à encourager les jeunes.

Ainsi, invariablement fidèle aux sentiments et aux convictions de sa jeunesse, Clamageran mena jusqu'au bout une existence heureuse, avec peu de péripéties personnelles, et sans autres souffrances physiques et morales que celles que comporte la destinée humaine. Il s'endormit du sommeil des justes le 4 juin 1903.

6 mars 1904.

M. BERTHELOT.

SOUVENIRS DU SIÈGE DE PARIS

CINQ MOIS A L'HOTEL-DE-VILLE

(Septembre 1870 -- Janvier 1871)

A M. Joseph Garnier, *rédacteur en chef du* Journal des Économistes.

Vous me dites, mon cher Garnier, que mon passage aux affaires, pendant le siège de Paris par les Prussiens, a dû me laisser des souvenirs et me suggérer des réflexions qu'il pourrait être utile de communiquer aux lecteurs du *Journal des Économistes.*

J'ai eu en effet l'honneur d'être adjoint à la mairie de Paris, depuis le 5 septembre 1870 jusqu'au 15 février 1871. Mes attributions n'étaient pas très exactement définies, mais les subsistances en furent dès le début l'objet principal et peu à peu l'objet unique. Placé comme intermédiaire entre les chefs de service qui appartenaient presque tous à l'ancienne administration et les membres du gouvernement nouveau, en contact perpétuel avec le public, surveillant le travail des mairies locales, assiégé par des réclamations incessantes, en proie au zèle des donneurs d'avis, j'ai été à même d'observer, au milieu d'une crise terrible, l'état des esprits, les habitudes et les tendances, soit au dedans, soit au dehors de la sphère administrative ; j'ai pu suivre de près les effets immédiats et de loin le contre-coup de mesures graves, les unes dont j'avais pris l'initiative ou que j'avais simplement approuvées et que j'étais chargé d'exécuter, les autres que j'avais combattues en vain.

Malheureusement les notes et les correspondances qui m'auraient aidé à préciser mes observations, ont disparu, pour la plupart, dans l'incendie de l'hôtel de ville. J'essaierai d'y suppléer en m'attachant à quelques faits qui ont laissé dans ma mémoire des traces profondes et nettes. Ce n'est pas sans une certaine tristesse que je me décide à le faire, car en se reportant à une époque de périls, d'angoisses et de souffrances, on risque de raviver bien des douleurs, mais les épreuves que nous avons subies sont de celles qu'on ne doit pas oublier : leur amertume donne une saveur particulière aux enseignements qu'on y puise.

Entre la révolution du 4 septembre et l'investissement complet de Paris, douze jours s'écoulèrent. Les approvisionnements de toutes sortes affluaient. Aux commandes de l'État et du libre commerce venaient se joindre les récoltes et les réserves des cultivateurs fuyant effarés devant l'invasion. Dans les gares et aux barrières l'encombrement était prodigieux. Deux circonstances contribuaient à l'augmenter : l'insuffisance du camionnage et la visite de l'octroi. Les compagnies des chemins de fer déployaient beaucoup de zèle, mais, prises au dépourvu, elles n'avaient pas su réorganiser leurs services sur des bases suffisamment larges. Elles souffraient en outre de ce désordre général qui s'était glissé, sous l'Empire, dans toutes les administrations : des masses de colis expédiés sous le couvert de l'intendance pour le compte de divers négociants, n'étaient réclamés ni par l'intendance, ni par les négociants, ceux-ci se reposant sur l'intendance et l'intendance sur eux : il eût été bien plus commode et bien plus prompt de remettre le tout en bloc au destinataire véritable en le laissant se débrouiller ensuite avec les intermédiaires : on finit, je crois, par s'y résoudre, après avoir perdu un temps bien précieux.

Quant à l'octroi c'était un obstacle qu'un simple décret pouvait lever. Je proposai de le suspendre d'une manière absolue, pendant une quinzaine. M. Et. Arago était alors maire de Paris ; il ne redoutait pas les mesures radicales et son patriotisme sai-

sissait avec empressement tous les moyens propres à prolonger
la résistance. Il approuva le projet qui fut porté au conseil du
gouvernement. Là des objections surgirent. On disait que cette
immunité provisoire étendue aux marchandises des entrepôts
ferait perdre au Trésor et à la Ville de grosses recettes ; restreinte aux marchandises du dehors, elle créerait une inégalité
choquante parmi les commerçants, au préjudice des entreposi-
taires. Nous répondions qu'il n'y a pas de dégrèvements, momentanés ou définitifs, qui ne nuisent à quelques intérêts privés, tout en diminuant les ressources fiscales, ce qui n'empêche
pas qu'on y ait recours quand l'intérêt public l'exige. On s'arrêta
à un terme moyen : on exempta des droits les denrées et marchandises introduites en quantité limitée et pouvant être considérées comme provisions de famille. On facilitait ainsi le passage
des réfugiés, mais on ne supprimait pas les retards causés par
les visites et les perceptions aux barrières. Cet exemple permet
d'apprécier de quel poids pèse sur les peuples un système contributif vicieux. Les impôts de consommation, très aimés des
financiers, parce qu'ils sont très productifs, critiqués par les
économistes, parce qu'ils sont iniques et gênent les transactions
commerciales, créent à la longue autour d'eux un ensemble
d'intérêts qui militent en leur faveur. Une crise arrive et met
en évidence leurs défauts en les grossissant, ils subsistent néanmoins, protégés par le milieu où ils ont pris racine ; ils compro-
mettent, sans qu'on ose les écarter, les affaires les plus graves,
les plus urgentes, celles qui touchent au salut même de la
patrie. Conservateurs et révolutionnaires semblent d'accord
pour les maintenir, les premiers ne voulant d'aucune réforme,
les seconds poursuivant des réformes chimériques qui les dégoû-
tent des autres.

A mesure que nos magasins s'emplissaient, je les visitais,
accompagné par un inspecteur des halles et marchés. Cette visite,
à laquelle je consacrai plusieurs jours, avait surtout pour but
de vérifier les existences. Je me méfiais des tableaux qui m'étaient
remis. Nous savions, par une cruelle expérience, quel abîme il

peut y avoir entre les déclarations officielles et la réalité. L'administration française tout entière se trouvait, par suite de nos
désastres, sous le coup d'une suspicion bien naturelle, trop
souvent, hélas ! justifiée par les faits. Cette fois, heureusement,
l'épreuve tourna en sens inverse. Nous n'eûmes à constater
aucun déficit imprévu. Les sacs de farine énumérés dans les
tableaux n'existaient pas seulement sur le papier, j'eus le plaisir de les voir et de les palper, non pas tous, car il y en avait
près de deux cent mille, mais un nombre suffisant pour contrôler
les écritures et en constater l'exactitude.

Rassuré sur le point le plus inquiétant et le plus essentiel,
je portai mon attention sur des détails qui ne laissaient pas
d'avoir une certaine importance et j'eus alors l'occasion de comparer les magasins de la ville avec ceux du commerce. Les uns
et les autres contenaient des dépôts de denrées alimentaires
achetées par l'État pour la consommation de Paris. Les
magasins du commerce me parurent bien supérieurs. C'était
vraiment un spectacle admirable que de voir de pareils amas
de marchandises disposés avec tant d'ordre, surveillés avec tant
de soin dans de longues galeries si bien aérées, si bien tenues
de toute manière, si simplement et si commodément construites.
Les greniers d'abondance situés près de la Bastille, les établissements de MM. Moranvillé et Trotrot à La Villette, les derniers
surtout, méritaient à cette époque d'être cités comme des mo-
dèles. Il serait injuste de les oublier aujourd'hui, car ils ont été
brûlés par la Commune, malgré les services qu'ils avaient rendus pendant le siège.

Les magasins de la ville étaient loin d'offrir un spectacle aussi
réjouissant. Établis pour la plupart dans des édifices d'un aspect
monumental, leurs aménagements intérieurs ne répondaient pas
aux apparences du dehors, A la halle au blé les sacs de farine
étaient entassés sur une hauteur énorme, tandis qu'à La Villette
les étages nombreux et bas permettaient d'isoler chaque rangée.
Aux pavillons des halles centrales, le sous-sol humide et sale
exposait beaucoup de denrées à se corrompre rapidement. Bien

des fromages périrent ainsi, emportant avec eux les plus vifs regrets des Parisiens. Il y avait là également des pommes de terre qui se gâtèrent bien vite ; mais il faut dire qu'elles avaient été achetées au mois d'août dans de mauvaises conditions ; c'était un legs de l'administration impériale. Dès les premiers jours de septembre, elles répandaient une odeur nauséabonde.

Les dépôts provisoires, improvisés à la hâte dans la cour des Invalides et derrière l'école militaire, présentaient des inconvénients bien autrement graves. Les approvisionnements s'y trouvaient sans abri, aux approches de la saison pluvieuse. On les couvrait, comme on pouvait, avec des bâches en cuir ou en toile, en attendant que les hangars, sous lesquels on devait les mettre, fussent construits, construction commandée trop tard et conduite avec mollesse. Dans un quartier voisin une vaste usine était libre. On avait songé avec raison à l'utiliser et elle figurait en effet sur la liste de nos magasins : mais quand je la visitai, je la trouvai presque vide. Je ne dissimulai ni ma surprise ni mon mécontentement. On me donna comme excuse la difficulté de se procurer des chevaux. Or à deux pas de là, séparés de nous par une mince cloison, je découvris sans peine quatre-vingts chevaux robustes, parfaitement reposés, car ils ne travaillaient pas depuis quatre jours. Peu de temps après, l'usine était pleine : ce qu'elle recevait était autant d'enlevé aux dépôts en plein air du quartier des Invalides.

———

Je ne voudrais pas tirer de faits particuliers des conclusions trop générales, mais je ne crois pas être téméraire en affirmant que le régime administratif, conçu et pratiqué comme il l'est dans notre pays, étouffe l'initiative personnelle, énerve le sentiment du devoir, rend les hommes insouciants, inaptes aux affaires qui exigent une activité toujours en éveil, une exécution prompte et vive. Tous les agents de l'administration ne subissent pas au même degré cette influence ; aucun n'y échappe entièrement.

Les entrepreneurs qui travaillent pour le compte de l'État
participent dans une certaine mesure à la somnolence administrative. Ce n'est pas qu'ils soient incapables de grandes choses.
Ils en ont fait de très grandes pendant le siège. L'impulsion
donnée par la mairie de Paris, par le ministre du commerce,
et surtout par le ministre des travaux publics, M. Dorian, n'a
pas été infructueuse. Des canons ont été fondus en quantité
suffisante pour les besoins de la défense, des abris ont été
construits pour les bestiaux sur une étendue de plusieurs kilomètres, des moulins à vapeur ont été installés dans les gares de
chemins de fer et dans une vaste annexe de l'usine Cail. Ce sont
là des travaux mémorables. Mais tout en faisant la part de l'éloge,
la critique réserve ses droits : pas une seule de ces entreprises
n'a été réalisée au jour promis. Des circonstances fortuites ont
empêché les retards d'être aussi nuisibles qu'ils auraient pu
l'être. Ils l'ont été néanmoins. Pour me borner à un exemple,
je citerai les moulins : achevés quelques jours plus tôt, c'est-à-
dire conformément au traité passé avec la maison Cail, ils
nous auraient permis d'avoir une réserve, et cette réserve
aurait singulièrement facilité les distributions de farines aux
boulangers, car on aurait fait à l'avance et à l'aise ce qu'il fallut
faire à la hâte, à travers mille obstacles, le moindre accident
pouvant mettre en péril la subsistance du lendemain. Il est vrai
qu'on n'avait pas les mêmes ressources qu'en temps ordinaire.
Les ouvriers consentaient avec répugnance à interrompre leur
service dans la garde nationale ; les gros salaires ne suffisaient
pas pour les attirer ; il fallait leur faire comprendre que leur
travail n'était pas moins utile à la patrie que la garde des rem-
parts ; quelques-uns refusaient obstinément. D'un autre côté, il
y a dans les crises suprêmes quelque chose qui remue les cœurs,
qui stimule les volontés. Et puis, les difficultés provenant
d'une situation exceptionnelle pouvaient être prévues, elles
devaient être calculées ; elles justifiaient la stipulation de délais
plus longs : elles ne justifiaient pas des livraisons tardives en
dehors des délais convenus. Par la tolérance de l'ancienne

administration et par d'autres causes encore l'inexactitude était devenue habituelle, je dirais presque naturelle. Je me souviens de la stupéfaction d'un de nos entrepreneurs à qui je demandais si en parlant de huit jours il entendait bien dire une semaine et s'il serait prêt au bout de ce temps. Il ne comprenait pas qu'on pût être si pointilleux. Un délai fixe et rigide lui paraissait quelque chose d'inouï.

Le seul groupe social où le temps soit apprécié à sa juste valeur, c'est le groupe des commerçants. Là se retrouve l'exactitude vainement cherchée ailleurs. J'en ai eu de nombreuses preuves pendant le siège. Mes rapports avec les syndics de certaines corporations ont été fréquents. Si j'avais à recommencer la même épreuve (ce qu'à Dieu ne plaise) je voudrais les multiplier davantage et les rendre plus intimes. Au plus fort de la crise, les syndics des épiciers, des marchands de bois et des marchands de charbon, surtout ceux des boulangers ont été nos plus précieux auxiliaires. On a regretté quelquefois d'avoir négligé leurs avis, presque toujours on a été heureux de les avoir suivis. Dans certains cas on a eu recours non seulement à leurs conseils, mais à leur intervention active, par exemple pour la distribution ou l'achat de combustible et de denrées alimentaires. Avec eux pas de rendez-vous manqués, pas d'ordres mal saisis, pas d'affaires traînantes. Leur zèle était vraiment à la hauteur des circonstances. Deux d'entre eux (MM. Vaury et Plouin) ne craignirent pas de s'installer à la caisse de la boulangerie, à côté du directeur, pour faire face aux difficultés de plus en plus grandes de la livraison des farines : ils m'avaient indiqué des réformes qui me semblaient judicieuses : je leur offris de les mettre eux-mêmes en pratique : après quelques hésitations, car il s'agissait d'une tâche lourde et périlleuse, ils acceptèrent et nous donnèrent vaillamment un concours entièrement gratuit.

J'ai tenu à montrer que le commerce, qui sous l'aiguillon de la concurrence rend les hommes exacts et prompts, n'étouffait pas en eux l'amour de la chose publique. Je me garderais

bien de dire qu'il l'inspire nécessairement à tous ceux qui le
pratiquent. Le désintéressement est rare dans toutes les professions. Beaucoup de commerçants ont profité, sans mesure et
sans pudeur, de nos calamités pour s'enrichir. Beaucoup ont
eu recours à la fraude et aux plus tristes manœuvres, soit pour
échapper aux taxes qui, dans une ville fermée, limitaient leurs
bénéfices, soit pour faire sortir les viandes et les boissons dont
le débit était plus profitable dans les communes suburbaines.
Il y aurait partialité en leur faveur à les juger tous d'après leurs
syndics. Ce qui est vrai, c'est qu'ils possèdent, à un plus haut
degré que les administrateurs civils et militaires, la notion de
la valeur du temps, qualité suprême sans laquelle les projets les
mieux combinés ne peuvent manquer d'échouer. La cause de
leur supériorité ne doit pas être cherchée bien loin, elle tient à
ce fait incontestable que le mécanisme commercial est infiniment plus simple, plus rationnel que le mécanisme administratif.

Dans tous les temps et dans tous les pays, le mécanisme
administratif, par la force des choses, est lourd et com-
pliqué ; mais à Paris, à l'époque du siège, il dépassait comme
complication tout ce qu'on peut imaginer. Il semble que toutes
les affaires de subsistances auraient dû être concentrées entre
les mains de la mairie de Paris, assistée par un conseil municipal élu ou par une commission tirée du sein de ce conseil,
car quoi de plus naturel qu'une ville s'occupe elle-même de sa
propre alimentation ? A cause des circonstances, il y aurait eu
lieu de s'entendre sur quelques points avec certains membres
du gouvernement, avec le ministre de la guerre, le ministre du
commerce, le gouverneur, ou même avec le gouvernement tout
entier. La nécessité de cette entente, renfermée dans des limites
étroites, n'aurait pas compromis la marche générale des affaires.
Tout autre était le système qui fonctionnait.

———

D'abord il n'y avait pas de conseil municipal. L'assemblée

des maires et adjoints d'arrondissements qui se tenait à l'hôtel
de ville était plutôt consultative que délibérante ; ses décisions,
en fait, exerçaient parfois une grande influence ; en droit, elles
n'avaient rien d'obligatoire. Elle s'occupait de beaucoup de
choses, et entre autres des approvisionnements, mais avec peu
de suite, les préoccupations politiques et stratégiques la détournant sans cesse des affaires purement administratives. Rentrés
dans leurs arrondissements, les maires et adjoints se trouvaient
chargés d'exécuter des mesures qu'ils n'avaient pas délibérées
et qui avaient été discutées par eux d'une manière insuffisante ;
l'exécution s'en ressentait, elle manquait souvent de fermeté ;
elle variait d'un quartier à l'autre : chaque circonscription avait
son régime à part. On fit ainsi l'expérience de la décentralisation, mais on la fit dans de mauvaises conditions ; une ville,
quelque grande qu'elle soit, forme un tout qui ne se laisse pas
impunément morceler : les intérêts communs l'emportent trop
dans son sein sur les intérêts de localité : d'ailleurs nous tra-
versions une crise qui exigeait plus que jamais la concentration
des efforts et l'unité de direction.

Les rapports de la mairie centrale avec les mairies d'arrondissements n'étaient pas toujours faciles : au fond cependant,
sauf de rares exceptions, ils étaient empreints de cordialité. Des
vues d'ensemble, des projets bien combinés, bien liés n'auraient
donc pas été impossibles, s'il n'y avait eu, à côté ou au-dessus
du pouvoir municipal, deux ou trois autres autorités intervenant dans les affaires de la ville.

Les achats de bestiaux, de farines et autres denrées alimentaires avaient été faits par le ministère du commerce. C'était lui
qui en disposait. De là des anomalies bizarres, des enchevêtre-
ments d'attributions inextricables et à la longue, malgré la
bonne volonté réciproque, des conflits. La municipalité réglait
la taxe du pain ; le ministère du commerce réglait celle de la
viande. La garde et l'entretien des bestiaux appartenait au
ministère du commerce seul ; la municipalité était dépositaire
des farines, des légumes secs, des pommes de terre et en géné-

ral de tous les objets susceptibles d'être emmagasinés. Les
farines déposées dans nos magasins n'en pouvaient sortir que
sur un ordre du ministère ; une fois l'ordre donné, la distribution aux boulangers se faisait par nos soins. Les autres denrées,
au contraire, ainsi que les produits des abattoirs, étaient ou
mises en vente ou livrées aux mairies d'arrondissements directement par le ministre. Les recensements nécessaires pour les
distributions de ces denrées nous concernaient. Les moulins
Cail dépendaient de la mairie, les autres du ministère du
commerce. Nous étions ainsi mêlés à tout, responsables de tout,
aux yeux du public, et ne disposant de rien ou de fort peu de
chose.

On crut devoir, dans une excellente intention sans doute,
établir une commission supérieure de subsistances. Deux économistes éminents (MM. Cochut et Cernuschi) et l'honorable
directeur du chemin de l'Est (M. Sauvage) en faisaient partie.
La municipalité y était représentée par le maire et un adjoint.
Quatre ministres y figuraient, le ministre de l'instruction
publique, le ministre des finances, le ministre de l'intérieur et
le ministre du commerce. Après le départ de M. Gambetta, il
n'y en eut plus que trois. C'était à la fois trop et trop peu ; le
ministre des finances et le ministre de l'instruction publique ne
pouvaient toucher que de bien loin aux questions alimentaires.
D'un autre côté, la présence du ministre de la guerre eût été
fort désirable. A la fin du siège, peu de jours avant la capitu-
lation, trois maires d'arrondissement (MM. Vautrain, Desmarets et Tirard) furent appelés parmi nous. Ils ne vinrent guère
que pour constater l'épuisement de nos ressources.

Le rôle de la commission bien compris pouvait être des plus
utiles ; mais il exigeait un travail immense. Il fallait établir la
statistique de tous nos approvisionnements, suivre le mouvement des livraisons et des consommations, recevoir, lire et
analyser les tableaux dressés à cet effet, se mettre en contact
avec les maires des arrondissements, les syndics des corporations, le comité d'hygiène, les hommes spéciaux des industries

alimentaires, prendre l'initiative de toutes les mesures urgentes s'assurer de leur exécution, discerner parmi les réquisitions celles qui étaient indispensables et celles qui devaient être repoussées, étudier mûrement les divers systèmes de rationnement, diriger, d'après un plan rationnel, l'assistance publique, se mettre d'accord avec l'intendance, fondre en une seule toutes les autorités divergentes. La réalisation de ce programme fut ébauchée ; elle ne fut pas poussée à fond. Aucun homme ne possède des aptitudes universelles, ni des forces illimitées. Les membres du gouvernement, qui s'étaient mis à la tête de la commission des subsistances, avaient, par excès de zèle, oublié cette vérité de bon sens. Irrégulièrement convoquée, dirigée sans énergie, trop peu en contact avec les choses et les personnes du dehors, ne possédant qu'une autorité incertaine, la commission supérieure était un simple rouage ajouté à la machine administrative, rouage plus embarrassant qu'efficace.

Souvent le gouvernement de la défense nationale intervenait d'une manière directe. Les réquisitions générales, les taxes réglant les prix de certaines marchandises, les dispositions relatives au rationnement lui étaient soumises ou émanaient de lui. Le caractère exceptionnel de ces mesures, exorbitantes du droit commun, les signalaient alors à l'attention du pouvoir, aujourd'hui il les désigne à la nôtre.

Dans une ville assiégée, la concurrence extérieure faisant défaut, la détention des marchandises tourne au monopole, une partie des approvisionnements se trouve entre les mains de l'État, les nécessités publiques ont des exigences qu'il faut satisfaire de suite et à tout prix, le nombre de ceux qui ne peuvent plus vivre par leurs ressources personnelles augmente : de là l'impossibilité de maintenir intactes les règles ordinaires de l'ordre social. On est forcément conduit à restreindre la liberté du commerce, à exproprier, par des voies sommaires, les biens meubles comme les immeubles, à agrandir les cadres de l'assistance et la sphère de la réglementation. Mais de ce qu'on accepte un mal nécessaire, il n'en résulte pas que ce

mal soit un bien, ni qu'on puisse impunément le considérer
comme tel. La mutilation des libertés économique doit être considérée comme une sorte d'opération chirurgicale qu'on cir-
conscrit dans la limite du strict nécessaire, si on ne peut
l'éviter.

———

L'inconvénient des réquisitions est plus ou moins grand selon
la nature et la destination de l'objet requis. Les plus justes et
les moins dangereuses sont celles qui sont destinées à un service public de l'ordre civil ou militaire. Elles répondent visiblement à des besoins impérieux et elles sont naturellement limitées par l'étendue de ces besoins. Elles constituent une charge
qu'il n'est pas toujours facile de répartir d'une manière équitable, mais une indemnité bien calculée compense, dans une
certaine mesure, les pertes subies et du moins, après avoir
réparti la charge de la réquisition, il n'y a pas à en répartir le
profit. Quand au contraire il s'agit de satisfaire aux besoins de
la consommation privée, il faut fixer leurs limites, chose très
délicate ; puis il faut emmagasiner et conserver les objets requis,
il faut enfin les distribuer aux consommateurs. La réquisition
aboutit alors au rationnement. Dans l'un et l'autre cas, mais
dans le second surtout, il importe de respecter les provisions
de ménage. Pour les atteindre, on serait obligé d'avoir recours
aux visites domiciliaires qui exigent un personnel énorme, le
plus souvent choisi à la hâte, et donnent lieu à toutes sortes
d'abus. Il importe aussi de ne pas requérir les objets qui sont
susceptibles d'être dispersés par petites quantités : si on les
requiert, ils disparaissent, passent secrètement de main en
main, s'enfouissent et quelquefois se gâtent sans que personne
en jouisse.

Les taxes, au premier abord, paraissent moins inoffensives et
plus commodes que les réquisitions. Elles ne violentent pas
brutalement ceux qu'elles frappent, elles leur laissent la garde
de leurs marchandises, avantage considérable, car ils les

soignent beaucoup mieux que ne pourraient le faire les agents
de l'autorité. Mais leur efficacité est médiocre et elles font bien
vite place à des mesures plus radicales. En effet, si elles sont
très modérées, c'est-à-dire si elles s'écartent peu du prix courant, elles sont presque inutiles. Elles refrènent peut-être les
spéculations à la hausse par trop ardentes ; elles ne donnent pas
à bon marché ce qui est cher. Si, au contraire, elles établissent
un tarif très bas, elles deviennent promptement inapplicables :
on s'ingénie de mille manières à les éluder et la surveillance la
plus minutieuse ne réussit pas à déjouer les fraudes que com-
mettent les débitants ayant pour complices une partie de leur
clientèle. Quand, par un heureux concours de circonstances, la
taxe réussit à contenir la hausse, elle a alors un autre inconvénient qui est d'exciter la consommation et par suite de compromettre les ressources de la ville investie ; non seulement on
ne consomme pas moins, mais on consomme plus qu'en temps
ordinaire, la denrée taxée servant de succédanée à d'autres qui
ne le sont pas : c'est ainsi qu'on a vu le pain donné aux chevaux
en guise d'avoine. Les taxes, comme les réquisitions, abou-
tissent tôt ou tard au rationnement.

De ce qui précède, il résulte qu'il ne faut taxer ou requérir,
pour les besoins de la consommation privée, que les choses
susceptibles d'être distribuées par voie de rationnement. Or, le
rationnement est une mesure essentiellement égalitaire ; il n'est
possible que si les choses rationnées existent en quantité suffisante pour être partagées entre tous : ce qui exclut toutes les
denrées qui n'entrent pas habituellement dans la consommation
populaire. Il n'y a qu'une exception à cette règle, c'est le cas
où l'on réserve certaines denrées à certaines catégories de consommateurs qui méritent une sollicitude particulière, par
exemple aux blessés, aux malades, aux enfants, mais il faut
avoir soin de bien déterminer ces catégories : et, quelque soin
qu'on prenne à cet effet, la faveur et l'intrigue obtiennent trop
souvent ce qui est dû à la faiblesse de l'âge ou à la souffrance.

Le rationnement suppose toute une série d'opérations préli-

minaires qui demandent à être préparées longtemps à l'avance,
telles que : relevé exact des denrées à distribuer, recensement
des personnes, choix des locaux et des agents de distribution,
confection des cartes individuelles. Une fois organisé, des
efforts constants sont nécessaires pour le perfectionner dans
ses parties défectueuses, et surtout pour empêcher les habiles
de faire tourner à leur profit les vices du système.

On eût évité bien des fautes si l'on eût aperçu dès le principe
le point extrême où il fallait pousser l'intervention administrative, afin de la rendre efficace, et les limites rationnelles qu'il
convenait de lui assigner. Des mesures autoritaires étaient indispensables ; il les fallait énergiques et radicales, mais restreintes
dans leur application à un petit nombre d'objets. Toute autre,
malheureusement, était la tendance de l'opinion publique.

De toutes parts on réclamait les taxes et les réquisitions avec
une ardeur que nous avons peine à comprendre aujourd'hui.
Dans certains clubs on demandait le rationnement universel.
Tout le monde n'allait pas jusque-là ; mais dès qu'on voyait
une denrée se raréfier, dès que les prix montaient, on s'adressait
au gouvernement, on le pressait d'intervenir. On ne s'inquiétait
ni des inconvénients de la perquisition, ni des difficultés de
l'emmagasinage et de la distribution, ni des résistances que les
tarifs officiels devaient susciter. On semblait croire à l'effet
magique des formules autoritaires. A des degrés divers, la même
impatience, la même ignorance, la même naïveté se retrouvaient
dans tous les partis, dans toutes les classes de la société. Chose
étrange ! les aspirations des socialistes, qui sont parfois légitimes, excitent la plus vive répulsion au sein de la bourgeoisie ;
mais les préjugés, les erreurs, les fausses conceptions, qui sont
la base de leurs doctrines, ont pénétré partout et gâtent les
meilleurs esprits. J'ai reçu pendant le siège plusieurs milliers
de lettres, la plupart ayant trait aux subsistances : une seule
demandait la levée d'une réquisition ; les lettres en sens contraire
se compteraient par centaines. Dans les assemblées des maires
et adjoints, où siégeaient tant d'hommes distingués, quelques-

uns éminents par leurs facultés intellectuelles, les mesures les
plus rigoureuses étaient sans cesse sollicitées, accueillies par
des transports de joie après le vote. Les conseillers improvisés,
les donneurs d'avis qui nous accablaient de leurs visites, jour
et nuit, parlaient dans le même sens, avec une force de conviction véritablement effrayante.

La presse quotidienne n'était guère mieux avisée. Ici, cependant, il faut faire quelques exceptions, au nombre desquelles je
citerai en première ligne les articles de M. Jacques Siegfried, et
ceux de M. Molinari. Les premiers nous furent fort utiles,
d'autant plus qu'ils amenèrent leur auteur à nous prêter, d'une
manière plus directe, un concours aussi loyal qu'éclairé. Quant
aux articles de M. Molinari, très justes au fond, ils renfermaient
une formule un peu dure, qui devint aussitôt impopulaire et
fut exploitée contre les économistes : « Le rationnement par la
cherté » ne pouvait être proposé qu'avec beaucoup de réserves.
— La cherté diminue le nombre des participants ; elle ne
diminue pas toujours les parts. — Il faut nourrir, par un
moyen quelconque, ceux qu'elle exclut. — Elle doit avoir
pour correctif le rationnement égalitaire appliqué à certaines
denrées, et même les distributions gratuites. Ces réserves étaient
faites par l'honorable écrivain, mais elles n'étaient pas inhé-
rentes à la formule, qui circulait toute seule et ne faisait
qu'aviver les passions.

Au milieu de l'entraînement général qui portait vers les
mesures autoritaires, on ne songea que très tard à la plus
urgente de toutes : le rationnement du pain était relégué au
nombre des hypothèses chimériques ; on l'envisageait comme
une sorte de spectre, avec un mélange de dédain et d'effroi ; on
le jugeait presque impraticable ; on se berçait de la douce illusion qu'il serait inutile d'y recourir.

Un pareil état de l'opinion publique ne pouvait manquer
d'exercer son influence sur le gouvernement issu de la révolution du 4 septembre. Il faut en tenir compte pour juger équitablement les mesures prises à cette époque. Ajoutons qu'on

n'avait pas alors l'expérience, que nous avons, hélas! si bien
acquise aujourd'hui, et que le travail administratif, entravé
déjà par la complication des rouages politiques, était troublé à
tout instant par les excitations inséparables des grandes crises;
chacun croyait avoir une recette infaillible pour sauver la
patrie, et tenait à l'exhiber. Je ne parle pas des émeutes: il n'y
en eut que deux.

La taxe du pain et la taxe de la viande ouvrent la série des
mesures exceptionnelles, le rationnement du pain (19 janvier)
la ferme. Dans l'intervalle se placent la réquisition des farines,
des céréales et des bestiaux, l'établissement des boucheries
municipales, le rationnement de la viande, la réquisition des
chevaux, des pommes de terre, de la charcuterie, de la houille,
des bois de boulange, des bois de chauffage, et la taxe du sucre.

Diverses denrées appartenant à l'État ou à la ville, soit par
suite d'achats au dehors antérieurs au siège, soit par suite de
réquisitions, ou même d'achats à l'intérieur, furent distribuées
à prix d'argent par l'intermédiaire des mairies. Parmi elles
figuraient le riz, les haricots, les pommes de terre, les fromages,
le charbon de bois, l'huile, la graisse. — Les mêmes denrées
donnèrent lieu aussi à des distributions gratuites faites par
l'intermédiaire des bureaux de bienfaisance, des fourneaux
économiques et des cantines municipales. Les bons de pain
étaient très nombreux, si nombreux qu'ils devinrent avant le
rationnement l'objet d'une spéculation odieuse; après les avoir
accumulés, on les présentait brusquement, et l'on épuisait tout
à coup une boulangerie, comme on épuise une banque pour la
faire sauter.

La taxe du pain, arrêtée d'accord avec les syndics de la boulangerie, ne souleva aucune difficulté. Il en fut autrement, de
la taxe de la viande; elle rencontra de la part des bouchers
une résistance opiniâtre, qui ne put être vaincue que par la
création des boucheries municipales. Il est évident, du reste,
que ni le prix du pain, ni le prix de la viande ne pouvaient
rester libres, puisque l'État fournissait les farines et les bestiaux.

La taxe du sucre n'était pas justifiée par des motifs aussi impérieux. C'était cependant une de celles que le public réclamait avec le plus d'insistance. Nous résistâmes longtemps. Une hausse assez forte, qui se manifesta vers la fin de décembre, nous fit céder. Les syndics de l'épicerie nous proposèrent un tarif très raisonnable, qui tendait à modérer les spéculations plutôt qu'à gêner le commerce. Ce tarif adopté par le maire de Paris (M. Jules Ferry), passa le lendemain à l'*Officiel*, avec des modifications qui en dénaturaient le caractère. On avait augmenté, un peu à la hâte, l'écart entre le prix légal et le prix réel. De là, plaintes des consommateurs qui ne pouvaient plus trouver de sucre, et de la part des épiciers une véritable avalanche de réclamations. Ces derniers allaient même jusqu'à demander une indemnité : ils voulaient être comptés parmi les victimes du siège, oubliant, bien entendu, de faire la balance entre les pertes causées par la taxe et les bénéfices d'un débit fructueux qui avait duré quatre mois.

Parmi les réquisitions, deux seulement méritent d'être blâmées. Les farines, les céréales, les bestiaux étaient absolument indispensables pour l'alimentation, ou pour des services publics de premier ordre. Sans être facile, la saisie de ces ressources si précieuses n'offrait pas d'obstacles insurmontables : quelques-unes pouvaient se dérober aux recherches, mais la grande masse devait, par sa nature même, tomber sous la mainmise de l'administration. On avait eu soin d'ailleurs d'excepter les provisions de ménage. Mais la voie des réquisitions est une voie glissante ; on ne sut pas s'arrêter au point convenable.

Les pommes de terre étaient devenues rares : on les tirait à grand'peine de la banlieue, quelquefois sous le feu de l'ennemi ; naturellement elles se vendaient très cher. Cette cherté excessive irritait la population parisienne. L'assemblée des maires et adjoints demanda la réquisition des pommes de terre. J'essayai en vain de l'en détourner. Le maire du IVe arrondissement, M. Vautrain, se trouva seul de mon avis. La réquisition fut votée, puis décrétée ; le résultat, que nous avions annoncé à

l'avance, se produisit immédiatement : on parvint à saisir une
centaine d'hectolitres : le reste disparut, se vendit d'une manière
clandestine, se gâta au fond des caves ou dans d'autres lieux. Il
est vrai qu'on eut la joie de ne plus voir le tubercule envié se
vendre publiquement à haut prix. Pendant plusieurs semaines,
on admira en silence le bel effet de la réquisition. Un citoyen
intelligent (je regrette d'avoir oublié son nom) réclama en
faveur du libre commerce. La réquisition fut levée, et les
pommes de terre reparurent. La charcuterie subit le même
régime avec le même genre de succès. Cette fois, cependant,
les maires d'arrondissement, se méfiant des économistes de la
mairie centrale, s'étaient chargés en personne d'exécuter le
décret : leur zèle ne trouva pas sa récompense : les saucissons,
les jambons et autres comestibles analogues, de nature appétis-
sante, se montrèrent non moins aptes à la fuite que les pommes
de terre. Le ridicule de ces tentatives sauva l'épicerie ; on se
contenta de la soumettre à une enquête.

Les mesures relatives au rationnement et à la distribution,
gratuite ou non gratuite, des denrées furent pendant le siège
l'objet de critiques très nombreuses et très vives, souvent
injustes. La plupart des abus dont on se plaignait tenaient à
l'essence même des mesures anormales que la nécessité nous
imposait. D'autres se rattachaient à cette division des pouvoirs
dont nous avons parlé plus haut. Entre les maires d'arrondissement et la mairie centrale, il n'y avait pas de liens assez étroits.
De là des disparités choquantes et des tiraillements fâcheux
dans l'exécution des arrêtés municipaux. Entre les maires et le
ministère du commerce, les rapports étaient encore moins
intimes. Les intentions du ministre n'étaient pas toujours bien
comprises. De son côté, le ministre ne pouvait apprécier tout
le poids de la charge qui incombait aux maires. Il leur faisait
une première distribution en raison du nombre de leurs admi-
nistrés : il les laissait ensuite se débrouiller de leur mieux, et
faire la part de chacun. Il arrivait parfois que les quantités à
distribuer étaient trop petites pour donner lieu à une répartition

égale et commode entre tous les consommateurs. Il fallait alors
ou les réserver pour les joindre à d'autres, ce qui occasionnait
un encombrement déplorable, ou bien limiter le nombre des
participants. Les avis qui annonçaient la distribution à faire
étaient quelquefois tardifs, et le temps manquait pour la bien
régler.

Le défaut d'une centralisation suffisante se faisait sentir bien
davantage à propos des distributions gratuites. Une commission, que j'eus l'honneur de présider, et qui avait pour secrétaire M. Jacques Siegfried, essaya d'établir entre les cantines
municipales, les bureaux de bienfaisance, les fourneaux économiques et autres établissements d'assistance, publics ou privés,
à défaut d'organisation commune, une entente amiable, des
communications régulières : mais cette commission, purement
officieuse, ne réussit pas à vaincre les résistances qu'elle rencontra. Contrairement à nos habitudes françaises, l'assistance,
pendant le siège, fut très peu uniforme, trop peu, selon moi ;
ce qu'on ne peut lui reprocher, c'est d'avoir été trop étroite :
le nombre des assistés dépassa le chiffre de 400 000.

Le goût intempestif de la décentralisation eut un autre effet
qu'il importe de signaler. Le recensement, qui était la base de
toutes les distributions, resta longtemps confié aux mairies
locales. On n'obtint de cette manière que des résultats incomplets, tardifs et inexacts [1]. On se décida enfin à un travail d'ensemble qui fut exécuté en trois semaines, par les ordres et avec
les ressources de la mairie de Paris, sous la direction de
M. Richard, ancien maire du XIXe arrondissement. Ce dernier
recensement n'était pas irréprochable, mais il était moins défectueux que les autres, et il permit de rationner le pain sans trop
de mécomptes.

[1]. Le maire du XVIIe arrondissement, M. François Fabre, nous présenta un très
beau travail, très consciencieux et très digne de confiance, mais c'était à la fin de
décembre.

La faute capitale, commise à cette époque, est d'avoir rationné le pain trop tard. Le rationnement de la viande suivit de près la taxe de la boucherie. Le nombre des bestiaux était si visiblement inférieur aux besoins d'un long siège, qu'on sentit de suite la nécessité de limiter la consommation de la viande. La farine et les céréales abondaient. Il y avait là une ressource qui semblait inépuisable. Dans le public, on se faisait à cet égard les illusions les plus étranges. Le gouvernement ne crut pas prudent de les dissiper. Il déclara même, d'une manière solennelle, que le pain ne serait pas rationné. Cette déclaration me causa un véritable désespoir. Qu'entendait-on par là? Qu'on serait prochainement délivré? Ce n'était guère probable. Qu'on capitulerait avant d'avoir subi les dernières épreuves? C'était se vouer au déshonneur. Qu'on pouvait indéfiniment puiser dans nos réserves? C'était le contraire de la vérité : car, à ce moment même (décembre 1870), on commençait à mélanger l'avoine avec le froment. On se proposait, il est vrai, d'apaiser certaines paniques : mais avec le rationnement les paniques n'étaient plus à craindre. Sans doute il était très dur de restreindre l'aliment populaire par excellence ; il fallait s'y résoudre néanmoins, sous peine de succomber avant 1 heure : et puisqu'on devait tôt ou tard en arriver à cette résolution suprême, mieux valait s'y préparer à l'avance, et l'adoucir en la préparant.

Le rationnement officiel du pain n'eut lieu que le 19 janvier, au taux de 300 grammes. Il aurait dû être établi depuis deux mois, et, en fait, depuis plusieurs semaines il existait ; car, en dépit de toutes les déclarations gouvernementales, quand on ne dispose que de 5 000 quintaux par jour, et que la consommation en demande 7 000, il faut bien, d'une manière ou d'une autre, rationner le consommateur. Les livraisons faites aux boulangers étant limitées, les boulangers eux-mêmes limitaient leur clientèle ; mais ce système (qui avait séduit quelques membres de la commission des subsistances) créait des désordres monstrueux ; personne n'était assuré d'avoir sa part,

et beaucoup, par la violence ou la ruse, obtenaient plus que
leur part. Le rationnement légal, quoique très strict, fut donc
un bienfait relatif, puisqu'il remplaçait le rationnement arbitraire. Du reste, aucune des prévisions sinistres qui avaient été
exprimées à ce sujet, ne se réalisèrent. La population supporta
avec courage et avec calme cette dernière épreuve. On s'était
familiarisé avec l'usage des cartes d'alimentation. On s'en servit
pour le pain comme on s'en servait déjà pour la viande, le
combustible et tant d'autres choses. Des réserves, fournies par
quelques gros boulangers, et par l'usine Scipion, permirent de
faire face aux réclamations les plus pressantes. Ces réserves
épuisées, on avait encore, pour les cas imprévus, la ressource
du biscuit. On put attendre ainsi, non sans de grandes souffrances, mais sans famine, l'époque du ravitaillement, c'est-
à-dire les premiers jours de février.

Après tant d'épreuves, il semble qu'on aurait dû être dégoûté
des mesures autoritaires. On avait vu combien il est difficile de
résoudre, par les procédés administratifs, ce problème de la
distribution des vivres, résolu d'une manière si simple sous
l'empire de la liberté. Que de gênes la réglementation impose !
que de temps perdu, que de forces gaspillées, que de santés
compromises pour se procurer sa carte, pour obtenir, après une
longue attente, sa ration et celle de sa famille, pour se contrôler et se surveiller les uns les autres ! Quels embarras, quels
retards cruels, résultent de la moindre négligence, d'un simple
changement de domicile ! Quelle égalité brutale que celle qui
exige de tous les mêmes goûts et leur suppose les mêmes besoins !
Et pour maintenir cette triste égalité, que d'efforts, quel
déploiement de police, que de dénonciations, que d'enquêtes !
Malgré tout, l'inégalité se glisse à travers les mailles du filet réglementaire. Ce n'est plus l'inégalité au profit des plus actifs, des
plus utiles, mais l'inégalité au profit des intrigants, des fraudeurs.
Le régime communiste favorise les forts au préjudice des faibles,
tout autant, et plus peut-être, que le régime libéral ; seulement la
supériorité qu'il favorise ne consiste pas à produire davantage,

mais à s'ingénier pour consommer plus en produisant moins.
Le nombre des rations de pain distribuées dépassa de 200 000
le chiffre réel de la population. L'écart eût été plus grand encore,
si l'on n'avait eu l'idée d'offrir du biscuit en guise de part
supplémentaire : le biscuit était accepté avec empressement de
ceux qui réclamaient à juste titre ; les autres le dédaignaient.
Ce seul fait, choisi entre mille, peut donner l'idée du désordre
qui s'introduirait dans l'ordre social le jour où la liberté en
serait exclue.

Et cependant, par une étrange aberration de l'esprit public,
la liberté à l'issue du siège fut accueillie avec méfiance. Les
maires et adjoints d'arrondissement étaient préoccupés surtout
de prolonger le plus possible le rationnement. Ils tremblaient
de le voir cesser trop tôt. On hésita même à admettre l'entrée
dans Paris des viandes apportées du dehors. Une longue discussion s'engagea à ce sujet dans le sein de l'assemblée municipale. La crainte du ridicule et le sentiment patriotique l'em-
portèrent enfin sur le fanatisme égalitaire. Fermer nos portes à
l'introduction libre des denrées alimentaires, c'eût été faire
croire à l'étranger que nous avions encore des ressources considérables, que nous avions lâchement capitulé, sous prétexte
d'une disette mensongère : Paris perdait le bénéfice moral de
sa longue résistance, il se déshonorait aux yeux de l'Europe.
Cette honte nous fut épargnée. On se résigna à recevoir du
dehors une nourriture extra-réglementaire.

Le ravitaillement se fit, en grande partie, par l'intermédiaire
de l'État. On a critiqué depuis les marchés conclus par le
ministère du commerce : s'il ne les avait pas faits, on l'aurait
blâmé bien davantage. Je crois néanmoins qu'il aurait mieux
valu braver sur ce point l'opinion publique. Il fallait s'assurer
des farines pour une ou deux semaines : pour tout le reste, avoir
foi dans la liberté : la France entière avait l'œil sur nous ;
ravitailler Paris, était l'objectif de quiconque voulait gagner de

l'argent ; la différence entre les négociants honnêtes et les faiseurs d'affaires, c'est que les premiers comptaient agir loyalement à leurs risques et périls, les seconds demandaient un contrat en règle qui leur assurât une situation privilégiée. Beaucoup
de ces faiseurs étaient venus me trouver dès le mois d'octobre.
A tous j'adressais la même question : Vous ous proposez sans
doute de nous ravitailler pendant le siège ? — Oh ! non, répon-
daient-ils, c'est impossible. — Alors que nous offrez-vous ?
Après le siège, il y aura un pourvoyeur plus habile que vous et
plus puissant que l'État, le libre commerce.

Je quittai l'Hôtel-de-ville, le 15 février. A cette époque le
ravitaillement, malgré le mauvais état des chemins de fer, était
à peu près achevé. Je me sentais à bout de forces ; j'estimais
d'ailleurs que le moment était venu de renouveler l'autorité
municipale ; je souffrais de la persistance des illusions et je
partis tout plein de tristes pressentiments.

Aujourd'hui le calme a succédé à l'agitation ; la fièvre des
grandes crises est tombée, les désastres causés par la guerre
étrangère et la guerre civile se réparent ; la nation se recueille
et ses derniers votes la montrent disposée à consolider le régime
républicain. Mais l'œuvre de régénération que nos malheurs
nous imposent est loin d'être accomplie. La plupart de nos
institutions doivent être radicalement réformées. Nos mœurs,
nos habitudes d'esprit, nos tendances intellectuelles demandent
une réforme bien autrement profonde et difficile.

Je ne sais quel écrivain humoriste (Heine, je crois), a dit :
« Chaque peuple aime la liberté à sa manière ; les Anglais
l'aiment comme une femme légitime, les Français comme une
maîtresse, les Allemands comme une grand'mère. » Il y a
du vrai dans cette boutade. Nous aimons en effet la liberté par
caprice, d'une manière intermittente ; nous l'aimons sans la
respecter, et si follement, si aveuglément, que parfois nous
prenons pour elle son contraire. Il nous arrive de la confondre

avec la violence et alors nous déplorons ce qu'on appelle, bien à tort, ses excès : ou avec la souveraineté et alors nous nous imaginons qu'un peuple est libre par cela seul que les majorités gouvernent. Nous la comprenons si peu que nous lui opposons tantôt l'ordre, tantôt l'égalité, ne voyant pas qu'en dehors d'elle il ne peut y avoir que le désordre plus ou moins habilement déguisé et que d'autre part la seule égalité raisonnable, la seule possible, c'est la liberté égale pour tous. Poursuivant ainsi, les uns un ordre injuste ou mensonger, les autres une égalité chimérique, nous tolérons de sang-froid, ou nous provoquons sans scrupule les coups qui portent atteinte à la liberté, puis repris d'une belle ardeur pour celle que nous avons délaissée, nous nous étonnons, avec une naïveté enfantine, de voir qu'elle nous manque, et qu'avec elle l'âme même de la vie sociale a disparu.

Au fond, nous sommes un peuple autoritaire. L'autorité seule nous inspire confiance. Nous la voulons forte et surtout très étendue. Il est vrai que son extension nuit à sa force. Épuisée par la dispersion de ses efforts, embarrassée par les complications de son organisme, elle entrave tout et n'empêche rien d'une manière absolue. Elle nous plaît ainsi. Et en effet, ainsi constituée, ce n'est plus une règle rigide, maintenant inflexibles les droits de chacun, c'est une machine à compression qui se prête aux combinaisons les plus diverses et brise les résistances individuelles. Nous attendons d'elle des miracles : par exemple la conversion subite des incrédules ou l'abolition immédiate de la misère. Le miracle ne se faisant pas, nous invoquons une autre autorité, mais toujours l'autorité. Il ne nous vient pas à l'idée que notre initiative puisse servir à quelque chose, à moins qu'elle ne serve à peser sur les décisions du gouvernement.

Le positivisme ne nous a pas rendus positifs, au contraire : nous transportons dans le monde des réalités terrestres les méthodes et les formules de l'orthodoxie. Le libre examen ne nous répugne pas moins dans les questions sociales que dans les questions religieuses. Les affirmations téméraires, les déclarations dogmatiques, les manifestations théâtrales, tout ce qui caractérise les églises orthodoxes, tout jusqu'au fanatisme et à l'intolérance, se retrouve au sein de certaines sectes socialistes.

Après avoir exclu la liberté du domaine qui lui est propre, nous prenons quelque chose qui lui ressemble comme une caricature à un portrait, et nous l'installons dans notre vie privée et publique. Servile devant l'autorité, on recouvre son indépendance devant la morale. Le dérèglement devient la règle. Le sentiment de la justice disparaît. Toute la vertu consiste à être bon enfant, c'est-à-dire facile de mœurs, prompt à accorder des faveurs et à ménager les faiblesses d'autrui, qui en retour ménage les vôtres. On ne se sent lié par aucune promesse : les locataires trouvent tout simple de ne pas payer leur terme et les débiteurs très commode de suspendre indéfiniment leur liquidation ; les généraux capitulent après avoir juré de se battre jusqu'à la mort ; les hommes politiques, une fois au pouvoir, oublient les principes qu'ils professaient avant d'y être.

Ce n'est pas seulement le sens moral qui est vicié par un semblable dérèglement. Les facultés intellectuelles s'en ressentent. Les qualités solides sont sacrifiées aux qualités brillantes. Le manque de sérieux, le défaut de précision et d'exactitude nous rendent incapables de rien prévoir, de rien mesurer. Il en résulte que nous sommes toujours surpris et qu'en toute chose nous arrivons toujours trop tard.

Le mépris de la science est visiblement le trait qui caractérise le mieux notre état mental. Qui donc avant Sadowa, ou même après, aurait eu, chez nous, confiance en M. de Moltke? Nos sabreurs empanachés, tout fiers de leurs campagnes en Afrique, en Italie, en Crimée, en Chine (je ne dis pas au Mexique), n'auraient eu que du dédain pour ce vieux professeur de stratégie. Le même dédain se retrouve partout. Il suffit qu'un homme sache pour qu'on méprise ses avis. On paraît croire que plus on a étudié une question, moins on est apte à la résoudre. Les fous et les charlatans qui ne doutent de rien et tranchent les plus graves problèmes sans en connaître les données, attirent à eux les impatients et les ardents, les passionnent, les exaltent et les poussent aux abîmes. Les modérés, les sages décorent du nom de pratique l'empirisme le plus grossier : en temps de crise ils ont recours aux expédients ; la crise une fois passée, ils reviennent à la routine. Pour eux, il n'y a pas de principes certains, pas de lois scientifiques dans l'ordre social : ils repoussent les réformes les plus raisonnables, les plus urgentes, les plus mûres : tout cela, c'est de la théorie, et ils ont horreur de la théorie, car ils sont pratiques, disent-ils, dégagés de l'esprit de système. Ne pas avoir de système, c'est-à-dire ne pas avoir d'idées liées ensemble, pas de plan, pas de logique, pas de direction, quelle belle chose ! Et surtout quel excellent prétexte pour justifier les abus, perpétuer les injustices, conserver les privilèges, éterniser la routine et favoriser les intérêts de ses amis, sous le couvert de l'intérêt public !

Faut-il donc désespérer de la France ? Non, et voici les motifs qui m'encouragent à croire que nous nous relèverons.

D'abord notre histoire prouve qu'il y a du ressort en nous. Nous sommes tombés déjà bien des fois et bien bas. Après chacune de ces chutes, nous nous sommes relevés et nous avons su tirer de nos épreuves des forces nouvelles. Ensuite, dès à présent, on peut dire qu'on voit apparaître quelques bons symptômes. Les élections du 30 avril, du 2 juillet et du 8 octobre valent infiniment mieux que celles du 8 février. Les libertés municipales et départementales sont prises au sérieux. Le protectionnisme, malgré la présence de ses chefs au gouvernement, ne rencontre dans le pays qu'un accueil assez froid. On demande de tous côtés le développement de l'instruction et il est probable que, sous la pression de l'opinion publique, on tentera quelque chose pour diminuer le scandale de notre ignorance. La diffusion des connaissances élémentaires finira sans doute, à la longue, par nous ôter cette infatuation, d'où naît le mépris systématique de la science. A mesure que nous nous éloignons de l'Empire, l'atmosphère morale et intellectuelle se purifie. Tous les miasmes ne sont pas chassés, mais le grand foyer de corruption, le foyer central est éteint.

Si je me reporte à la période du siège, je trouve dans mes souvenirs un autre motif d'espérer. Il ne faut pas juger Paris d'après quelques quartiers où les haines sociales, perfidement entretenues, étouffent le patriotisme. La population parisienne, dans son ensemble, a déployé pour la chose publique un zèle admirable : les privations, le froid, l'absence de nouvelles, les sorties manquées, le bombardement, rien n'a pu la faire fléchir. Les femmes souffraient avec plus de patience et bravaient le danger avec autant de courage que les hommes. Je laisse à des juges plus compétents que moi le soin d'apprécier les opérations militaires. Il est certain que la gangrène impériale avait pénétré dans l'armée plus profondément qu'ailleurs. Dans la conduite des affaires civiles et particulièrement des affaires municipales, des fautes ont été commises, mais à part de rares exceptions il n'y a pas eu de défaillances. Dans les mairies d'arrondissement, à l'hôtel de ville, jour et nuit, les administrateurs étaient à leur poste. Je me rappelle maintes circonstances où il fallut à onze heures du soir, malgré la neige et le verglas, assurer la distribution des farines. Dans ces occasions, le concours le plus empressé ne manquait jamais de nous être offert. Malgré notre affaiblissement moral, quand le devoir est clair et net, il s'impose et les actes s'y conforment.

Le trouble des consciences vient du trouble des esprits. L'imagination et l'ingéniosité ne suffisent pas pour sauver un peuple de la décadence intellectuelle. Il importe avant tout que le jugement se fortifie, que des idées saines et fécondes remplacent les rêveries stériles, les conceptions maladives, les superstitions du passé. Or il y a deux choses qui fortifient le jugement et qui donnent des idées justes : la liberté parce qu'elle permet à chacun de disposer de lui-même à ses risques et périls et

d'influencer ses semblables par la persuasion ; la science, parce
qu'elle nous montre la réalité telle qu'elle est et qu'en nous
dévoilant les lois de la nature elle nous enseigne à les tourner au
profit de l'humanité. Une liberté plus complète et plus vraie,
une science plus profonde, plus respectée et plus répandue, tels
sont les deux éléments essentiels de notre régénération. Si nous
nous décidons enfin à reconnaître leur prix, nous n'aurons rien
à envier à l'Allemagne et nous aurons sur elle, aux yeux du
monde civilisé, cette supériorité qu'au-dessus de la force nous
aurons mis le droit.

Recevez, mon cher Garnier, l'assurance cordiale de mes sentiments dévoués.

LA SITUATION

(Décembre 1871)

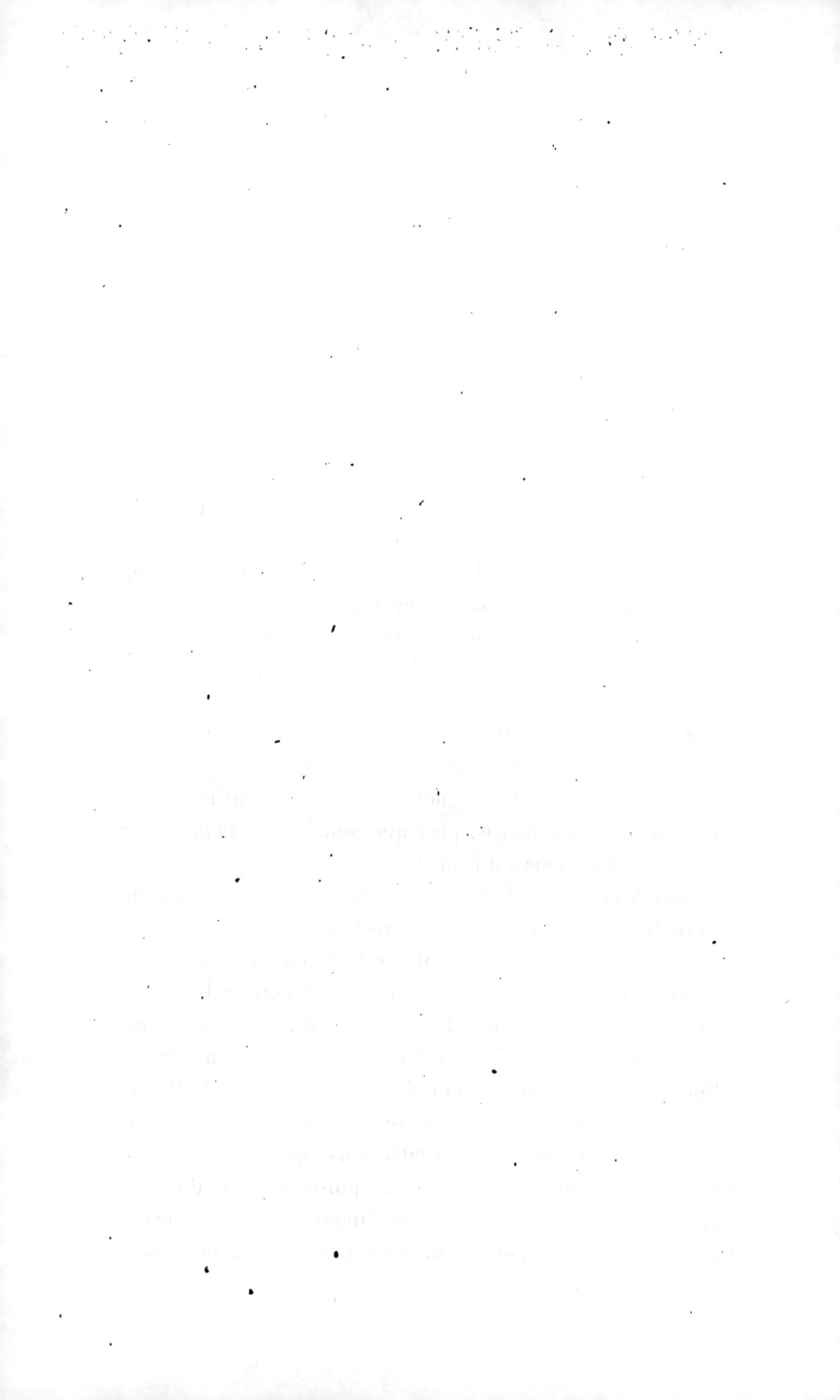

Les feuilles de joie sont en liesse. Elles semblent flairer à l'horizon quelque miasme, qui, s'étendant peu à peu sur notre pauvre France, achèvera de la corrompre, et nous ramènera aux aimables turpitudes de la régence et de Louis XV. Les capitulards ne sont pas moins gais, si gais qu'ils se croient presque des hommes de cœur : ils se promènent impunément et impudemment au milieu de leurs compatriotes, ils songent aux exploits qu'ils auraient pu faire, s'ils n'avaient mis bas les armes, et, pour prouver ce dont ils sont capables, ils préparent dans l'ombre un nouveau guet-apens, d'où ils sortiront plus resplendissants que jamais, plus que jamais redoutables aux citoyens, et lâches devant l'ennemi.

Naturellement quand les coquins rient, les honnêtes gens sont tristes. Tous ceux qui voient dans la vie autre chose qu'une mascarade, tous ceux qui veulent que la France reprenne une attitude virile : tous ceux qui savent qu'en dehors de la liberté et de la justice, il n'y a pas de prospérité durable, tous ceux qui sentent la nécessité d'une réforme profonde dans nos institutions et dans nos mœurs, et qui comprennent que la République seule peut assurer notre régénération, que seule elle donne à l'idée de patrie son véritable sens, qu'elle en est pour ainsi dire l'épanouissement suprême, puisqu'elle fait du gouvernement la chose de tous, ceux-là s'inquiètent et se demandent avec anxiété si nous ne sommes pas engagés dans une

fausse voie, ou tout au moins dans une voie équivoque, pleine
de fondrières et d'embûches.

La cause principale de ces inquiétudes est dans le message.
Énervés et abêtis par vingt ans du régime impérial, nous sommes
pauvres en hommes d'État. M. Thiers s'est trouvé désigné pour
le poste qu'il occupe par le vœu général du pays. A tort ou à
raison, on a eu confiance en lui. En tout cas, il ne s'est rencontré personne qu'on pût lui opposer avec quelque chance de
succès, après l'issue déplorable de la guerre et le résultat presque aussi affligeant des élections du 8 février. Aujourd'hui
encore, il serait très difficile, sinon impossible, de le remplacer
avantageusement. Tout ce qui émane de lui a donc une
importance exceptionnelle. Or, il ne faut pas se le dissimuler, le
message a été une déception.

On espérait que M. Thiers entrerait dans le vif de la situation,
qu'il ne se bornerait pas à des détails administratifs, qu'il montrerait l'état moral du pays, ses besoins, ses tendances, ses
aspirations, qu'il tirerait quelque enseignement des votes si
hautement significatifs du mois d'octobre, qu'à travers les voiles
du langage parlementaire, et avec les ménagements conve-
nables, il laisserait pressentir la solution logique des difficultés
actuelles, solution tout à la fois conservatrice et libérale, car,
en consolidant d'une manière définitive l'œuvre révolutionnaire, elle écarterait à jamais les révolutions futures.

Sur ce point, silence absolu du message. Et qu'on ne dise pas
qu'il n'appartient pas au chef du pouvoir exécutif de résoudre de
pareilles questions. Non, il ne lui appartient pas de les résoudre :
mais il lui appartient de les éclairer. Est-ce que le président
Lincoln s'est abstenu de dire sa pensée, est-ce qu'il s'est con-
tenté d'exécuter les ordres du congrès, quand il a fallu d'abord
arrêter les envahissements des esclavagistes et plus tard proclamer l'émancipation des nègres? L'homme qui concentre en
ses mains les ressorts de toute la machine administrative a
naturellement une vue d'ensemble, des indications, des impres-

sions dont il doit faire profiter les représentants de la nation.
Le devoir d'un mandataire fidèle est d'agir selon son mandat, et
d'avertir selon sa conscience.

Pas un mot non plus dans le message ni sur la question de
l'enseignement ni sur la réforme judiciaire, questions si graves
et si urgentes, si dignes d'attirer l'attention d'un président de la
République et d'une Assemblée française. Il faudra du temps,
beaucoup de temps pour remédier à notre ignorance, triste legs
de notre passé monarchique : raison de plus pour se hâter.
Quant à la réforme judiciaire, quelque difficile qu'elle soit, il
importe de l'aborder courageusement. Le niveau moral a
besoin d'être relevé tout autant que le niveau intellectuel et il ne
saurait l'être, si la magistrature n'est pas constituée de telle
façon qu'elle ne puisse en aucun cas devenir, comme elle a été
au deux décembre et sous l'Empire, complice de la violation des
lois.

Deux questions ont été traitées avec détail dans le message :
la question militaire, et la question économique.

On savait que M. Thiers avait été toute sa vie partisan des
armées permanentes : mais on pensait que les derniers événements l'avaient instruit et qu'il ferait de larges concessions aux
idées modernes. Malheureusement il est demeuré inébranlable.
Il a même déclaré que, si l'on adoptait le système du service
universel, la France était perdue. Cette déclaration a été
accueillie au sein de l'Assemblée par des murmures : au dehors,
elle a consterné tous les patriotes.

Et, en effet, si on essaie d'envisager les suites qu'elle peut
avoir, on est effrayé des hypothèses qui se présentent.

Supposons que M. Thiers et l'Assemblée n'arrivent pas à se
mettre d'accord, le duc d'Aumale est là, tout prêt à servir la
République, et au besoin à la renverser.

Si M. Thiers cède, il se trouve chargé d'exécuter une loi
qu'il croit mauvaise : quel que soit son zèle, le défaut de confiance se fera sentir et l'organisation nouvelle en souffrira.

Si, au contraire, il l'emporte, s'il fait prévaloir son opinion, nous aurons comme autrefois une armée exclusivement composée des jeunes gens les plus pauvres et les moins instruits, une garde bourgeoise triée et non exercée, un service trop long en temps de paix, et, en cas de guerre, un nombre d'hommes insuffisant : nous opposerons à une nation armée, se ruant sur nous en masses compactes, un corps de troupes énervé par la vie de garnison, animé d'un patriotisme douteux : et, derrière ce corps de troupes, une population civile étrangère aux choses de la guerre, capable peut-être de sacrifices héroïques, mais non de vaincre l'ennemi, tardivement et vainement indignée de son impuissance.

L'hypothèse la plus probable est celle d'un compromis. On s'entendra en abandonnant de part et d'autre certaines exigences. On aboutira ainsi à un système mixte, incolore, qui contiendra, pour l'avenir, le germe de quelques réformes salutaires et provisoirement maintiendra à peu près intacte l'organisation actuelle.

La partie économique du message est-elle plus rassurante ? Hélas ! non.

Le pays possédait, avant la guerre, cinq milliards au moins de monnaie métallique en or et en argent. Sur ces cinq milliards un dixième au plus a passé la frontière. Il nous reste quatre milliards et demi, qui ne circulent pas. Quel est l'obstacle à leur circulation ? Le chiffre excessif des billets de banque. Dès que les billets de banque dépassent les besoins du commerce, dès qu'ils cessent de correspondre au mouvement des affaires (et il en est ainsi aujourd'hui puisqu'ils représentent en grande partie, non pas des marchés à court terme conclus par des négociants, mais des sommes prêtées à l'État), ils se déprécient. La dépréciation a beau être faible, très faible : elle suffit, quoique minime, pour expulser de la circulation la monnaie métallique. L'or fait prime, et on ne s'en sert plus dans les transactions journalières, parce que personne ne veut payer avec une

monnaie qui vaut plus, quand il peut payer avec une monnaie
qui vaut moins.

Dans une pareille situation, qu'y a-t-il à faire? Restreindre
la circulation des billets, en remboursant la Banque d'une partie
de ses avances. La monnaie métallique reparaîtra aussitôt. Le
vide causé par la diminution du papier-monnaie sera rempli et
au delà.

D'un autre côté, nous avons à faire des paiements considérables au dehors, soit pour solder les traites sur Londres qui ont
servi au règlement des premiers termes de l'indemnité prussienne, soit pour les achats de céréales nécessités par l'insuffisance de nos récoltes. Prochainement une nouvelle partie de
l'indemnité prussienne sera exigible. Comment le numéraire
ainsi exporté nous rentrera-t-il? Par le libre jeu des opérations
commerciales.

La masse de numéraire répandue dans le monde entier tend à
l'équilibre par un mouvement perpétuel de va-et-vient. Là où il
se trouve momentanément accumulé, il fait hausser le prix des
marchandises et sa propre valeur baisse. Là où il est rare le
phénomène inverse se produit.

Pour compenser nos pertes nous pouvons et nous devons
compter sur nos exportations; mais ces exportations elles-mêmes
dépendent de la liberté commerciale. Le commerce se détourne
des pays où on le gêne et comme il consiste en un double
courant d'entrées et de sorties, qui alternent avec autant de
régularité que le flux et le reflux de la mer, il est impossible
de ne pas gêner les exportations quand on gêne les importations.

Ainsi, dans les circonstances actuelles, il conviendrait : de
restreindre le papier-monnaie; de développer notre commerce
extérieur. Or le message propose tout le contraire : la restriction de notre commerce extérieur par l'élévation des tarifs de
douane, en général, et, en particulier, l'établissement de droits
énormes sur les matières premières; le développement du
papier-monnaie par une émission de billets ayant cours forcé,

qui porterait le montant de la circulation fiduciaire de 2 milliards 400 millions à 3 milliards.

Au point de vue économique comme au point de vue militaire, le message est une œuvre rétrograde. Les mesures qu'il met en avant sont à contresens du progrès. Ce ne sont pas des réformes, ce sont des expédients et des expédients condamnés par l'expérience.

En dehors du message il y a de bons et de mauvais symptômes : les mauvais dominent, mais ils ne sont pas seuls.

Parmi les mauvais symptômes, je citerai en première ligne le rapprochement des royalistes et des impérialistes qui s'est manifesté par le refus de l'enquête sur les causes de la dernière guerre. Les hommes du drapeau blanc associés avec ceux du 2 décembre ! C'est monstrueux en apparence et au fond parfaitement logique. La lumière de l'enquête directement dirigée contre l'Empire aurait atteint, par réflexion, la monarchie légitime.

Les esprits les plus épais auraient compris qu'un peuple qui se livre tout entier aux mains d'un seul homme, joue son sort sur un coup de dé. Qu'importe que le monarque règne en vertu du droit divin ou en vertu du droit plébiscitaire, qu'il soit sacré par un évêque ou acclamé par la soldatesque ? Par le fait seul qu'il est homme et qu'il dispose d'un pouvoir exorbitant, il est à craindre qu'il ne soit à un moment donné aussi inepte et aussi ignoble que Napoléon III. Le très légitime Charles VI valait à peu près sous ce rapport l'homme de Sedan.

Ce rapprochement ne peut pas aboutir à une fusion : mais il met en péril les intérêts du pays qui a besoin de voir clair dans ses affaires.

L'accord de la droite avec le ministère de la justice serait plus alarmant encore, s'il parvenait à se consolider. Nous en avons sous les yeux les tristes effets : les ennemis de la République envahissent le corps judiciaire, l'immense majorité

des commerçants est privée du droit d'élire les juges de commerce : on maintient l'état de siège dans de grandes cités où il n'y
a plus depuis longtemps aucune trace de désordre, on annonce
un code de la presse et cette codification ne nous promet rien
de bon, car si on veut la presse franchement libre comme en
Angleterre, en Suisse et aux États-Unis, il ne s'agit pas de col-
liger péniblement et d'entasser les uns sur les autres les textes
de lois qui la régissent, il faut, au contraire, les réduire à leur
plus simple expression.

Heureusement la droite a ses enfants terribles et les enfants
terribles brouillent les meilleurs amis. Parmi eux figure le fougueux Raoul Duval qui ne peut pardonner à M. Dufaure d'avoir
flétri les magistrats membres des commissions mixtes. Le rôle
de dénonciateur l'a séduit et, cherchant un grand criminel, son
choix s'est arrêté... sur Bazaine? non, sur M. Ranc. Le ministre
de la justice a eu à subir un véritable assaut. En définitive,
grâce à l'intervention du centre et aux votes de la gauche, il a
pu garder son portefeuille : mais il a dû voir qu'il serait plus
sage à l'avenir de chercher un point d'appui autre part que du
côté droit. Il n'a que trop cédé jusqu'ici aux exigences monarchistes.

Je ne mets pas au nombre des mauvais symptômes les
intrigues des d'Orléans. Et voici pourquoi : les princes de la
branche cadette se sont discrédités par leurs maladresses presque
autant qu'Henri V par son manifeste et son drapeau. La
revendication, tout au moins inopportune, de leurs biens, saisis
par Bonaparte, les a rendus odieux. Le vote d'indifférence qui
les a frappés, il y a quelques jours, les a couverts de ridicule.
On les trouve bien avides de richesses, bien prompts à se
délier de leur parole.

Il est bon cependant de ne pas les perdre de vue. Ils ont dans
le sein de l'Assemblée un parti considérable : mais je note
comme d'heureuses circonstances leur impopularité d'une part,
et d'autre part leur brouille avec le président de la République.

Le vote relatif aux joyaux de la couronne est aussi de nature
à nous réjouir. Il serait puéril de lui donner une portée qu'il
n'a pas. Il est probable qu'on inventera mille prétextes pour
empêcher la vente : on présentera les joyaux de la couronne
comme des objets artistiques ou historiques. Ceux qui compteraient, pour alléger nos charges, sur les 30 ou 40 millions
pouvant provenir d'une semblable ressource, feraient sans doute
un faux calcul. Il n'en est pas moins vrai qu'il y a là un signe
du temps.

La foi monarchique est perdue dans un pays où l'on discute
des questions de ce genre. Les Dahirel et consorts l'ont bien
prouvé par leurs cris. L'idée seule qu'on puisse dépouiller de
ses ornements leur idole les fait frémir. Ils savent qu'en tou-
chant aux objets du culte, c'est le culte lui-même qu'on ébranle.

Suspendue entre Paris et Versailles, entre la République et
la monarchie, l'Assemblée reste indécise. Retenu par ses propres préjugés et par les résistances de la droite, le président
hésite à prendre l'initiative des grandes réformes. La France
anxieuse attend l'issue des débats parlementaires, et la Prusse,
toujours prête à exploiter nos défaillances, la Prusse, qui n'a
pas encore assouvi sa haine, nous menace de nouvelles
rigueurs.

Telle est la situation. Elle est triste, profondément triste,
mais elle n'est pas désespérée.

Envisageons-la de sang-froid et, pour en sortir, laissons de
côté les illusions. Ne comptons pas sur un changement à vue,
soudain, immédiat, radical. La baguette magique, avec laquelle
s'opèrent les transformations merveilleuses, n'existe plus : si
tant est qu'elle ait jamais existé autre part qu'au théâtre, nul
ne la possède aujourd'hui.

Moralement et matériellement, une révolution est impossible.

Un coup d'État, de quelque côté qu'il parte, donnerait le
signal de la guerre civile et peut-être d'une invasion nouvelle.

Des élections générales amèneraient sans doute une majorité
de conservateurs républicains, mais l'Assemblée actuelle ne veut
pas céder la place : elle tient le pouvoir et le gardera le plus
longtemps possible.

Faut-il donc rester immobiles, indifférents, inertes ? Faut-il
abandonner toute espèce d'initiative, se résigner lâchement à
l'abstention ? Non, mille fois non.

Il faut plus que jamais que les patriotes, que les républicains redoublent d'activité, de dévouement et d'énergie.

Seulement il faut que leurs efforts se plient aux nécessités
du moment, qu'ils s'adaptent à la nature du milieu où ils se
produisent.

Quand les voies rapides font défaut, on en cherche d'autres
plus lentes, moins commodes, moins attrayantes et l'on poursuit courageusement sa marche, l'esprit tendu vers le but.

Sous tous les régimes et dans tous les temps, même aux
époques les plus barbares et sous les régimes les plus despotiques, il y a une force qu'on ne peut pas anéantir, bien qu'on
la puisse comprimer, et qui triomphe tôt ou tard : c'est la force
de l'opinion publique. Sous un régime de liberté complète, elle
se développe sans obstacle, à ciel ouvert, et devient promptement
irrésistible. Sous un régime absolument despotique, elle se
forme dans l'ombre, elle grandit peu à peu sans qu'on la soup-
çonne, et à la longue se révèle par une explosion inattendue.
Sous un régime de demi-liberté, elle se fait sentir d'une manière
constante, avec plus ou moins de vivacité, selon le degré de
zèle des citoyens qui ont des idées à répandre, des principes à
soutenir, des réformes à proposer.

Le régime de demi-liberté est précisément celui que nous
avons, mais avec cette circonstance grave que la part faite à la
liberté est sans cesse menacée et qu'elle tend à diminuer de jour
en jour. Il est donc tout à la fois possible, nécessaire et urgent
d'agir sur l'opinion publique.

Les moyens de propagande, quoique restreints, ne nous

manquent pas encore. Nous pouvons et nous devons profiter, pour répandre l'idée républicaine, des conseils généraux, des commissions permanentes, des conseils municipaux, des élections partielles, de la presse périodique et non périodique (journaux, revues, brochures et livres), des conférences, des réunions privées et même des conversations individuelles.

Cette propagande doit être très active, elle doit être surtout intelligente et honnête.

S'efforcer d'amener à nous les conservateurs endurcis, les rétrogrades de parti pris, les monarchistes fanatiques, les courtisans de la veille ou du lendemain serait une entreprise ridicule et vaine. Mais le pays renferme dans son sein une masse énorme de braves gens qui s'occupent rarement de politique, absorbés qu'ils sont par le souci de la vie matérielle, par le travail et les affaires. C'est cette masse qui, en se portant d'un côté ou de l'autre à l'heure du scrutin, fait pencher la balance et détermine la majorité. Elle n'est pas indifférente au relèvement de la patrie. Elle reste en dehors des partis, froide et sceptique en apparence. parce qu'elle ne saisit pas le lien qui existe entre les principes et les faits, parce qu'elle ne comprend pas d'une manière nette les conditions vraies de la prospérité publique et de la grandeur nationale. C'est sur elle qu'il faut agir.

Notre propagande sera efficace, n'en doutons pas, si nous commençons par répudier énergiquement toute espèce de violence, toute espèce de systèmes autoritaires. L'idée républicaine doit être dégagée des utopies et des usurpations qu'on se permet quelquefois de prêcher et de commettre en son nom.

Ce n'est pas par les libertés qu'ils demandent, c'est par les libertés qu'ils refusent que les partis sont faibles. Les libertés de l'ordre moral et politique seront d'autant plus recherchées, revendiquées et pratiquées qu'on ne les séparera pas des libertés de l'ordre économique. Si on réunit d'une part la liberté électorale, la liberté de la presse, la liberté de réunion. la liberté d'association et d'autre part la liberté du travail, la liberté du crédit, la liberté de l'échange et la propriété, qui en est la conséquence nécessaire : si on forme un seul faisceau de toutes ces libertés, le faisceau un et indivisible sera accepté avec enthousiasme. Si on le rompt, chacun tirera à lui la liberté qui lui plaît le mieux et, la monarchie intervenant au milieu de cette dispersion, écrasera l'un après l'autre les fragments épars de l'organisme démocratique.

Ainsi donc pas de violences, pas d'utopies, pas de systèmes autoritaires.

Cela posé, il sera facile de faire voir que les rois et les empereurs sont les pires ennemis de la France : qu'au point de vue des affaires du dehors, la monarchie, obligée de s'appuyer sur le clergé, nous pousse vers Rome, nous mettra en guerre avec l'Italie, nous enlèvera les sympathies des peuples libres, fera de nous la risée de l'Europe et la proie de la Prusse :

Qu'au point de vue des affaires intérieures, elle nous imposera d'abord une surcharge annuelle de 40 millions au moins pour entretenir dans le luxe le monarque et sa famille, et ses valets, et ses espions, et ses affidés, et ses pourvoyeurs ; qu'elle amènera la suspension des libertés municipales et départementales, si justement chères à la nation : qu'elle rétablira tous les privilèges et tous les abus de l'ancien régime : qu'elle énervera, par la corruption des mœurs et la mauvaise organisation de l'armée, notre jeunesse qu'il importe tant de viriliser pour la rendre prête aux luttes de l'avenir : qu'elle étouffera en tout et partout l'initiative des citoyens : qu'à la suite d'une restauration, bourbonnienne, orléaniste ou bonapartiste, nous verrons de nouveau des proscriptions, des révolutions, des guerres civiles, et tout cela sous les yeux du Prussien, ravi de nous retrouver dans cette fange où il nous a surpris l'année dernière et d'où nous sortons à peine.

Si nous ne nous lassons pas de répéter ces choses, de les reproduire sous toutes les formes possibles et imaginables, afin de les rendre accessibles à tous, il se formera un grand courant d'opinion devant lequel les plus tenaces devront reculer : convaincus de leur impuissance, les monarchistes se sentiront mal à l'aise, même à Versailles, et ils laisseront la République se fonder en paix.

———————

L'INDEMNITÉ PRUSSIENNE

Nous avons déjà payé aux Prussiens trois demi-milliards sur dix : si les négociations actuellement engagées réussissent, le quatrième demi-milliard, qui doit assurer l'évacuation de six départements, se trouvera bientôt garanti par de bonnes traites sur Londres. Ces énormes déplacements de numéraire, accomplis ou en voie de s'accomplir, préoccupent à juste titre le monde des affaires. Il y a là un fait économique d'une très haute importance. Quelque douloureux qu'il soit pour nous, il convient de l'envisager avec sang-froid. On peut dès à présent prévoir, sinon toutes les conséquences, du moins quelques-unes d'entre elles, et les déterminer avec une certaine précision. Or, un mal dont on se rend compte est à moitié guéri, car sa nature même indique le remède.

I

Les correspondances d'Allemagne constatent que la monnaie française, depuis nos premiers paiements, y est très répandue et très recherchée. La circulation de nos pièces va, dit-on, jusqu'au point d'alarmer les susceptibilités de l'autorité prussienne qui songerait, par une refonte générale, à modifier sa propre monnaie. La monnaie anglaise ne tardera pas, sans doute, à se répandre à côté de la nôtre. l'Angleterre nous ser-

vant d'intermédiaire par les traites qu'elle accepte et qu'elle
solde en or. Ainsi, surabondance en Allemagne, raréfaction en
France et en Angleterre de la monnaie métallique, tel est le
premier phénomène qui se produit. Il se produit dans des proportions considérables, puisqu'on estimait naguère la monnaie
métallique, en France, à cinq milliards, en Angleterre, à trois, et
en Allemagne, à quatre : c'est donc pour l'Allemagne une augmentation de 35 pour 100, pour la France et l'Angleterre réunies
une perte de 19 pour 100, qui sera pour la France de 30 pour 100
le jour où elle aura remboursé les banquiers anglais.

La surabondance de la monnaie, toutes choses égales, d'ailleurs, amène nécessairement une baisse de la valeur monétaire
et une hausse de tous les prix : mais la hausse des prix ne suit
pas une marche uniforme. Elle est plus ou moins prompte,
selon les objets sur lesquels elle porte : les biens meubles la
ressentent plus vite que les immeubles : les maisons, et par
suite, les loyers, plus que les fonds de terre et les fermages ;
les marchandises plus que les salaires, et, parmi les marchandises, celles qui sont cotées journellement sur les mercuriales
des marchés publics plus que les autres.

Cette marche a été observée, au xvi° siècle, à l'époque où
l'Espagne versait sur l'Europe les produits des mines du Mexique et du Pérou : elle l'a été récemment à l'occasion des nouveaux terrains aurifères exploités en Californie et en Australie,
elle l'a été aussi toutes les fois que des émissions trop fortes de
papier monnaie, ou même de fausse monnaie, ont eu lieu, ce
qui arrivait souvent sous l'ancien régime. Le peu de fréquence
des transactions, dans certains cas, l'empire de la coutume,
l'habitude des contrats à long terme, la difficulté de mettre régulièrement en présence l'offre et la demande expliquent suffisamment pourquoi le prix de certaines choses ne suit qu'avec lenteur les variations de la valeur monétaire.

Les salaires sont au nombre des choses qui montent le plus
lentement, si les travailleurs ne peuvent pas ou ne savent pas
se servir du droit d'association. Il est donc tout naturel que, dans

les circonstances présentes, les ouvriers allemands s'inquiètent, s'agitent et cherchent, par les coalitions, à rétablir un équilibre troublé à leur préjudice.

La diminution de la monnaie tend à amener les effets inverses : augmentation de la valeur monétaire, baisse des prix plus ou moins lente suivant les objets, et en même temps élévation du taux de l'escompte pour défendre l'encaisse des banques.

Ces effets, de part et d'autre, peuvent être atténués de diverses manières. Dans les pays où la monnaie métallique surabonde, les réserves augmentent et enlèvent à la circulation une quantité plus considérable d'or et d'argent, les paiements au comptant se multiplient, l'usage du papier-monnaie se restreint ; là au contraire où la monnaie métallique se raréfie, les paiements au comptant diminuent, les liquidations sont retardées, l'usage du papier-monnaie s'étend.

Le papier-monnaie est un moyen très efficace pour suppléer à la rareté de la monnaie métallique, pour empêcher les prix de baisser. Je ne crois pas néanmoins qu'on en doive favoriser l'extension. Ce n'est pas seulement à cause des abus dont il est susceptible. Je suppose que la banque privilégiée qui en dispose, désireuse d'éviter les catastrophes analogues à celles du système de Law et des assignats, limite sagement l'émission de ses billets. Je suppose qu'elle se contente de remplir le vide laissé par la monnaie d'or ou d'argent, et qu'elle proportionne sa circulation au mouvement réel des affaires : même alors il y a un inconvénient très grave à une émission considérable de papier-monnaie. Cette émission empêche le retour de la monnaie métallique. La crise se trouve momentanément adoucie, mais aussi indéfiniment prolongée.

Qu'arriverait-il sans l'intervention du papier-monnaie? L'or et l'argent, comme toute autre marchandise, tendent à sortir des pays où ils abondent et où ils valent peu pour aller dans les pays où ils sont rares et valent beaucoup. Donc, si on laissait les choses suivre librement leur cours, la monnaie métallique accumulée en Allemagne finirait tôt ou tard par en sortir et, le bas prix de nos marchandises l'attirant chez nous, elle nous reviendrait à la longue, par des chemins plus ou moins détournés. Avec le papier-monnaie, au contraire, les étrangers n'ont plus intérêt à nous apporter de l'or, puisque nous nous en passons, ni à nous demander nos marchandises, puisqu'elles restent à un prix élevé.

C'est pour cette raison que, dans tous les pays où l'on a eu recours au papier-monnaie, on a tant de peine à revenir au régime normal. La Russie, l'Australie, l'Italie et les États-Unis sont, à cet égard, des exemples qu'il ne faut pas perdre de vue. Et cependant, on ne peut songer à remplacer d'une manière permanente la circulation métallique par la circulation du papier. Livrer à un gouvernement quelconque le droit de disposer à son gré de la monnaie, et par suite des prix de toutes choses, c'est en réalité mettre entre ses mains le commerce tout entier. Ainsi le comprenait John Law, ainsi le comprennent les socialistes autoritaires, mais les démocrates libéraux doivent énergiquement repousser une pareille solution. Nous serions illogiques, si, après avoir demandé la liberté de la presse et la liberté de la parole, la liberté de réunion et d'association, nous consentions à enchaîner l'initiative individuelle dans les choses de l'ordre économique : émanciper l'être humain toutes les fois qu'il agit sur lui-même et sur les autres par voie de persuasion, le contenir toutes les fois qu'il agit par la fraude ou par la violence, voilà notre but : ni les résistances des conservateurs, ni les prétentions des utopistes ne doivent nous en détourner.

Avec un peu de patience et beaucoup de prudence, on traversera, sans de trop grands embarras, la crise monétaire, et la circulation métallique un instant troublée reprendra promptement son niveau dans toute l'Europe. Mais la monnaie n'est qu'un des rouages de la machine économique. Il reste à voir jusqu'à quel point l'ensemble de la machine sera atteint par la masse de l'indemnité prussienne.

II

Des trois éléments de la production, le travail, la terre, le capital, les deux premiers restent intacts. Ils ne sont pas tels, sans doute, qu'ils étaient avant la guerre : la guerre étrangère d'abord, puis la guerre civile nous ont enlevé plus de cent mille travailleurs ; le traité de paix nous a coûté deux provinces et dix-sept cent mille compatriotes : l'indemnité pécuniaire ajoute à ces pertes une perte nouvelle, mais elle n'affecte que le troisième élément.

Si la monnaie constituait seule le capital, comme quelques personnes se l'imaginent, la perte pour nous serait énorme, puisqu'après libération complète, elle monterait à 100 pour 100, c'est-à-dire à la totalité de notre avoir. Heureusement, il y a, en dehors de la monnaie, le vrai capital du pays, qui se compose des produits de toutes sortes, accumulés et disposés pour une production nouvelle. Et ce capital-là, les moins optimistes l'estimaient naguère à cent milliards. La monnaie n'en est qu'une partie. Il faut même reconnaître qu'elle n'a pas tous les caractères des vrais capitaux. Elle les commande, ce qui fait qu'on la confond avec eux : mais elle s'en distingue par un trait essentiel : elle ne sert pas d'une manière directe à la production, elle procure les choses qui y servent. La distinction peut paraître un peu subtile. En y réfléchissant, on la trouvera juste. J'ajoute qu'il est impossible de bien apprécier notre situation sans en tenir compte.

La France a perdu le pouvoir d'acheter au dehors jusqu'à concurrence d'un certain nombre de milliards. Elle n'a pas perdu le pouvoir d'échanger et ne saurait perdre ce pouvoir, tant qu'elle conserve son sol, ses travailleurs, son génie industriel, ses machines, ses bâtiments d'exploitation, ses produits. Considéré dans son ensemble, le commerce international est une vaste opération d'échange, que la monnaie facilite et dont elle fournit l'appoint. Sauf le cas exceptionnel d'une récolte désastreuse, l'achat des matières premières à l'étranger n'exige pas de fortes sommes : les paiements en argent, nécessaires dans plusieurs contrées, sont compensés par les ventes qui se font ailleurs. La diminution de notre numéraire tend à diminuer pour nous l'excédent des importations sur les exportations : contrairement aux doctrines protectionnistes, nous pensons que c'est là un mal, mais un mal très limité parce que l'excédent dont il s'agit est presque toujours faible ou nul.

Le pouvoir d'achat que la France a perdu, l'Allemagne l'a gagné. Sous quelle forme et dans quelle mesure l'exercera-t-elle ? Les conjectures ici se mêlent nécessairement aux prévisions de la science. Les sommes monstrueuses qui nous sont arrachées ne passent pas immédiatement entre les mains des particuliers. Elles sont remises d'abord aux hommes d'État, qui dirigent, avec un ascendant souverain, les populations germaniques. Leur premier emploi dépend de M. de Bismarck. Nous ignorons quels sont ses projets. Il est certain qu'on lui en prête d'étranges. On suppose qu'il se disposerait à jouer, sur une vaste échelle, le rôle de spéculateur. Il achèterait des fonds d'État et du papier de banque et de commerce sur les principales places de l'Europe, de préférence sur Paris et Londres ; il se rendrait ainsi maître des grands marchés, pèserait du poids de ses milliards sur le cours de toutes les valeurs, faisant à son gré la hausse ou la baisse, provoquant les crises partout où elles pourraient tourner au profit de sa politique. De pareils projets sont plus faciles à concevoir qu'à exécuter. On ne peut faire la hausse ou la baisse qu'en subissant soi-même leurs effets pour la plus grande partie des valeurs qu'on achète ou qu'on vend. Pour réussir de pareils coups de bourse, il faut aller au delà ou rester en deçà des cours. Dès lors, que nous importe ? Si l'on nous achète nos titres à des cours élevés et qu'on nous les revende à des cours inférieurs, c'est nous qui profitons de la différence. Que les hommes de finance, chez nous et nos voisins d'outre-Manche, se tiennent sur leurs

gardes. Des surprises, des troubles passagers sont possibles, et
il est bon de les éviter ; mais les crises factices ne sont jamais
que des crises superficielles ; les crises profondes ont pour
cause l'état réel des affaires : la volonté d'un seul homme,
quelque puissant qu'il soit pour faire le mal, ne suffit pas pour
les créer.

Laissant de côté ces projets de spéculation problématiques,
arrêtons-nous aux hypothèses les plus probables. Une partie de
nos milliards sera réservée pour le trésor de l'empereur ; c'est
une force qui pourra un jour être utilisée contre nous : pour le
moment elle est inerte, il n'y a pas lieu de s'en occuper. Une
autre partie sera distribuée en dotations, pensions et indemnités. Puis viendront les dépenses relatives à la marine de guerre,
aux fortifications, aux ports militaires, au matériel de l'armée.
Sans doute, une part sera faite à la liquidation des budgets
extraordinaires, au remboursement des emprunts. Peut-être
aussi quelque chose sera consacré au soulagement des contribuables, aux institutions et aux travaux d'utilité publique.
Quelle que soit la nature de ces dépenses, si l'Allemagne veut
tirer parti des ressources pécuniaires qu'elle a conquises, il faut
qu'elle importe du dehors des produits étrangers. Elle répu-
gnera sans doute à venir les prendre chez nous : mais elle les
prendra en Angleterre, en Amérique, en Russie, en Orient ;
dans le monde entier, elle nous fera une concurrence terrible
pour l'achat des matières premières.

Qu'aurons-nous à lui opposer ? Notre crédit : et je crois qu'il
suffira pour nous soutenir, à condition de ne pas grever nos
entrées de droits absurdes. Si nous le voulons, nos débouchés,
loin de se restreindre, s'élargiront : car l'or français, introduit
par des mains allemandes en plus grande quantité dans les pays
où nous avons des relations commerciales, reviendra, cherchant
son emploi, solliciter nos expéditions.

La liberté commerciale sera notre meilleur auxiliaire : elle
tend à niveler partout les conditions économiques : là où les
choses manquent, elle les attire en relevant leurs prix : là où

elles s'accumulent, elle les disperse en dépréciant leur valeur.
Elle n'efface pas les fautes communes, mais elle permet de les
réparer. Elle nous ramènera tôt ou tard l'argent que nous avons
perdu, et, en attendant, elle nous rendra notre perte moins
cruelle, car, dans les échanges internationaux, l'argent n'est
qu'un appoint et l'importance de cet appoint est en raison
inverse des quantités échangées.

Bien aveugles sont ceux qui, au milieu de nos malheurs,
voudraient restreindre la liberté du commerce. Il faut, au contraire, la défendre énergiquement et la développer. C'est la première conclusion que je tire des observations qui précèdent.

III

Ce n'est pas la seule. Il est indispensable plus que jamais de
maintenir notre crédit. La fidélité la plus stricte à tous nos engagements est de rigueur. L'usage du papier-monnaie doit être
très modéré; si on avait le courage de s'en abstenir tout à fait,
cela vaudrait mieux.

Le crédit escompte les ressources futures, l'épargne les prépare : ce qu'il a consommé par avance, elle le restaure et l'ac-
croît. Il serait ridicule, pour la stimuler, d'avoir recours aux
règlements somptuaires : l'expérience prouve qu'ils sont très
vexatoires et parfaitement inefficaces. Mais si l'on ne peut
proscrire le luxe, on peut du moins ne pas l'encourager. Les
gros traitements et les frais de représentation sont, à ce point
de vue comme à tant d'autres, une chose détestable. Ce n'est
pas tant pour alléger le budget qu'il faut les supprimer : c'est
surtout pour ne pas donner l'exemple d'une ostentation immo-
rale et contagieuse. Les millions qu'ils coûtent sont peu de
chose en comparaison de ceux qu'ils entraînent à leur suite
dans le gouffre des dépenses inutiles. Les monarchistes qui
rêvent une cour, sous prétexte de faire aller les affaires, mécon-
naissent les sources véritables de la prospérité publique. Ils

nous proposent un marché de dupes qui sera, nous l'espérons bien, dédaigneusement repoussé.

Le remaniement de l'impôt est encore au nombre des réformes nécessaires, si l'on veut que la France se relève de ses désastres. Le sujet est trop grave pour être traité incidemment. Nous y reviendrons. Il me suffira de dire, dès à présent, que notre système actuel est très dispendieux, qu'il entrave de mille manières les libertés économiques, qu'il ménage trop les grandes fortunes et pas assez les grands revenus.

Nous devons enfin songer sérieusement à renforcer notre main-d'œuvre. Il faut que le service militaire devienne obligatoire pour les jeunes gens valides, perde en durée ce qu'il gagnera en extension.

Il y a sur les pontons et dans les forteresses des travailleurs, qui se sont laissé entraîner dans une insurrection criminelle. Les circonstances expliquent, sans le justifier, leur entraînement : ils ont subi déjà une peine très dure : leurs bras manquent dans nos ateliers. L'amnistie qui nous les rendrait serait accueillie comme un bienfait, et l'ordre n'en souffrirait point. Notre patriotisme se révolte à la pensée que la République française ne puisse, à l'égard des rebelles de la Commune, imiter la conduite si ferme et tout à la fois si magnanime tenue par la République américaine à l'égard des rebelles du Sud, au sortir d'une lutte acharnée qui avait duré quatre ans.

La crise actuelle n'est pas seulement un avertissement pour les hommes d'État : elle doit aussi tenir en éveil les simples particuliers, tous ceux qui, par le travail ou l'épargne, par le commerce, l'industrie ou l'agriculture, influent sur la production des richesses dans notre pays. Eux aussi doivent être actifs et vigilants, économes, modérés dans leurs exigences, d'une inaltérable bonne foi dans leurs rapports avec leurs compatriotes et avec les étrangers. Le détournement de notre numéraire amènera vraisemblablement des fluctuations de prix extraordinaires. Qu'on ne perde pas de vue le bilan de la Banque. Si le montant des billets à cours forcé s'élève, il y aura une hausse factice dont il faudra se méfier. S'il diminue, une baisse plus ou moins forte se fera sentir ; mais elle sera courte, la monnaie métallique reviendra du dehors par le libre jeu de la liberté commerciale.

Ces fluctuations de prix atteindront peut-être le salaire les ouvriers. Qu'ils réclament alors le droit d'association pour défendre leurs intérêts, rien de plus juste : mais qu'ils en usent prudemment, s'ils ne veulent pas empirer leur situation par d'inopportunes tentatives. Qu'ils consultent l'état des marchés, qu'ils se renseignent sur l'importance des commandes, sur l'abondance plus ou moins grande des capitaux : qu'ils évitent surtout d'accorder leur confiance aux fanatiques et aux énergumènes. Ceux qui prêchent le crédit gratuit, la propriété collective, le travail réglementé par l'État, ne peuvent être que des fous, des sots ou des intrigants. Ne lâchons pas la proie pour l'ombre. Poursuivons des réformes pratiques et raisonnables : il y en a beaucoup à faire et ce n'est pas trop, pour les accomplir, du concours de tous les bons citoyens.

LA LIBERTÉ

DE LA BOULANGERIE ET DE LA BOUCHERIE

I

LIBERTÉ DE LA BOULANGERIE

I

On parle beaucoup aujourd'hui d'introduire des réformes
radicales dans la plupart de nos institutions : la magistrature,
l'armée, l'instruction publique, le système contributif. On
parle beaucoup et on agit peu, parce que nous sommes un
peuple à la fois routinier et primesautier : nous nous débarrassons tout à coup du mal qui nous oppresse, puis nous
retombons dans notre inertie, et l'on suit de nouveau les vieux
errements. Quand il s'agit de réorganiser les services publics,
le radicalisme tour à tour nous séduit et nous effraie. Quand il
s'agit purement et simplement de conquérir, de maintenir ou
d'étendre la liberté, il nous effraie bien davantage et ne nous
séduit presque jamais.

Monarchistes ou démocrates, nous avons tous, ou presque
tous, infiniment de peine à concevoir que le bien social puisse
se réaliser sans contrainte, par le libre jeu de l'initiative individuelle et le groupement volontaire des forces humaines.
L'État-Providence est une espèce d'idéal qui a pénétré dans nos
esprits dès notre enfance, qui nous obsède sans cesse et nous
énerve, favorisant les abstentions honteuses, les reculades
insensées, les rêveries chimériques. De là, la nécessité de revenir
sur des questions résolues depuis longtemps par la science

économique et qui ne se discutent même plus chez les peuples habitués à la liberté. De ce nombre est la question de la boulangerie.

Le 2 mars 1791, la grande Constituante, appliquant les principes que Turgot avait essayé en vain de faire triompher sous la monarchie absolue, déclarait « qu'à compter du 1ᵉʳ avril prochain, il serait libre à toute personne de faire tel négoce, ou d'exercer telle profession, art ou métier qu'elle trouverait bon ». Elle réservait seulement les droits du fisc et ceux de la police. Un peu plus tard elle crut devoir faire une concession aux préjugés de l'époque. « La taxe des subsistances (dit l'art. 30 du décret du 19 juillet 1791) ne pourra *provisoirement* avoir lieu dans aucune ville ou commune du royaume que sur le pain et la viande de boucherie, sans qu'il soit permis en aucun cas de l'étendre sur le vin, sur le blé, les autres grains ni autre espèce de denrées ; et ce, sous peine de destitution des officiers municipaux. » Malheureusement le régime provisoire toléré par la Constituante est devenu définitif : il a duré quatre-vingts ans et il dure encore. Comme un enfant qui n'aurait pas grandi, nous avons gardé nos lisières, malgré le suffrage universel et quatre glorieuses révolutions.

Depuis 1801 jusqu'en 1863, la boulangerie fut soumise, dans les principales villes de France, à une série de mesures émanées du gouvernement, qui établissaient, outre la taxe, la limitation du nombre des boulangers, l'obligation d'un approvisionnement de réserve et une foule d'autres règlements plus ou moins vexatoires et restrictifs. A Paris, au mois de décembre 1853, on créa une caisse, dite de la boulangerie, chargée de faire des avances aux boulangers, de recevoir leurs déclarations relatives aux achats de farines et de faire fonctionner le système de compensation. On sait que la compensation consiste à taxer le pain plus cher dans les années d'abondance, afin de le faire payer moins dans les années de disette. En 1863, un décret abolit à partir du 1ᵉʳ septembre les restrictions gouvernementales qui gênaient le commerce de la boulangerie ; mais il laissa subsister la faculté pour les maires de taxer le pain. En 1869, cette faculté était exercée par les municipalités de 270 communes. On maintint également à Paris le système de compensation ; seulement on remplaça les ressources provenant de la taxe par le produit d'un droit d'octroi de 1 franc sur chaque hectolitre de farine.

On voit que le second Empire, qui n'a jamais su mener à fond une seule réforme, n'avait créé, en fait de boulangerie, qu'une liberté précaire et incomplète. Cette liberté, telle quelle, paraissait encore trop grande à certains membres du Corps législatif. MM. Chesnelong, Bertrand, le marquis d'Havrincourt la combattirent de toutes leurs forces. M. Haussmann s'y est toujours montré hostile. Elle a contre elle la plupart de ceux qui regrettent l'ancien régime, le temps du bon plaisir ; elle rencontre même quelques adversaires parmi les républicains.

Les partisans de l'intervention administrative ne se risquent pas, en général, à heurter de front le principe de la liberté d'industrie ; mais ils prétendent que ce principe n'est pas violé, quand on y déroge d'une manière exceptionnelle, par des considérations d'ordre public. Le pain, disent-ils, est une denrée d'une nature toute spéciale : nécessaire à la nourriture du pauvre, on l'achète au jour le jour, au débit le plus proche, on le consomme de suite, faute de pouvoir le conserver, et la quantité qu'on en consomme ne varie que dans d'étroites limites. La consommation restant invariable, la concurrence ne peut pas faire baisser les prix : elle les élève, au contraire, car elle augmente le nombre des boulangers, et, par suite, le montant des frais généraux de chacun d'eux. D'ailleurs, la concurrence entre les boulangers n'est jamais sérieuse : dans les communes rurales il n'y en a souvent qu'un seul : là même où ils sont nombreux, ils trouvent facilement le moyen de se concerter ; ils savent qu'on ne peut se passer de leur travail : ils établissent, d'un commun accord, une taxe arbitraire qui remplace, au préjudice des consommateurs, la taxe officielle.

En faveur de la réglementation, on ajoute que le prix du pain librement vendu, soit à Londres, soit à Bruxelles, soit à Paris, depuis le décret de 1863, dépasse de quelques centimes le prix

qu'aurait donné la taxe. On cite aussi, en dehors des grandes
villes, plusieurs petites communes où la taxe officieuse est toujours inférieure au prix de la vente. Ces différences, minimes
en temps ordinaire, deviendraient énormes en cas de disette ;
il en résulterait des troubles qu'une administration sage doit
prévenir. On affirme enfin qu'en tout temps la liberté est mauvaise, parce qu'elle facilite la fraude ; une profession accessible
à tout le monde ne se prête point au contrôle rigoureux et à la
surveillance minutieuse que l'intérêt public exige en cette
matière.

J'ai essayé de résumer, aussi fidèlement que possible, la thèse
de nos adversaires. On y retrouve tous les sophismes avec
lesquels, depuis près d'un siècle, on est parvenu à rendre à peu
près illusoires les conquêtes de l'esprit moderne. Nos fameux
principes de 89 ont été si souvent éludés, si peu pratiqués,
après avoir été proclamés d'une manière si solennelle, qu'ils
sont devenus la risée de l'Europe. A vrai dire, c'est de nous
qu'on se moque en ayant l'air de les bafouer, car, au fond, on
les respecte, puisqu'on les applique chez les peuples les plus
civilisés; ce qu'on nous reproche, c'est de ne pas nous-mêmes
les prendre au sérieux.

Il y a un vieux proverbe qui dit : « Donner et retenir ne
vaut. » Contrairement à ce proverbe, toute notre politique
semble consister à retenir ce qu'on donne. Pour notre honneur
et pour notre salut, il est temps que cette comédie cesse. Il ne
faut plus se payer de mots. Or, quand on oppose l'ordre public
à la liberté, on fait de la liberté un vain mot : la liberté n'est
rien, ou elle est la condition essentielle de l'ordre public, elle
est l'ordre même : lui opposer ce qu'elle renferme nécessairement, c'est la nier, car, en la dépouillant de son contenu, on lui
ôte sa raison d'être.

En réalité, cette espèce d'opposition, cette mise en balance
de deux choses qui sont identiques, n'est qu'un tour d'escamo-
tage. On substitue à l'ordre libéral, le seul vrai, le seul juste,
le seul conforme à la nature humaine, un ordre factice, arbi-

traire, déterminé par des vues superficielles ou égoïstes, basé sur des conceptions fausses, approprié aux brutes et non à des êtres raisonnables, c'est-à-dire que sous prétexte de limiter la liberté, on la détruit ; sous prétexte de créer l'ordre, on crée le désordre. La liberté de chacun n'a d'autre limite que la liberté d'autrui. Elle est légitime dans la mesure où elle est égale pour tous. Son contraire, ce n'est pas l'ordre, c'est la contrainte. Ce qu'on appelle à tort ses excès, ce sont des actes qui lui répugnent profondément, car ils sont empreints de violence et de fraude.

Si, laissant de côté le droit, on se place au point de vue de l'utilité immédiate, il est possible que certaines restrictions paraissent produire de bons résultats ; mais il faut se tenir ferme néanmoins sur le terrain des principes, bien persuadé que tôt ou tard les avantages de la liberté, obscurcis un instant, deviendront manifestes.

Que n'a-t-on pas dit pour soutenir l'esclavage des nègres ? L'émancipation supprimerait le travail, les colonies seraient ruinées, l'Europe privée de coton, de sucre et de café ou obligée de payer ces denrées à des prix exorbitants. L'émancipation a eu lieu et on a reconnu que non seulement la justice était satisfaite, mais qu'en somme les intérêts matériels n'avaient pas eu à souffrir de cette épreuve.

Pour interdire ou restreindre l'activité d'un homme, il ne suffit pas d'invoquer en termes vagues des considérations d'ordre public, il faut prouver que cette activité porte atteinte à la liberté d'autrui. Je suppose, bien entendu, un état de choses normal. Il y a des crises extraordinaires qui bouleversent tous les principes. Les libertés individuelles ne peuvent évidemment rester intactes quand la guerre sévit, comme nous l'avons vu il y a un an, sur une immense portion du territoire national, quand elle appelle sous les armes tous les hommes valides, quand elle tient assiégés ou occupés des centres de production énormes. Les citoyens alors ne sont plus des travailleurs, mais des soldats, et ils subissent forcément la dure discipline militaire.

II

Le boulanger qui vend son pain porte-t-il atteinte à la liberté d'autrui? Il n'oblige personne à le prendre; il n'interdit à personne d'en acheter autre part, ou d'en fabriquer comme il le fait lui-même. Pourquoi donc une main étrangère vient-elle se placer entre lui et l'acheteur? S'il trompe sur le poids ou sur la qualité de la marchandise vendue, qu'on le poursuive, qu'on le punisse, rien de mieux: mais quelle raison y a-t-il pour qu'on l'entrave? Est-ce donc un suspect? Hélas! oui: il est suspect, et, chose triste à dire, on l'a vu quelquefois réclamer lui-même cette mise en suspicion qui a, paraît-il, ses avantages.

Et, en effet, si on le taxe, on lui donne en échange un monopole: on lui assure une clientèle, on limite ses bénéfices, mais on limite aussi le nombre de ses concurrents. Or il peut avoir d'excellentes raisons pour craindre la concurrence plus que la taxe: ces raisons agiront sur lui avec d'autant plus de force qu'il sera moins habile et moins laborieux. La réglementation, ici comme partout, favorise les travailleurs en proportion inverse de leur mérite.

Le défaut de concurrence profite donc à certains boulangers. Est-il vrai que ce soit sans préjudice pour le public?

Dans toutes les autres industries, dans tous les autres commerces, la concurrence est la meilleure sauvegarde des intérêts du consommateur. La boulangerie est-elle, sous ce rapport, dans une situation anormale? L'élévation des frais généraux, causée par la multiplicité des débits, ne la distingue nullement des autres entreprises industrielles ou commerciales. c'est là un fait universel; l'inconvénient qui en résulte est compensé, et au delà, par un travail mieux dirigé, plus ingénieux, plus productif. Tantôt ce sont de grands établissements qui, par leur extension même, offrent des avantages nouveaux; tantôt ce sont, au contraire, de petits établissements où l'industriel travaille avec sa famille, sans employés, sans luxe.

La concurrence tend à augmenter la consommation : elle ne l'augmente pas toujours, et n'en est pas moins bienfaisante. D'ailleurs, la consommation du pain n'est pas aussi invariable qu'on le dit : elle est influencée d'une manière très sensible par le prix du pain et aussi par le prix des autres denrées : ainsi, par exemple, elle augmente quand les pommes de terre sont en hausse et réciproquement.

Les effets de la concurrence peuvent-ils être paralysés par l'entente des boulangers? Cette entente n'est pas si facile : car pour être efficace, il faut qu'elle soit unanime. Les consommateurs ont contre elle plusieurs moyens de défense.

D'abord ils peuvent diminuer leur consommation. Ils peuvent ensuite faire venir le pain du dehors : ce moyen, employé à Genève pendant l'hiver de 1858 à 1859, a parfaitement réussi. Ils peuvent enfin se concerter à leur tour, fonder une boulangerie coopérative ou tout simplement traiter avec un entrepreneur en lui assurant leur clientèle. L'emploi de ces divers moyens exige sans doute des efforts ; ils imposent une certaine gêne pendant quelque temps : mais si l'on veut gérer ses affaires soi-même, ne pas dépendre toujours de l'autorité, il faut savoir à l'occasion se donner un peu de mal. Dès que les boulangers verront qu'ils ont en face d'eux, au lieu d'un troupeau servile, un groupe d'hommes libres, ils renonceront à leurs projets : ils comprendront qu'en recherchant des bénéfices abusifs, ils s'exposeraient à la faillite et à la ruine.

En fait, on ne voit pas que dans les pays où la boulangerie est libre, les coalitions de boulangers aient été bien fréquentes, ni bien formidables.

La comparaison qu'on a tenté de faire entre les prix taxés et les prix non taxés, n'a pas conduit jusqu'ici à des résultats décisifs. Dans un savant rapport qui a servi de préliminaire à la loi de 1863, M. Leplay a présenté une statistique d'où ressort pour les prix de vente à Londres et à Bruxelles une moyenne inférieure de quelques centimes à la vente de Paris. Les fonctionnaires de M. Haussmann ont opposé à ce rapport des documents et des chiffres favorables au système de la taxe. Sans me prononcer entre eux, je ferai remarquer que la question est très complexe et qu'il ne faut pas demander aux chiffres ce qu'ils ne peuvent pas donner.

Quand on compare la vente libre avec la vente taxée, on prend pour base le prix du blé ou le prix des farines : on ne tient pas compte de ce fait que la réglementation de la boulangerie réagit sur le commerce des blés et des farines. Assuré d'une prime de cuisson fixe, le boulanger ne discute pas avec le meunier, comme il le ferait s'il était soumis aux mêmes conditions qu'un industriel ordinaire. Qu'importe que la taxe fasse baisser le bénéfice du boulanger, si elle fait hausser le prix des farines ?

Et puis, que d'éléments il faudrait apprécier en dehors du prix ! Les habitudes de consommation, qui varient selon les pays, la qualité du pain, sa conformité au goût des consommateurs, la proximité des débits, leur installation, toutes choses qui contribuent à atténuer ou à aggraver le coût de la marchandise.

Les mêmes observations s'appliquent aux comparaisons établies par M. Haussmann entre les prix de vente antérieurs au 1er septembre 1863 et les prix postérieurs.

Le 31 août 1863, il y avait dans Paris 903 boulangers ; en décembre 1865, leur nombre monte à 1 095, et en outre 390 dépôts de pain ont été fondés ; il y a donc 1 485 débits, soit 582 de plus qu'au temps de la taxe. Où trouve-t-on ces boulangeries nouvelles? Précisément dans les quartiers pauvres et populeux ; dans le premier et dans le second arrondissement (le Louvre et la Bourse), on en trouve 3 ; dans le dix-huitième (Montmartre), 53 : dans le onzième, 48 : dans le dix-neuvième (La Villette), 32 : dans le treizième, le quinzième et le vingtième (rue Mouffetard, Grenelle et Belleville), 31. Ces débits nouveaux vendent généralement à meilleur marché et leur exis-

tence seule est un avantage pour le consommateur, puisqu'elle
lui épargne des courses, des transports, des pertes de temps.

Toutes les personnes compétentes reconnaissent que les procédés de panification en France sont très arriérés. Ils se per-
fectionneront certainement sous un régime de liberté, mais il
faut que la liberté ne soit pas, comme aujourd'hui, à la discrétion
des autorités municipales. En effet, celui qui innove veut être
sûr du lendemain. Il ne veut pas que le remboursement de ses
avances, le prix de ses peines et de ses inventions dépende d'un
acte arbitraire. En vain on lui dira : Vous n'avez rien à craindre de la taxe puisque votre but est de vendre à meilleur marché que vos concurrents. — Qui m'assure, répondra-t-il, qu'on
ne retournera pas contre moi la supériorité même de mes procédés et qu'on ne viendra pas m'imposer une taxe calculée
d'après mes frais de fabrication journalière, sans tenir compte
de toutes les dépenses qui m'ont permis d'organiser une fabrication plus simple, plus prompte, plus économique?

La simple possibilité de l'intervention administrative est
comme une menace perpétuelle suspendue sur la tête des nova-
teurs qui condamne l'industrie à l'immobilité. Ayons donc le
courage de laisser de côté, une fois pour toutes, les vieux expédients qui ne servent qu'à perpétuer la routine : préparons les
voies du progrès par une liberté ferme, entière et stable.

Les griefs qu'on allègue aujourd'hui contre les boulangers
ont été allégués jadis contre les meuniers, contre les marchands
de blé et les marchands de farine. On leur reprochait leurs spéculations, leurs accaparements, leurs coalitions. On préten-
dait que si on les laissait libres ils affameraient le pays. Dieu
sait quel inextricable réseau de règlements l'ancienne monarchie avait imaginé pour les lier. En dépit de toutes ces précautions le pays passait périodiquement d'une surabondance encom-
brante, qui dépréciait les denrées et décourageait le cultivateur,
à une disette plus déplorable encore, qui décimait les populations. Peu à peu on a élargi les mailles du réseau, et les disettes
sont devenues moins fréquentes et moins terribles.

On s'est décidé enfin, il y a une dizaine d'années, à supprimer les dernières entraves qui gênaient le commerce des céréales : on a aboli l'échelle mobile. Peu de temps après, on s'est trouvé en présence d'une récolte désastreuse. Sur 85 millions d'hectolitres qui représentent la moyenne de la consommation, il y avait un déficit de 16 millions. Dans l'espace de quelques mois, le commerce fit entrer 13 333 381 hectolitres, et, au mois de mars 1862, le prix du blé était redescendu à 22 fr. 78. Qu'on rapproche ces résultats de ceux obtenus dans l'hiver de 1846 à 1847 : le déficit alors n'était que de 12 millions, mais les entrées atteignirent à peine le chiffre de 4 430 000 hectolitres, et, au mois de mars 1847, le prix du blé était encore à 36 francs.

La taxe du pain est un vestige du passé qu'il importe de faire disparaître le plus tôt possible. Injuste dans son principe, nuisible dans ses effets, elle entretient au sein des masses des préjugés funestes et des illusions dangereuses. Le prix des choses dépend d'une loi naturelle, la loi de l'offre et de la demande. Il n'est pas bon de laisser croire qu'une autorité quelconque puisse le régler à son gré. Si une pareille idée s'implantait dans les esprits, elle conduirait tout droit à l'omnipotence du pouvoir social et à l'écrasement de l'individu, c'est-à-dire à la ruine de la civilisation.

II

LIBERTÉ DE LA BOUCHERIE

« Il n'est arrivé que trop souvent, dans les besoins de l'État, qu'on ait cherché à décorer les impôts, dont ces besoins nécessitaient l'établissement, par quelque prétexte d'utilité publique. Il en est résulté que ces impôts ainsi colorés ont subsisté long-temps après la cessation du besoin qui en avait été la véritable cause, en raison de l'objet apparent d'utilité par lequel on avait cherché à les déguiser, ou qu'ils se sont renouvelés sous le même prétexte que favorisaient divers intérêts particuliers. »

Ainsi s'exprimait Turgot dans le préambule de l'édit de février 1776 qui supprimait la caisse de Poissy et affranchissait le commerce des bestiaux. Ces paroles sont toujours bonnes à méditer. Il y a, en effet, une foule de règlements qui n'ont eu, à l'origine, qu'un but fiscal, et qui se maintiennent indéfiniment parce qu'on les croit, ou qu'on feint de les croire, conformes à l'utilité publique.

Tels étaient naguère la plupart des règlements relatifs à la boucherie. Imaginés sous l'ancien régime afin de multiplier les fonctions administratives, qui alors étaient vénales, abolis par la Révolution de 1789, il ont été successivement rétablis par le Consulat, par l'Empire et par la Restauration.

En l'an VIII, après le coup d'État de brumaire, on soumet l'exercice de la profession de boucher au bon plaisir du préfet de police. En 1811, on limite le nombre des bouchers de Paris, on les oblige à verser un cautionnement, on leur interdit de s'approvisionner sur d'autres marchés que ceux désignés par l'autorité ; tous leurs achats doivent être faits par l'intermédiaire d'une caisse spéciale, l'ancienne caisse de Poissy, celle-là même contre laquelle Turgot avait rendu l'édit de 1776.

En 1825, on renonce à la limitation du nombre des bouchers. En 1829, on y revient, et, de plus, on défend de revendre, soit sur pied, soit à la cheville (c'est-à-dire abattus ou dépecés), les bestiaux achetés sur les marchés ouverts par l'administration.

A partir de 1830 commence une sorte de régime mixte qui n'est ni la liberté entière, ni la réglementation absolue. La préfecture de police se déclare impuissante à faire exécuter les dispositions qui interdisent la vente à la cheville. On autorise les bouchers à acheter librement hors de Paris, au delà d'un rayon de 100 kilomètres. On augmente leur nombre qui, de 400, passe à 501. On admet, dans une certaine mesure, la concurrence des bouchers forains.

En 1848, les ventes sur les marchés intérieurs deviennent quotidiennes, et, sur cent soixante et une places, on en réserve cent vingt et une aux bouchers du dehors. On organise la vente à la criée.

Ce régime mixte ne contente personne. Éleveurs et consommateurs, marchands de bestiaux et bouchers, tout le monde se plaint. Naturellement, on a recours à ce fameux remède qui paraît toujours infaillible, bien qu'il n'ait jamais réussi : l'intervention administrative. A partir de 1855, la viande est taxée et coûte de plus en plus cher. Après trois ans d'épreuves, on abandonne ce système et on entre alors dans une voie meilleure. Le décret du 24 février 1858 supprime la taxe, et avec elle toutes les restrictions imposées depuis l'an VIII. La caisse de Poissy elle-même, l'arche sainte du régime réglementaire, disparaît.

La réforme pour être complète aurait dû comprendre : 1° la suppression des facteurs privilégiés qui président aux achats de bestiaux ; 2° l'abrogation de l'article 30 du décret du 19 juillet

1791, qui permet aux maires de taxer la viande. Les maires
de l'Empire ont souvent usé bien maladroitement de cette
faculté. On a vu, par exemple, il y a quelques années, le maire
de Libourne partager en trois classes les boucheries, avec interdiction de passer d'une classe dans une autre, ou de quitter son
étal sans un avis donné un an à l'avance.

Du reste, la boucherie était libre avant le décret de 1858,
et l'est encore dans toutes les grandes villes de France. Il en
est de même à l'étranger, notamment à Londres, à Bruxelles, à
Berlin.

Paris a-t-il eu à se plaindre du régime de la liberté ? Nullement.
Les craintes exprimées par les autoritaires n'ont pas été justifiées
par les résultats.

De 1852 à 1854 (avant la taxe), la moyenne des ventes
annuelles, sur les marchés d'approvisionnement, montait à
155 000 bœufs, 34 000 vaches, 60 000 veaux, 1 014 000 moutons.

De 1855 à 1857 (durant la taxe), elle monte à 169 000 bœufs,
29 000 vaches, 52 000 veaux, 1 016 000 moutons.

De 1858 à 1860 (avec la liberté), on arrive à 173 000 bœufs,
36 000 vaches, 52 000 veaux, 1 141 000 moutons.

On voit par ces chiffres comment la taxe faussait la marche
naturelle des choses ; elle agissait dans un sens aristocratique,
excitant la consommation des viandes de luxe, contenant la
consommation populaire, qui se porte de préférence sur des
viandes inférieures, sans doute, mais saines et à bon marché.

Les chiffres relatifs au poids moyen des bestiaux suggèrent
les mêmes réflexions : le poids moyen des bœufs diminue (il
passe de 348 kilogrammes à 309) ; mais le poids moyen des
vaches et des veaux reste stationnaire (221 et 67 kilogrammes)
et celui des moutons augmente (21 kilogrammes au lieu de 19.)

Quant aux prix, ils ont depuis longtemps une tendance constante à la hausse. Cette tendance a été pendant trois ans tenue
en échec par la libre concurrence. Ainsi le prix du bœuf descend de 1 fr. 33 à 1 fr. 22 (le kilogramme) ; le veau de 1 fr. 52 à

1 fr. 46 : le mouton de 1 fr. 58 à 1 fr. 36. La hausse a recommencé plus tard : mais elle a été retardée et c'est beaucoup, car la consommation de la viande dans les grands centres augmente avec une intensité bien supérieure au développement de la production.

De 1840 à 1847, la consommation de la viande à Paris a augmenté de 17 kilogrammes par tête. En 1840 elle était seulement de 50 kilogrammes 53 grammes. En 1867, elle s'élève à 67 kilogrammes 61. Il est curieux d'en suivre les phases diverses.

De 1840 à 1847, l'augmentation est seulement de 180 grammes. De 1847 à 1852 (période qui comprend les quatre années de la seconde République, pendant lesquelles le pays aurait tant souffert, au dire des monarchistes), l'augmentation s'élève à 7 kilogrammes 1/2. De 1852 à 1859, elle n'est plus que de 3 kilogrammes. De 1860 à 1867 (après la suppression de la taxe) elle est de 6 kilogrammes 670, malgré l'annexion de la banlieue, qui abaisse momentanément la moyenne.

La salubrité de la viande n'a pas été compromise. Les inspections de police se font comme autrefois, et la surveillance exercée par le public, la meilleure de toutes, est d'autant plus efficace que le marché est plus libre.

Une nouvelle expérience a été faite pendant le siège. Les bestiaux renfermés dans la ville appartenaient tous, ou presque tous, à l'État ; il était impossible d'en introduire du dehors. Les prix ne pouvant plus s'établir dans des conditions normales, il fallut, pour les fixer, recourir à la taxe. On vit alors combien il est difficile de taxer la viande d'une manière utile et équitable.

Les experts les plus habiles ont de la peine à déterminer le rendement en viande nette des animaux abattus. Il faut tenir compte des os, des issues, des abats, des cuirs, des déchets. Il faut ensuite apprécier la quantité et la valeur relative des divers morceaux. Si l'on prend une moyenne, on favorise le riche au préjudice du pauvre. Si l'on procède par catégories, les causes d'erreur sont innombrables. Il faut enfin apprécier les frais et les bénéfices légitimes du boucher.

La taxe, quoique faite avec soin, ne put pas être exécutée. Les bouchers, d'accord avec leur clientèle, la rendaient illusoire. On ne parvint à triompher de leur résistance qu'au moyen des boucheries municipales. Ces boucheries municipales exigeaient une surveillance minutieuse, et, par conséquent, un personnel considérable. La police ordinaire aurait été insuffisante pour cet office. On employa en grand nombre des délégués de mairie et des gardes nationaux. Malgré ces précautions, que de fraudes, que d'abus ! et aussi que de gênes inséparables d'un pareil régime !

C'était un mal nécessaire, sans doute, mais un mal bien réel, et il y aurait folie à vouloir le transporter, de gaieté de cœur, dans un milieu où il ne s'impose pas. La manie de la réglementation est une des plus funestes qui puissent affliger un peuple, car elle tend à faire de la société une immense prison cellulaire, où les citoyens sont des suspects placés sous la surveillance de la police.

Les autorités municipales ont mieux à faire que de s'ingérer dans les choses de l'ordre commercial et industriel. Qu'elles laissent dormir l'article 30 du décret du 19 juillet 1791. Les questions de voirie, d'assistance, d'hygiène, et bien d'autres réclament leur sollicitude. Les écoles publiques surtout mettront leur zèle à l'épreuve ; elles doivent être multipliées, perfectionnées et défendues contre le cléricalisme qui menace de les envahir, avec l'aide, aussi empressée qu'inattendue, d'un ministre complaisant.

LA RÉACTION ÉCONOMIQUE

EN 1871 ET 1872

I

DROITS SUR LES MATIÈRES PREMIÈRES

I

Dans un précédent article j'ai attiré l'attention des lecteurs de l'*Indépendance* sur les effets économiques du paiement de l'indemnité prussienne. La crise monétaire que je prévoyais a eu lieu : elle dure encore, quoique très amoindrie, et si l'on n'y prend pas garde, elle peut reparaître avec une intensité plus grande. J'indiquais en même temps les deux circonstances principales qui pourraient la rendre grave : 1° le développement du papier-monnaie : 2° la restriction de notre commerce extérieur.

Notre stock métallique, si considérable avant la guerre, est encore à peu près intact, puisque 410 millions seulement sur 5 000 ont été exportés. Il nous reste plus de 4 milliards et demi en monnaie métallique.

On comprend qu'une partie de ce stock soit tenue en réserve pour faire face aux prochaines échéances de notre dette envers l'Allemagne et pour combler le déficit de la dernière récolte. Mais le reste, c'est-à-dire les quatre cinquièmes au moins, pourquoi ne le trouve-t-on pas dans la circulation? C'est qu'il recule devant la concurrence du papier de la Banque, papier momentanément inconvertible, puisqu'il a cours forcé, et malheureusement susceptible d'une extension indéfinie au gré de l'autorité.

Je persiste donc à croire qu'il conviendrait de s'arrêter sur la pente où l'on est. La circulation métallique se rétablira d'autant plus vite qu'on développera moins la circulation fiduciaire.

Ce qu'il faut développer, c'est le commerce, c'est l'industrie, c'est la production agricole, c'est le travail sous toutes les formes : et, pour les développer, il y a une chose bien simple à faire : c'est de les laisser libres.

II

Je sais bien que l'État a des besoins énormes. La lâcheté coûte cher aux peuples comme aux individus. Nous avons pendant vingt ans courbé la tête sous le joug ignoble d'une bande d'aventuriers. Nous recueillons aujourd'hui le prix de notre servilisme et de notre abêtissement. L'orgie impériale nous impose une surcharge annuelle de plus de douze cents millions.

En 1851, le budget de la République était inférieur à 1 milliard 500 millions, aujourd'hui il dépassera sans doute 2 milliards 700 millions. Dans l'intervalle, il y a eu l'Empire, et ce sacrifice pécuniaire, si grand qu'il soit, n'est encore, hélas ! que le moindre des maux infligés à la patrie par la dynastie napoléonienne.

L'accroissement des recettes, antérieur à la guerre, fournissant déjà une partie de la surcharge, il s'agit de trouver une somme supplémentaire d'environ 6 à 700 millions par an. De quelque façon qu'on s'y prenne, il est clair qu'une pareille masse d'impôts, survenant après les calamités de l'invasion et celles de la guerre civile, pèsera lourdement sur le pays : mais il n'en résulte pas qu'il soit indifférent de prendre, pour la répartir et la percevoir, tel ou tel procédé.

Confondre la richesse en voie de formation avec la richesse acquise et capitalisée, les revenus définitifs et perpétuels avec les profits incertains et précaires, les instruments de travail avec les instruments de jouissance, les consommations réparatrices et reproductives avec les consommations stériles, les risques avec les ressources, les acquisitions à titre onéreux avec les acquisitions à titre gratuit, taxer indifféremment ces élé-

ments si divers, les atteindre à tort et à travers, sans autre
préoccupation que celle du produit fiscal, c'est peut-être un
moyen commode de se tirer d'affaire, quand on vit au jour le
jour, comme faisaient les financiers de l'ancien régime : on se
pose ainsi en homme pratique, dédaigneux de la science et de
la justice, mais la science se venge cruellement (nous ne l'avons
que trop éprouvé) de ceux qui la méprisent, et la justice a des
retours soudains qui confondent les plus habiles : en dehors
d'elle, il n'y a rien de solide, rien de durable.

Je voudrais trouver quelque trace d'une tendance plus élevée
dans cet amas de taxes votées par l'Assemblée nationale ou soumises à ses délibérations futures par le ministre des finances et
la commission du budget. J'ai beau chercher, je n'y trouve
que des expédients. Les innovations mêmes s'y présentent avec
ce caractère. Timidement introduites, mêlées aux mesures les
plus rétrogrades, restreintes aux plus maigres proportions, il
est visible qu'on en attend peu de chose, et, en effet, réalisées
de cette manière, elles ne sont plus que de pauvres palliatifs.

L'impôt sur le revenu, qui pouvait être le point de départ
d'une grande et salutaire réforme, brille par son absence dans
le projet ministériel. Dans le projet de la commission, il est
admis au taux de 3 pour 100, sous le nom d'impôt sur les
revenus (le rapporteur tient beaucoup à ce pluriel) et figure
pour une somme de 80 millions, c'est-à-dire pour un peu plus
d'un septième du total, qui dépasse 531 millions.

Par contre, l'impôt sur les matières premières joue un rôle
considérable dans le projet ministériel. On lui demande une
recette de 170 millions. Dans le projet de la commission, il ne
compte plus que pour une somme d'une cinquantaine de millions. C'est encore trop. Un pareil impôt ne doit pas être
diminué : il doit être absolument éliminé.

La France, grevant les matières premières dans les circonstances actuelles, ressemblerait à une ville qui, après avoir subi
un long siège, épuisée, affamée, manquant de tout, refuserait
le ravitaillement. En effet, de deux choses l'une : ou le droit

porte sur la consommation intérieure, ou il porte sur le commerce d'exportation : dans le premier cas, il est injuste et cruel : dans le second cas, il est ruineux.

Nos financiers, plus ou moins imbus des préjugés protectionnistes, ne se préoccupent guère des consommateurs et ils se sont efforcés de sauvegarder les intérêts de l'exportation. Y ont-ils réussi ?

III

Le premier projet (celui de M. Pouyer-Quertier) compense, par une prime de sortie, les droits d'entrée qu'il élève au taux énorme de 20 pour 100. Voilà un système très simple, d'une brutalité écrasante, le *nec plus ultra* de la fiscalité anti-économique. Les acheteurs français paieront les produits de notre industrie fabriqués avec les cotons, les laines, les chanvres, les lins, les matières tinctoriales, les peaux et les cuirs venus du dehors, vingt pour cent de plus qu'ils ne valent : mais les acheteurs étrangers les paieront à leur juste prix. Nos exportations ne seront pas compromises et notre agriculture sera encouragée, double avantage pour le pays, qui s'enrichira tout en remplissant la caisse du Trésor.

Le malheur est que ce système, quoique émané d'un homme pratique, ne paraît pas être d'une application facile. Il soulève même, en se plaçant au point de vue du ministre, de terribles objections.

Comment faire pour reprendre, par le drawback sur la marchandise exportée, le montant exact du droit payé sur la matière première ? Ne prendra-t-on pas plus ou moins, selon l'habileté du fabricant et la perspicacité de l'agent de la douane ? Dans les étoffes mélangées, si nombreuses aujourd'hui, comment calculer la part respective de chaque textile, comment apprécier le poids que les teintures et les apprêts ajoutent aux tissus ?

Et puis il y a des matières qui ont leurs similaires chez

nous : la soie et la laine, par exemple ; mais alors un prix uniforme s'établira, le renchérissement produit par les droits
d'entrée se fera sentir sur les laines et les soies de l'intérieur :
ce renchérissement ne sera compensé par l'exportation que
dans la limite des quantités introduites du dehors, le surplus
restera grevé d'une manière définitive et, sous le poids d'une
aussi forte surcharge, il lui sera impossible d'affronter la concurrence sur les marchés étrangers.

IV

Le projet de la commission repousse le drawback et abaisse
le droit au taux de 3 pour 100. Ce droit lui semble léger. Elle
espère que nos exportations n'auront pas à en souffrir.

Est-il bien sûr qu'il en soit ainsi ? Une différence de 3 pour
100 est une différence notable. Si vous demandez 206 francs
pour une pièce que vos concurrents offrent à 200 francs vous
garderez certainement votre marchandise en magasin. Et encore
je ne tiens pas compte, dans mon calcul, de l'intérêt des droits
payés à l'entrée, intérêt qui court à partir du jour de l'importation jusqu'au jour de la vente. Ce serait un surplus de quelques centimes par cent francs.

Supposons que le fabricant, pour ne pas perdre ses débouchés au dehors, supporte la perte de 3 pour 100 : il faut qu'il
en retrouve quelque part l'équivalent : il s'indemnisera naturellement aux dépens des consommateurs nationaux, et cette
sorte de reprise le tentera d'autant plus, qu'il sera à peu près
maître du marché intérieur ; car, après avoir établi les droits
d'entrée sur les matières premières, on augmentera, sans
doute, le tarif des objets manufacturés.

Le consommateur français paiera donc non pas 3 pour 100,
mais 5 ou 6 pour 100, peut-être plus. Il est probable qu'il
diminuera sa consommation. Or, s'il la diminue, les conséquences ne sont pas difficiles à prévoir : le fabricant aura bien

de la peine à retenir sa clientèle du dehors, car il ne la retient
qu'à l'aide de la clientèle du dedans : à mesure que le cercle
intérieur où il puise sa force se rétrécit, ses moyens d'action,
au delà de la frontière, s'affaiblissent. Et puis, tout se tient
dans la sphère des intérêts économiques ; si les entrées baissent,
les sorties baisseront aussi ; les matières premières, détournées
de notre territoire, iront dans d'autres pays solliciter les
échanges : le commerce qui aime à concentrer ses opérations
ne se dédoublera pas pour nous faire plaisir ; l'importance de
nos grandes places sera amoindrie, nos produits de toutes sortes
seront moins recherchés ; les affaires languiront au moment
même où il faudrait leur donner une impulsion plus vive et
leur ouvrir un plus vaste champ.

Quant à l'agriculture, elle n'a nul besoin de tarifs protecteurs : ce n'est pas de la laine qu'elle doit viser à faire, c'est de
la viande : la perspective du monopole ne peut être pour elle
qu'un appât perfide. A quoi lui servira-t-il de vendre un peu
plus cher à l'intérieur quelques textiles, si on pose des barrières
qui arrêtent ou qui entravent l'exportation de ses vins, de ses
fromages, de ses œufs, et de tant d'autres denrées qu'elle produit supérieurement ?

V

Laissant de côté les considérations qui touchent à notre
commerce extérieur, je me place maintenant au point de vue
des consommateurs. C'est un point de vue que les financiers
de l'école autoritaire négligent volontiers. Il mérite cependant
quelque attention, car l'intérêt des consommateurs, c'est l'intérêt du peuple tout entier.

Je reconnais que dans la situation où nous sommes, il est
impossible de se passer des impôts de consommation.

Ils représentent dans nos budgets, en y comprenant les
octrois, une somme de plus d'un milliard. Il faudrait presque,

pour les remplacer, tripler le montant de l'impôt direct, et nous ne sommes, ni par nos mœurs, ni par notre instruction, à la hauteur d'une semblable réforme. Mais si on ne peut les supprimer, on pourrait les diminuer, et si on recule devant une simple diminution, on devrait du moins ne pas les effrayer.

Leur avantage principal c'est qu'ils se confondent avec le prix des choses et qu'ils se dissimulent ainsi aux yeux du contribuable. Cet avantage coûte cher, car il faut toute une armée d'agents pour les percevoir : ils retardent et gênent le transport des marchandises, et enfin ils ne sont pas proportionnels aux ressources : souvent même ils ne sont pas proportionnels aux dépenses, la plupart des tarifs prenant pour base, non la valeur, mais la quantité, le volume ou le poids.

Le défaut de proportionnalité est très grave, surtout dans une société démocratique. Il en résulte qu'une partie du fardeau commun se trouve rejetée par les riches sur les pauvres. Il y a là une injustice et une cause de misère, dont la permanence s'explique moins encore par les nécessités fiscales que par l'ignorance des peuples et leur amour du merveilleux, qui les éloigne des réformes sérieuses et les lance, par soubresauts, dans la région des chimères, d'où ils retombent découragés au milieu des rudes réalités de la vie.

On dit quelquefois que le travailleur retrouve par la hausse des salaires la taxe qu'il paie sur ses consommations. C'est une assertion que les faits ne confirment pas. Le taux des salaires dépend du rapport entre le capital et le nombre des travailleurs. Si l'accroissement du capital dépasse l'accroissement de la population, les salaires montent : dans le cas inverse, ils baissent. Le prix des denrées n'a qu'une influence médiocre, à moins qu'il ne tende à diminuer l'offre des bras, et alors le remède, il faut l'avouer, est pire que le mal.

Les précautions mêmes qu'on prend en général pour atténuer l'injustice des impôts de consommation, prouvent que cette injustice existe et qu'elle n'est pas compensée par la hausse des salaires. Ne pouvant établir une proportionnalité exacte, on

s'applique à dégrever les objets de première nécessité ; or, ces
dégrèvements seraient parfaitement inutiles et illusoires, si le
taux des salaires dépendait du taux de la taxe.

Le ministre des finances et la commission du budget ne se sont
pas complètement affranchis de cette précaution, car ils ont eu
soin d'omettre dans leurs projets les houilles et les céréales ;
mais pour être logiques, il ne fallait pas s'arrêter à moitié route.

Si l'on veut sérieusement rendre moins inégal le système des
taxes indirectes, il faut considérer les taxes dans leur ensemble,
les grouper par séries et les graduer d'après la nature des objets
qu'elles atteignent. Cette graduation n'est possible qu'à une
condition, c'est qu'on laisse les produits bruts circuler et se
façonner jusqu'à ce qu'ils aient acquis leur forme définitive.
A ce moment-là, mais à ce moment-là seulement, on connaît
leur destination, leur utilité, leur valeur : on sait à quelle catégorie de consommateurs ils s'adressent, à quels besoins ils
répondent, s'ils doivent ou s'ils ne doivent pas supporter une
taxe et dans quelle mesure il convient de les frapper.

Un impôt foncier qui tiendrait compte de l'étendue des terres
et non de leur fertilité paraît absurde. L'impôt sur les matières
premières n'est pas moins déraisonnable, car il y a autant de
différence entre les produits qu'on tire d'une même quantité de
matière brute qu'il y en a entre des champs d'une égale conte-
nance.

Voyez, par exemple, les textiles : avec le coton, avec la laine,
avec le chanvre, avec le lin, et même avec la soie, on fabrique
tour à tour les tissus les plus fins et les plus grossiers, les
parures les plus brillantes ou les plus délicates et les vêtements
les plus simples, les dentelles de la grande dame et la blouse de
l'ouvrier, la grosse chemise de toile et les mouchoirs de batiste,
l'habit de bal et l'habit de travail.

Comparez deux familles composées de quatre personnes chacune, l'une disposant d'un revenu de cent mille francs, l'autre
gagnant péniblement une somme annuelle de quinze cents francs :
calculez ce que chacune d'elles consomme de matières brutes

pour se vêtir et vous arriverez à ce résultat que la taxe de
30 pour 100 proposée par M. Pouyer-Quertier représente pour
l'une un sacrifice minime et pour l'autre une véritable priva-
tion ; la plus riche des deux laissera entre les mains du fisc
un millième à peine de son revenu, la plus pauvre contribuera
pour un centième et peut-être davantage.

Notez qu'il y a déjà une multitude de taxes qui produisent
des résultats analogues ; par exemple, celles qui grèvent les
boissons, le sel, les comestibles, les tabacs, les allumettes et
même les primes d'assurances ; car on a eu naguère, à Versailles, il est vrai, l'idée bizarre d'assimiler à un élément de
richesse le risque d'incendie. Décidément, si la démocratie coule
à pleins bords, comme disaient jadis les doctrinaires, ce n'est
pas dans les canaux du fisc. Il se rencontre chez nous, comme
à l'étranger, pas mal de fous qui rêvent l'égalité des fortunes,
mais l'égalité devant l'impôt, inscrite dans toutes nos constitutions, reste à l'état de lettre morte. Ceux qui profitent du
régime actuel ont d'excellentes raisons pour ne pas le changer,
et ceux qui en souffrent ne savent encore ni comprendre ni
défendre leurs véritables intérêts.

II

LA LOI SUR LA MARINE MARCHANDE

ET

LA DÉNONCIATION DES TRAITÉS DE COMMERCE

I

Tandis que d'un bout à l'autre de la France les patriotes s'ingénient pour trouver le meilleur moyen de libérer promptement notre territoire, les protectionnistes poursuivent leur campagne contre les libertés économiques, et il faut reconnaître qu'ils gagnent du terrain.

Ils ont déjà obtenu la loi sur la marine marchande et la dénonciation des traités de commerce. Ils touchent presque au but. Ils l'atteindront si un puissant mouvement de l'opinion publique ne les arrête.

Ce but, quel est-il? C'est la constitution d'une aristocratie nouvelle, munie du double privilège de vendre ses produits avec une plus-value garantie par l'État, et de contribuer aux charges publiques dans une proportion inférieure à celle de son revenu ; en un mot, c'est le droit au profit.

Dans un pays qui passe pour être profondément démocratique, une pareille entreprise peut paraître chimérique ; mais il en est des peuples comme des individus ; chez les uns comme chez les autres, les inconséquences sont la chose du monde la plus banale. Il n'y aurait donc pas lieu de s'étonner par trop de la tentative en elle-même, si on pouvait faire abstraction des circonstances actuelles qui la rendent véritablement extraordinaire.

En général, les grandes crises favorisent plutôt la destruction des privilèges que leur établissement. Le déficit de notre budget a été une des causes principales des réformes égalitaires réalisées par la Constituante. Et même sous l'ancien régime, quand le territoire était envahi, quand l'intégrité du royaume était menacée, quand les financiers étaient à bout de ressources, on a vu plus d'une fois fléchir les privilèges de la noblesse, du clergé et de la magistrature.

Aujourd'hui qu'à la suite de désastres prodigieux notre dette s'est accrue de dix milliards, et qu'il nous faut ajouter aux anciens impôts une masse de 750 millions, comment s'expliquer que des hommes de bon sens imaginent d'ajouter aux taxes perçues pour le compte du Trésor d'autres taxes non moins lourdes, perçues, comme les premières, sur l'ensemble des consommations, et, cette fois, non dans l'intérêt du pays tout entier, mais dans l'intérêt exclusif de quelques citoyens propriétaires, capitalistes ou industriels ?

L'État a bien de la peine à remplir sa fonction normale, qui est de maintenir la sécurité et la dignité de la nation, et l'on veut encore qu'il intervienne dans les entreprises privées, les soutenant si elles périclitent, les déprimant si elles prospèrent, substituant son action à l'initiative individuelle, jouant gauchement, sous prétexte de protéger le travail national, le rôle téméraire, dispendieux et ridicule d'une espèce de providence terrestre ! Peut-on concevoir une prétention, sinon plus déraisonnable, du moins plus inopportune ?

Je ne sais si les protectionnistes se sont bien rendu compte des obstacles que nos récents malheurs dressaient devant eux. En tout cas, ils n'ont pas désespéré. Le représentant le plus illustre de leurs idées, et, à côté de lui, leur plus fougueux partisan, étaient au pouvoir. Au sein de l'Assemblée, ils comptaient sur les monarchistes, qui courent aux privilèges comme à leur élément naturel : la haine aveugle de l'Empire, l'analogie des procédés socialistes avec les leurs pouvaient même entraîner vers eux des républicains.

Ces avantages compensaient en partie les difficultés de la situation. Les protectionnistes surent en profiter. L'habileté de leurs manœuvres mérite d'être mise en relief.

S'ils avaient dès l'abord posé carrément leurs principes, déroulé tout leur plan, ils allaient au-devant d'une défaite à peu près certaine.

Avant de se placer sur le terrain purement économique, ils ont eu soin d'occuper des positions moins exposées aux attaques des adversaires : ils ont invoqué tour à tour l'intérêt de notre marine militaire, et, enfin, nos droits de souveraineté politique.

Sur la question fiscale, leur succès a été plus solide que brillant. Les droits sur les matières premières devaient être la base des nouveaux tarifs, la pierre angulaire du système. Les Normands, avec leur finesse habituelle, ont été les seuls qui l'aient bien compris. Abandonnés par une portion considérable de leur corps d'armée, les chefs du protectionnisme n'ont pu faire passer d'emblée leur projet. Ils ont éprouvé un échec qui leur a été très sensible, mais qui n'est pas décisif, loin de là ; car, d'une part, les droits sur les matières premières sont acceptés au moins à titre de pis aller ; d'autre part, on a écarté l'impôt sur le revenu, qui était le moyen le plus efficace pour nous préserver des taxes restrictives de notre commerce extérieur.

Je crois inutile de revenir sur les droits des matières premières et l'impôt du revenu, auxquels j'ai consacré plusieurs articles. La question de la marine et celle des traités de commerce nous montreront les protectionnistes accusant de plus en plus leurs doctrines, à mesure que leur succès grandit, grâce au concours de plus en plus ardent des amis de l'ancien régime.

II

« La marine se meurt, la marine est morte. » Que de fois ceux d'entre nous qui ont atteint l'âge mûr ont entendu cette phrase retentir à leurs oreilles, dans leur enfance, sous Louis-

Philippe, dans leur jeunesse, sous la République et l'Empire !
On en est las partout, excepté à Versailles, où on la répète
encore sans rire.

Il est vrai qu'elle mène loin. En effet, on a beau ne pas la
prendre tout à fait au sérieux, il en reste toujours quelque
chose. Le mal qu'on dénonce est si grave, que les meilleurs
esprits se troublent rien qu'en y songeant. Par contre, le remède
qu'on propose est si léger en apparence, que les plus fermes
hésitent à le repousser. Et puis, quand on a sauvé la marine,
d'autres industries se présentent qui déclarent qu'elles se
meurent : toutes ont des droits aux secours de l'État, et peu à
peu l'État devient le sauveur universel.

Les faits, envisagés de sang-froid, ne justifient pas les décla-
mations des protectionnistes.

Le nombre des marins figurant sur les listes de l'inscription
maritime s'est élevé de 74 000 en 1818 à 77 000 en 1835 ; il
était de 118 000 en 1847 : de 150 000 en 1865 et de 151 000
en 1871. Il y a eu quelques oscillations dans le mouvement,
quelques années de baisse, notamment en 1866, 67 et 68 :
mais la hausse a toujours fini par l'emporter. Ces chiffres n'ont
rien d'alarmant, au contraire. Le recrutement de notre marine
militaire est parfaitement assuré.

Voilà pour le personnel. Quant au matériel, nous trouvons,
en 1835, le chiffre de 680 000 tonneaux de jauge : 996 000 en
1860, et 1 074 000 en 1871.

Notez qu'en 1835 la marine à vapeur était nulle, et qu'en
1860 elle était encore peu développée ; en 1871, elle représente
142 000 tonneaux : il est vrai qu'il y en a 104 000 subven-
tionnés : mais, comme un bateau à vapeur fait en moyenne
quatre fois plus de transports qu'un navire à voiles, nous
aurions encore en 1871, même en faisant abstraction de la
marine subventionnée, une force maritime supérieure à celle
de 1869.

Où donc est le mal dont on se plaint ? Il consiste uniquement en ceci, c'est que notre tonnage national augmente moins

vite que le tonnage de nos concurrents étrangers. Il n'y a donc pas dépérissement, ni décadence, ni même état stationnaire, il y a un progrès lent.

La loi de 1866 qui a supprimé les surtaxes de pavillon, est-elle la cause de cette lenteur? Non, puisqu'elle n'a été appliquée qu'en 1869, et que bien avant cette date on constatait que le tonnage français augmentait dans une proportion moindre que le tonnage étranger.

La loi nouvelle votée le 30 janvier 1872, en faveur des armateurs et des constructeurs, donnera-t-elle une impulsion plus vive à notre navigation?

Il est permis d'en douter. Elle établit :

1° Sur les marchandises importées par navires étrangers, un droit qui varie, selon la provenance, de 7 fr. 50 à 15 francs et 20 francs par tonne (mille kilogrammes);

2° Sur les marchandises des pays hors d'Europe, importées des entrepôts d'Europe, un droit de 30 francs;

3° Sur les bâtiments de mer importés en France, des droits qui s'élèvent depuis 40 francs jusqu'à 60 francs par tonneau de jauge, sans préjudice du droit afférent à la machine s'il s'agit d'un navire à vapeur.

Enfin, elle augmente pour les navires de tout pavillon les droits de quai.

Cette dernière mesure a un caractère purement fiscal. Il est bizarre qu'on ait négligé la distinction des pavillons précisément sur le point où il eût été juste de la faire : car les quais construits chez nous par l'État, aux frais des nationaux, le sont souvent à l'étranger par des compagnies qui en font payer l'usage.

Si on laisse de côté l'augmentation, d'ailleurs minime, des frais de quai, la loi se résume en une surtaxe de pavillon, une surtaxe d'entrepôt et une taxe de francisation.

La surtaxe de pavillon n'atteint pas, comme on pourrait être tenté de le croire, tous les navires étrangers qui entrent dans nos ports. Nous sommes liés par des traités fort anciens avec les autres puissances maritimes, et ces traités affranchissent de part et d'autre la navigation directe. Il ne s'agit donc que de l'intercourse. Ainsi, les navires anglais venant d'Angleterre sont exempts ; ils payent s'ils viennent d'Amérique ; mais les navires américains venant d'Amérique sont également exempts. De même pour la navigation de la Méditerranée. Les navires grecs venant d'Odessa sont soumis à la surtaxe, mais non les navires russes venant du même port ; venant d'Italie, les navires russes paient.

Il en résulte que, non seulement nous protégeons nos propres armateurs, mais encore tous les armateurs étrangers qui font la navigation directe. C'est vraiment par trop de bonté.

Les Yankees, que l'intercourse anglais gêne sous le régime de la liberté complète, nous en seront profondément reconnaissants. Les Russes bien plus encore ; ils n'ont pas beaucoup de marins ; mais leur pavillon couvrira la marine grecque et se promènera, à notre barbe, sur la Méditerranée.

Les ports étrangers voisins des nôtres ne seront pas moins favorisés. Ils le seront doublement ; car on s'en servira pour éviter à la fois les surtaxes de pavillon et les surtaxes d'entrepôt. Gênes et Anvers se développeront au détriment de Marseille et des ports français de la Manche.

Après avoir protégé notre marine, et quelque peu celle des autres, la loi nouvelle protège nos constructeurs. On peut dire qu'ici elle fait volte-face ; elle va directement contre son propre but, du moins contre le but avoué. C'est une singulière manière d'augmenter le tonnage de nos navires et de stimuler le zèle de nos armateurs, que de rendre plus dispendieux tous nos armements maritimes. On trouve que notre marine est languissante, et on s'arrange de manière que nos gros navires nous coûtent 100 et 150 000 francs de plus qu'à nos concurrents. Ici encore nous méritons les remerciements des étrangers.

Les députés constructeurs sont venus étaler leurs misères devant l'Assemblée nationale. Si réellement ces misères sont aussi grandes qu'ils le disent, je les plains ; mais l'économie

publique n'est pas une affaire de sentiment. On ne peut lier à
perpétuité un corps vivant à un corps mort. La prospérité de
notre marine ne peut pas être à la discrétion de nos constructeurs : s'ils construisent mal ou trop cher, que ce soit par suite
de leur incapacité ou par d'autres causes, il faut qu'on puisse
s'adresser, au dehors, à des établissements plus habilement
dirigés ou plus heureusement situés.

Je ne parle pas, bien entendu, de la marine de guerre. Celle-
là doit avoir ses ateliers de construction dans le pays, et elle
les a : mais la marine marchande est dans des conditions
toutes différentes, car son activité ne se déploie qu'en temps
de paix ; elle cède la place aux vaisseaux belligérants dès qu'ils
paraissent.

La marine militaire et la marine marchande ont sans doute
des intérêts communs, puisque le même personnel les alimente
l'une et l'autre. Leur nature et leur destination n'en sont pas
moins distinctes, et chacune d'elles a son régime qui lui est
propre.

Une direction autoritaire très ferme et très rigoureuse, pourvu
qu'elle soit intelligente, peut donner au pays une puissante
marine de guerre : elle ne lui donnera pas une marine commerciale. Ce qui convient à la marine du commerce, c'est la liberté.
Tout autre régime la gêne, l'engourdit et l'énerve.

Les États-Unis, qui malheureusement se germanisent de plus
en plus et se sont laissé peu à peu envahir par les sophismes
économiques du Dr List, nous montrent par leur exemple dans
quelle voie dangereuse nous nous engageons. Ils possédaient,
avant la guerre de la sécession, une marine marchande de premier ordre, supérieure, sous bien des rapports, même à la
marine anglaise. Leur marine militaire était insignifiante.

La guerre civile éclate, et alors, qu'arrive-t-il ? L'Union met
sur pied en peu de temps une flotte de guerre formidable ; mais
les corsaires du Sud détruisent ou paralysent sa marine marchande.

La rébellion une fois vaincue, le gouvernement américain

se persuade qu'il rétablira la marine commerciale par une
réglementation énergique ; il la protège de mille manières, si
bien qu'il l'empêche de renaître. Le dernier rapport du ministre
des finances, M. Boutwell, constate qu'il y a onze ans les
navires naviguant sous le pavillon des États-Unis transportaient
71 pour 100 de toutes les marchandises venant de l'étranger
ou dirigées sur les ports étrangers, et que, maintenant, ils n'en
transportent plus que 38 pour 100. La différence, on le voit,
est de près de moitié.

Un exemple en sens inverse se trouve dans notre propre histoire et conduit à la même conclusion. C'est en quelque sorte
la contre-épreuve du premier.

Nous avions sous Louis XIV une marine de guerre superbe ;
mais la marine marchande, surtout la marine au long cours,
était loin de répondre aux efforts tentés par Colbert. Cependant
elle était protégée contre la marine étrangère par un droit de
fret assez élevé qui représentait notre surtaxe de pavillon, avec
cette différence qu'il s'appliquait à la navigation directe aussi
bien qu'à l'intercourse. Ce droit de fret, auquel on tenait beaucoup alors, avait été en partie la cause de la guerre de Hollande
en 1672.

Après les désastres de la guerre pour la succession d'Espagne,
la France signe, avec l'Angleterre et la Hollande, le traité
d'Utrecht (1713). Le traité stipule l'abolition du droit de fret.
Le droit de fret reste supprimé ou suspendu pendant toute la
régence et sous le ministère du cardinal Fleury (1726-1743).
Il semble que notre marine marchande va succomber. C'est le
contraire qui a lieu. Jamais, au dire de tous les historiens, elle
ne prit un aussi vif essor. Voltaire, qui n'avait aucune raison
pour flatter le cardinal Fleury après sa mort, affirme que le
nombre de nos vaisseaux aux Indes et en Amérique avait passé
du chiffre de 300, en 1715, au chiffre de 1800, en 1738.

A la même époque, notre marine militaire fut négligée, et
cette négligence nous coûta, quelques années après, la perte de
nos plus belles colonies.

La marine marchande et la marine militaire importent toutes deux à la prospérité du pays ; mais, pour développer l'une, il faut un ministre vigilant, habile et énergique ; pour développer l'autre, il faut, ce qui est peut-être plus rare encore, un gouvernement qui s'abstienne.

En somme, de quoi souffre notre marine en France ? Elle souffre, comme tout le reste, de la routine.

C'est la routine qui maintient une foule de règlements inutiles et de formalités onéreuses : c'est elle aussi qui nous donne pour la navigation à la voile un attachement suranné que les autres peuples n'ont plus. L'importance de la navigation à vapeur grandit sans cesse. Son ascendant devient irrésistible. Les illusions, à cet égard, ne peuvent que nous nuire. Il faut absolument les dépouiller et se préparer à une transformation inévitable, sans laquelle nous marcherons à la ruine en dépit de tous les expédients plus ou moins ingénieux des protectionnistes de la veille, renforcés par les protectionnistes du lendemain.

III

La loi du 30 janvier n'est pas bonne ; mais il y a quelque chose de pire que cette loi : c'est l'esprit dans lequel elle a été faite.

« Nous avons le droit, a dit M. Babin-Chevaye au cours de la discussion, de demander pour notre industrie un travail plus important que celui de réparer des avaries. » M. Babin-Chevaye est constructeur. Il veut que l'État lui fournisse du travail à sa convenance. Il ne se présente pas en solliciteur ; il prétend exercer un droit. Sa prétention ne rencontre aucune résistance au sein de l'Assemblée. On l'accepte comme la chose la plus simple et la plus naturelle du monde.

Du reste, les constructeurs ne sont pas les seuls créanciers de l'État. Repoussant avec véhémence un amendement qui tendait à affranchir l'importation des céréales, M. Pouyer-Quer-

tier, ministre des finances de la République française, s'écrie
au milieu des applaudissements du centre et de la droite :
« Notre population agricole se compose de 24 millions d'habitants, à qui vous devez assurer la nourriture et le travail. »

Ainsi, le droit au travail tant reproché aux socialistes de 48
est aujourd'hui officiellement proclamé. Il est vrai qu'il est
reconnu seulement au profit des patrons et des propriétaires.
On se propose, sans doute, de tenir compte plus tard des
ouvriers. En attendant, on applique ingénieusement les théories qualifiées jadis de subversives. Nous avions déjà l'impôt
progressif en raison inverse de la fortune. Nous allons avoir
mieux encore : le socialisme à rebours.

On objecte aux partisans des taxes sur les céréales qu'en cas
de disette l'importation libre des denrées alimentaires pourrait
avoir quelque utilité. — Oh ! répond le ministre du commerce,
en cas de disette, nous ferons ce qu'on a toujours fait en tous
les temps, nous ouvrirons nos portes. — Alors vous rétablissez
l'échelle mobile ? — Pas du tout. L'échelle mobile ne valait
rien, elle déterminait les droits d'entrée d'après le prix des
céréales ; nous, nous ne serons liés par aucun tarif fixé à
l'avance, nous maintiendrons ou nous suspendrons la taxe
d'après les nécessités du moment.

C'est en réalité l'échelle mobile avec tous ses inconvénients,
et l'arbitraire en plus. Tel était le système mis en œuvre sous
l'ancien régime. Si l'on veut savoir quels effets il produisait, on
n'a qu'à jeter les yeux sur la correspondance administrative
sous le règne du grand roi ; on y verra que la France, même
administrée par Colbert, passait alternativement de la disette
la plus affreuse à une surabondance de grains presque aussi
funeste que la disette, faute d'importations suffisantes dans le
premier cas, et faute de débouchés, dans le second.

M. de Tillancourt, qui préfère les jeux de mots aux études
historiques, soutient que le système des surtaxes, arbitraire-
ment maintenues ou suspendues, nous donnera l'équilibre des
prix. Il a découvert que les étrangers recherchent, pour nous

apporter leurs blés, les années où les nôtres sont abondants et par suite bon marché.

Cette découverte émerveille l'Assemblée qui vote contre l'amendement relatif aux céréales. M. Jules Simon, libre-échangiste naguère, s'abstient. Il avait voté dans une séance précédente les surtaxes de pavillon. Il trouve que c'est assez, et il a raison.

IV

La loi sur la marine marchande, conçue et discutée dans un esprit profondément protectionniste, devait forcément conduire à la dénonciation des traités de commerce.

La dénonciation a été résolue en effet le 2 février, après une discussion de trois jours.

Le langage des adversaires des traités de commerce est curieux à étudier. S'il était plus habile, il justifierait assez bien le mot de Talleyrand : « La parole a été donnée à l'homme pour déguiser sa pensée ». Le fait est qu'on ne saurait rien imaginer de plus confus ; mais la tendance fondamentale perce en dépit des artifices oratoires.

Quand on veut étouffer une liberté, il y a une vieille tactique qui consiste à définir de telle sorte la liberté qu'elle se confonde avec la souveraineté, et alors, au nom de la liberté, on revendique la souveraineté ; puis, au nom de la souveraineté, on supprime la liberté. Les cléricaux connaissent cette tactique et en usent avec profit depuis des siècles. Au moyen âge, les immunités et les franchises des églises ou des monastères conféraient aux évêques ou aux abbés la domination sur d'immenses territoires.

De nos jours on a fait appel à la liberté des consciences catholiques pour soutenir le pouvoir temporel du pape, et on l'a soutenu, même par la force des armes, sous prétexte de garantir l'indépendance spirituelle du Saint-Siège. Il n'est pas jusqu'aux esclavagistes qui n'aient invoqué la liberté pour défendre

leur « institution particulière ». Si nous ne sommes pas souverains, disaient les États du Sud en 1860, nous ne sommes pas
libres, et, si nous sommes souverains, nous avons le droit de
traiter les nègres comme bon nous semble.

Les protectionnistes raisonnent de la même manière. Ils
déclarent qu'ils ne veulent pas faire de réaction économique.
Ils ne veulent détruire aucune liberté. Ils en réclament, au contraire, une de plus : la liberté des tarifs. Ils protestent contre
les traités de commerce, parce que ces traités constituent, non
la liberté commerciale, mais l'esclavage national.

Notre réponse sera bien simple: les traités de commerce limi-
tent la souveraineté de l'État au profit de la liberté des citoyens.
L'État ne peut à son gré ouvrir ou fermer les portes de la
France : il perd, pour un certain temps et dans une certaine
mesure, le droit d'arrêter ou de grever au passage telle ou telle
marchandise ; mais chacun dispose plus librement du fruit de
son travail, et les produits circulent sans trop d'entraves.

Toute mesure libérale produit ce double effet de limitation
et d'expansion. Sous ce rapport, une loi intérieure ne diffère
pas d'un traité. Une loi qui affranchit la presse, diminue l'autorité du garde des sceaux et des magistrats. Une loi qui affranchit les cultes porte atteinte à la suprématie de l'Église domi-
nante. Une loi qui affranchit les échanges réduit à leur plus
simple expression les attributions du ministre du commerce.

La seule différence entre un traité libéral et une loi libérale,
c'est que les bienfaits de la loi ne dépassent pas les limites du
territoire national, tandis que les bienfaits du traité nous profitent au dehors comme au dedans. Il est vrai que les étrangers
en profitent comme nous : qu'importe, si les avantages qu'ils
en tirent ne détruisent pas les nôtres ? La réciprocité n'est-elle
pas la condition essentielle de la vie sociale ?

Ne nous laissons pas duper par les mots. Allons au fond des
choses. Quel usage veut-on faire de cette prétendue liberté
qu'on appelle la liberté des tarifs ? M. Reverchon, un des plus
âpres adversaires des traités, nous l'indique très clairement :

« Quand le pays trouvera son industrie engourdie et incapable, il la fera marcher en baissant les tarifs ; quand il trouvera qu'elle ne peut lutter, il la secondera en les haussant. »

Voilà où aboutit l'étrange libéralisme des protectionnistes : l'État maître des douanes, et, par les douanes, maître du commerce, maître de toutes les industries. Franchement le communisme est plus logique, et il ne sacrifie guère plus les droits de l'initiative individuelle.

« Vous allez être aux prises, leur crie courageusement M. Raudot, avec tous les industriels, qui se battront avec acharnement, aux dépens du Trésor ou du public, pour que les tarifs soient faits à leur profit. »

Mais on ne l'écoute pas, et ce qui l'effraie est peut-être ce qui charme le plus quelques-uns de ses collègues. C'est si doux de se faire des amis, surtout avec la bourse des autres. On pourra désormais, tout en ayant l'air de réagir contre l'Empire, l'imiter avantageusement. On fera, avec les tarifs de douane, ce qu'il faisait avec les chemins de fer, les embranchements, les routes, les lavoirs, les fontaines et les statues de la sainte Vierge.

V

Pour tous les hommes impartiaux et réfléchis, la mobilité des tarifs est un élément de perturbation introduit dans les affaires industrielles et commerciales. Un pareil régime est-il du moins justifié par quelque grande nécessité ? Est-ce là vraiment une mesure de salut public ?

Nos exportations ont-elles diminué depuis 1860 ? Au contraire, elles ont augmenté dans des proportions énormes. Sont-elles inférieures à nos importations ? Elles les dépassent de beaucoup, et, sans entrer dans le détail des chiffres, un seul fait suffit à le prouver d'une manière péremptoire : notre capital métallique, dans l'espace de cinq ans (1865-1870), s'est accru de deux milliards.

Si l'on considère, en particulier, nos rapports avec l'Angleterre, l'excédent de nos exportations sur les importations qui était de 18 millions en 1861, et de 92 en 1862, a atteint une moyenne de 345 millions pendant les six années suivantes, et en 1869 il s'est élevé à 354 millions.

La dénonciation des traités de commerce n'aura donc pas pour effet de rétablir en notre faveur la balance du commerce, puisque déjà cette balance penche de notre côté. Ainsi, même au point de vue protectionniste, la dénonciation sera inutile.

Mais, si elle est inutile, il n'en résulte pas qu'elle ne soit pas dangereuse, car elle nous isolera en Europe et favorisera nos ennemis. Les traités qui expirent en 1872 sont ceux avec l'Angleterre et la Belgique : les autres n'arriveront à leur terme qu'en 1875 et 1876 et, comme la Prusse a stipulé pour elle le régime de la nation la plus favorisée, les Allemands profiteront du vide qui se fera dans nos importations anglaises et belges. Ils en profiteront doublement : par le transit des marchandises qui, se détournant vers l'Est, gagneront une frontière libre, et par une demande plus considérable de leurs propres produits.

Nous nous protégeons à nos risques et périls contre nos amis, et nous débarrassons niaisement nos envahisseurs d'une concurrence redoutable.

On cite mal à propos l'exemple des États-Unis. Les États-Unis sont dans une situation tout à fait exceptionnelle. Ils produisent par grandes masses des matières premières dont l'Europe ne peut se passer, et ils reçoivent en retour des produits manufacturés parmi lesquels dominent les objets de luxe.

Ce que l'Europe leur envoie de plus précieux, c'est un capital humain, ce sont les milliers d'émigrants qui s'embarquent à Liverpool, à Hambourg, à Brême, à Anvers et au Havre. Or, pour attirer ces émigrants, on ne se contente plus comme autrefois de leur offrir des terres à défricher : on veut qu'ils trouvent sur le sol américain l'emploi de leurs aptitudes industrielles. On repousse les produits d'Europe pour avoir des travailleurs européens.

Une pareille combinaison est inapplicable chez nous. Il n'est pas bien sûr que même aux États-Unis elle ne soit pas plus nuisible qu'utile. La marine américaine est ruinée, et, d'après le rapport de M. Wells, le relevé des consommations usuelles indique par habitant une baisse assez notable.

En tous cas les inconvénients du système protectionniste, qui peuvent être jusqu'à un certain point compensés en Amérique ou en Australie par des avantages extraordinaires, subsisteraient seuls chez nous.

A qui profiteront les nouveaux tarifs? Aux maîtres de forges, comme M. Aclocque, qui travaille le fer au bois; aux constructeurs maritimes, comme M. Babin-Chevaye; aux filateurs, comme M. Pouyer-Quertier. Et après? La liste pourra s'allonger un peu, elle ne sera jamais bien longue; car la protection ne peut rien pour la grande masse des producteurs. Si on multiplie indéfiniment les protections, elles s'annulent l'une par l'autre; si on les restreint à un petit nombre d'industries ou de cultures, elles prennent de plus en plus un caractère injuste et vexatoire.

Que fera-t-on pour les éleveurs, si on ne veut pas renchérir la viande? que fera-t-on pour ceux qui cultivent les céréales, si on ne veut pas renchérir le pain? que fera-t-on pour les vignerons, pour les artisans de toutes sortes qui façonnent nos vêtements et nos chaussures, qui préparent notre nourriture, qui bâtissent nos maisons? Et pour les commerçants, dont les services sont aussi utiles que ceux des producteurs? On ne fera rien, absolument rien.

Et puis, à côté de la concurrence des produits, n'y a-t-il pas la concurrence des personnes? Au milieu d'une population très dense, l'immigration est loin d'être un avantage pour tout le monde. Si on se décide à exclure les marchandises étrangères, la justice et la logique demandent qu'on écarte également les travailleurs étrangers. Il y aurait même contre les personnes des motifs d'exclusion qui ne s'appliquent pas aux marchandises.

Nous savons, par une triste expérience, ce qu'il en coûte pour exercer l'hospitalité. Nous garderons longtemps le souvenir de ces Teutons qui, en pleine paix, songeant à la guerre future et la préparant par l'espionnage, étaient venus s'installer à notre foyer domestique, dans nos ateliers, dans nos usines, dans nos bureaux, dans nos magasins, dans nos banques, dans nos théâtres et jusque dans les fermes de nos villages. Est-ce qu'ils ne faisaient pas concurrence à nos ouvriers, à nos commis, à nos artistes, à nos employés, à nos contremaîtres et à nos valets de charrue? Voilà la concurrence vraiment pernicieuse et perfide dont il faudrait se défendre, et malheureusement contre elle l'État est désarmé.

Puisque nous ne pouvons mettre la protection là où elle serait à la fois efficace, salutaire et juste, ne la mettons pas là où elle ne peut qu'entraver nos échanges, créer des monopoles et des privilèges, sans aucun profit pour l'immense majorité de la nation. Notre véritable ennemi, ce n'est pas le commerce libre, c'est le césarisme au dedans et au dehors. Protégeons-nous contre lui par un redoublement de patriotisme, par le développement de l'instruction, par l'organisation d'une armée nationale, par la réalisation de toutes les réformes nécessaires, et l'affermissement de la République.

L'IMPOT SUR LE REVENU

I

FORME DE L'IMPOT

I

MESSIEURS,

J'ai l'honneur de présenter à mon tour la proposition suivante :

« Le congrès international réuni à Lausanne est d'avis :

1° Que l'impôt unique, soit exclusivement sur le capital, soit exclusivement sur le revenu, doit être rejeté ; 2° que le meilleur système d'impôt serait, en théorie, l'impôt sur le revenu combiné avec un impôt sur le capital et un impôt sur les acquisitions à titre gratuit ; 3° qu'en pratique, pour réaliser utilement ce système, il importe, avant de l'établir, d'éclairer l'opinion publique par la diffusion des principes de l'économie sociale. »

Ma proposition ne diffère de celle présentée par MM. Pascal Duprat et Émile de Girardin qu'en deux points seulement. D'abord, je propose d'ajouter aux impôts sur le revenu et sur le capital un impôt sur les successions et en général sur les acquisitions à titre gratuit. Ensuite, je demande au congrès, après avoir indiqué le but idéal vers lequel il faut tendre, de réserver la réalisation de ce but pour un avenir plus ou moins prochain, selon le degré de développement moral et intellectuel des nations.

Je ne suis pas partisan d'un impôt unique, si l'on entend, par impôt unique, un impôt qui atteigne la richesse sous une seule

de ses manifestations. Mais je suis partisan d'un petit nombre
d'impôts, combinés entre eux d'une manière logique et harmo-
nieuse, se complétant les uns les autres et atteignant tout l'ensemble des ressources individuelles, selon les principes de la
justice.

Les impôts indirects doivent être exclus de cette combinaison. Ce sont des impôts essentiellement arbitraires, qui, par
leur nature même, répugnent aux exigences de la science ; ils ne
sauraient pénétrer dans un système vraiment scientifique sans
y apporter le trouble et l'anarchie.

Vous venez d'entendre leur défense présentée avec un talent
incontestable, mais, si je ne me trompe, les arguments invoqués en leur faveur ne prévaudront pas dans vos esprits contre
les graves objections qui déjà leur ont été opposées dans cette
enceinte.

On peut distinguer deux catégories d'impôts indirects. Ceux
qui portent sur des objets de consommation, tels que l'octroi,
la douane, l'accise ; ceux qui portent sur les actes de la vie civile
et commerciale, comme par exemple le timbre et l'enregistrement, taxes qui sont exigées pour les actes de procédure, les
mutations de propriété, les baux, les hypothèques et même les
simples créances chirographaires. Ces impôts sont contraires à
la liberté individuelle, car ils entravent la circulation des choses
et les transactions sociales. Ils ne sont pas moins contraires à la
justice, puisqu'ils ne sont pas susceptibles de proportionnalité.
Ces inconvénients sont communs aux impôts indirects, quels
qu'ils soient. Les impôts de consommation ont de plus des
inconvénients qui leur sont propres. S'ils frappent exclusivement les objets de luxe, ils rapportent peu et présentent des
difficultés de toutes sortes dans leur application. S'ils atteignent
les objets de première nécessité, ils grèvent le pauvre dans une
proportion beaucoup plus forte que le riche, ils sont progressifs à rebours, progressifs dans le sens de la misère.

Le plus tolérable de tous les impôts de consommation, parce
qu'il porte sur un objet dont on peut à la rigueur se passer,

l'impôt sur le tabac, est lui-même fort inique. En France, il est de 400 pour 100 sur le tabac consommé par le pauvre, de 184 pour 100 sur les cigares de qualité inférieure et de 66 pour 100 seulement sur les cigares de qualité supérieure. On peut dire que par cet impôt le luxe du pauvre paie le luxe du riche. Les impôts de consommation peuvent être considérés comme immoraux, parce qu'ils créent la contrebande avec tout son cortège de fraudes, de violences et de répressions rigoureuses, quelquefois sanglantes. Enfin, ils sont d'une perception très dispendieuse. A ce point de vue leur infériorité est évidente. Je pourrais citer les résultats généraux des statistiques ; vous les connaissez, vous savez que les frais de perception en matière de douane et d'accise s'élèvent souvent jusqu'à 25, 30 et 35 pour 100 du produit brut. Je me contenterai de vous rappeler les paroles prononcées par le commissaire du gouvernement dans une des dernières séances du Corps législatif à propos de l'emprunt de la ville de Paris. Le déplacement de la ligne doit, par suite de l'annexion de la banlieue, coûter plus de 4 millions de francs. Le casernement par groupe des 2 000 employés de l'octroi coûtera 15 millions. 20 millions, messieurs, dépensés uniquement pour établir des barrières, sans compter les sommes énormes qu'il faudra dépenser encore pour entretenir toute une armée de surveillants !

Les impôts indirects une fois écartés, restent les impôts généraux sur la propriété et le revenu. On a prétendu que ces impôts n'étaient pas applicables, ou du moins qu'ils l'étaient seulement dans des proportions très restreintes. Les faits démentent cette assertion. Des exemples éclatants démontrent que les impôts généraux, tels que ceux que nous proposons, peuvent être réalisés sur une vaste échelle.

Certes, on ne niera point que l'Angleterre ne soit une grande nation, grande par la masse de sa population, par l'étendue de son territoire, par son commerce, par son industrie, par ses richesses, grande surtout par l'activité de ses citoyens et par le développement de ses libertés. Eh bien ! en Angleterre l'impôt sur le revenu existe. Établi en 1798 par sir William Pitt, supprimé en 1816, il a été rétabli en 1842 par sir Robert Peel, d'immortelle mémoire, et depuis lors prolongé jusqu'à nos jours. Il existe, non pas unique, non pas même combiné avec un impôt sur le capital, ce qui en faciliterait la perception, mais ajouté plutôt qu'uni à des impôts indirects qui gênent la circulation et par suite entravent dans une certaine mesure la prospérité publique. Il est donc dans une situation très défavorable. De plus l'*income-tax* n'atteint que les fortunes au-dessus de 100 livres et au-dessus de 150 livres le taux est relativement plus élevé, ce qui fait en réalité trois catégories de contribuables, trois taxes progressives. Pourtant, malgré cette série des circonstances, malgré ces exemptions qui dégrèvent complètement les petites fortunes, l'*income-tax* rapporte à un taux faible plus de 200 millions. Quand l'Angleterre s'est trouvée dans des moments de crise, elle a élevé le taux de l'impôt sur le revenu et le produit a dépassé le chiffre de 400 millions. En 1851, lors de cette longue et minutieuse enquête organisée par le Parlement sur les effets de l'*income-tax*, un des plus grands financiers de l'Angleterre, M. Gladstone déclarait que si cet impôt avait été établi quelques années avant 1798, la dette anglaise n'existerait pas. Il le comparait à un géant qui (disait-il) nous a couverts de son bouclier pendant la guerre et qui préside encore à nos travaux et à nos réformes pendant la paix. Ces paroles dans la bouche de M. Gladstone sont d'autant plus remarquables que l'illustre financier n'est pas partisan de l'*income-tax* d'une manière absolue, il ne l'admet qu'à titre de mesure exceptionnelle. Je n'examine pas quelle est la valeur de son opinion : pour le moment il me suffira d'avoir prouvé que l'impôt sur le revenu était possible, et que non seulement, il était possible, mais qu'il pouvait fournir des ressources abondantes à une grande nation.

Je passe maintenant à l'impôt sur le capital. L'impôt sur le capital a été adopté dans presque tous les États de l'Union américaine. Souvent unique, il suffit à lui seul aux dépenses déjà

considérables de ces États. Voilà un fait qui, ce me semble,
parle bien haut en faveur de notre thèse. Mais on pourrait nous
dire que la richesse principale de ces États consiste surtout en
établissements agricoles, faciles à constater, faciles à évaluer,
toujours présents, toujours saisissables. Je ne veux laisser
aucun doute dans les esprits et je choisirai un exemple qui
convaincra, je l'espère, les plus incrédules. Il s'agit du budget
de la ville de New-York. La grande objection que l'on fait à
l'impôt sur le capital, c'est qu'il fait fuir la matière de l'impôt.
Or, si le capital doit fuir de quelque part, c'est d'une grande
ville où il se trouve accumulé en quantité immense, où il revêt
les formes les plus variées, les plus mobiles, les moins saisissables. Ici encore, les faits réfutent l'objection d'une manière
victorieuse. Le budget de la ville de New-York atteint depuis
quelques années des proportions énormes ; en 1858, il était de
45 millions et il tend sans cesse à augmenter ; ce budget est destiné non seulement à couvrir les dépenses de police, de voiries
et d'éclairage, mais encore à l'entretien des écoles primaires
qui absorbent plus de 7 millions par an. Une seule et unique
taxe, une taxe sur le capital (sans octroi, sans accessoires d'aucune
sorte) alimente ce budget. Le taux de l'impôt est de 1,59
pour 100, c'est-à-dire plus de 1 1/2 pour 100. L'impôt sur le
capital se produit ici, on peut le dire, dans des conditions très
défavorables, frappant la richesse d'une lourde charge, au milieu
d'une cité populeuse où la fraude peut se glisser plus aisément
que partout ailleurs. Jamais expérience plus hardie et, j'ajouterai, plus décisive ne fut tentée. Jamais, à coup sûr, les sinistres
prédictions des partisans de l'impôt indirect n'ont eu de plus
fortes chances d'accomplissement. Eh bien ! ces sombres pré-
sages ont été conjurés. L'expérience une fois de plus s'est pro-
noncée en faveur des doctrines nouvelles. Les capitaux, bien
loin de s'enfuir, affluent de toutes parts : le taux de l'intérêt, au
lieu de tendre à la hausse, tend à la baisse : la population
augmente : elle est aujourd'hui d'un million d'âmes, demain
elle sera égale à celle de Paris ou de Londres. Des milliers de

steamers sillonnent le fleuve et la baie : les quais regorgent de marchandises, la prospérité matérielle continue sa marche ascendante et les écoles primaires se multiplient toujours de plus en plus, pour répandre l'instruction au foyer du pauvre, comme au foyer du riche.

Remarquez, Messieurs, que ces impôts soit sur le capital, soit sur le revenu sont établis dans des pays libres, c'est-à-dire dans des pays où l'on a le droit et la possibilité de se plaindre. Par conséquent tout ce qu'ils peuvent renfermer de vicieux est mis en lumière, tous leurs défauts sont dévoilés, dénoncés, critiqués à outrance, blâmés sans frein ni mesure : et néanmoins ils se maintiennent, ils résistent à l'épreuve de la libre discussion : les clameurs des partis rétrogrades ne les ébranlent pas, les sophismes des anarchistes les laissent dans toute leur force.

Après avoir démontré, par les faits, que les impôts sur le capital ou sur le revenu pouvaient être réalisés dans la pratique sans porter atteinte au développement de la richesse et sans compromettre les nécessités d'un vaste budget, j'entreprendrai de les comparer avec les impôts indirects sous le rapport des frais de perception, des libertés individuelles, des effets économiques, de la justice et de la moralité.

J'ai déjà parlé de l'enquête ouverte, en 1851, par le Parlement anglais au sujet de l'*income-tax*. Les procès-verbaux de cette enquête me fournissent encore un témoignage précieux, qui prouve à quel minimum les frais de perception d'un impôt général sur le revenu pourraient être abaissés. Un négociant de Liverpool, connu par son expérience des affaires et son habileté commerciale, déclarait devant la commission d'enquête, que si l'on supprimait toutes les autres taxes, il se chargerait volontiers de percevoir à ses risques et périls le produit de l'*income-tax* moyennant une remise de 1 1/2 pour 100. Dans les conditions actuelles, même avec le fâcheux concours des taxes indirectes, l'impôt sur le revenu en Angleterre ne coûte pas à percevoir plus de 3 pour 100. Il en est de même en Prusse, où cet

impôt existe également, bien que dans des limites plus étroites.
En Amérique l'impôt sur le capital coûte en moyenne, un peu
moins de 5 pour 100. Que sont ces chiffres modestes comparés
aux sommes énormes qu'exige la perception des impôts indirects,
sous forme de douane, d'accise ou d'octrois?

Avec l'impôt direct la production, la circulation et la consommation sont libres : l'industrie peut se développer, la
richesse peut s'accroître sans entrave, fournissant sans cesse
une nouvelle matière imposable. L'impôt indirect au contraire
se dévore le plus souvent lui-même : il épuise sa propre base et
celle de tous les autres impôts.

On a prétendu que les impôts indirects ménageaient la consommation reproductive et se bornaient à atteindre la consommation improductive, tandis qu'au contraire les impôts directs,
par une confusion funeste, grevaient également l'une et l'autre
consommation. Je demanderai à l'honorable orateur qui a mis
en avant cette idée, où se trouve la limite entre la consommation reproductive et la consommation improductive? Sont-ce
les matières premières qui constituent les objets de la consommation improductive? Mais sont-ce les éléments indispensables
de l'industrie? Sont-ce les denrées alimentaires? Mais sans elles
le travailleur ne saurait produire, puisqu'il ne pourrait même
pas subsister. Sont-ce les boissons spiritueuses? Mais, dans une
certaine mesure, elles sont nécessaires, ou sont au moins utiles,
à la vérification des forces humaines. Sont-ce les objets de luxe?
Je le veux bien, quoiqu'il soit souvent difficile de préciser quels
sont à proprement dire, ces objets, le luxe étant une chose toute
relative. Mais ces sortes d'impôts, l'expérience le prouve sura-
bondamment, ne rapportent que des sommes insignifiantes et
coûtent beaucoup à percevoir. L'impôt indirect atteint donc
nécessairement la consommation reproductive, il atteint le
capital et le revenu de la nation, tout aussi bien que l'impôt
direct, seulement il l'atteint d'une manière aveugle, inégale et
anarchique.

Sous le rapport de la justice, les impôts directs présentent une supériorité telle qu'à peine leurs adversaires osent-ils la contester : seuls, en effet, ils se proportionnent aux facultés contributives des citoyens, je ne dirai pas avec une exactitude rigoureuse (la précision des sciences mathématiques est impossible dans le domaine des sciences morales, où il faut tenir compte d'un élément variable, l'élément humain), mais avec une égalité approximative, susceptible d'être perfectionnée peu à peu et de satisfaire chaque jour davantage les exigences d'une légalité idéale.

Est-il vrai que ces impôts soient nécessairement rejetés du capitaliste sur le consommateur et le travailleur? L'étude des répercussions successives de l'impôt, si on la poursuit avec un esprit libre de préjugés, n'amène point à un pareil résultat. L'impôt se répercute quand il frappe un objet spécial sans que les autres objets imposables soient atteints d'une égale manière. Mais quand toutes les valeurs sont également atteintes, d'une part, le rapport des diverses valeurs entre elles reste le même, puisque toutes sont diminuées dans une proportion semblable ; d'autre part, le rapport entre le capital et le travail n'est pas altéré, puisque le produit de l'impôt entre les mains du gouvernement alimente une quantité de travail exactement égale à la quantité de travail qu'eût alimenté cette portion du capital restée entre les mains des capitalistes. Donc, l'offre et la demande ne changent pas. Les lois économiques suivent leurs cours normal et régulier.

Par un appel énergique au sentiment de la justice dont ils mettent les principes en évidence, les impôts directs tendent à moraliser les populations. Du moment où vous frappez l'ensemble de la fortune et non tel ou tel objet particulier, la part contributive de chacun apparaît claire et nette ; elle ne résulte plus, comme dans le système des taxes indirectes, d'une multitude infinie de petites sommes qui se dissimulent dans le prix des choses ; elle est exprimée ouvertement par un petit nombre de chiffres faciles à calculer ; chacun se rend compte de ce qu'il paie ; chacun sait pourquoi il paie, chacun comprend la légitimité de l'impôt. De là deux conséquences importantes qui ne peuvent tarder à se produire. La première, c'est que les citoyens ont tout à la fois plus de facilité et plus de penchant à contrôler les dépenses gouvernementales. La seconde, c'est qu'ils se sentent moins entraînés à frauder le fisc : la fraude envers l'État, au lieu d'être populaire, devient alors odieuse aux yeux de tous, car elle n'est pas autre chose qu'un vol commis par un citoyen au détriment des autres.

Sans doute il ne faut pas se laisser aller aux illusions. Il ne faut pas croire que les fraudes seront impossibles. Je dis seulement qu'elles deviendront plus rares à mesure que l'impôt sera plus simple, plus général et plus juste. Pour les éviter d'ailleurs, l'État n'est pas désarmé. En Angleterre et en Amérique, on arrive à constater les revenus ou les capitaux au moyen de déclarations émanées des contribuables, vérifiées par des commissions sorties du sein du peuple, sorte de jury fiscal qui, le plus souvent, par son zèle et son impartialité, mérite la confiance qu'on lui témoigne. Je ne serais pas éloigné d'admettre, en ce qui concerne l'évaluation des capitaux, le droit de préemption proposé par M. Émile de Girardin : mais à condition que l'exercice de ce droit fût soumis à des garanties sévères et qu'il ne sortît pas des mains du gouvernement.

A l'inverse des autres impôts dont le produit diminue, au moment même où il devient nécessaire, les impôts directs ont cet avantage qu'ils ne fléchissent pas dans les temps de crise. Je ne suis pas de ceux qui pensent que les budgets des nations européennes, et surtout ceux des peuples libres, puissent être réduits d'ici longtemps dans des proportions considérables. Tant que le principe des nationalités n'aura pas triomphé en Europe d'une manière complète et définitive, tant que le despotisme continuera de menacer la civilisation, il faut s'attendre à des luttes terribles. Eh bien! aux époques de crise, dans les moments de gêne fiscale, quand la liberté est en péril, que l'ennemi est là sur la frontière, ou, ce qui est pire, au sein même du pays, l'impôt tel que nous le concevons, faisant un appel direct au dévouement des citoyens, les sacrifices des contribuables répondent aux exigences des circonstances. Chacun s'empresse d'apporter son offrande sur l'autel de la patrie : permettez-moi cette vieille expression, car le sentiment qu'elle exprime est toujours jeune et toujours vivant au fond des cœurs.

Il ne me reste plus qu'à justifier la combinaison que je propose. Un impôt unique sur le capital est parfaitement réalisable, je crois l'avoir démontré ; mais il ne satisfait pas à toutes les conditions de la justice. Il n'atteindrait pas les revenus professionnels et cependant il est juste que chacun contribue en raison de ses ressources. Si vous faites payer 100 francs d'impôt à un pauvre rentier qui possède 1 000 francs de revenu, il est révoltant que vous ne fissiez rien payer à un avocat, ou à un médecin qui gagne peut-être plus de 100 000 francs par an. Au point de vue démocratique, je n'approuve pas les exemptions en faveur des classes inférieures. Les intérêts moraux me préoccupent plus encore que les intérêts matériels, même quand il s'agit de ceux dont les intérêts matériels n'ont été que trop négligés. Je ne veux pas créer dans la société une classe de citoyens étrangers aux charges publiques et menacés par cela même d'être traités tôt ou tard comme des citoyens passifs. Si on exempte les pauvres, on en fera des parias. On les tiendra en dehors de la société, en dehors de la patrie. Je veux que l'impôt pèse dans une proportion modique sur les pauvres, mais je veux qu'il pèse sur tous, sur eux comme sur les riches.

D'autre part, il est certain que les revenus professionnels sont précaires et viagers, ils doivent donc être taxés à un taux moins élevé que les revenus des capitaux. Voilà pourquoi je repousse l'impôt unique sur le revenu. Voilà pourquoi je propose de le combiner avec l'impôt sur le capital. Par cette combinaison celui qui possède des revenus perpétuels paiera un double impôt ; celui qui possède des revenus précaires et viagers, paiera un seul impôt ; il contribuera aux charges communes, mais dans une proportion plus faible, conformément aux inspirations de la justice.

Quant à l'impôt sur les successions, sur les donations et en général sur toutes les acquisitions à titre gratuit, il offre des avantages particuliers, puisqu'il atteint le contribuable au moment où il vient de faire un bénéfice gratuit, souvent même inattendu. Il sert aussi de contrôle à l'impôt sur le revenu ; mais il ne faut pas l'exagérer. Il ne faut pas en faire l'instrument d'un nivellement chimérique. Il aura sans doute pour effet d'atténuer dans une certaine mesure les inégalités excessives qui résultent de la transmission des biens par voie héréditaire. Rien de plus naturel et de plus juste, pourvu que le principe même de l'hérédité ne soit pas détruit. Appliqué avec une sage réserve, l'impôt sur les acquisitions à titre gratuit est un élément accessoire mais utile. C'est en quelque sorte l'huile qui adoucit les frottements et qui facilite le jeu des divers rouages de la machine.

La combinaison de ces trois impôts constitue pour l'avenir le meilleur système fiscal, mais dans la pratique il ne faut pas perdre de vue la nécessité des transitions. Avant tout, ce qui importe, c'est d'éclairer le peuple sur ses véritables intérêts. Le grand défaut des réformateurs c'est d'imposer le plus souvent leurs réformes à des gens qui n'en comprennent pas l'utilité. De là des impatiences puériles suivies de réactions violentes. Une réforme prématurée ne saurait être efficace ; au lieu d'avancer le progrès, elle le retarde.

Les seules réformes vraiment fécondes, vraiment durables sont celles qui sortent pour ainsi dire des entrailles mêmes de la nation.

Quand les vrais principes de l'économie sociale auront été répandus dans le sein des masses par la parole et par la plume, alors vous pourrez tenter des expériences financières, et le système des impôts établis directement sur la fortune des citoyens finira par triompher.

II

L'impôt progressif peut être défendu par des arguments
puisés à diverses sources. M. Joseph Garnier a fait valoir surtout ceux que suggèrent la raison et le sentiment de l'équité.
Je m'attacherai de préférence à ceux que l'histoire nous fournit.

Les antécédents de l'impôt progressif ont été bien des fois
méconnus. Un grand nombre de personnes s'imaginent que
c'est là une invention moderne, une machine de guerre découverte pour les besoins du communisme. Il n'en est pas ainsi.
Non seulement l'idée, mais l'application de cet impôt remonte
à des époques fort anciennes. Cependant, si des peuples l'avaient
adopté dans leur enfance ou dans leur décadence, j'avoue qu'un
pareil fait pèserait bien peu dans le débat, mais que dire quand
nous le voyons établi au moment le plus brillant de leur civilisation? On a reproché à cet impôt d'être un impôt barbare,
de tendre à la désorganisation sociale, à une égalité sauvage et
de tuer alors les arts, la civilisation. Les faits historiques réfutent cette accusation. L'impôt progressif existait à Athènes ; et
cela, à quel moment? Au siècle de Périclès, à l'époque où elle
atteignait l'apogée de sa splendeur, à l'époque où Sophocle com-
posait son *Œdipe* et où Phidias couvrait le Parthénon de ses
chefs-d'œuvre !

On m'interrompt pour me dire que l'esclavage existait aussi,
à côté de l'impôt progressif. Je réponds que si l'esclavage existait alors et s'il n'existe plus aujourd'hui, il existe toujours des
pauvres qui demandent à être protégés.

Au moyen âge, nous voyons reparaître l'impôt progressif ;
et dans quel pays ? A Florence, la nouvelle Athènes, la ville brillante par excellence. Et à quelle époque ? Dans la seconde moitié du
xve siècle, à l'époque où la puissance du commerce faisait marcher de pair avec les monarques de simples marchands floren-
tins, à l'époque où les finances de la République servaient de

modèle à tous les autres États : à l'époque où Ghiberti sculptait
ces fameuses portes du baptistère que Michel-Ange déclarait
dignes d'être les portes du paradis, à l'époque où Michel-Ange
lui-même animait le marbre de son souffle sublime. Un peu
plus tard, nous le retrouvons en Hollande, à la fin du xviie siècle, quand ce peuple énergique résiste à Louis XIV et rivalise
avec l'Angleterre par son commerce et ses flottes. Si vous voulez des faits contemporains, je vous citerai l'exemple de plusieurs
États de l'Allemagne, notamment de la Bavière, où l'impôt progressif existe. L'Angleterre l'a également adopté : l'*income-tax*,
établie par Sir William Pitt, comprenait sept ou huit catégories
distinctes de contribuables, avec autant de proportions différentes. Depuis la progression a été abandonnée ; mais elle a été
reprise. Aujourd'hui l'*income-tax* comporte trois degrés suc-
cessifs de progression, puisque non seulement tous les revenus
au-dessous de 100 livres ne paient rien, mais les revenus de
100 à 150 paient dans une proportion moins forte que les
revenus supérieurs. Cet impôt a donc existé, l'histoire le
prouve ; il fonctionne actuellement dans certains pays et l'on
ne voit pas qu'il y produise les effets désastreux dont on l'accuse.

Il me reste un dernier exemple ; c'est celui du clergé catholique. On ne lui reprochera pas sans doute de vouloir renverser
la société et d'être progressiste à l'excès.

Sous l'ancien régime, les simples curés réduits à la portion
congrue, c'est-à-dire à une maigre rente de 300 francs, man-
quaient à peu près du nécessaire, quand les évêques et les arche-
vêques regorgeaient de richesses. Pressé par les clameurs de
l'opinion publique, le clergé voulut porter remède à un pareil
désordre. Il établit dans son sein un impôt progressif, qui comprenait huit classes de contribuables, imposés à des taux différents.

Les raisons qui le déterminèrent à adopter une pareille
mesure existent dans la société laïque : là aussi il y a des hommes
qui jouissent de l'opulence à côté d'autres qui manquent du

nécessaire. Là aussi il est vrai de dire que les sacrifices exigés
par une taxe proportionnelle ne sont pas égaux entre les riches
et les pauvres et que la moindre contribution prise sur le
nécessaire est plus lourde que la contribution la plus forte prise
sur le superflu.

On prétend que la limite de la progression ne peut être fixée
scientifiquement. La limite de la proportion n'est pas non plus
déterminée par la science et s'il suffit d'un décret pour augmenter la raison de la progression, il ne faut aussi qu'un décret
pour augmenter le taux de la proportion au point de rendre la
taxe intolérable. La limite, c'est le génie de l'homme d'État qui
doit la trouver, et c'est le bon sens du peuple qui l'impose
d'après les circonstances du moment et la situation économique
du pays. Que si l'on croit une limite absolument nécessaire, on
peut choisir, parmi les progressions diverses, celles qu'on
appelle les progressions logarithmiques et qui ont précisément
pour caractère de se limiter elles-mêmes suivant une loi constante. Du reste, en politique, on n'arrivera jamais à une précision parfaitement rigoureuse; les phénomènes de l'ordre social
échappent aux lois mathématiques, les problèmes qu'ils soulè-
vent ne sauraient se résoudre par équation.

« La législation de notre époque, disait M. Camphausen en
1847 à la diète de Prusse, a pour mission de constater les âpretés de la vie et de les adoucir. » Eh bien! l'impôt progressif est
un adoucissement à ces âpretés fiscales de la société actuelle.
L'impôt progressif ne fait point de castes, ainsi qu'on le lui a
reproché. Il prend peu à celui qui a peu ; il élève par degré ses
exigences, prenant une très petite part de son nécessaire à celui
qui n'a que le nécessaire, puis réclamant une part de plus en
plus grande du superflu de chacun. Tout le monde admet, en
principe, les impôts sur le luxe. L'impôt progressif, au fond,
n'est autre chose qu'un impôt sur le luxe, le seul qui soit applicable sans arbitraire. Il en est du luxe comme des règnes de la
nature, qui offrent des caractères bien tranchés et bien nets si
on les considère dans leurs types les plus élevés, mais qui se

confondent dans leurs types inférieurs et ne présentent alors aucune limite précise. Il y a quelque chose qui constitue le luxe, il y a quelque chose aussi qui constitue le nécessaire. Où commence l'un, où finit l'autre? Nul ne pourrait le dire. Il y a là une série ascendante qui monte sans cesse d'un mouvement continu, sans qu'on puisse l'arrêter à un point quelconque. L'impôt progressif procède de même. Se conformant à la nature des choses, il s'élève peu à peu et se fait sentir d'autant plus qu'il s'éloigne de son point de départ. Il ne cherche pas une démarcation impossible entre le superflu et le nécessaire, mais il prend pour règle et il reconnaît comme la loi déterminative de son action ce fait incontestable que le superflu augmente dans le sens de la richesse et décroît dans le sens de la pauvreté...

M. le Président m'avertit que j'ai dépassé mon quart d'heure. Je m'arrête, Messieurs, et vous prie de m'excuser de m'être laissé entraîner par mon sujet.

II

L'IMPOT SUR LE REVENU

L'Assemblée nationale, après une discussion qui a duré six jours, a repoussé, dans sa séance du 27 décembre, l'impôt sur l'ensemble des revenus.

Cette condamnation sera-t-elle ratifiée par l'opinion publique? Je ne le pense pas.

On aura de la peine à se persuader qu'il soit impossible d'établir en France un impôt qui existe en Angleterre depuis trente ans, qui fonctionne régulièrement dans plusieurs cantons suisses, dans toute l'Allemagne, et qui a fourni aux États-Unis, pendant la grande crise de la sécession, plus de 300 millions par an.

On ne comprendra pas qu'on se prive d'une pareille ressource quand il faut faire face à une dépense de près de trois milliards.

On le comprendra d'autant moins que l'impôt sur le revenu paraît, en principe, juste et rationnel. On se demandera comment, quels que soient ses inconvénients, il peut être inférieur à tant d'autres taxes, dont nous sommes déjà grevés ou dont on nous menace, taxes contraires à l'équité, progressives à rebours, funestes aux intérêts de notre commerce et de notre industrie.

La question est de celles qu'on ne tranche pas par un vote. Rayée de l'ordre du jour de l'Assemblée, elle reste à l'ordre du jour des contribuables.

I

En relisant le compte rendu officiel des débats qui ont pré-cédé le vote, une chose me frappe tout d'abord, c'est que l'im-pôt sur le revenu a été attaqué avec plus de passion qu'on n'en a mis à le défendre.

Il y a plus que de la vivacité dans les discours des adversaires de l'impôt, il y a de la véhémence, de l'indignation, de la colère. Il semble qu'ils combattent *pro aris et focis*.

Les partisans de l'impôt se montrent, au contraire, timides, réservés. Ils n'osent pas s'aventurer sur le terrain des principes : ils citent des faits, des chiffres ; ils invoquent la nécessité. Mais on ne leur tient pas compte de leur modération : les uns par-lent au milieu d'une indifférence générale : c'est à peine si on daigne les écouter : les autres, et ce sont précisément ceux qui, par leurs doctrines, leurs antécédents et leur caractère, ont donné des gages au parti conservateur, sont accueillis par des interruptions incessantes, violentes, parfois grossières, émanant de la droite, du centre, et du banc même du gouvernement.

La majorité se sent vaillante, cette fois : elle a M. Thiers avec elle. Au fond, elle ne l'aime guère. M. Teisserenc de Bort est bien plus l'homme selon son cœur. Mais M. Thiers a un pres-tige de parole incomparable. Il groupe bien les chiffres ; il écarte si lestement les exemples empruntés aux peuples voisins ; il loue d'une manière si merveilleuse notre système fiscal ; il se couvre avec tant d'art et d'une façon si originale de l'auto-rité de Vauban, et, enfin, il déclare avec tant de gravité et de sérieux que les classes riches, en France, ne sont redevables de rien au pays... Comment résister au charme d'une telle parole, et surtout comment ne pas applaudir une déclaration si rassurante? Les membres de la droite et du centre ne se doutaient peut-être pas qu'ils eussent si pleinement acquitté leur dette envers la France.

Pauvre patrie, il n'y a plus que les misérables qui lui doivent quelque chose, et comme ils n'ont rien, ou presque rien, il est clair qu'il ne lui reste plus qu'à mourir ! Elle mourra, il est vrai, sans atteindre ni connaître le revenu de ses enfants les plus fortunés, et c'est là sans doute une grande consolation.

A Versailles, cette consolation a son prix. A Paris, à Bordeaux et dans toutes les grandes villes où un large courant d'idées renouvelle la vie morale et intellectuelle, on la trouvera funèbre, et on en rira, comme dit Voltaire, pour ne pas en pleurer. Dans les campagnes mêmes, qu'on prétend si absorbées par la vente des fromages et des bestiaux, on n'apprendra pas sans étonnement, si on l'apprend, que les pauvres seuls sont appelés à porter le poids de la crise.

Voyons donc sur quels arguments s'appuient des déclarations si étranges, quels motifs expliquent une joie si intempestive, quelles raisons justifient une répugnance si profonde, une hostilité si passionnée.

II

Autrefois les adversaires de l'impôt sur le revenu le combattaient sans se donner beaucoup de peine. « C'est un impôt très juste en théorie, disaient-ils, mais impraticable », et ils le mettaient dédaigneusement au nombre des utopies. Aujourd'hui, cette fin de non-recevoir n'est plus admissible. La connaissance des législations étrangères s'est répandue, grâce à la presse périodique. Il n'est plus permis d'ignorer que dans beaucoup de pays, très avancés en civilisation, l'impôt sur le revenu existe. Il existe notamment chez un peuple voisin, qui ne passe pas pour être enclin aux innovations téméraires.

Ne pouvant nier le fait, on s'est efforcé d'en atténuer la portée.

On a cru trouver un argument triomphant dans la comparaison du budget anglais avec le nôtre. Le produit de nos quatre

contributions directes monte à 580 millions. En Angleterre,
pas de patentes, pas d'impôt mobilier ; 25 millions d'impôts
sur la terre, autant sur les maisons, voilà tout ce qui représente
notre impôt foncier. L'impôt sur le revenu ajoute à cette faible
charge 150 ou 200 millions. Le total, qui va de 200 à 250 millions, n'atteint pas même la moitié du nôtre.

Ces chiffres ont quelque chose de spécieux, et ils ne sont pas
inexacts. Seulement, ils sont incomplets.

Dans les 580 millions qui proviennent de nos contributions
directes, se trouvent compris les centimes additionnels établis
au profit des départements et des communes. Or, en Angleterre,
il existe des taxes locales très importantes et très diverses au
profit des paroisses, des comtés, des pauvres et de l'église
county rates, parish rates, poor rates, church rates. Le montant de toutes ces taxes est de 900 millions, et sur ces 900 millions, si on ôte le produit des péages et d'autres taxes indirectes,
il reste pesant sur la propriété une masse énorme d'environ
500 millions.

Ajoutons que la *land-tax* (l'impôt sur la terre) a été rachetée
en grande partie par les propriétaires, et que les autres taxes,
appelées *assessed-taxes* (sur les voitures, les chevaux de luxe,
les domestiques, etc.), ne ressemblent pas à nos impôts de consommation, qui frappent indifféremment le riche et le pauvre :
elles se rapprochent de nos impôts directs sur les portes et fenêtres et sur la valeur locative des habitations, qui déterminent le
montant de la contribution d'après certains signes de richesse
plus apparents que positifs.

Nous arrivons ainsi, non pas à 250 millions, mais à près de
800 millions d'impôts directs en Angleterre, contre 580 en
France.

Tel est le résultat d'une comparaison sérieuse entre les deux
budgets. Ce résultat a excité l'indignation des adversaires de
l'impôt sur le revenu. Ils l'ont qualifié d'absurde, mais ils n'ont
pas pu l'ébranler. Et ils ont si bien senti que leurs calculs de
fantaisie s'écroulaient en présence de la réalité vraie, qu'ils se

sont efforcés d'introduire, dans le débat des éléments nouveaux, qu'ils avaient eux-mêmes négligés jusqu'alors.

M. Pouyer-Quertier a déclaré qu'il fallait joindre au produit des quatre contributions directes le montant des prestations pour les chemins vicinaux, c'est-à-dire 60 millions. M. Thiers, plus hardi encore, a présenté le timbre et l'enregistrement comme équivalents d'un impôt sur la propriété foncière et mobilière. Or, le timbre et l'enregistrement donnent 450 millions. C'est là un bien gros chiffre jeté tout à coup dans la balance. Et cependant, il la fait à peine pencher d'un dixième en faveur du budget français.

Nous avons, en effet, dans le budget anglais 800 millions d'impôts directs, plus 200 millions pour le timbre; en tout, 1 milliard. Dans le budget français, 580 millions pour les quatre contributions directes, 60 pour les prestations, 450 pour le timbre et l'enregistrement; en tout 1 milliard 90 millions.

Remarquez que les prestations ne sont pas dues par le propriétaire, en raison de la valeur de sa propriété, mais par le cultivateur, d'après le nombre de bras et de moyens de transport dont il dispose. Elles rappellent, à beaucoup d'égards, les anciennes corvées du moyen âge. On est presque honteux de les voir figurer aujourd'hui au nombre des charges publiques. Elles ne ressemblent, ni par leur assiette, ni par leurs effets, à un impôt sur le revenu de la terre; elles constituent, à vrai dire, un impôt sur le travail rural.

Quant aux taxes diverses, qu'on désigne sous le nom de timbre et d'enregistrement, il faut un véritable tour de force pour les assimiler aux impôts directs. Vous pouvez posséder une immense fortune, et vous soustraire presque entièrement au paiement de ces taxes. Elles ne grèvent pas la possession de tel ou tel bien, de telle ou telle valeur; elles frappent un certain emploi de ces biens ou de ces valeurs, ce qui est fort différent. Elles ne tiennent aucun compte du revenu des contribuables. Elles s'inquiètent seulement des actes qu'ils font. Or, l'importance et la fréquence des actes ne révèlent pas toujours l'importance des ressources. Souvent même, plus on se trouve dans une situation difficile, plus on se remue pour en sortir ; plus on est près de la misère, plus on emprunte, plus on vend, plus on achète pour revendre encore, plus on s'engage dans les spéculations, les transactions et les procès, toutes choses qui alimentent la caisse du timbre et de l'enregistrement.

On voit à quoi se réduisent les équivalents imaginés par MM. Thiers et Pouyer-Quertier.

Une dernière considération, qu'on a eu le tort de ne pas faire valoir au sein de l'Assemblée, achèvera de rendre évidente l'inanité des efforts tentés par les adversaires de l'impôt sur le revenu.

En comparant le budget de la France avec le budget actuel de l'Angleterre, nous oublions que nous sommes dans un état de crise exceptionnelle. Que ferait l'Angleterre dans une situation semblable à la nôtre? Elle ferait tout au moins ce qu'elle a fait après la guerre de Crimée. Eh bien ! après la guerre de Crimée, l'Angleterre portant l'*income-tax* au taux de 7 pour 100, en a tiré plus de 400 millions — 422 883 000 — dans l'année fiscale de 1856 à 1857. Voilà le chiffre qui doit aujourd'hui figurer dans nos calculs. C'est le seul qui nous indique le montant vrai des sacrifices que les classes aisées s'imposent de l'autre côté de la Manche quand les circonstances l'exigent. Ces sacrifices dépassent la somme de 1 220 millions : et les nôtres, en joignant aux contributions directes les prestations, le timbre et l'enregistrement, vont à peine à 1 100 millions. En éliminant, comme il convient, le timbre et l'enregistrement, qui ne sont pas des taxes directes, il reste 1 020 millions d'une part, contre 640 millions de l'autre.

L'exemple de l'Angleterre conserve donc toute sa force. Pour mettre notre système contributif en harmonie avec le sien, un impôt sur le revenu de 3 ou 400 millions ne serait pas de trop.

III

Après avoir écarté, par des calculs inexacts, l'exemple si accablant pour eux de l'*income-tax*, les adversaires de l'impôt sur le revenu se sont aventurés sur le terrain de l'histoire. C'est un terrain qui leur est bien peu familier, et franchement, il eût été plus sage de leur part de ne pas l'aborder.

Affirmer que l'Angleterre prêche le libre-échange sans le pratiquer, et que la propriété, chez elle, ne supporte que des charges insignifiantes, c'était déjà bien de l'audace. Il fallait s'en tenir là.

Pour être député, ou ministre des finances, ou même président de la République, on n'est pas tenu de connaître l'histoire de l'impôt sous l'ancien régime, ni d'avoir lu Vauban : mais on n'est pas tenu non plus d'en parler, à moins qu'on ne veuille jeter de la poudre aux yeux du public, et jouer le rôle de Sganarelle quand il dit : — Entendez-vous le latin? — Non. — *Cabricias arci thuram catalamus.*

Que des hobereaux de province, élus pour leur amour de la paix, étrangers à toute espèce d'étude, ennemis systématiques de l'instruction, parlent à tort et à travers de ce bon vieux temps, qu'ils regrettent sans le connaître, je ne m'en étonne point, et je m'en afflige médiocrement. Ce qui est étrange, ce qui est triste, c'est de voir un homme comme M. Thiers, animé d'un patriotisme incontestable, si laborieux, si cultivé, si intelligent, si vif dans sa verte vieillesse, si habile à manier les hommes, trop habile, il est vrai, à manier les chiffres et les faits, consacrer une grande partie d'un long discours à soutenir des assertions manifestement contredites par les propres documents qu'il cite.

M. Thiers assimile l'impôt du revenu à la taille. Or, entre la taille et l'impôt du revenu tel qu'il fonctionne en Angleterre, il y a les différences suivantes :

1° La taille était un impôt de répartition ; l'impôt du revenu est un impôt de quotité. On fixait d'abord la somme totale, puis on la répartissait dans le royaume entre les généralités ; dans chaque généralité entre les élections ; dans chaque élection entre les paroisses. On procédait ainsi du général au particulier, tandis que l'impôt sur le revenu procède en sens inverse, ce qui est plus rationnel, car les ressources d'une province ne peuvent être bien connues que si on connaît les ressources de chaque commune, et les ressources de chaque commune ne ressortent nettement que du relevé des ressources de chaque habitant. De là, dans la répartition de la taille, des erreurs inévitables et monstrueuses, dont les populations souffraient d'autant plus que, les taillables d'une même paroisse étant solidaires, si une paroisse se trouvait surchargée, le poids de l'impôt retombait tout entier sur quelques familles.

2° La taille n'atteignait que les non privilégiés. Le clergé, la noblesse, la magistrature étaient exempts. Les bourgeois riches participaient à ce privilège en achetant soit un office (et Dieu sait ce qu'il y avait d'offices à cette époque), soit des lettres d'anoblissement, soit même tout simplement des lettres d'exemption. Non contents d'être exempts eux-mêmes, les privilégiés, par leur crédit, faisaient exempter leurs amis, leurs créatures, leurs domestiques, leurs fermiers. La taille, en définitive, pesait presque exclusivement sur les classes les moins aisées, tandis que, au contraire, l'impôt du revenu ménage ou exempte les plus pauvres et atteint les autres en proportion de leur fortune.

3° Les taillables étaient taxés sans déclaration de leur part : or, la déclaration, prise comme point de départ de la fixation du revenu, a une importance énorme, car elle donne au contribuable le rôle de défendeur en face du fisc ; sa véracité est présumée jusqu'à preuve contraire.

4° La taille estimait en bloc, et d'après des signes vagues, les ressources des taillables : l'impôt du revenu analyse au contraire les éléments divers qui composent le revenu total, et applique à chacun d'eux les règles qui lui conviennent.

L'illustre maréchal Vauban, qu'on peut considérer comme le créateur en France de la science de l'impôt, a critiqué avec raison la taille : il proposait de l'abolir ainsi que les aides (impôt sur les boissons) et les douanes intérieures ; mais il était bien loin d'être hostile à l'impôt sur le revenu, comme l'affirme M. Thiers, puisque son livre tout entier est consacré à organiser une contribution d'un dixième sur le produit des terres, des maisons, du commerce et de l'industrie.

La seconde partie de la Dîme royale commence ainsi : «Les tailles et les aydes, dans lesquelles je comprends les douanes provinciales, étant ainsi converties en disme du vingtième des fruits de la terre à percevoir en espèce, il se trouvera encore plus de la moitié du revenu des habitants du royaume qui n'aura rien payé ; ce qui serait faire une injustice aux autres, parce qu'étant tous également sujets et sous la protection du Roy et de l'État, chacun d'eux a une obligation spéciale de contribuer à ses besoins à proportion de son revenu, ce qui est le fondement de ce système. Car d'autant plus qu'une personne est élevée au-dessus des autres par sa naissance ou par sa dignité, et qu'elle possède de plus grands biens ; d'autant plus a-t-elle besoin de la protection de l'État, et a-t-elle intérêt qu'il subsiste en honneur et en autorité, ce qui ne peut se faire sans de grandes dépenses. Il n'y a donc qu'à débrouiller le revenu de chacun et le mettre en évidence, afin de voir comment il doit être taxé. »

Après ce préambule, Vauban pénètre dans tous les détails de son sujet, et il montre successivement comment on doit constater et taxer le revenu des moulins, des maisons, des rentes constituées, des offices, des fonds de commerce, les profits des fabricants et des artisans, les salaires des ouvriers.

Il y avait en effet, sous l'ancien régime, un impôt analogue à l'impôt du revenu, c'était le dixième établi pour la première fois en 1710, suspendu plus tard, et rétabli en 1749 sous le nom de vingtième.

M. Teisserenc de Bort a signalé cette analogie ; mais, quand il présente le dixième comme un de nos pires impôts de l'ancien régime, il se trompe du tout au tout. L'établissement du dixième a été une des rares victoires remportées, sous l'ancienne monarchie, par l'esprit de justice et d'égalité, et, de plus, une éclatante manifestation du patriotisme français dans une crise qui rappelle à bien des égards celle d'aujourd'hui.

« Nos ennemis », dit Mallet, premier commis du contrôleur général Desmarets, «le crurent impossible : mais ayant su qu'il se faisoit sans aucune résistance et que tous les sujets se prêtoient aux besoins de l'État, ils regardèrent cette levée comme une ressource inépuisable pendant la guerre. C'est un des principaux motifs qui les ont déterminés à faire la paix, et ia manière dont ils se sont expliqués par la suite n'a laissé aucun lieu d'en douter. »

Le judicieux Forbonnais, un de nos classiques en fait de finances, n'exprime qu'un regret à propos de cet impôt, c'est qu'il n'ait pas été établi plus tôt. Il montre très bien que si on y avait eu recours en temps opportun, on aurait pu éviter et le papier-monnaie et l'aggravation des taxes sur les marchandises, expédients pernicieux qui portaient le désordre dans les affaires, et tarissaient les sources de la prospérité publique.

Le dixième eut contre lui le clergé, la noblesse et la magistrature. Ces gens-là, qui ne payaient rien, ou fort peu de chose, trouvèrent très dur de contribuer au salut de la France en proportion de leur fortune. Ils poussèrent des clameurs formidables, dont on trouve l'écho dans les Mémoires du duc de Saint-Simon et dans les Remontrances des Parlements.

On sait que le duc de Saint-Simon, imbu des préjugés nobiliaires jusqu'au fanatisme, demanda, en 1715, la banqueroute générale pour humilier le Tiers-État.

Les Parlements ne valaient guère mieux. Ils furent, au XVIIIᵉ siècle, le grand obstacle à toutes les réformes. Ils firent tomber Turgot, parce que Turgot avait proclamé la liberté du travail et qu'il proposait de remplacer les corvées par une contribution sur tous les propriétaires, sans tenir compte des privilèges attribués aux gens d'église, de robe et d'épée. L'intolérance religieuse trouva en eux ses plus âpres défenseurs. Ils ne lâchèrent la torture qu'aux approches de la Révolution.

Est-ce à dire que les dixièmes ou vingtièmes, bons en principe, n'aient donné lieu en pratique à aucun abus? Non, certes, car sous l'ancien régime les abus étaient partout : dans un mauvais milieu tout se corrompt; l'ordre social tout entier n'était qu'un immense abus organisé par la force, sanctifié par l'autorité cléricale, consolidé et perpétué par l'ignorance des masses.

Les non privilégiés ne partageaient pas, à l'égard des vingtièmes, les répugnances de la noblesse et de la magistrature. Il suffit, pour s'en convaincre, de jeter les yeux sur le rapport présenté à la Constituante par le Comité des finances le 18 novembre 1789. Le rapport divise les impôts en deux catégories : les uns doivent être remaniés, mais ils ne sont pas intolérables; les autres, « proscrits par la voix des peuples, celle des siècles, et par les cahiers précurseurs des décrets de l'Assemblée » doivent être abolis sur-le-champ. Ces derniers sont les aides (impôt sur les boissons), les gabelles (impôt sur le sel), et les droits réservés (taxes supplémentaires qui aggravaient les frais de justice).

Les vingtièmes sont au nombre des impôts que le Comité maintient provisoirement.

Ils furent abolis, il est vrai, en 1790 et 1791, mais ils servirent de base à la répartition des nouvelles contributions directes.

Influencée par les idées des physiocrates, la Constituante ne voulait atteindre les revenus de l'industrie, du commerce et des capitaux, que dans une très faible mesure. Elle pensait que le poids de l'impôt devait tomber presque exclusivement sur la terre, parce que la terre est la source première de tous les produits, et, par suite, de tous les revenus.

Les conservateurs qui vantent aujourd'hui le système de la
Constituante et l'assimilent à notre régime actuel ne le connaissent pas. Si on les prenait au mot, et si on leur proposait
de revenir au budget de 1791, ils reculeraient d'horreur ; car il
n'y a pas de budget où les taxes indirectes, qu'ils aiment tant,
parce qu'elles épargnent les grosses fortunes, aient une place
aussi restreinte.

Sur un total de 559 millions, les taxes indirectes figuraient
pour une somme de 110 millions seulement, dont 81 millions
pour le timbre, l'enregistrement et les hypothèques, et 29 millions pour les douanes. L'impôt sur le sel, l'impôt sur le tabac,
l'impôt sur les boissons et les octrois (qui aujourd'hui rapportent quelque chose comme 8 à 900 millions, et qui donnaient,
en 1788, 250 millions), étaient supprimés.

Par contre, les contributions directes montaient à 401 millions, dont 300 millions pour la contribution foncière, 78 millions pour la contribution mobilière, et 23 millions pour les
patentes, y compris les sous pour livre, ou centimes additionnels.

La contribution foncière représentait le quart du revenu de
la terre, soit 25 pour 100, tandis qu'à présent elle est en
moyenne de 7 ou 8 pour 100.

Comme notre budget a quintuplé depuis cette époque, on
voit que, pour revenir au système de la Constituante, il
faudrait porter le produit des quatre contributions directes
au chiffre colossal de 2 milliards. Évidemment, l'impôt sur le
revenu, même au point de vue conservateur, vaudrait encore
mieux.

IV

Notre système actuel n'est que très partiellement l'œuvre de
la Constituante. Il est dans son ensemble l'œuvre du premier
Empire, de la Restauration, de la Monarchie de Juillet, et du

second Empire, c'est-à-dire le résultat d'une réaction contre les idées de 89, qui a rétabli peu à peu, sous des noms nouveaux, la fiscalité de l'ancien régime. Son caractère principal est la prédominance des impôts indirects et surtout de consommation.

Les adversaires de l'impôt sur le revenu ont loué ce système sous tous les points possibles et imaginables. Peu s'en faut qu'ils ne l'aient présenté comme absolument parfait. Il serait facile d'en montrer les défectuosités.

On ferait voir d'abord qu'il est très dispendieux. Il coûte en moyenne 10 pour 100, c'est-à-dire que, sur 2 milliards de recette, il y a 200 millions perdus pour tout le monde, pour le fisc comme pour les contribuables.

On remarquerait ensuite combien il est loin d'être proportionnel.

Les cotes foncières varient du quinzième au quart du revenu net. La taxe personnelle est fixe et par conséquent inique. L'impôt mobilier, qui a pour base la valeur locative, ne correspond pas du tout à l'importance des richesses mobilières. Les patentes déterminées par certains signes extérieurs ne donnent qu'une idée très confuse et très peu exacte des bénéfices industriels ou commerciaux.

L'impôt sur le sel équivaut à une capitation. L'impôt sur les boissons ne tient aucun compte de la qualité ; tantôt il s'élève jusqu'à 100 pour 100, tantôt il descend au-dessous de 5 pour 100. L'impôt sur les tabacs renchérit de 5 à 600 pour 100 les tabacs communs, et de 100 ou 150 pour 100 seulement les tabacs fins. Le timbre et l'enregistrement comportent une multitude de droits fixes et, en dehors des droits fixes, ils atteignent, non le produit périodique des valeurs possédées, mais les valeurs elles-mêmes quand elles se manifestent par un acte quelconque, et autant de fois que cette manifestation a lieu.

Mais il est inutile de pousser à fond la critique du système actuel. Ses partisans les plus chauds n'ont pour lui qu'une admiration platonique. Et la preuve, c'est qu'ils cherchent du nouveau, au lieu de proposer purement et simplement un certain nombre de centimes additionnels.

S'il est vrai que l'impôt soit si bien réparti en France, si juste, si commode à percevoir, si heureusement équilibré, il n'y a pas à se creuser la tête pour créer ou restaurer des taxes ; un tant pour cent ajouté à toutes les contributions suffit. Les financiers du XVIII° siècle, que les royalistes regrettent sans doute, ont souvent procédé ainsi, et quelquefois, je dois le dire, avec succès.

Les rôles, nous dit-on, ne se prêtent pas à cette surcharge. Ils sont faits et il est trop tard pour les refaire. Plaisante raison ! car on aurait eu tout le temps pour les préparer, si l'on ne s'était pas obstiné à faire passer tant de taxes vicieuses, avec la perspective de l'impôt sur les matières premières couronnant l'édifice.

A la rigueur, on accepterait les centimes additionnels pour éviter l'impôt sur le revenu : mais on y répugne, à cause des souvenirs de 48, et par d'autres motifs encore que M. Thiers, dans son discours du 26 décembre, nous a dévoilés.

On pensait généralement que les classes aisées, avant la fatale guerre de 1870, portaient, non sans murmure (en matière fiscale, plus on est riche, plus on crie), mais sans trop de gêne, le poids de l'impôt. On se trompait. D'après M. Thiers, elles étaient écrasées.

Voyez, dit-il, tout ce qu'elles supportent à elles seules : d'abord 582 millions de contributions directes, puis 452 millions de timbre et d'enregistrement, et enfin, sur 726 millions d'impôts de consommation, leur part est de près de moitié, environ 335 millions : en tout 1369 millions. Les pauvres, au contraire, ceux qui ne sont inscrits sur aucun des rôles du fisc, paient seulement 391 millions, 400 millions au plus en chiffres ronds.

Les propriétaires, voilà ceux qui sont à plaindre, ceux qui sont accablés : « Venir aujourd'hui, dans ces jours de détresse, les charger encore, ne serait pas chose équitable ; je le répète (s'écrie l'orateur) au nom de l'honnêteté française. »

En vérité, on croit rêver quand on entend au sein de l'Assemblée nationale, quand on lit à l'*Officiel* de semblables paroles.

Faut-il les réfuter? Il me semble qu'elles se réfutent d'elles-mêmes.

Il est complètement faux que les contributions ne pèsent que sur les classes aisées. Beaucoup de cultivateurs paient leur cote foncière et sont plus voisins de la misère que de l'aisance. Beaucoup d'artisans et de petits commerçants vivent à peine de leur travail et n'en sont pas moins soumis à la patente.

Parmi les taxes de l'enregistrement et du timbre, combien atteignent les pauvres gens? Est-ce qu'ils ne font pas, eux aussi, des baux pour se loger? Est-ce qu'ils ne sont pas exposés, comme d'autres, à des procès? Est-ce qu'ils ne recueillent pas, par-ci, par-là, quelques bribes, à titre de dot et d'héritage? D'ailleurs une grande partie de ces taxes grèvent les affaires commerciales, et, par suite, équivalent à des impôts de consommation.

Et les prestations, et l'octroi, que M. Thiers passe sous silence, est-ce qu'ils ne pèsent pas principalement sur les pauvres?

Si on répare ces omissions, on arrivera à se convaincre que les contribuables non inscrits aux rôles des impôts directs paient en réalité non pas 400, mais 600 millions au moins. Or, les statistiques dressées en 1861 et 1858, donnent pour le montant des salaires agricoles et industriels le chiffre de 3 535 millions : c'est donc une charge de 17 pour 100.

A la même époque on estimait à 8 milliards le revenu net de la propriété foncière et mobilière : mais, pour connaître l'ensemble des ressources des classes aisées, il faut ajouter à ce chiffre les profits de ceux qui dirigent les entreprises agricoles, industrielles et commerciales, les honoraires des professions dites libérales, le salaire du clergé, les appointements des fonctionnaires, qu'il est difficile d'évaluer à moins de 3 milliards.

Ce serait donc un total de 11 milliards grevé d'un impôt de 1 400 à 1 450 millions, soit une charge de 13 pour 100.

Ainsi, les plus riches supporteraient 4 pour 100 de moins que les autres. Mais supposons la charge à peu près égale de part et d'autre. N'est-il pas monstrueux qu'une crise survenant, toute la surcharge qui en résulte retombe exclusivement sur ceux qui vivent au jour le jour du maigre produit de leur travail, et qui ne peuvent, sans de cruelles privations, retrancher une partie notable de leurs dépenses ?

Que répondrait-on, si un orateur populaire, s'adressant aux représentants des classes aisées, leur disait : Comment ! vous possédez la terre, vous possédez les capitaux, vous avez pour vous la supériorité de la culture intellectuelle, vous occupez toutes les fonctions publiques, vous dirigez toutes les grandes affaires : l'influence que votre position sociale vous donne, vous en avez usé pour maintenir au pouvoir une bande de coquins, vous avez fait voter les plébiscites les plus insensés, vous n'avez su ni contrôler ni contenir les aventuriers et les imbéciles qui étaient vos élus ; et puis, quand, par votre faute, d'exécrables folies ont été commises, quand la nation se trouve au fond de l'abîme, vous vous lavez les mains de nos malheurs, vous vous déclarez irresponsables, quittes envers la patrie, vous ne voulez pas qu'on touche à la moindre parcelle de votre sacro-saint revenu, et vous rejetez dédaigneusement votre part des charges publiques sur les épaules de ceux qui ne possèdent d'autre ressource que leurs bras, qui n'ont eu d'autre tort que de vous croire ; vous capitulez devant l'impôt, comme l'infâme Bazaine et l'infâme Bonaparte devant l'ennemi !

Quant à nous, nous avons l'espoir que les classes aisées n'accepteront pas la situation privilégiée que l'on veut leur faire. Il y a parmi elles un certain nombre d'hommes qui ont le sentiment du juste. Ils sont déjà ou ils seront bientôt la majorité. Ils tiendront à honneur de prendre leur large part dans les sacrifices que nos désastres nous imposent. Le malheur est que personne au sein de l'Assemblée nationale n'a su parler en leur nom, comme il convenait dans l'intérêt de leur dignité et de la paix sociale.

V

Tous les économistes, avant et après Adam Smith, ont posé le principe de la proportionnalité de l'impôt. Toutes nos constitutions, depuis 1789, l'ont proclamé en termes formels.

Les adversaires de l'impôt sur le revenu substituent à ce principe de singulières maximes.

M. Teisserenc de Bort déclare que « la consécration par excellence de l'impôt, c'est la routine du public ».

Et M. Teisserenc admire la Constituante, qui fit table rase en matière fiscale ! Toujours le même sophisme qui arrête la marche de la civilisation. On veut bien du progrès dans le passé, mais dans le présent, fi donc ! C'est si bon de jouir de l'héritage paternel, sans se préoccuper de l'accroître par ses propres efforts ! Les générations précédentes ont travaillé pour nous. Honorons-les, mais ne les imitons pas. Nous acceptons les réformes faites parce qu'elles nous profitent ; nous ne voulons pas en faire d'autres parce qu'elles dérangeraient nos habitudes. Nous sommes catholiques, positifs et pratiques. Désormais la société doit être immobile.

Telles sont les hautes pensées du parti conservateur. Comme elles sont propres à relever la France aux yeux de l'Europe ! L'Allemagne, sans doute, en sera satisfaite. Ce conservatisme à outrance sera pour elle la meilleure garantie de son ascendant définitif.

M. Raudot est encore plus net que M. Teisserenc de Bort. Il ne célèbre pas la routine, mais il coupe court à toute réforme en affirmant que l'impôt direct doit être fixe. Une fois établi, il n'est plus susceptible d'aucune augmentation.

Quelle que soit l'ardeur de son royalisme, M. Raudot avouera sans doute, si on le presse, que l'ancienne monarchie n'a guère été fidèle à cette doctrine ; car, dans l'espace de trois siècles et demi, elle a porté le chiffre des impositions directes de 1 million 200000 livres à 220 millions.

La fixité, si l'on consulte l'histoire, est une chimère. Est-elle du moins justifiable au point de vue purement rationnel ? Tout est mobile en ce monde. Rien n'est stable : ni les besoins de l'État, ni l'étendue du territoire, ni le montant de la population, ni la somme des revenus, ni la valeur des propriétés. Pourquoi donc l'impôt direct serait-il fixe ?

Vous dites que la plus-value des biens-fonds appartient à celui qui l'a créée par son travail, par son intelligence, par ses capitaux. Vous ajoutez que les bénéfices de l'industriel sont les fruits de son habileté, que les revenus du capitaliste sont le produit de ses épargnes, qu'il ne faut pas y toucher sous peine de décourager les efforts utiles, les améliorations fécondes.

D'accord : mais qui prouve trop ne prouve rien. Les impôts sont nécessaires. Il n'y en a pas qui ne soient nuisibles. Ils portent toujours sur des valeurs qui sont le produit du travail humain, par la raison très simple qu'il n'y a pas d'autres valeurs que celles-là. Avant d'être défrichée, ensemencée, assainie, remuée de mille manières, couverte de constructions, sillonnée de routes, protégée par des gendarmes et des juges, la terre elle-même, comme nous le voyons dans le far west américain, n'a presque aucune valeur.

Est-ce que par hasard, les impôts indirects, qu'on se propose d'accroître démesurément, ne nuisent pas aussi au travail ? est-ce qu'ils ne gênent pas les efforts des contribuables ? est-ce qu'ils ne compriment pas le développement du bien-être public ?

Si vous grevez la consommation du travailleur, vous lui ôtez une partie de ses forces, ou bien vous lui enlevez, ce qui n'est guère moins funeste, la possibilité de l'épargne. Si vous taxez les objets fabriqués, vous rétrécissez les débouchés du fabricant. Si vous imposez les matières premières, vous étouffez l'industrie dans son germe. Si vous atteignez les lettres de chan-

ges, les baux, les emprunts hypothécaires, les ventes, les
échanges, les quittances, vous troublez cette transmutation perpétuelle des éléments économiques, cette circulation des richesses
qui entretient la vie dans le corps social.

La différence entre les impôts directs et les impôts indirects
consiste simplement en ce que les uns gênent les contribuables
en proportion de leurs ressources, et les autres en proportion
de leurs besoins : les premiers épargnent les faibles, les seconds
ménagent les forts.

Quand une augmentation d'impôt est devenue nécessaire, il
n'y a aucun motif sérieux pour en exempter les revenus. Mais,
dit-on, les mêmes revenus ne doivent pas être atteints deux fois
sous des formes différentes : « On ne peut tirer d'un sac deux
moutures. »

Cet argument serait juste si l'on était parvenu à découvrir
un système de contribution parfait, et alors on aboutirait à
l'établissement de l'impôt unique. Tant qu'on n'aura pas fait
cette découverte, il est naturel, il est inévitable qu'on varie les
formes de la perception ; il importe seulement que l'impôt nouveau soit de telle nature qu'il amoindrisse les inconvénients
des impôts anciens et qu'il se combine avec eux en les corri-
geant. Cette combinaison passagère n'empêche pas qu'on ne
vise à simplifier le régime contributif ; car l'impôt nouveau
peut être assez large pour rendre dès à présent inutile une multitude de petites taxes, et s'il repose sur un principe fécond, il
finira par absorber, en se perfectionnant, la plupart des anciens
impôts.

L'impôt sur le revenu remplit précisément les conditions qui
justifient l'introduction d'un impôt nouveau.

Il dispense de recourir aux taxes sur les matières premières,
sur les factures, sur les produits fabriqués. Il est assez compréhensif pour se substituer peu à peu aux quatre contributions
directes. En attendant, il rectifie les inégalités de leur assiette
et il profite des indications qu'elles fournissent pour déterminer
les ressources des contribuables.

Le cadastre des immeubles, la valeur locative des habitations privées ou des établissements industriels, la nature de la profession, le nombre des habitants du lieu où on l'exerce, ce sont là des éléments d'appréciation qui à eux seuls ne donnent pas des résultats exacts et complets, mais qui ne doivent pas être négligés et qui s'ajouteront utilement à d'autres renseignements fournis par les déclarations individuelles, les bilans des Compagnies, les actes enregistrés, les ventes publiques, etc.

Si on répugne à frapper deux fois les revenus, pourquoi n'hésite-t-on pas à frapper deux fois et souvent plus les consommations et les actes ? La même pièce de vin est frappée tour à tour par le droit de circulation, par le droit d'entrée et par le droit de détail. Le même acte, une vente, par exemple, ou un bail, ou un emprunt hypothécaire, est frappé à la fois par le timbre et par l'enregistrement.

Avec un pareil argument, ce n'est pas tel ou tel impôt qu'on attaque, c'est notre système fiscal tout entier qu'on ébranle.

VI

Les conservateurs reprochent aux radicaux d'être trop absolus dans leurs doctrines, exagérés dans leur langage, téméraires dans leurs propositions. Je ne dis pas qu'ils n'aient quelquefois raison : mais leur tort est de ne pas s'apercevoir qu'ils méritent souvent au plus haut point le reproche qu'ils nous adressent.

Pour ne pas sortir du sujet qui nous occupe, il me semble qu'en qualifiant l'impôt sur le revenu comme ils l'ont fait, ils se sont laissé emporter par la passion et qu'ils ont franchi les bornes d'une critique sage et mesurée.

Ils disent et répètent sans cesse que l'impôt sur le revenu est arbitraire et inquisitorial. M. Thiers ajoutait, il y a quelques jours, à la tribune, que « c'est le socialisme sous la forme la plus dangereuse ; c'est le loup qui revêt la peau du mouton ».

Qu'y a-t-il sous ces grands mots ?

Si on entend par inquisition l'invasion du foyer domestique, l'intrusion dans le for intérieur, la violation de la liberté de conscience, il n'est pas vrai que l'impôt sur le revenu soit inquisitorial, et, s'il l'était, il serait bien extraordinaire, en vérité, que le peuple anglais l'eût accepté, lui qui est si jaloux de son home, si fier des libertés individuelles qu'il a su conquérir bien avant nous.

Si on entend par inquisition la constatation d'un fait matériel intéressant la chose publique, tous les impôts ont le caractère inquisitorial ; tous exigent des enquêtes, des perquisitions, des recherches tendant à prouver l'existence ou le passage entre les mains de telle ou telle personne d'un bien, d'une valeur, d'une marchandise. Sous ce rapport, l'impôt du revenu peut être mis sans crainte en parallèle avec les droits de douane, les octrois, les taxes sur le tabac, sur les boissons, sur le papier, sur les allumettes chimiques : les procédés les plus rigoureux ne se trouvent certainement pas de son côté.

Le mot arbitraire est aussi un mot bien vague qu'il importerait de définir d'une manière précise. Signifie-t-il absence de règle, fantaisie, caprice, despotisme pur et simple ? En quoi s'applique-t-il alors à l'impôt du revenu ? Cet impôt a des règles comme tous les autres : les commissaires qui l'appliquent ne peuvent pas plus agir selon leur bon plaisir que les percepteurs des douanes quand ils examinent des colis, ou les receveurs de l'enregistrement quand ils lisent ou interprètent les actes qu'on leur soumet. Ces commissaires sont d'ailleurs choisis avec soin et contrôlés par des juges supérieurs.

Veut-on dire que ces règles ne sont pas assez sûres, ni ces garanties assez solides pour prémunir contre toute erreur, qu'il y aura des inexactitudes, des inégalités dans un sens ou dans un autre ? Oh ! sans doute : mais la question est de savoir s'il y aura là plus d'erreur qu'ailleurs. Toutes les fois qu'il y a lieu d'évaluer quelque chose, il y a place pour l'arbitraire, parce

qu'il y a toujours quelque inconnue qui ne se dégage pas. Il en
est ainsi quand on évalue une marchandise qui entre ou qui
sort, et qui est soumise à la taxe ou favorisée d'un drawback ;
de même quand on estime une succession, quand on fixe par le
cadastre l'étendue et la qualité des terres, quand on détermine
la valeur locative d'une habitation privée, d'un établissement
industriel et, en dehors des matières fiscales, toutes les fois, par
exemple, que les juges allouent des dommages-intérêts, déci-
dent s'il y a eu lésion, apprécient les bénéfices d'une entreprise.

Pour éviter toute espèce d'arbitraire, toute espèce d'incerti-
tude, il faudrait en toute chose revenir aux procédés grossiers
des temps barbares, et en fait d'impôt, le plus injuste de tous, la
capitation, l'impôt par tête, subsisterait seul.

A mesure que la civilisation avance, les procédés qu'elle
emploie deviennent plus délicats et peuvent être plus facilement faussés. On n'y renonce pas pour cela : ce serait renoncer
à être juste, sous prétexte qu'il est plus commode de ne pas
l'être.

Du reste, les revenus industriels et commerciaux sont les
seuls qui offrent des difficultés sérieuses : mais dans ce cas-là,
si le contribuable veut être certain d'être taxé d'une manière
rigoureusement exacte, il n'a qu'à exhiber ses livres. Sinon,
il supportera quelques inégalités, moins grandes à coup sûr
que celles qu'il supporte aujourd'hui sous le régime des
patentes.

Derrière ces grands mots d'arbitraire et d'inquisition, il y
a la crainte qu'on n'avoue pas d'une répartition des charges
publiques plus équitable et par conséquent plus onéreuse
pour les riches ; et, par-dessus tout, il y a la peur de la
publicité.

Qu'arriverait-il si on connaissait les revenus de chacun ? Le
monde s'écroulerait, sans doute ! Cette publicité tout au moins
ne serait-elle pas le prélude du partage ?

Je réponds à ces trembleurs que d'abord la publicité n'est pas

en Angleterre et ne serait pas chez nous si complète qu'ils se
l'imaginent ; et cela, malheureusement, selon moi, car je m'intéresse fort peu aux individus qui entassent mystérieusement des
bénéfices énormes ou qui achètent un faux crédit par l'étalage
d'une fausse prospérité. Ensuite, cette publicité serait-elle complète, qu'il faudrait l'affronter courageusement dans l'intérêt
même du principe de la propriété.

Qu'on le sache bien : on ne respecte pas ce qui se cache.
La propriété est légitime ou elle ne l'est pas. Si elle l'est, et
tous les hommes de bon sens sont d'accord pour l'affirmer, elle
ne doit pas se dissimuler, elle doit s'exposer au contraire à la
pleine lumière du jour.

Si l'on veut combattre d'une manière efficace les erreurs des
sectes socialistes, il faut leur opposer avec une fermeté inébranlable ces deux grandes choses qui ne sauraient aller l'une sans
l'autre : la liberté et la justice.

En présence de la liberté, les utopies subversives s'éva-
nouissent, parce qu'elles font violence à la nature humaine,
et que cette violence est impossible là où les hommes sentent
le prix de l'initiative individuelle. Mais la liberté doit être
égale pour tous, et elle ne saurait l'être, si les charges
publiques ne sont pas réparties avec justice : or, la justice
exige que chacun contribue, selon ses forces, aux besoins de
l'État.

L'impôt sur le revenu, bien loin d'être une concession au
socialisme autoritaire, serait l'affirmation d'une politique vraiment libérale et sagement novatrice. Il montrerait les classes
aisées prêtes à tous les sacrifices pour le salut de la patrie.
Il nous rendrait, au dehors, l'estime des nations étrangères,
que nous avons perdue, car il serait considéré comme un acte
d'énergie, et l'on nous croit incapables de résolutions viriles.
Hélas ! ce que les ministres de Louis XIV ont osé faire en 1710,
nous n'osons pas, nous, l'entreprendre en 1872 ! Si nous
l'osions, il en rejaillirait quelque gloire sur la République.

M. Thiers, obstinément attaché aux idées du baron Louis,

ne le comprend pas, et les monarchistes le comprennent
trop bien. Mais il ne faut pas se décourager. La France, quoi
qu'on fasse pour la ramener au culte des idoles et au régime
des privilèges, devient de plus en plus républicaine. Le jour
viendra où elle ne se contentera pas de la forme, où il lui
faudra la substance des institutions démocratiques. Puisse-t-il
venir bientôt !

DES RÉSULTATS DU TRAVAIL NATIONAL

DEPUIS 1872

(Mai 1880)

MESDAMES ET MESSIEURS,

Quand j'ai été informé par notre honorable Président que j'aurais l'honneur, cette année, de faire la conférence à l'Assemblée générale de la *Société protestante du travail*, j'ai profité des quelques heures de loisir que mes occupations me laissaient pour relire les discours qui ont été prononcés dans les années précédentes.

Parmi ces discours, il en est un qui m'a frappé tant par sa valeur intrinsèque que par sa date, c'est le discours prononcé par l'un des membres les plus justement aimés et estimés de l'Association, l'honorable M. Gaufrès. En 1872, dans des circonstances bien tristes et bien pénibles, il prenait la parole au sein de votre Assemblée et se faisait, en quelque sorte, l'écho de ce qui se disait autour de cette Assemblée, dans notre pauvre France.

Il se demandait ce qu'il fallait entendre par ces mots qui retentissaient alors si souvent, que le pays avait besoin de se relever, de réparer ses désastres, de se régénérer, et il disait : « Que signifient ces mots, si ce n'est qu'il faut avant tout remettre le travail à sa véritable place, qui est la place d'honneur? Il faut combiner et multiplier l'un par l'autre : le travail moral, qui discipline les passions sous l'ascendant d'un noble but, le travail intellectuel, qui relève le niveau des esprits, et le travail matériel à qui incombe la charge de réparer tant de fortunes. »

En lisant ce passage, je me suis demandé à mon tour si nous n'étions pas arrivés à un moment favorable pour jeter un coup d'œil en arrière ; si, après un intervalle de huit années, il n'était pas bon de revenir sur le passé et de voir si la France avait fait ce que réellement elle voulait faire, dans un moment où elle n'était pas complètement abattue, où elle sentait que ses destinées n'étaient pas finies.

Qu'avons-nous fait, dans ces huit années ? La France a-t-elle travaillé ? Oui, sans doute, puisqu'elle a vécu ; car un peuple, pas plus qu'un individu, ne peut subsister sans travail. Mais dans quelle mesure l'a-t-elle fait ? Voilà ce que je voudrais examiner sommairement devant vous.

Nous ne pouvons pas apprécier d'une façon directe l'effort qui a été fait par le pays. Il faudrait, pour cela, pénétrer dans le sein des familles, dans le sein des ateliers. Ce que nous pouvons apprécier, c'est, d'une part, l'importance des obstacles qu'il s'agissait de surmonter et de vaincre, et d'autre part l'importance des résultats. Quand nous connaîtrons l'importance des obstacles et l'importance des résultats, nous pourrons mesurer sinon d'une manière directe, du moins d'une manière indirecte, l'effort qui a été fait par la France, dans ce laps de huit années.

Pour bien apprécier ces résultats, il faut tout d'abord tenir compte d'un élément qui pourrait nous induire en erreur dans nos recherches ; il faut tenir compte de ce qui se rapporte aux circonstances extérieures, atmosphériques, météorologiques, qui influent sur la richesse d'un pays, parce qu'elles déterminent l'importance plus ou moins grande des récoltes de ce pays.

Pendant ces huit années, la France n'a été ni extraordinairement favorisée, ni extrêmement malheureuse. On est disposé à croire qu'en ce moment-ci, la France est malheureuse parce que les dernières années ont été mauvaises. On se souvient facilement des mauvaises années, surtout quand elles sont récentes; on oublie les années heureuses, surtout quand elles commencent à s'éloigner.

Eh bien, si nous prenons les deux principales récoltes du pays, celles sur lesquelles les circonstances extérieures, météorologiques exercent une influence décisive, si nous prenons la récolte des céréales et celle des vins, nous trouvons au commencement de cette série quelques années magnifiques, comme la France en a vu rarement.

Ainsi, pour les céréales, la moyenne annuelle de la récolte de froment était, dans les dix dernières années de l'Empire (1860-1869), un peu au-dessous de 100 millions d'hectolitres. Si nous prenons les premières années de la période qui nous occupe, nous voyons que la moyenne annuelle s'élève à 113 millions d'hectolitres.

En 1872, il y a eu 120 millions d'hectolitres.

En 1874, — une année excessivement favorable, — il y a eu 136 millions d'hectolitres. Ce chiffre est le plus haut qui ait été jamais atteint. Seulement les années mauvaises sont venues. La récolte de 1877 a été médiocre, celle de 1878, mauvaise, et la dernière, celle de 1879, détestable.

Cependant, si l'on fait une moyenne de toutes ces années, on est un peu étonné de trouver un résultat supérieur à celui de la période précédente. La moyenne des dix dernières années de l'Empire est de 99 millions d'hectolitres, tandis que nous avons, pour la période que j'étudie, une moyenne de 102 millions d'hectolitres, qui eût été de 104 ou 105 millions sans la perte de l'Alsace-Lorraine. En somme, on a atteint et dépassé un peu la moyenne ordinaire.

Malheureusement, il n'en a pas été de même de la récolte des vins. Cette branche de l'agriculture a eu de très bonnes années, mais, comme je vous le disais, on oublie facilement les récoltes abondantes. Ainsi l'année 1874, la même qui a donné une bonne récolte en céréales, a été des plus heureuses pour les vins : on a récolté 63 millions d'hectolitres. Pour comprendre la portée de ce chiffre, il faut savoir que, dans les six dernières années de l'Empire, la moyenne était, pour la récolte des vins, de 57 millions d'hectolitres. En 1875, la moyenne a été de beaucoup dépassée : on a eu 83 millions d'hectolitres. C'est le chiffre le plus haut qui ait été atteint. C'était la dernière année heureuse. Le phylloxera, qui existait déjà depuis quelque temps, envahit de plus en plus nos vignobles et il a fini par les envahir si bien, que notre dernière récolte ne se chiffre plus que par un rendement de 25 millions et demi d'hectolitres. En somme, on arrive pour ces huit années à une moyenne d'à peu près 51 millions d'hectolitres, moyenne inférieure à celle des dernières années de l'Empire.

Si on réunit nos deux grandes récoltes, celle du blé et celle du vin, récoltes qui sont directement influencées par des circonstances extérieures que quelques personnes qualifieraient de providentielles, on peut dire que ces huit années n'offrent rien d'extraordinaire : que la France n'a pas été favorisée à l'excès dans son labeur et qu'elle n'a pas été non plus découragée. Tous les résultats que je vais vous exposer peuvent être attribués à l'énergie de son peuple, à son labeur constant, à son génie industriel et commercial. La France s'est trouvée dans des circonstances moyennes ordinaires : les résultats obtenus sont dus à l'effort que son peuple a fait.

Quels sont ces résultats? Le premier de tous, celui sur lequel je vous demande la permission d'insister quelque peu, a une importance capitale. Ce premier résultat a consisté à libérer le territoire national.

En 1872, année à laquelle nous nous reportons, le territoire était encore occupé par l'étranger. Depuis 1871, on travaillait à le libérer. Il s'agissait de payer une rançon qui parut quelque chose de colossal, de gigantesque à cette époque, une rançon de *cinq milliards*. Avec les intérêts et les frais, le total montait à cinq milliards 315 millions.

Comme l'a dit M. Léon Say, dans son rapport en 1874, cette opération n'a paru probable que du jour où elle a été réalisée.

En effet, quand elle fut entreprise, beaucoup doutaient qu'elle fût possible. On doutait d'être en état de faire sortir du sein de la France cette somme énorme. Ceux qui réfléchissaient

le plus et qui connaissaient le mieux les ressources de notre
pays craignaient qu'on ne pût le faire sans provoquer une crise
monétaire, sans créer dans cette masse de métaux précieux qui
sert d'intermédiaire à tous nos échanges un vide qui serait fatal
au commerce et à l'industrie. Enfin, si l'on échappait à ce double
danger, de rester sous le joug de l'étranger, ou de provoquer
une crise financière, il semblait probable que la France ne
retrouverait pas d'ici longtemps les conditions de prospérité
matérielle où elle était autrefois. Les prévisions étaient donc
fort tristes.

En 1871, quand on commença cette opération, je le répète,
on doutait de la réussite. Quelques personnes cependant, habi-
tuées à traiter les questions économiques, envisageaient avec
sang-froid la situation ; elles se disaient que peut-être ces
cinq milliards ne seraient pas pour la France une perte aussi
terrible qu'on le croyait, et que d'un autre côté, ils ne seraient
pas pour l'Allemagne un avantage aussi grand qu'on se le figurait alors.

Un de nos économistes les plus distingués, qui est mort il y
a quelques années en Algérie, où il dirigeait une exploitation
agricole, M. Bénard, dès le mois de mai 1871, avait exposé une
opinion singulièrement optimiste[1].

Il se reportait, pour se rassurer, à des phénomènes analogues
qui se sont souvent produits dans le monde ; il rappelait qu'à
certaines époques et dans certains pays on avait vu un afflux
extraordinaire d'or et d'argent, que ces pays, en apparence si
favorisés, avaient souffert à la longue de cette surabondance de
métaux précieux, que l'Espagne au xvie siècle, qui avait profité
la première des mines d'Amérique, avait laissé languir ses
industries, et qu'au bout d'un certain temps elle s'était trouvée
inférieure aux autres peuples de l'Europe.

Quant à la France, M. Bénard disait qu'elle avait besoin de
beaucoup de sagesse, de prudence et d'énergie morale, mais

---

1. Voir le *Journal des Économistes*, 3e série, t. XXII.

qu'en définitive elle pouvait se tirer d'affaire, pourvu qu'elle n'abusât pas du papier-monnaie.

Il citait ce fait, que nous avions eu dans les dernières années qui avaient précédé, sous l'Empire, des émissions de valeurs considérables, la plupart provenant des Compagnies de chemins de fer. En 1868, il y en avait eu pour deux milliards, en 1869, pour deux milliards encore, et dans le premier semestre de 1870 pour un milliard, ce qui faisait les cinq milliards dont on avait besoin.

Il ajoutait que le paiement immédiat de ces cinq milliards produirait en Allemagne un véritable bouleversement par la hausse subite de tous les prix ; que, même réparti sur plusieurs années, il serait une cause de malaise, qu'en tout cas il serait suivi d'une réaction inévitable : que la hausse des prix en Allemagne provoquerait les achats de marchandises en France, qu'il s'établirait entre les deux pays un double courant qui porterait d'un côté ce qui serait surabondant de l'autre, et que, par suite de ce va-et-vient, le niveau se rétablirait.

Si j'osais me citer moi-même, je pourrais dire que, quelques mois après M. Bénard, je me suis occupé également de la question et que je suis arrivé aux mêmes conclusions que lui, à savoir qu'il fallait être prudent, qu'il ne fallait pas abuser du papier-monnaie, mais qu'enfin la situation n'était pas désespérée [1]. Je terminais par ces mots :

« A condition de ne pas grever nos entrées de droits absurdes (j'avais en vue les droits sur les matières premières dont nous étions alors menacés)... nos débouchés, loin de se restreindre, s'élargiront, car l'or français, introduit en plus grande quantité dans les pays où nous avons des relations commerciales, reviendra, cherchant son emploi, solliciter nos expéditions. »

Les économistes qui essayaient de rassurer le pays étaient, il faut le reconnaître, peu écoutés et, malgré leurs articles, les inquiétudes persistaient en France.

---

1. Voir plus haut, p. 53.

En Allemagne, au contraire, on s'abandonnait aux illusions. L'honorable M. Bamberger se hasarda à dire que les espérances de ceux qui comptaient sur l'indemnité de guerre pourraient bien être déçues. Il fut, je crois, à peu près seul à soutenir cette opinion.

Les événements ont justifié les prévisions des économistes. L'énorme rançon imposée à la France a été payée : non seulement on a trouvé les cinq milliards dont on avait besoin, mais on a devancé les termes du paiement. La crise monétaire qu'on redoutait n'a pas eu lieu. Les billets de la Banque de France sont toujours restés au pair. Le change avec l'étranger, qui est la marque à laquelle on reconnaît s'il y a une crise monétaire dans un pays et quelle en est l'intensité, le change ne nous a été défavorable que pendant très peu de temps.

Ainsi, le change avec l'Angleterre, le plus important de tous parce que l'Angleterre est le plus grand marché financier du monde, n'a dépassé qu'un moment le taux de 26 fr. 19 centimes. Le pair étant de 25 fr. 20 centimes, c'était à peu près 1 franc de différence. Ce maximum a été atteint au mois d'octobre 1871. Puis il y a eu une baisse sensible, puis une nouvelle hausse, quand nous avons fait notre second emprunt, et, à la fin de 1873, après la libération du territoire, le change est retombé à 25 fr. 40 centimes, c'est-à-dire bien près du pair.

Il est certain que cette opération a été conduite avec beaucoup d'habileté : mais, pour être juste, il faut ajouter que c'est le crédit de la France, le crédit de la France républicaine, qui en a assuré le succès. *Applaudissements unanimes.*

Cette opération n'a pas consisté à transmettre matériellement cinq milliards, en métaux, d'un pays dans un autre. Il n'y a eu en réalité un transport d'argent monnayé que pour la somme de 618 millions. Le reste a été transmis par des lettres de change qu'on s'était procurées. Il faut aussi faire entrer en ligne de compte 325 millions qui représentent la valeur des chemins de fer des pays annexés, et enfin 125 millions payés en billets de banque. Les lettres de change ou traites sur l'étranger étaient un moyen commode de liquidation. On en a usé jusqu'à concurrence de quatre milliards 247 millions : mais ces traites elles-mêmes, il fallait les acheter, et sous une forme ou sous une autre on aboutissait à un déplacement formidable de capitaux.

Maintenant, avant d'arriver à vous montrer quel a été l'effet définitif de ce paiement de cinq milliards en France, je désire vous dire quelques mots sur les résultats qui se sont produits de l'autre côté du Rhin. Le règlement de l'indemnité de guerre a été une opération double qui a consisté à donner d'un côté et à recevoir de l'autre Il est absolument indispensable pour la bien comprendre de voir quels ont été les phénomènes qui se sont produits en Allemagne. Cela est d'autant plus important, que ces phénomènes, prévus, dans une certaine mesure, par quelques personnes, ont étonné généralement presque tout le monde, à commencer par les Allemands eux-mêmes.

Voici, en peu de mots, ce que j'ai recueilli dans de nombreuses correspondances, dans les journaux allemands, et dans le compte rendu des séances du Reichstag. Il y eut d'abord une période d'enivrement, d'illusions. Non seulement on s'attendait à des dégrèvements d'impôts, mais chacun croyait, comme l'a dit plus tard très naïvement un membre du Parlement allemand, qu'il mettrait en poche une partie des cinq milliards, et que la nation tout entière allait devenir prodigieusement riche.

Sous l'empire de cet enivrement et de ces illusions, on s'empressa de créer une foule d'entreprises industrielles et financières « basées sur les brouillards de la Sprée ». Des spéculations effrénées eurent lieu, suivies de mécomptes et de faillites. Au bout de quelque temps, on s'aperçut que les choses n'allaient pas aussi bien qu'on l'avait tout d'abord espéré. Le gouvernement ne dégrevait aucune espèce d'impôts, première déception.

Avec les intérêts et les contributions de guerre locales, on avait reçu cinq milliards et demi (5 567 millions). Quel emploi en avait-on fait? 150 millions avaient été déposés dans le *Trésor impérial*. Ils ne pouvaient faire ni bien ni mal : ils dormaient improductifs dans cette réserve. On avait ensuite consacré 540 millions à l'achat des chemins de fer d'Alsace-Lorraine et à l'achèvement d'autres lignes en projet ou commencées. 1 500 millions avaient servi à solder les frais de la guerre. Le reste, c'est-à-dire plus de 3 milliards, avait fourni des dotations et on en avait appliqué la plus grande partie à de nouvelles dépenses militaires, dépenses qui peuvent être considérées, à tort ou à raison, comme nécessaires, mais que les économistes appellent improductives, parce qu'elles sont stériles au point de vue de la production agricole et industrielle.

Cet emploi des cinq milliards ne pouvait point enrichir le pays. On ne tarda pas à le constater. Ce fut une seconde déception et ce n'était pas la dernière. Des phénomènes très graves se manifestaient dans l'ordre économique : les prix de toutes choses avaient haussé dans des proportions énormes et, ce qui était plus fâcheux, dans des proportions inégales.

Il s'est produit en Allemagne en 1872, ce qui est arrivé en Espagne au XVIᵉ siècle, lors de la découverte des mines d'or et d'argent d'Amérique. Toutes les fois que le numéraire d'un pays se trouve augmenté dans des proportions trop considérables, tous les prix s'élèvent : la hausse porte d'abord sur les denrées alimentaires ; les autres produits, dont on peut à la rigueur se passer un certain temps, ne haussent jamais qu'après une période plus longue ; les salaires des ouvriers, les traitements des employés ne reprennent leur niveau normal que très tard. La hausse inégale des prix devait nécessairement amener un bouleversement dans les affaires, et au sein des classes ouvrières provoquer des coalitions et des grèves.

Les coalitions, en effet, furent si nombreuses en 1872 et 1873, qu'on songea à faire une loi pour les arrêter. Le mécontentement des travailleurs s'exprima par une candidature d'opposition radicale, celle de M. Hasenclever; alors commença une agitation socialiste qui a fini par émouvoir les pouvoirs publics et qui dure encore. Cette agitation venait de ce qu'il y avait réellement des souffrances. Là, comme ailleurs, ceux qui souf-

frent poursuivent souvent des utopies qu'ils prennent pour des
remèdes efficaces, parce qu'ils ne se rendent pas compte de la
cause véritable des maux qu'ils subissent.

A côté de la hausse des prix, deux autres faits d'une nature
alarmante furent signalés : d'une part une émigration très forte
(154000 émigrants en 1872 et 134000 en 1873); d'autre
part, dans le commerce extérieur, un excédent des importations
sur les exportations qui, en 1872, fut de 1218 millions et
s'éleva, l'année suivante, à 2212 millions.

A partir de 1874, la crise s'accentue. Elle frappe les yeux des
plus incrédules. Le gouvernement propose de nouveaux impôts.
La tribune du Parlement retentit de plaintes et d'aveux. On
reconnaît qu'il y a eu des illusions ; on discute les causes du
malaise général qui règne dans le pays ; on recherche les
moyens de le faire cesser, mais les recherches sont vaines et le
malaise continue.

Les salaires des ouvriers avaient enfin repris leur niveau ; ils
avaient haussé comme tout le reste. Une autre difficulté se présente alors : comment lutter sur le terrain industriel contre les
nations étrangères avec une main-d'œuvre surenchérie ? Aussi,
en 1875, nous voyons l'industrie allemande dans un état de
stagnation presque complète, et quand arrive l'exposition internationale de Philadelphie, en 1876, l'Allemagne n'envoie que
des objets communs, grossiers, à bon marché. Elle ne pouvait
plus fabriquer autre chose dans les conditions où elle se trouvait.

Dans les années suivantes, la crise allemande se confond avec
une crise générale, qui se manifeste non seulement dans toute
l'Europe, mais encore en Amérique. Cette crise embrasse le
monde entier, et la France, qui en a subi le contre-coup, est
peut-être encore de tous les pays celui qui en a le moins souffert.

Aujourd'hui, on dit que la crise est terminée. Cependant
aucun dégrèvement n'a eu lieu. Les droits de timbre et les droits
sur la bière ont été augmentés. On parle de créer, au profit de

l'État, le monopole du tabac et d'établir un impôt de guerre qui serait un impôt progressif. L'émigration, ralentie depuis quatre ou cinq ans, recommence avec une nouvelle intensité. Ce ne sont pas là précisément les signes qui dénotent une prospérité croissante. La crise est moins aiguë, sans doute. Il n'est pas certain qu'elle soit finie.

Les faits que je viens de vous résumer ont dû vous paraître quelque peu étranges. L'histoire d'un peuple dont le développement économique a été compromis par l'encaissement de plusieurs milliards est invraisemblable à première vue. Elle ressemble à un roman. Permettez-moi donc d'appuyer par un certain nombre de citations le récit sommaire que je vous ai présenté.

Je lis dans une correspondance adressée de Berlin au journal *le Temps,* au mois de septembre 1873 :

« La hausse de tous les produits n'a pas été accompagnée d'une hausse proportionnelle des salaires..... On s'est ému des grèves nombreuses qui se sont succédé en Allemagne depuis quelques années..... La candidature Hasenclever signifie : Pas d'entrave à la liberté de coalition. »

A peu près à la même époque, un éminent économiste, député à l'Assemblée nationale, M. Wolowski, reçoit une lettre de Berlin où se trouvent les lignes suivantes :

« Chose étrange, nous avons été exposés à une véritable détresse, comme si nous avions payé les cinq milliards au lieu de les recevoir ! »

Un an après, en novembre 1874, M. Delbruck, ministre d'État, s'exprime ainsi :

« Toutes les branches de l'administration de l'Empire exigent de plus grandes dépenses. Un emprunt est nécessaire pour couvrir les dépenses de la marine et des télégraphes. Les autres augmentations de dépenses seront compensées par une augmentation de recettes ou par l'élévation du chiffre des contributions matriculaires. »

Dans le courant du même mois (novembre 1874) une discussion s'engage au Parlement sur la question des banques. On a été frappé des services que la Banque de France a rendus chez nous, et quelques députés ont l'idée d'introduire un semblable établissement en Allemagne.

M. Bamberger soutient ce système. Il constate la crise financière qui a éclaté en Allemagne et il ajoute : « C'est un fait remarquable que la France, après ses désastres, n'ait pas eu à lutter contre les mêmes embarras que l'Allemagne et soit en état de nous enlever une grande partie de notre or à mesure que nous le frappons. Il se fait d'Allemagne en France une exportation d'or qu'on ne saurait nier. Cet or passe par Bruxelles. »

L'or, en effet, comme vous le verrez plus loin, nous revenait non seulement par Bruxelles, mais par toutes les routes. — Quelques jours après, M. Siemens, répondant à M. Bamberger, dit que « si l'or allemand sort de l'Allemagne, c'est la faute de la population, qui fait preuve de légèreté !... Nous avons tous cru, ou presque tous, que les cinq milliards payés d'État à État l'avaient été de peuple à peuple, et nous nous sommes étonnés de ne pas en avoir chacun notre part ».

Les Allemands coupables de légèreté, quel aveu dans la bouche d'un député au Reichstag ! Ceux qui nous ont tant reproché ce défaut en avaient été atteints eux aussi, d'après M. Siemens. Peut-être la légèreté avait-elle passé le Rhin avec nos milliards ? *Sourires*.

En 1875, d'autres communications que j'ai recueillies nous montrent combien la crise s'aggrave. Ainsi la *Gazette du Peuple Volkszeitung* écrit en septembre : « L'étranger ne nous fait plus de commandes. Pourquoi ? Tous les prix ont doublé... La cause du mal c'est la calamité des milliards. » — « Plus de doute (dit le même journal dans un autre numéro), l'industrie languit dans presque toutes ses branches. On réduit les salaires, on congédie un grand nombre d'ouvriers... » Et à la fin de décembre : « La situation industrielle est de moins en moins florissante ; la pauvreté qui en résulte pour le peuple est devenue évidente, même sur les marchés de la viande... La consommation pendant les fêtes de Noël, à Berlin, a été au-dessous des plus modestes prévisions... Les prix des loyers et des vivres sont inabordables pour les classes les moins aisées. »

En 1876, M. Reuleaux, commissaire du gouvernement allemand à l'Exposition de Philadelphie, constate l'infériorité de l'industrie allemande : « Les produits allemands, dit-il, sont tous ou presque tous bon marché et grossiers : *Billig und schlecht.* »

Nous sommes arrivés en 1877. C'est le moment que j'avais signalé tout à l'heure, où la crise semble s'atténuer, parce qu'elle se confond avec une crise plus générale.

Il ne me reste plus qu'une citation à vous faire. Elle mérite toute votre attention, parce qu'on y trouve d'une manière très précise, de la bouche d'un très haut et très puissant personnage, l'aveu de la crise qui a sévi en Allemagne. Voici ce que je lis dans un discours prononcé par l'empereur Guillaume au mois de mars 1880, en réponse aux félicitations de la municipalité de Berlin ;

« Si, avec l'aide du Tout-Puissant, j'ai travaillé au maintien de la paix, j'espère, avec la même assistance, obtenir encore le même résultat dans l'avenir. J'espère aussi, sous les auspices de la protection divine, voir, au lendemain des souffrances d'une longue crise, la situation économique, qui déjà s'est relevée, s'affermir sur une base solide et durable. »

Ainsi, vous le voyez, au commencement de 1880, on se considère encore comme au lendemain d'une longue crise économique. Il ne faut pas s'exagérer la détresse de l'Allemagne. L'Allemagne n'est pas ruinée (Dieu merci ! car les peuples pauvres, armés jusqu'aux dents, ne sont pas des voisins commodes). Elle a construit beaucoup de chemins de fer, ses industries métallurgiques et sa marine ont pris un grand développement. Mais, en somme, les prévisions qui avaient été émises en 1871 par quelques économistes se sont réalisées. De grandes spéculations ont eu lieu : des faillites nombreuses se sont produites : la hausse des prix a été énorme et inégale ; les ouvriers en ont souffert ; leur mécontentement s'est traduit par des coalitions et des grèves ; l'émigration a pris des proportions inquiétantes ; la fuite rapide d'un or qu'on n'a pu retenir au delà d'une courte période, a causé des mécomptes cruels ; au lieu de dégrèvements, il a fallu se résigner à de nouveaux impôts.

J'ai insisté, Messieurs, sur ces faits, bien qu'ils réveillent des souvenirs douloureux ; il s'en dégage une grande vérité qu'il importait de ne pas laisser dans l'ombre : c'est qu'il n'y a qu'une richesse qui profite, qui soit féconde, c'est celle qui est due au travail ; tout le reste est absolument illusoire ! *(Applaudissements prolongés.)*

Je reviens maintenant en France. De ce que nous avions échappé à la crise monétaire, grâce au crédit de la France et à l'habileté de l'homme qui nous gouvernait alors, auquel la France et Paris en particulier ont rendu un si grand hommage, il ne faudrait pas conclure que nous ne fussions pas après le paiement de l'indemnité de guerre dans une situation très grave. La guerre de 1870-71, si on tient compte de toutes les dépenses et de toutes les pertes qui en ont été la suite, nous a coûté quelque chose comme treize ou quatorze milliards. On était en présence d'une surcharge d'impôts de 7 à 800 millions, surcharge annuelle qu'il était impossible d'éviter ; on pouvait craindre que le fardeau ne fût trop lourd pour les contribuables ; on pouvait craindre aussi que la crise monétaire, qui avait été évitée momentanément, n'éclatât tout à coup, au moment où la Banque de France reprendrait ses paiements en espèces.

J'examinerai d'abord ce qui s'est passé au sujet du numéraire. Les résultats constatés par les tableaux des douanes sont extrêmement curieux, si curieux que, même en lisant les chiffres officiels, on a de la peine à croire que la masse de notre numéraire ait été si peu diminuée à cette époque et l'ait été si peu de temps. Ces chiffres sont arides, mais ils sont vraiment éloquents, et il est impossible que je ne vous les communique pas.

Voici quelle était notre situation, au point de vue du numéraire :

Depuis longtemps, nous avions en France, pour les métaux précieux, un excédent considérable d'importation c'est-à-dire que nous recevions de l'étranger plus d'or et d'argent que nous ne lui en envoyions. La moyenne de l'excédent de 1857 à 1866 avait été de 185 millions.

Dans les trois ou quatre dernières années de l'Empire, l'accumulation était devenue très forte. Dans les années 1867, 1868 et 1869, nous étions arrivés à une moyenne de plus de 400 millions par an. Voilà des chiffres qui sont très élevés. On s'attendrait à les voir disparaître et à voir s'accuser, après la guerre, une différence des plus notables ou plutôt un excédent en sens inverse, un excédent d'exportation.

Je prends l'année 1871, c'est l'année où nous avons commencé le paiement de l'indemnité. Là, il y a un excédent de l'exportation sur l'importation. De combien est-il? Il est de 201 millions ; et c'est le seul que nous constatons jusqu'en 1879. Ce sont ces 201 millions qui répondent au paiement des cinq milliards. C'est quelque chose de véritablement prodigieux. Le député allemand M. Siemens avait bien raison de dire que « l'or rentrait en France à mesure qu'il en sortait ! »

A partir de 1872, l'importation recommence à dépasser l'exportation. L'excédent est déjà de 49 millions en 1872. En 1873, au lieu de 49 millions nous avons 73 millions. En 1874, 952 millions à l'importation et 159 millions seulement à l'exportation. Nous avons donc, pour cette année, un excédent de 793 millions. Ce chiffre représente près du double de la moyenne des dernières années de l'Empire et il dépasse de près de 200 millions le *maximum* qui avait été atteint en 1867 et qui montait à 596 millions.

En 1875, nous trouvons un excédent de 656 millions ; en 1876, il est de 645 ; en 1877, 542 millions ; en 1878, 354.

En 1879, on trouve un excédent en sens inverse : l'exportation l'emporte de 85 millions sur l'importation. C'est peu de chose, si l'on tient compte des accumulations antérieures. De 1871 à 1879, le total pour l'importation est de 5 445 millions, le total pour l'exportation est seulement de 2 619 millions : la différence (excédent de l'importation sur l'exportation) est de 2 826 millions.

En 1879, huit ans après la guerre, six ans après la libération du territoire, la France était véritablement gorgée d'or et d'argent.

Certainement l'or et l'argent sont des choses très précieuses, mais vous voyez par ces chiffres qu'ils ne jouent qu'un rôle secondaire dans les affaires, tandis que le travail y joue un rôle infiniment plus considérable. Vous voyez, en même temps, avec quelle facilité et dans quelles proportions un pays sachant exploiter ses ressources naturelles peut se relever, en quelques années, au point de vue monétaire.

Les chiffres de notre commerce extérieur, qui correspondent à ceux du numéraire, démontrent, du reste, combien la France a peu désespéré et combien elle s'est livrée à une activité féconde et productrice, pendant cette période de huit années qui nous occupe.

Pour comprendre la portée de ces chiffres, il faut avoir un point de comparaison. Nous le prendrons dans les dernières années de l'Empire. En 1869, les importations de marchandises montaient à 3 153 millions, les exportations à 3 075, le total des importations et des exportations réunies à 6 228 millions. La différence entre les exportations et les importations était de 78 millions au préjudice des exportations.

Si on prend la moyenne des trois dernières années (1867-1869), on trouve que l'excédent annuel des importations est de 264 millions. Chose curieuse, nous allons retrouver à peu près le même excédent tout à l'heure, pour les huit années qui nous occupent.

Dès 1871, le chiffre total des importations et des exporta-

tions réunies dépasse celui de 1869 (6 440 millions au lieu de
6 228). En 1872, il monte à 7 331 millions, puis à 7 342 millions en 1873. Il s'élève ainsi, avec quelques oscillations, jusqu'à 7 757 millions en 1879. L'excédent sur l'année 1869 est
de 1 129 millions.

Le montant des exportations n'est pas moins remarquable.
Avant même que le territoire fût libéré, au moment de nos
grands emprunts, en 1872, les exportations atteignent la somme
de 3 761 millions, chiffre supérieur de 686 millions à celui de
1869. En 1873, nous trouvons 3 787 millions ; 3 701 en 1874 ;
en 1875, 3 872 millions. C'est le plus haut chiffre qui ait
jamais été atteint en France.

Je vous ai fait déjà remarquer que l'année 1875 était, sous
tous les rapports, une année d'or. C'est en 1874 et 1875 que
nous avons eu nos plus belles récoltes. C'est en 1875 que nos
exportations ont atteint leur chiffre le plus élevé. C'est aussi en
1875 que les excédents de recettes ont commencé pour nos
budgets et enfin, c'est en 1875 que la République a été légalement fondée.

A partir de 1876, les récoltes sont devenues mauvaises.
Notre commerce extérieur s'en est ressenti. Peut-être aussi la
production industrielle de 1872 à 1875 avait-elle été un peu
fiévreuse. Dans la période de 1878 à 1879, les exportations
sont tombées de 3 872 millions à 3 576, 3 436, 3 179 et 3 163.
Les importations, au contraire, ont passé de 3 537 à 3 988,
3 670, 4 176 et 4 594.

Comment a été payé cet excédent ? Nous vous avons montré
que le numéraire, au lieu de diminuer, avait augmenté. L'augmentation est de 1 456 millions pour les années 1876 à 1879.
Il est bien clair, dès lors, que l'excédent n'a pas été payé en
argent.

Il y a bien des manières de payer un excédent d'importation.
L'Angleterre le paie avec les profits de sa marine et de son commerce extérieur, auxquels il faut ajouter les revenus des placements faits au dehors. Quant à nous, ce n'est pas avec le profit

de notre marine, qui est médiocre, mais bien avec celui de notre commerce. Nous avons, en outre, à l'étranger, des placements considérables, et ces placements contribuent à rétablir la balance quand elle est quelque peu troublée. Enfin, nous avons un autre élément qui existe chez nous plus qu'en Angleterre. Ce sont les étrangers très nombreux qui viennent en France et qui dépensent beaucoup. Il y en a dans le Nord de la France, à Paris surtout, et sur les côtes de la Provence. Je me rappelle, à ce sujet, le propos d'un paysan de Cannes : « Qui a des oliviers est à l'aise, qui a des orangers est riche, mais la meilleure de toutes les cultures, c'est celle de l'étranger. » *Sourires.)*

Maintenant, il est bien certain qu'une des causes de la différence entre notre exportation et notre importation, dans les dernières années de la période qui nous occupe, est quelque chose qu'il ne dépend pas de nous de modifier, ce sont nos mauvaises récoltes. Il nous a fallu nécessairement combler le déficit des récoltes de blé et de vin. Ce déficit nous a coûté près de 3 milliards. Pour augmenter ses importations de 1876 à 1879, la France a déployé une activité non moins admirable que celle dont elle avait fait preuve dans les années précédentes pour développer son exportation. Dans les deux cas, il y a un effort extraordinaire : le premier effort a libéré le territoire et restauré notre prospérité ; le second nous a préservés de la famine. L'un et l'autre sont également honorables pour le pays.

Au tableau du commerce extérieur se joint un document qui le complète à certains égards et qui peut aussi nous fournir des inductions utiles sur les résultats du travail national depuis 1872. C'est le tableau de la navigation.

Vous avez tous entendu dire que la marine marchande, en France, était mourante. La marine n'est pas le côté le plus brillant de la situation, mais je tiens à vous montrer la réalité, telle qu'elle est, et non telle qu'on voudrait qu'elle fût. Je tiens aussi à vous prémunir contre certaines exagérations.

Quand on jette les yeux sur la statistique officielle, on est très étonné des chiffres qu'on rencontre. Son langage n'a rien de funèbre.

Si nous prenons l'ensemble de nos navires à voiles et à vapeur, nous voyons que le tonnage des navires français chargés à l'entrée et à la sortie de nos ports était en 1868 de 4 219 000 tonnes. Dix ans après, en 1878, il monte à 5 557 000 tonnes. Il y a une augmentation de 1 300 000 tonnes environ. C'est une différence assez sensible (31 pour 100). Ce n'est pas là une marine qui se meurt, c'est une marine moins prospère que d'autres sans doute, mais qui vit néanmoins et même qui progresse.

Pour les navires à vapeur seuls nous trouvons, en 1868, un tonnage de 2 288 000 tonnes, et en 1878, 4 170 000 tonnes. Le chiffre est presque doublé. L'augmentation exacte est de 82 pour 100. Si la décadence existe, c'est une décadence toute relative.

Ce qui est vrai, et nous aurions mauvaise grâce à le dissimuler, c'est que la marine correspondante étrangère se développe dans de plus fortes proportions que la nôtre. Au lieu de 6 millions 1/2 de tonnes en 1868 nous trouvons pour les navires étrangers 10 millions 1/2 en 1878, et, si l'on envisage les vapeurs seuls, 7 207 000 tonnes au lieu de 3 217 000. Le progrès de notre marine marchande est inférieur à notre développement commercial.

Il faut ajouter que nous ne sommes pas le seul peuple chez lequel ce phénomène se produit. Ainsi, par exemple, le peuple américain a un commerce immense, mais sa marine marchande est faible, en comparaison de son commerce. Chez nous, notre marine marchande fait plus du tiers de nos transports (37 pour 100 environ). Les deux autres tiers se font par navires étrangers. En Amérique, la part du pavillon américain est seulement de 28 pour 100, et celle du pavillon étranger de 72 pour 100.

Après avoir examiné notre commerce et notre navigation, je

suis amené à vous parler de notre production industrielle. Ne
pouvant pas entrer dans tous les détails de ce vaste sujet, je me
bornerai à vous donner quelques chiffres relatifs à deux industries d'une importance capitale.

La première, c'est l'industrie minérale, et plus particulièrement la houille, qui est le pain quotidien de l'industrie. C'est
elle qui alimente toutes les autres. En 1869, nous avons extrait
de nos mines quelque chose comme 13 millions de tonnes de
houille. En 1879, dix ans après, ce chiffre s'est élevé à 17 millions. L'augmentation est de 30 pour 100.

L'autre industrie que j'ai à vous citer est celle qui concerne
les chemins de fer. Le développement de nos lignes ferrées,
bien qu'il dépende en grande partie de l'intervention de l'État,
est un fait qui indique le développement des richesses du pays ;
il faut en tenir compte.

En 1869, notre réseau offrait une étendue de 17 000 kilomètres de chemin de fer en exploitation. Dix ans plus tard,
c'est-à-dire l'année dernière, ce réseau était de 22 776 kilomètres, ce qui fait une différence en plus de 5 000 kilomètres.

Quant au produit qui en résulte, il était, en 1869, de
680 millions : en 1879, il s'est élevé à 913 millions. Et si l'on
calcule d'après la plus-value du premier trimestre de 1880, il
est permis de présumer que nous dépasserons cette année le
chiffre de 913 millions et que nous arriverons à un produit total
de plus d'un milliard.

Je vous ai entretenus jusqu'ici de faits qui témoignent de la
puissance commerciale et industrielle du pays. Mais cette puissance s'épuiserait bien vite, si elle n'était soutenue par une
réserve de capitaux incessamment renouvelée. Le travail et
l'intelligence ne sont pas les seuls éléments de la production.
Le capital intervient dans l'œuvre commune et le rôle qu'il joue
a une importance d'autant plus grande que les peuples atteignent un plus haut degré de civilisation. L'esprit d'épargne a-t-il
faibli chez nous depuis nos désastres ? Y a-t-il eu dissipation
imprudente ou, au contraire, accumulation de capitaux ? La

réponse à cette question se trouve dans des documents qui, je
le crois, porteront une pleine conviction dans vos esprits. L'un
de ces documents a trait à ce qu'on peut appeler l'épargne du
pauvre, celle des classes peu aisées de la société : il contient les
chiffres relatifs aux caisses d'épargne. L'autre document, plus
compréhensif, car il englobe la société presque tout entière,
constate le montant des successions.

En 1869, le solde dû aux déposants des caisses d'épargne
s'élevait à 711 millions. Ce solde a diminué pendant quelques
années, à la suite de la guerre. Il est tombé, en 1872, à 515 millions. A partir de 1873, il se relève. Il passe successivement
de 515 millions à 535, 573, 660, 768, 862, et enfin 1 milliard
26 millions en 1878.

Cette somme énorme représente les dépôts des travailleurs,
les économies de ceux qui n'accumulent les capitaux qu'à la
sueur de leur front.

Le nombre des déposants s'est accru aussi ; il n'a diminué
que dans les deux ou trois années qui ont suivi la guerre. En
1869, il était de 2 millions. Nous le retrouvons à 2 863 000 en
1877, et aujourd'hui il est probablement supérieur à 3 millions.

Quant au chiffre des successions, il est non moins remarquable. Vous savez que les successions, donations et legs sont
soumis à des droits d'enregistrement proportionnels au montant
des valeurs transmises. Les évaluations faites par le fisc ne sont
pas d'une exactitude absolue, mais elles se rapprochent suffisamment de la réalité pour ne pas induire en erreur quand on
recherche les variations de la richesse publique.

La valeur en capital des successions constatées par le fisc
était de 3 636 millions en 1869. La moyenne des cinq années
précédentes était de 3 200 millions. En 1871, on arrive tout à
coup au chiffre de 5 milliards. C'est un chiffre anormal qu'il
faut éliminer : il exprime, hélas ! non un accroissement de
fortune, mais un accroissement de décès : il prouve quels terribles ravages la guerre de 1870-71 avait faits dans tous les rangs
de la société.

A partir de 1872, il y a une baisse sensible. En 1874, la hausse recommence, elle s'accentue d'année en année, et en 1878, le chiffre de 4 751 millions est atteint. En le rapprochant du chiffre de 1869, on voit que l'augmentation est de 1 115 millions, c'est-à-dire de 30 1/2 pour 100.

On dit quelquefois que ces chiffres ne signifient rien, parce que d'abord la valeur de la monnaie a changé, et ensuite parce qu'aujourd'hui la capitalisation des revenus se fait sur une autre base. C'est vrai, seulement la portée de cette objection n'est pas celle qu'on imagine. Pour ce qui concerne la baisse de la valeur de la monnaie, elle existe, mais elle est très faible depuis 1870. Quant à la capitalisation des revenus, il est certain qu'aujourd'hui on capitalise les revenus à 4 pour 100 au lieu de 5 pour 100. Mais en prenant le 4 pour 100 pour base, il y a encore une différence en faveur de l'année 1878. Le revenu en 1866 à 5 pour 100 serait de 181 à 182 millions ; le revenu en 1878 à 4 pour 100 serait de 190 millions.

J'ajoute que cette capitalisation a un côté favorable qu'il ne faut pas perdre de vue : si le taux de l'intérêt fléchit, c'est que les capitaux sont abondants et s'offrent davantage : tôt ou tard le commerce et l'industrie profitent de cette baisse. Nous en voyons déjà les heureux effets à Paris, où l'industrie du bâtiment a pris depuis quelque temps une extension prodigieuse, sans être surexcitée, comme autrefois, par les travaux de la ville.

Pour apprécier l'intensité du travail accompli par la France depuis 1872, il me reste, messieurs, à vous faire connaître nos budgets. Les budgets étant alimentés par les ressources annuelles du pays, leur poids, quand il est supporté sans défaillance, mesure d'une manière assez exacte les efforts et les forces de la nation.

Il importe d'autant plus de faire cet examen que, par suite des désastres qui ont précédé la période que j'étudie, il y a eu des augmentations considérables dans nos budgets.

Ces augmentations sont peut-être encore plus fortes qu'on ne le croit généralement parce que, pour en avoir une idée complète, il faut avoir sous les yeux les différents budgets : budget ordinaire, budget sur ressources extraordinaires, budget d'ordre, budget sur ressources spéciales (centimes additionnels des départements et des communes).

Le total des budgets de 1881, non encore votés mais soumis aux Chambres par le Gouvernement, s'élève à la somme de 3 833 millions, qui se décompose ainsi : 2 773 millions au budget ordinaire, 590 au budget sur ressources extraordinaires (consacré surtout aux grands travaux publics), 413 au budget spécial et 57 au budget d'ordre (Légion d'honneur, invalides de la marine, imprimerie nationale, etc.).

En l'année 1870 le total était seulement de 2 233 millions. C'est une différence en plus de 1 600 millions.

Cette différence provient en grande partie des charges imposées par la guerre franco-allemande : mais elle provient aussi de l'extension donnée à certains services publics. La période intermédiaire présente naturellement des chiffres inférieurs, mais encore très élevés : en 1872, 2 734 millions ; en 1873, 2 878 ; en 1874, 2 962 ; en 1875, 3 028 : en 1876, 3 026 : en 1877, 3 177 : en 1878, 3 230 : en 1879, 3 435 : et pour 1880, 3 590. Comment un pareil surcroît de dépenses a-t-il été supporté? Voilà ce qu'il est curieux d'examiner, d'abord au point de vue de l'État, au point de vue de l'équilibre des recettes et des dépenses, ensuite au point de vue des contribuables.

Nos premières années, après l'Empire, ont présenté des découverts, c'est-à-dire un excédent des dépenses sur les recettes. Ces découverts ont été de 82 millions en 1872, 45 en 1873 et 64 en 1874.

A partir de l'année 1875, — l'année d'or, comme nous l'avons désignée, — nous avons des excédents de recettes qui montent à 78 millions et demi, 98, 56, 50 et 40. Si l'on additionne d'une part les découverts, d'autre part les excédents de recettes et si l'on compare les totaux, on aboutit finalement à un excédent de recettes de 141 millions.

On peut, par conséquent, dire que les ressources du pays ont été à la hauteur des charges qui lui étaient imposées. Cela ne veut pas dire qu'on ne doive pas chercher à les réduire le plus possible. On doit, au contraire, y travailler de toutes ses forces et persévérer, avec plus de vigueur peut-être, dans la voie des dégrèvements où l'on est entré depuis quelques années. Mais enfin il est consolant de constater que le pays n'a pas succombé sous le fardeau d'une augmentation budgétaire si soudaine et si lourde.

Il y a un autre moyen plus direct de voir comment les charges publiques sont supportées par le pays. C'est d'examiner le rendement des impôts dont le chiffre n'est pas fixé à l'avance par les Chambres, je veux parler des impôts indirects, impôts sur les actes et sur les consommations, tels que le timbre, l'enregistrement, le monopole du tabac, les postes et télégraphes, les taxes sur le sel, le sucre, les boissons, etc. Ces impôts-là ne sont pas, comme les impôts directs, des impôts de répartition ; ce sont des impôts de quotité dont le taux seul est fixé. On ne sait pas à l'avance quelle somme on en obtiendra. Leur produit dépend de l'importance de la consommation et du mouvement des affaires.

Eh bien, si nous prenons les cinq ou six dernières années de notre période, et si nous les comparons avec les cinq ou six dernières années de l'Empire, avant la guerre, nous trouvons que le produit des impôts indirects augmente dans la seconde période plus que dans la première. Je prends une période qui part de 1864 et qui va jusqu'à 1869, une période de cinq ans. Je prends une même période de cinq ans, de 1874 à 1879. Je prends ces deux périodes, parce que dans la première, sous l'Empire, il n'y a eu ni aggravation d'impôts, ni dégrèvements ; dans la seconde il y a eu d'abord quelques aggravations légères, puis, à partir de 1875, des dégrèvements, et en somme les exigences du fisc ont été diminuées. Ces deux périodes peuvent donc être très utilement comparées. En 1864, le produit a été de 1 176 millions ; en 1869, il s'est élevé à 1 355 millions, ce qui fait une plus-value de 279 millions. En 1874 on a obtenu

1 865 millions ; en 1869, 2 202. La différence est de 337 millions. L'augmentation proportionnelle, qui était de 15 pour 100 dans les cinq dernières années de l'Empire, a été de 18 pour 100 dans les cinq dernières années du régime républicain, malgré les tristes événements des années antérieures. Ces chiffres ont une éloquence qu'on ne saurait contester : ils nous montrent la France surmontant avec une indomptable énergie les obstacles dressés devant elle et par son labeur réparant les pertes dues aux folies de ceux qui l'avaient précipitée sans préparation dans une lutte inégale.

Je laisse de côté les recettes ; mais je voudrais encore vous dire quelques mots sur les dépenses. La caractéristique d'un budget se révèle peut-être plus encore par les dépenses que par les recettes. Quand on connaît bien le budget des dépenses d'un pays, on peut dire qu'on a déjà des éléments suffisants pour apprécier la vitalité de ce pays. On peut même, à l'aide des budgets et des comptes, reconstituer la physionomie d'un gouvernement, surprendre ses tendances et ses allures, deviner ses prédilections et ses faiblesses. Je me rappelle, à l'époque où j'étudiais les finances du xviiie siècle, combien je fus frappé de voir, dans les comptes des années 1773 et 1774, les sommes minimes allouées au dauphin (plus tard Louis XVI). C'était environ 200 000 livres par an, tandis que la dauphine (plus tard Marie-Antoinette) touchait plus de 2 millions, et le comte de Provence (plus tard Louis XVIII) 4 millions et demi. On sent, à la vue de ces chiffres, que la monarchie allait disparaître : elle se dévorait en quelque sorte elle-même. Vous voyez que l'étude sérieuse d'un budget peut révéler bien des choses.

Le temps me manque malheureusement, pour entrer dans les détails. Je me bornerai à vous signaler deux faits qui sont tout à fait caractéristiques. Il y a deux grandes dépenses qui peuvent attirer l'attention dans notre budget, soit antérieurement à 1870, soit à une époque postérieure : ce sont les dépenses relatives aux travaux publics et à l'instruction publique.

Je vous ai dit qu'en Allemagne on n'avait employé qu'une

faible partie de nos milliards à des dépenses reproductives. Nous voyons, au contraire, dans nos budgets, qu'une part énorme est faite à ce genre de dépenses, qui consiste principalement à construire des routes, des chemins de fer, des canaux, des ports, dépenses qui entraînent pour les contribuables des charges immédiates, mais qui plus tard deviennent, si on n'en abuse pas, une source de profits et de prospérité.

Dans le budget de 1869, nous voyons figurer pour les travaux publics payés sur ressources ordinaires, spéciales et extraordinaires, une somme de 111 750 000 francs. Le budget de 1870, préparé sous l'Empire, présente une augmentation : le total est de 141 438 000 francs.

Savez-vous à quel chiffre nous sommes arrivés dans le budget de 1881 ? A la somme vraiment gigantesque de 539 millions et demi. La moyenne de 1872 à 1880 est de 216 millions. Ainsi les dépenses relatives à nos travaux publics depuis nos désastres, bien loin d'être atténuées ou de disparaître comme on l'a vu dans certaines périodes calamiteuses de notre histoire, par exemple, dans les dernières années du règne de Louis XIV, ces dépenses, dis-je, ont été toujours en augmentant. Un étranger qui ne connaîtrait pas notre pays, mais qui aurait l'habitude des documents financiers, pourrait, d'après une pareille progression, se faire une idée de notre caractère et de notre état social : il verrait que nous sommes une nation vaillante, au point de vue économique, et il penserait que notre régime politique, loin de contrarier nos aptitudes, s'y adapte merveilleusement et en favorise l'essor. Moi-même, bien que j'étudie depuis de longues années les ressources de notre pays, j'ai ressenti, en recueillant ces chiffres, une véritable joie patriotique ; je ne m'attendais pas sans doute à quelque chose de médiocre, mais je n'avais pas, je l'avoue, conçu l'espoir d'un aussi splendide résultat. *Applaudissements prolongés.*

Le second fait que j'ai à vous signaler, au sujet des dépenses, est relatif à l'instruction publique.

En 1868, sous l'Empire, en réunissant les budgets sur

ressources ordinaires, spéciales et extraordinaires, on trouve
pour l'instruction publique une somme de 30 730 000 francs.
En 1869, le total est de 36 millions et, en 1870, de 37 millions.

Aujourd'hui, nous sommes loin, bien loin de ces chiffres.
Au lieu de 36 ou 37 millions, le gouvernement demande, pour
l'année 1881, une somme de 79 millions ! Et quand on connaît l'esprit qui anime notre Parlement, il est permis de
croire que cette somme ne sera pas diminuée par le vote
des Chambres, qu'elle sera plutôt portée au chiffre rond de
80 millions.

Si on consulte la série entière des budgets depuis 1871, on
constate qu'il n'y a pas eu un seul moment de recul : malgré nos
charges et nos malheurs, le budget de l'instruction publique est
allé croissant d'une manière continue (passant successivement
de 37 millions à 43, 44, 45, 47, 48, 49, 63, 67, 70, 73 et 79),
et cela dans des proportions d'autant plus fortes que les institutions républicaines acquéraient plus de solidité et se trouvaient
confiées à des mains plus dévouées.

Les chiffres que je viens de vous citer sont très connus ; les
journaux se plaisent, avec juste raison, à les reproduire, parce
que la presse comprend qu'ils intéressent le pays au suprême
degré. Mais il y a un calcul à faire, qu'on ne fait pas souvent,
pour tirer de ces chiffres tout ce qu'ils contiennent : il consiste
à évaluer le tant pour cent de la dépense consacrée à l'instruction
publique dans l'ensemble de nos budgets. Avant d'avoir fait ce
calcul, on est disposé à croire que le tant pour cent sera plus
faible qu'il n'était dans les dernières années de l'Empire. En
effet, combien de chapitres, autres que celui de l'instruction
publique, ont dû forcément être augmentés : l'armée, la marine
et surtout la dette !

Eh bien, si je prends les années 1869 et 1870, je trouve que
la part de l'instruction publique est de 1,67 pour 100 ; ce tant
pour cent baisse d'abord : il tombe à 1,21 en 1871, mais il ne
tarde pas à se relever : en 1877, il est déjà de 1,99, en 1878, il

monte à 2,08 : il est de 2,05 en 1879 : de 2,14 en 1880 et de 2,06 au projet de budget pour 1881. Vous voyez que la différence est sensible, puisque de 167 pour dix mille, nous sommes parvenus à 214 et 206.

Nos législateurs sont pénétrés de cette idée qu'il faut absolument développer l'instruction publique ; qu'il le faut à tout prix, que pour atteindre ce but on ne doit reculer devant aucun sacrifice. En poursuivant cette œuvre, ils sentent qu'ils sont les représentants fidèles du pays. La France a compris que la diffusion de l'enseignement était une condition essentielle de sa régénération. Par tous les moyens dont elle dispose pour manifester sa volonté, elle n'a cessé de s'associer aux projets conçus dans ce sens, quelque onéreux qu'ils fussent, projets pleins de promesses pour l'avenir et réalisés déjà dans une large mesure. Elle a achevé ainsi de démontrer aux yeux des plus malveillants ce qui éclatait d'ailleurs dans toutes les branches du travail national, qu'il y avait en elle un fonds de vitalité solide capable de résister aux plus rudes épreuves et un sentiment de dignité qu'aucun revers ne pouvait abattre.

Le chapitre de l'instruction pourrait me conduire à examiner les résultats du travail moral et intellectuel accompli en France depuis 1872. C'est là un sujet bien intéressant, bien tentant, mais il exigerait, pour être traité comme il mérite de l'être, une autre conférence et l'heure nous presse.

Sur ce point, je me bornerai à dire deux mots. Je ne crois pas qu'au point de vue intellectuel notre niveau ait baissé dans les sciences, les lettres et les arts. Mais ce qui est absolument incontestable et incontesté à l'étranger même, c'est qu'il est plus élevé que jamais dans un des grands domaines de l'art, la sculpture. On peut dire que si nos industriels, nos ouvriers et nos commerçants ont refait la fortune de la France, nos artistes ont été nos consolateurs au lendemain de nos défaites.

Chacun de vous peut, je crois, retrouver l'impression qu'il a ressentie, l'émotion qu'il a éprouvée quand il a vu, pour la première fois, cette œuvre magnifique, on peut dire sublime,

de notre sculpteur Mercié, qui porte le nom de *Gloria Victis!*
Le génie de l'artiste, en créant ce groupe, avait exprimé l'âme
de la France. Non, un peuple qui produit de tels chefs-d'œuvre n'est pas sur la voie de la décadence ! Et les mœurs d'un
peuple, quoiqu'on prétende quelquefois le contraire, dépendent
toujours des aspirations qui sont en lui, des idées qui dominent
dans son sein. *(Salves d'applaudissements.)*

On pourrait dire bien des choses sur les opinions philosophiques, religieuses ou antireligieuses qui prévalent dans notre
pays, mais ce qu'il faut reconnaître au moins, c'est qu'en
France, nos compatriotes, quelle que soit l'école, l'église ou la
secte à laquelle ils appartiennent, ne se sont pas laissé envahir
par cette funeste doctrine qui s'est développée de l'autre côté
du Rhin et qu'on appelle le pessimisme.

Je ne crois pas qu'il y ait en France un groupe d'êtres
humains qui en soit venu, comme en Allemagne, à maudire
systématiquement la vie ! Tous, nous avons au moins une foi
qui fait apprécier l'existence : c'est la foi au progrès, la foi à
l'avenir, la foi à la liberté et la foi à l'humanité ! *(Nouveaux
applaudissements.)*

Je crois que si l'on prononçait devant tous cette parole d'un
philosophe allemand, à l'époque où l'Allemagne était idéaliste,
cette parole de Kant : « Il y a deux choses sublimes qui
ravissent l'homme, le ciel étoilé au-dessus de nos têtes et le
sentiment du devoir dans nos cœurs ! » le libre penseur le plus
radical parmi nous s'associerait à la pensée du grand philosophe. Il dirait que la vie a son prix, que la vie a son charme,
en dépit des pessimistes d'outre-Rhin, qu'elle a un prix, qu'elle
a un charme par cela seul que l'homme a des devoirs à remplir !
(Bravos.)

Mesdames et Messieurs, en terminant je ne voudrais pas vous
laisser sous une impression absolument optimiste. Je ne crois
pas que tout soit pour le mieux dans notre chère France. Non,

il y a à signaler, dans notre état social, bien des lacunes, comme par exemple la crainte des charges de famille, qui fait que notre population n'augmente pas aussi rapidement que la population allemande. Il faut savoir signaler ces lacunes. Mais enfin, il est certain que, depuis huit années, nous avons fait un grand effort qui a été couronné par un magnifique succès, au moins dans l'ordre économique et financier. Et ce résultat, il ne faut pas oublier que nous le devons en grande partie à notre organisation sociale actuelle. Nous le devons à ce que nous sommes enfin revenus, en France, à l'application loyale des grands principes de 1789, qui ont été si souvent invoqués mais qui ont été aussi souvent méconnus et foulés aux pieds.

Tant que la France sera fidèle à ces principes que nos pères, au prix de leur labeur et de leur sang, ont introduits dans le monde, elle sera forte, elle sera prospère. Si elle les eût abandonnés après ses désastres, sa décadence eût été inévitable et profonde : elle aurait roulé aux abîmes. La France l'a senti, et je suis convaincu que désormais elle ne les abandonnera plus. Elle reconnaît qu'elle est là dans sa véritable voie, que c'est au bout de cette voie que se trouvent la prospérité matérielle, le relèvement moral, le relèvement intellectuel, et tout le reste par-dessus. *(Des applaudissements nombreux et répétés accompagnent les dernières paroles de l'orateur.)*

LE BUDGET DE 1885

M. CLAMAGERAN. — Messieurs, après l'exposé si clair et si complet qui a été fait hier par M. le Ministre des Finances, je n'ai pas à entrer dans de longs développements pour établir quelle est notre situation financière ; je vous demanderai seulement la permission de la préciser, autant qu'il me sera possible, en quelques mots, et de l'apprécier à mon point de vue.

Qu'il y ait quelque chose de défectueux dans cette situation, je crois que personne ne le conteste. On discute, non pas tant sur l'existence que sur l'étendue du mal, sur ses causes et sur les remèdes qu'il comporte.

Mais en quoi consiste, au juste, ce quelque chose de défectueux ? Eh bien ! je crois qu'il résulte des explications qui ont été données que ce quelque chose peut porter sur trois éléments : l'équilibre du budget ordinaire, le budget extraordinaire, ou l'amortissement. Il est évident qu'il y a quelque chose de défectueux dans l'un de ces trois éléments.

Si l'on maintient au budget ordinaire ces dépenses qui sont l'objet de crédits supplémentaires, qui, en définitive, sont supportées par la dette flottante, et montent, je crois, à une centaine de millions pour le Tonkin et Madagascar, et à 40 millions pour la caisse des écoles et celle des chemins vicinaux, il est certain qu'il est menacé d'être en déficit, comme il l'a été l'année dernière. Mais il y a un amortissement qui est au moins équivalent, puisqu'il est d'environ 150 millions, contre un déficit possible de 140 millions.

Si, au contraire, on rejette ces dépenses du budget ordinaire ; si on les considère, comme M. le Ministre des Finances
l'a dit à la dernière séance, comme des dépenses exceptionnelles, il résulte qu'alors le budget extraordinaire se trouve
singulièrement augmenté et qu'au lieu d'être simplement de
200 millions, il arrive au chiffre de 340 ou 350 millions.

Voilà donc les trois points sur lesquels peut porter le quelque chose de défectueux qu'il s'agit de réformer. Je ne nie pas
que sur l'un ou l'autre de ces trois points il n'y ait quelque
chose de défectueux ; mais je soutiens que le défaut ne peut
porter à la fois sur les trois points et qu'on ne doit pas cumuler
les critiques qu'ils provoquent, comme on l'a toujours fait, du
côté de la droite, à la Chambre et ici.

Toute la difficulté porte sur ces 140 millions de crédits supplémentaires qui ont été votés l'année dernière, afin de faire
face aux dépenses exceptionnelles des caisses spéciales et des
expéditions lointaines. Vous ne pouvez pas les transporter d'un
point sur un autre et les additionner ensuite, sinon vous dou-
blez et vous triplez indûment les difficultés et les embarras du
budget. Vous avez ou un amortissement nul, ou un déficit dans
le budget ordinaire, ou enfin un budget extraordinaire excessif,
mais vous ne pouvez pas dire à la fois qu'il n'y a pas d'amortissement, que l'amortissement n'est pas sérieux, que le budget
extraordinaire est excessif, et, en même temps, que le budget
ordinaire n'est pas en équilibre, car si vous laissez au budget
ordinaire les dépenses dont je parlais tout à l'heure, le budget
extraordinaire réduit à 200 millions n'est pas excessif, et, d'un
autre côté, il est clair que notre amortissement est suffisant
pour couvrir le déficit.

Nous avons entendu dire par beaucoup d'orateurs que notre
amortissement n'est pas un véritable amortissement, qu'il ne
doit pas compter parce qu'il ne porte pas sur la dette perpétuelle ; je n'ai pas envie de combattre cette assertion ; elle a
déjà été tant de fois combattue, qu'il ne me paraît pas utile de
la réfuter de nouveau.

Si c'est sur les mots qu'on discute, si on veut appliquer au payement de la dette exigible le mot de remboursement et non pas d'amortissement, pour réserver ce dernier au cas où on diminue la dette perpétuelle, je n'y trouve pas grand inconvénient ; peut-être, au point de vue de la langue financière, il y aurait un intérêt à donner un sens différent à chacun de ces mots ; j'avoue que je n'en vois aucun au fond : dans l'un et l'autre cas, le résultat est le même. Il peut y avoir une différence en ceci, qu'il est souvent préférable de rembourser une dette exigible, plutôt qu'une dette perpétuelle, parce que l'exigibilité d'une dette à jour fixe peut obliger à un remboursement dans des conditions désavantageuses ; mais, l'opération terminée, où est la différence entre le remboursement et l'amortissement proprement dit ? La différence est absolument nulle.

Quand vous avez remboursé les 100 millions de dette perpétuelle, vous avez par cela même libéré un revenu de 4 millions au taux de 4 pour 100 : mais quand vous avez remboursé 100 millions sur la dette flottante, c'est-à-dire 100 millions de bons du Trésor, ou 100 millions d'obligations à court terme, le résultat est le même : vous avez de même libéré un revenu de 4 millions ; par conséquent, confondre cette dépense-là, qui est une dépense éminemment libératrice au point de vue de nos finances, avec une dépense ordinaire, c'est tomber dans une erreur profonde. Il y a là une dépense qui a un caractère particulier : ce caractère, c'est de mettre en liberté un revenu et par conséquent d'enrichir le Trésor.

On peut donc dire que quand vous trouvez dans le budget ordinaire un déficit de 150 millions et qu'en même temps vous avez un amortissement de 150 millions, le déficit est nul, il est couvert par l'amortissement. Vous pouvez dire alors que l'amortissement est nul également : vous pouvez regretter qu'il n'y ait pas d'amortissement, et, selon moi, c'est là le véritable défaut de notre situation financière : l'amortissement est insuffisant et il faudrait tâcher de l'augmenter. Mais entre un amortissement insuffisant et un déficit, la différence est grande ; elle est grande dans le fond, et, surtout, dans les mots. Quand on parle aux populations de déficit, il est certain que ce mot de déficit produit sur elles un tout autre effet que quand on leur explique qu'il y a seulement un amortissement insuffisant, et je comprends comment on se laisse entraîner à employer des mots sonores quand on veut affaiblir le gouvernement qu'on combat. sans toujours se préoccuper de ce fait qu'en affaiblissant le gouvernement qu'on n'aime pas, on affaiblit les finances et le crédit de son pays. (*Très bien! très bien! à gauche.*

Je repousse donc complètement le cumul dont j'ai parlé, et je crois que toute personne qui réfléchira avec impartialité aux divers éléments de la situation, reconnaîtra avec moi que ce cumul n'est pas possible. Il ne reste qu'un élément défectueux, et. selon moi. c'est l'amortissement.

Je ne prétends pas que la situation soit excellente et M. le Ministre des Finances ne l'a pas non plus prétendu ; c'est une situation laborieuse, qui exige beaucoup de vigilance et d'énergie : mais, entre une situation difficile et celle qu'on nous dépeint, situation qui aurait quelque chose de monstrueux. qui ne se serait vue en aucun temps, si ce n'est dans des circonstances tout à fait exceptionnelles, à des époques de grandes calamités ou de grandes guerres, entre cette situation et celle que j'ai essayé de préciser, il y a un véritable abîme.

Si vous voulez vous en rendre compte, il vous suffira de jeter un coup d'œil sur les régimes antérieurs, sur la situation qu'ils ont faite à nos finances. Je ne voudrais pas entrer dans de trop longs détails, — ce serait toute une histoire de nos finances, depuis une soixantaine d'années, qu'il faudrait faire, — et cependant, il est important de relever certains points, parce qu'en parlant de notre situation on ne se borne pas toujours à dire qu'elle est difficile et embarrassée : même dans cette enceinte et surtout en dehors du Parlement, on laisse entendre, quand on ne le dit pas hautement, que cette situation est due au Gouvernement républicain, et on insinue, quelquefois même on déclare très nettement au dehors, que cette situation ne serait pas la même avec un autre gouvernement. On laisse croire que la gestion de nos finances a été bien meilleure sous les autres gouvernements. A la dernière séance, l'honorable M. Chesnelong disait même que si nous avions eu sept années de prospérité, de 1875 à 1881, nous les devions à une réserve de force, à une réserve de richesses qui avaient été accumulées par les gouvernements précédents.

J'ai été heureux, dans un sens, de cette déclaration, parce qu'elle constate un fait qui, du reste, est absolument indéniable : c'est que nous avons eu, en effet, pendant sept années, une prospérité merveilleuse, comme la France n'en a jamais connu. Je crois qu'on pourrait hardiment soutenir que, ni sous l'ancien régime, ni depuis la Révolution, à aucune époque, on n'a eu sept années comparables à celles-là : la situation s'est gâtée depuis, je le reconnais, mais je dis que ces sept années nous ont donné le spectacle d'une prospérité tout à fait exceptionnelle, et je suis heureux de voir qu'on l'a constaté à cette tribune.

Seulement, ce que je n'admets pas, c'est que l'on dise que les causes de cette prospérité, les causes de ces brillantes finances soient dues aux réserves de richesses accumulées par les gouvernements précédents. Si l'on entend dire par là que la République a profité des accumulations de richesses qui se sont faites dans le pays depuis un temps lointain, je dirais presque depuis que la nation existe, c'est un fait incontestable : à moins de crise épouvantable, il n'y a pas de gouvernements, même mauvais, même aux pires époques de l'ancien régime, — pourvu qu'on prenne une période de temps assez longue, — sous lesquels il ne se soit produit une certaine accumulation de richesses. Sans cela l'humanité n'avancerait pas.

Cette accumulation de richesses se fait quelquefois avec l'aide des gouvernements, souvent contre eux et le plus souvent sans qu'ils y aient eu la part d'influence qu'on leur attribue. Je me rappelle, à ce propos, les paroles que Voltaire prononçait en 1761, à une époque de grand désordre dans nos finances :

« Heureusement, disait-il, le pays se rétablit quand même, parce que l'ingéniosité, l'industrie de la nation répare les balourdises — je vous demande pardon du mot, mais c'est celui dont il s'est servi — les balourdises des Ministères ! » *Très bien ! et rires ironiques à droite.*

Eh bien ! ceci a existé sous tous les régimes.

M. CHESNELONG. — Heureusement !

M. CLAMAGERAN. — Il y a donc une accumulation de richesses qui se fait naturellement, qui ne cesse qu'à quelques époques heureusement très rares et très restreintes de grandes catastrophes et de grandes souffrances. Nous avons eu de ces époques autrefois ; nous en avons eu aussi, hélas ! à des époques qui ne sont pas bien éloignées. Mais si M. Chesnelong a voulu dire par là que cette réserve de richesses était due au bon ménagement des finances qui avait été fait par les Gouvernements antérieurs, ceci, je le conteste complètement.

Il suffit de prendre, pour prouver le contraire, les règles qu'il a posées lui-même à la séance d'hier, et de voir si ces règles ont été appliquées et comment elles l'ont été par les gouvernements auxquels il a fait allusion, et je serais grandement étonné qu'on trouvât qu'à aucune époque, depuis la Restauration, elles aient été appliquées comme l'honorable M. Chesnelong le désire. Il est très facile de poser, en matière de finances comme en toute autre matière, des règles idéales et parfaitement rationnelles. J'admets, pour mon compte, sauf quelques réserves sur certains points, les règles posées par M. Chesnelong ; seulement, en matière de finances, comme et plus peut-être qu'en toute autre matière, la réalité est loin de l'idéal ; et, quand on veut juger les choses humainement, il faut se reporter aux faits et voir dans quelle mesure les différents gouvernements qui ont poursuivi plus ou moins cet idéal, l'ont, en effet, réalisé.

Permettez-moi, messieurs, de passer en revue quelques-uns des grands reproches qu'on a faits à notre gestion financière depuis un certain nombre d'années, et de vous montrer comment ces mêmes reproches, on pourrait les adresser, et avec beaucoup plus de force, aux gouvernements antérieurs, aux régimes qui nous ont précédés.

Je prends d'abord l'exemple tiré des plus-values. L'une des règles posées par M. Chesnelong a rapport, en effet, aux évaluations de recettes.

Sur ce point, je suis d'accord avec lui : les majorations qui ont été faites ont été une chose mauvaise : à peine ont-elles été faites, du reste, qu'on s'en est repenti : on s'est appliqué à les faire disparaître, et en fait on peut dire qu'elles ont disparu. On peut discuter sur quelque point spécial, mais en somme, d'une manière générale, on peut dire qu'on y a presque complètement renoncé, et je m'en applaudis.

C'est sous la Restauration qu'on a établi cette règle qui consiste à prendre comme base des évaluations budgétaires les produits de la pénultième année. Malgré cela, il y a eu des moins-values, même sous la Restauration ; en relevant les chiffres de l'enregistrement et des contributions indirectes et en se reportant aux produits de l'avant-dernière année, on voit qu'il y a eu des moins-values qui quelquefois ont été de 12, 14 et jusqu'à 15 pour 100, notamment pour l'enregistrement. Vous voyez donc qu'il n'y a pas eu là une si grande supériorité sur nous. Il est certain que si on avait pris la règle contraire, les finances de ces gouvernements auraient été infiniment plus bouleversées que les nôtres, car nous n'avons jamais eu, en comparant les produits d'une année avec ceux de l'année précédente, des différences comparables à celles que je signale.

Sous la Restauration, il y a eu des moins-values de 22 millions, ce qui représenterait aujourd'hui plus de 100 millions.

Sous l'Empire, en 1864, la moins-value a été de 57 millions, c'est-à-dire de 5 pour 100.

M. BUFFET. — Qu'est-ce que cela prouve ?

M. CLAMAGERAN. — Ce que cela prouve ? C'est qu'il y a eu des évaluations inexactes, aboutissant à des mécomptes, même avec la règle de la pénultième année, et cela sous tous les régimes.

Je passe à un autre reproche, c'est l'emploi que nous avons fait des excédents de recettes.

Nos excédents de recettes ont excité d'abord de très grandes jalousies ; on nous les enviait parce que les gouvernements antérieurs avaient été moins favorisés sous ce rapport. Nous en avons eu pour une somme de 658 millions, recette que l'on ne peut nier, qui est constatée par la direction de la comptabilité — je parle des excédents bruts, bien entendu. — Je serais disposé à en déduire une somme de 22 millions qui provient du compte de liquidation, mais après cette déduction, il reste 636 millions d'excédent brut. Un pareil chiffre d'excédent ne s'est pas souvent rencontré dans notre histoire financière.

Ne pouvant nier l'existence de ces excédents, on nous a reproché l'emploi que nous en avons fait.

On a dit qu'ils auraient dû profiter à la dette flottante et servir à son atténuation.

Je ferai tout d'abord remarquer qu'il y a une partie de ces excédents qu'on ne rappelle jamais et qui a reçu en effet cet emploi : une somme de 58 millions a été appliquée à couvrir les découverts des budgets antérieurs... *C'est vrai ! très bien ! à gauche* ... non pas nos découverts à nous, mais ceux des budgets des régimes antérieurs. Je tenais à rappeler, en passant, cette somme de 58 millions dont on parle peu et qui mérite cependant de ne pas être oubliée, d'autant plus que cette application de recettes aux découverts des budgets antérieurs est fort rare dans notre histoire financière.

Elle est tellement rare que, depuis 1815, je ne connais que deux exemples que l'on en puisse citer.

Sous la Restauration, que l'on célèbre si souvent pour l'excellence de ses finances, on a reporté les excédents de recettes d'un exercice à l'exercice suivant.

Sous le gouvernement de Juillet, il en a été de même. Il faut arriver à l'année 1865 pour trouver un excédent de recettes, formant avec un second excédent en 1868 une somme de 28 millions, qui ait été employé à atténuer la dette flottante.

Voilà toutes les atténuations des découverts des budgets antérieurs qui ont été faites jusqu'à notre époque : c'est une somme
de 28 millions provenant des exercices 1865 et 1868.

A cette somme de 28 millions, nous pouvons en opposer
une de 58 millions. Je ne vois donc pas où serait, sur ce point,
la supériorité des régimes antérieurs. Si c'est une règle si essentielle pour la bonne gestion des finances que de se servir toujours des excédents pour atténuer la dette flottante et pour
diminuer les découverts du Trésor, — règle que je trouve fort
bonne, — on peut déplorer que cette règle ait été si peu appliquée, mais le gouvernement de la République est peut-être
celui qui l'a le moins négligée. *C'est vrai ! très bien ! à*
gauche.)

J'arrive maintenant à l'examen d'un élément de notre situation financière qui est de la plus haute importance. Je veux
parler des dépenses sur ressources extraordinaires. On nous les
a énormément reprochées, surtout depuis 1878, parce que c'est
à partir de cette époque que le parti républicain a été définiti-
vement maître des affaires, que la France a décidément fait
triompher la cause républicaine au Parlement, à la Chambre
des députés, puis plus tard au Sénat, et qu'enfin le Président
de la République lui-même a été républicain.

Depuis 1878, les dépenses sur ressources extraordinaires ont
été considérables, je le reconnais, et, selon moi, trop considérables.

Je crois qu'il est nécessaire, qu'il est bon — et nous sommes tous d'accord sur ce point — de les restreindre plus qu'on
ne l'a fait, mais il ne faut pas cependant croire qu'elles
soient si disproportionnées avec ce qui s'est fait à d'autres
époques.

J'ai fait, messieurs, un calcul simple que chacun de vous
peut vérifier en prenant les projets de lois réglant nos budgets
et les documents que nous a distribués le Ministère des Finances
pour les dernières années.

J'ai relevé dans ce calcul toutes les dépenses qui ont été faites sur ressources extraordinaires depuis 1878, non seulement celles qui sont inscrites au budget extraordinaire, mais celles inscrites aussi au budget ordinaire, et faites sur ressources exceptionnelles. J'y ai joint même les déficits, considérant qu'ils sont, en somme, de véritables dépenses faites sur ressources extraordinaires, puisqu'ils finissent toujours par tomber sur la dette flottante : je suis arrivé au chiffre rond de 27 milliards 300 millions pour l'ensemble des dépenses. Pour les dépenses extraordinaires, je suis arrivé au chiffre de 3 milliards 875 millions ; ce chiffre est déjà assez important.

M. BUFFET. — Oui, le chiffre est trop rond !

M. CLAMAGERAN. — C'est sur l'ensemble. Le premier chiffre que j'avais donné pour les dépenses extraordinaires était erroné, mais il est quelquefois permis de se tromper ,Oui ! oui ! à droite.)

Le premier chiffre était un chiffre d'ensemble. J'ai donc trouvé un ensemble de dépenses, en prenant les dépenses ordinaires et les dépenses extraordinaires, de 27 300 millions, et je trouve un chiffre de 3 875 millions pour les dépenses sur ressources extraordinaires. C'est là une proportion trop forte, selon moi, car elle est de 14 pour 100. Je reconnais qu'il vaudrait mieux qu'elle ne fût que de 10 pour 100 par exemple, ce serait assurément raisonnable.

Mais, faites le même calcul pour les régimes antérieurs, non en prenant quelques années isolées, mais une série d'années.

On semble croire que nous nous efforçons de choisir de certaines années de préférence à d'autres.

Eh bien ! ne prenons pas des années choisies exprès : prenons, par exemple, toutes les années de l'Empire. Faites le même calcul et vous verrez que vous arrivez au même chiffre de 14 pour 100. Si, sous ce rapport, nous ne sommes pas supérieurs, nous ne sommes pas non plus inférieurs. (Très bien ! à gauche.)

Remarquez qu'en face de la période impériale tout entière

je place les années de la République qui sont précisément celles
où le budget extraordinaire a été le plus développé, ce qui naturellement n'est pas avantageux à la thèse que je soutiens en ce
moment.

Malgré cela, la proportion est la même : 14 pour 100.

Et, maintenant, si nous remontons à la monarchie de Juillet,
nous trouvons huit années, — la même période de temps que
celle dont nous nous occupons, — nous trouvons, dis-je, huit
années, de 1840 à 1847, — je ne compte pas l'année 1848,
parce qu'il n'y aurait à tenir compte que d'un ou deux mois,
laissons donc 1848 de côté, — huit années pendant lesquelles
tous les budgets ont été en déficit, excepté un, et les dépenses
sur ressources extraordinaires représentent dans l'ensemble des
dépenses 17 pour 100.

Pour le budget de 1847, — j'ai pris le relevé dans la loi du
8 mars 1850, — le montant des dépenses sur ressources extraordinaires est de 286 millions.

Vous savez quelle était l'importance du budget, à cette époque, 1 400 ou 1 500 millions.

M. Buffet. — La proportion était moins forte. Vous faites
la réponse vous-même.

M. Clamageran. — Pardon ! La proportion est infiniment
plus forte[1].

Je ne comprends pas le sens de l'interruption de l'honorable
M. Buffet ; dans ces questions, il faut prendre des chiffres
proportionnels, car des chiffres absolus ne se prêtent pas à une
appréciation sérieuse. *Marques d'approbation à gauche.*

Si on s'en tenait aux chiffres absolus, on arriverait souvent à
des comparaisons ridicules, par exemple on opposerait au
chiffre de nos quatre contributions directes les 1 200 000 livres

---

1. La proportion des dépenses sur ressources extraordinaires est bien de 17 pour 100
et même de 17,80 pour 100 (286 millions sur 1 605) dans l'année 1847 ; mais, pour
les autres années, une erreur s'est glissée dans nos calculs : la proportion est de 15,50
pour 100 en 1840 et de 14,10 en 1841 ; de 1842 à 1846, elle est inférieure. La
moyenne générale est de 13,43 pour 100. En réalité, la proportion dans cette période,
dans la période impériale, et dans les années 1878 à 1885 est sensiblement la même.

J. J. C.

qui étaient le montant de la taille sous Charles VII. *(Très bien!
très bien! à gauche.)*

M. BUFFET. — C'est le chiffre absolu qui est important.

M. CLAMAGERAN. — Vous me répondrez, monsieur Buffet.
Pour moi, il n'y a aucune espèce de comparaison possible si on
prend les chiffres absolus.

Il faut les prendre comme base, mais l'appréciation ne peut
porter que sur des chiffres proportionnels. *(Nouvelles marques
d'approbation à gauche.)*

Nous sommes donc, non pas inférieurs, mais supérieurs à la
monarchie de Juillet qui, pendant ces huit années, a atteint la
proportion de 17 pour 100 pour les dépenses sur ressources
extraordinaires, tandis que nous sommes arrivés à 14 pour 100
seulement.

Sous la Restauration la situation est différente : vous trouvez
des chiffres extrêmement minimes, 2 1/2 pour 100. Mais pourquoi? C'est tout naturel, c'est que la Restauration ne fit presque pas de travaux publics. *(C'est cela! très bien! à gauche.)*

Il y avait 30 à 35 millions pour les travaux publics qui
comprenaient presque uniquement des travaux d'entretien.

Voulez-vous la preuve de l'état dans lequel la Restauration
avait, sous ce rapport, laissé la France? Vous la trouvez dans
les lois qui règlent les budgets de la monarchie de Juillet. Non
seulement la construction de routes nouvelles, les lacunes des
routes anciennes et les rectifications des routes, dépenses qu'on
nous a tant reproché il y a quelques années, d'avoir mises au
budget extraordinaire, figuraient alors dans les dépenses sur
ressources extraordinaires ; mais on y rencontre même des crédits pour frais d'entretien, tant la Restauration avait laissé la
France dans un état misérable au point de vue des travaux
publics les plus nécessaires.

Elle ne fit pas davantage, vous le savez bien, pour l'instruction publique *(Approbation à gauche)*, ou plutôt elle fit encore
moins : en 1830, la somme inscrite de ce chef au budget ne
dépassait pas 3 700 000 francs.

Il est clair que quand un gouvernement ne fait rien, ou presque rien pour l'instruction ni pour les travaux publics, il peut alors amortir beaucoup et ne pas avoir beaucoup de dépenses sur ressources extraordinaires. *Nouvelles marques d'approbation à gauche.*

Mais alors, s'il ne manque pas à toutes les règles posées par l'honorable M. Chesnelong, il manque au moins à l'une d'elles, qui consiste à ne pas laisser en souffrance les services publics.

Or, il me semble que ces deux services des travaux publics et de l'instruction publique sont bien des services publics dans toute la force du mot. *Très bien ! très bien ! à gauche.*

Si on néglige ces services, il est évident qu'on peut avoir une grande supériorité, au point de vue financier, sur d'autres points. *Nouvelles marques d'approbation sur les mêmes bancs.*

Les services rendus par la Restauration, sous ce double rapport, ont été extrêmement minimes.

En sens inverse, l'amortissement a été considérable. Je reconnais même qu'il a été très considérable, quelque chose comme 65 millions par an : c'est une proportion énorme ; ce n'est pas autant qu'aujourd'hui, si on prend des chiffres absolus.

Si j'acceptais la méthode que paraissait approuver tout à l'heure l'honorable M. Buffet, la comparaison nous serait avantageuse, mais il faut tenir compte de l'importance du budget et de celle de la dette.

M. Buffet. — Il faut tenir compte de la dette.

M. Clamageran. — Pardon ! je reconnais que ces 60 ou 65 millions représentent un amortissement très élevé. C'est quelque chose comme 11 à 12 pour 1 000 de la dette capitalisée à 4 pour 100. Nous avons aujourd'hui une proportion de 5 à 6 pour 1 000. La différence est grande, pas assez cependant pour que notre amortissement soit à dédaigner. L'amortissement sous la Restauration est le plus élevé qui ait été fait en France par aucun gouvernement, mais il a été acheté au prix de sacrifices cruels, car pour y satisfaire il a fallu négliger les services les plus importants. *Très bien ! à gauche.*

Je n'ai plus qu'un mot à ajouter pour achever la comparaison de notre situation avec celle des régimes antérieurs.

Nous avons eu, dans les dernières années, depuis 1882, des déficits assez notables. Je laisse à M. le ministre des Finances le soin d'en préciser les chiffres, parce qu'à cause des annulations probables qui ne sont pas encore officiellement déterminées, le montant n'en est pas fixé d'une manière définitive.

Mais, enfin, il est certain que nous avons eu trois années de déficit. Il y en a eu bien davantage sous les autres régimes. Sous l'Empire, ils se montent à 776 millions contre 506 millions d'excédents obtenus jusqu'à concurrence de 394 millions sur un reliquat d'emprunt.

Nous sommes loin de pareils chiffres, quoique, je le reconnais, le déficit de nos trois dernières années représente une somme qui ne sera pas, sans doute, inférieure à 250 millions.

Sous la monarchie de Juillet, qu'on cite souvent comme exemple d'un bon gouvernement au point de vue financier, à partir de 1840 tous les budgets ont été en déficit, excepté un, celui de 1845, qui a eu, je crois, un petit excédent de 5 ou 6 millions.

Le total de ces déficits, depuis 1840, est de 897 millions dont 456 sur le service ordinaire et le reste sur le service extraordinaire, car il n'y avait alors que le nom du budget extraordinaire de supprimé et ce que l'on appelait le service extraordinaire était alimenté par des ressources extraordinaires.

Si on tient compte de certaines atténuations, le chiffre du déficit sous la monarchie de Juillet, tel qu'il nous a été donné par la direction de la comptabilité publique, dans le compte général de l'administration des finances pour 1876, est de 354 millions.

Ainsi, à quelque point de vue qu'on se place, je ne vois pas que les règles dont on nous a parlé, très bonnes en théorie, qu'il faut s'efforcer autant que possible de réaliser, aient été appliquées mieux que nous ne l'avons fait, sous les gouvernements antérieurs. *Approbation à gauche.*

Je ne vois pas, dès lors, comment la gestion financière de ces régimes aurait pu accroître dans des proportions si grandes la richesse publique, que nous ayons dû notre prospérité de 1875 à 1881 uniquement à cette sage gestion, qui aboutit, comme je crois l'avoir montré, à de bien gros déficits, qui a donné lieu à d'énormes dépenses sur ressources extraordinaires et qui accuse un emploi des excédents des budgets antérieurs absolument abusif, d'après les principes posés par l'honorable M. Chesnelong.

Je conclus en disant, non pas qu'on doit considérer notre situation comme excellente, par suite de ces diverses comparaisons ; je la considère comme embarrassée, défectueuse et j'ai essayé de prouver sur quels points portait la défectuosité ; mais autre chose est de dire qu'une situation est défectueuse, autre chose est de dire qu'une situation est anormale, monstrueuse, n'ayant pas d'antécédents dans le passé ; parce qu'alors non seulement on prétend donner un argument financier, mais on transforme l'argument financier en un argument politique. *Très bien ! très bien ! à gauche.*

Je n'aurais pas donné tous ces détails, quoique personnellement j'aie éprouvé un très grand plaisir à faire cette étude, et j'aurais voulu épargner tous ces chiffres au Sénat, si la question se discutait uniquement entre financiers, au point de vue financier. Mais la politique s'en mêle : on use et on abuse des difficultés présentes : on use et on abuse des embarras momentanés que nous éprouvons et sous prétexte d'atténuer la crise, d'indiquer des remèdes, on envenime cette crise, on la rend beaucoup plus grave et beaucoup plus cruelle. *Vives marques d'approbation sur les mêmes bancs.*

M. Chesnelong. — C'est votre optimisme qui l'a créée.

M. Clamageran. — Sans tomber dans un optimisme aveugle, il faut dire les choses telles qu'elles sont, d'après la situation

réelle, non pas au point de vue idéal, — l'idéal n'est réalisé
nulle part, dans aucun pays — mais au point de vue humain,
c'est-à-dire en tenant compte des difficultés que les gouvernements, quels qu'ils soient, rencontrent sur leur passage dans le
développement des intérêts qu'ils sont chargés de régler. *Très
bien ! très bien ! à gauche.*

Si nous voulions, après cette revue des régimes antérieurs,
que j'aurais voulu rendre plus courte, jeter un coup d'œil, non
plus sur le passé, mais sur le présent, autour de nous, dans les
autres États, je crois que nous aurions la preuve qu'à ce point
de vue, il y a bien peu de nations qui nous soient supérieures.
Interruptions à droite.

Je demande pardon à l'honorable M. Buffet de le faire bondir...
Rires à gauche.

M. Buffet. — L'Angleterre par exemple.

M. Clamageran. — Il n'y a que deux nations parmi les grandes
puissances qui nous soient supérieures. J'en parlerai tout à
l'heure ; je reconnais qu'elles nous sont supérieures, mais je
prétends que partout ailleurs il en est tout autrement. En Allemagne, en Russie, en Belgique, en Hollande, en Espagne, en
Italie, il n'est question que de moins-values, de déficits et de
projets d'impôts.

Partout ou presque partout on est préoccupé d'établir de
nouveaux impôts. En Russie, on a parlé tout dernièrement
d'établir un impôt sur le thé et sur les harengs, c'est-à-dire
sur des objets de consommation essentiellement populaires.

En Allemagne, je ne veux citer qu'un fait : M. de Moltke a présenté un projet de loi pour l'établissement d'une école de sous-
officiers. Malgré son insistance, M. de Moltke lui-même n'a pu
triompher ; le Reichstag a repoussé le projet en invoquant quoi ?
En disant qu'il était trop dispendieux, et vu l'état des finances.
La situation des finances est donc mauvaise, même de ce côté-là,
même chez nos vainqueurs, chez ceux qui ont profité, mal profité
d'ailleurs, à mon avis, des 5 milliards que nous leur avons livrés.

Et sans m'arrêter à ces pays, où la preuve serait trop facile à faire, je prends, à côté de nous, deux petits pays, petits par leur territoire, mais importants par leur population et surtout par le développement de leur richesse : la Belgique et la Hollande. Ces peuples-là n'ont jamais été considérés comme téméraires en fait de finances. Les Hollandais et les Belges passent, au contraire, pour des hommes de sens rassis, qui entendent bien les les finances. Je crois même que quelques-uns des bons principes que nous avons, en matière de finances, nous viennent de la Hollande. Et pourtant, considérez ce qui s'y passe : pour la Hollande, vous verrez que, depuis cinq ou six ans, elle a un déficit de 30 millions par an. Et si vous prenez la proportion — je persiste à croire qu'on ne peut apprécier ces choses qu'en établissant des proportions — vous verrez qu'avec un budget douze fois moins fort que le nôtre son déficit est relativement plus considérable. Sur ces 30 millions, il y en a une quinzaine qui s'appliquent au budget ordinaire. Eh bien ! en multipliant par 12, vous arrivez au chiffre de 170 millions, et ce déficit est permanent depuis six années.

En Belgique, vous avez tous lu dans les journaux ce qui s'est passé. On s'est trouvé en face d'un déficit de 25 millions, qui équivaudrait à 250 millions chez nous, et qu'on a peine à combler avec les réserves de l'amortissement d'une part, et de nouveaux impôts de l'autre.

Je crois donc que la situation de ces pays n'est pas meilleure que la nôtre.

Si ensuite nous comparons ce qu'ils ont fait au point de vue des dépenses sur ressources extraordinaires pour les grands travaux. qu'on nous reproche tant, avec ce que nous avons fait nous-mêmes, la comparaison ne sera nullement en leur faveur.

M. le ministre des Travaux publics a publié, il y a quelques années, une statistique très curieuse des dépenses sur ressources extraordinaires faites pour les travaux publics en Belgique : dans les cinq dernières années de la série qu'il donne et qui s'arrête, je crois, à 1883, la moyenne est de 86 millions par an,

ce qui équivaudrait pour nous, ayant un budget de 3 milliards
contre un budget de 300 millions, à quelque chose comme
860 millions. Or, notre budget extraordinaire n'a atteint
765 millions qu'une seule année ; avec les accessoires, il s'est
élevé à 800 millions.

M. LE MINISTRE DES FINANCES. — Y compris la guerre.

M. CLAMAGERAN. — Nous n'en sommes pas encore à 860 millions.

Il y a même eu une année, je veux parler de 1873 ou 1874,
où le chiffre, — je l'ai dans mon dossier, et je l'ai très présent
à l'esprit parce qu'il m'a beaucoup frappé et qu'il est très
remarquable, — où le chiffre, dis-je, était de 134 millions. Si
vous le multipliez par 10, cela fait 1 340 millions. — Voilà
quelle serait la proportion pour la France.

Je ne vois donc pas que nous ayons beaucoup à envier à nos
voisins, si honorables qu'ils soient et quelque témoignage que
nous puissions rendre à leur réputation de sagesse et de prudence ordinaires, je ne vois pas, dis-je, que nous ayons beaucoup à leur envier leur situation actuelle. Ah ! il reste deux
pays, c'est certain, qui nous sont, à l'heure qu'il est, supérieurs
en matière financière. Je ne trouve pas, à vrai dire, que ce soit
une bien grande infériorité — c'est d'ailleurs une infériorité
financière toute momentanée — d'être inférieurs à deux grands
pays comme les États-Unis d'Amérique et l'Angleterre. Je
voudrais, cependant, faire à ce sujet quelques remarques et
quelques réserves, parce que l'on va peut-être un peu trop loin
dans l'admiration qu'on professe pour ces deux pays, constitués de telle façon que ce qu'ils ont de défectueux dans leurs
finances passe inaperçu, parce qu'ils sont extrêmement décen-
tralisés. Beaucoup des dépenses qui, chez nous, incombent au
pouvoir central, sont faites chez les peuples anglo-saxons non
pas par l'État, mais par les gouvernements locaux... *Très bien !
à gauche*, et cette décentralisation nous masque bien des défectuosités. *Nouvelles marques d'approbation sur les mêmes
bancs.)*

Ainsi, je prends un exemple, celui de l'Angleterre, et je vous en donnerai un autre tout à l'heure, celui des États-Unis d'Amérique. Pour l'Angleterre, on a inséré dans un numéro du *Journal officiel* qui a été publié il y a quelques années, un travail fort bien fait et très curieux sur ce qu'on appelle le *Local Government board*, c'est-à-dire sur le Ministère qui remplit à peu près le même rôle que le ministère de l'Intérieur chez nous. C'est lui qui s'occupe des dépenses et des recettes des pouvoirs locaux.

Eh bien, j'extrais de ce document, qui est très bien fait, je le répète, et qui mérite, je crois, la plus grande confiance, le renseignement suivant : pour les années comprises de 1877 à 1880, les dépenses annuelles de ces gouvernements locaux, qui comprennent ce que nous appellerions ici les départements et les communes, c'est-à-dire les comtés et les villes, se montent de 54 à 56 millions de livres sterling. Ce n'est pas une petite somme, messieurs, que 56 millions de livres sterling ! C'est quelque chose comme 1 400 à 1 500 millions de francs.

Voilà quelle est la dépense de ces gouvernements locaux. Elle augmente singulièrement, vous le voyez, le total du budget et le véritable chiffre des charges publiques en Angleterre[1].

Si vous faites le même calcul pour nous, vous verrez que nous avons aussi des charges locales considérables, beaucoup trop considérables ; on s'en plaint et l'on n'a pas tort. Les peuples se trouvent toujours beaucoup trop imposés : s'ils pouvaient ne pas l'être du tout, cela vaudrait évidemment mieux : mais enfin nos charges locales, quelque lourdes qu'elles soient, sont bien inférieures à celles de l'Angleterre : en faisant le calcul, vous n'arriverez jamais à ce chiffre de 1 500 millions : vous en serez encore bien loin, même en prenant nos charges locales dans leur intégralité.

1. La principale ressource de ces budgets locaux est une taxe sur la propriété foncière qui s'élève en moyenne à 32 millions de livres sterling, soit plus de 800 millions de francs.   J. J. C.

Et là-dessus, combien y a-t-il de dépenses sur fonds d'emprunt? Voilà ce qu'il y a de curieux et ce que, je l'avoue, j'ignorais avant d'avoir lu ce document : c'est qu'il y a là-dessus 14 1/2 à 18 1/2 millions de livres sterling, c'est-à-dire pas bien loin de 500 millions. Par conséquent, les Anglais exécutent aussi leurs travaux publics sur fonds d'emprunt : et encore à ces dépenses qui concernent la police, l'hygiène, l'assistance, il faudrait joindre les dépenses faites pour les ports, par les Chambres de commerce : je n'ai pas le total complet, je n'ai que celui fourni par les autorités locales.

Or, 500 millions, c'est là une grosse somme, et cela ressemble beaucoup à notre budget extraordinaire. Les travaux publics ne sont pas à la charge de l'État; mais ils sont exécutés sur fonds d'emprunt et ils le sont par les autorités locales qui sont peut-être moins surveillées, moins contrôlées que le gouvernement central. Ce système a des avantages : il a aussi de grands inconvénients. Quoi qu'il en soit, ce qu'il importe de signaler, c'est que toutes les dépenses publiques sont loin d'être payées sur les ressources ordinaires, et qu'en réalité on en paye une quantité considérable sur fonds d'emprunt.

Voilà la première réserve que je voulais faire sur l'Angleterre.

En voici une seconde qui me paraît d'une certaine importance : c'est que l'Angleterre, de même qu'elle possède une constitution spéciale au point de vue des affaires locales, possède aussi, au point de vue financier, un organisme particulier auquel elle doit, à mon avis, en grande partie sa supériorité financière. Je crois que ce n'est pas seulement à la sagesse de ses hommes d'État, à la sagesse, à la prudence, à l'habileté des chanceliers de l'Échiquier, mais aussi à un certain organisme financier qu'elle doit sa supériorité. Cet organisme très puissant, nous ne le possédons pas : c'est l'impôt sur le revenu ou l'*income-tax*.

L'*income-tax* a un avantage énorme : comme c'est un impôt qui ne frappe les revenus qu'au-dessus d'un certain chiffre,

lequel est aujourd'hui de 3 000 et quelques centaines de francs,
quand le Gouvernement veut entreprendre quelque affaire
extraordinaire, quelque expédition lointaine — je ne parle pas
d'une grande guerre européenne, mais d'une expédition qui
demande certains capitaux, comme l'expédition d'Égypte à
présent, ou comme l'expédition de l'Afghanistan autrefois, —
il élève de quelques pence l'impôt sur le revenu qui est actuellement de 2 1/2 pour 100, qui a été souvent entre 1 pour 100
et 1 1/2 pour 100. Personne ne murmure et le Gouvernement
anglais se procure ainsi très facilement les sommes dont il a
besoin.

Chaque penny représente un peu moins de 1/2 pour 100 et
produit une somme de 50 millions. Au taux d'un peu moins de
1 pour 100, l'impôt donne 100 millions. J'avoue que j'envie
cet avantage à l'Angleterre : que je serais heureux que mon
pays possédât un organisme aussi puissant.

Je me rappelle à ce propos un mot que prononçait
M. Gladstone, il y a quelques années, en Angleterre. Parlant
de cet impôt sur le revenu qui, tout d'abord, avait excité ses
répugnances, mais auquel il avait fini par s'habituer, lorsqu'il
en avait compris les avantages, il le comparait à un géant qui
aurait couvert l'Angleterre de son bouclier pendant la guerre et
qui, après la guerre, venait encore aider le pays à accomplir les
travaux de la paix, à réaliser des réformes utiles, indispensables,
pour l'enrichir et pour renouveler ses forces.

Voilà comment M. Gladstone appréciait cette institution de
l'impôt sur le revenu.

Et maintenant, on peut se demander si cet impôt est resté
stationnaire dans ces derniers temps ou s'il a été augmenté. Il
a été augmenté, et il l'a été dans une proportion considérable.
On parle beaucoup de l'augmentation des charges publiques,
en France : elles sont, à coup sûr, très sensibles, mais, si l'on
poussait plus loin l'examen, je ne sais si l'on ne trouverait pas
qu'elles le sont au moins autant dans d'autres pays.

La moyenne du montant des années 1873 à 1878 était de

129 millions par an ; — je traduis en francs la valeur des livres
sterling ; — 129 millions par an, c'était un impôt très modéré :
cela représente environ 1 pour 100 par an. Mais si nous prenons les cinq années qui terminent cette dernière période, c'est-
à-dire de 1878 à 1883, nous trouvons pour ces dernières années
290 millions. L'augmentation, vous le voyez, est assez notable :
elle est de beaucoup plus de moitié. C'est une augmentation
énorme : de 1 pour 100 on est passé à 2 1/2 pour 100.

Aujourd'hui l'impôt donne environ 300 millions, c'est-à-dire
bien près de 12 millions de livres sterling. Il y a deux ou trois
ans, il donnait 340 millions. Il faut bien se mettre en face de
toutes ces charges qui pèsent sur les pays voisins. Ceux dont
les finances sont les meilleures le doivent à des institutions que
nous aurions peut-être de la peine à supporter, que nous trou-
verions très pénibles, très lourdes et très onéreuses. Ils accep-
tent, eux, cette situation : ils ont, à certains égards, ce que
j'appellerais une capacité, une virilité contributive plus grande
que la nôtre. *Très bien ! très bien ! à gauche.*

Permettez-moi, messieurs, en terminant sur ce point, de dire
quelques mots des États-Unis dont on nous parle constamment.
Les États-Unis ont un grand avantage sur nous. Ils ont amorti
leur dette dans de très vastes proportions. Ils avaient contracté
une dette énorme pendant les guerres civiles : ils l'ont amortie
très rapidement. Beaucoup de personnes trouvent même qu'ils
ont été trop vite dans ces remboursements ; ils ont dû, pour
cela, établir des impôts excessifs qui, nécessairement, ont sus-
cité beaucoup de fraudes et peut-être ont démoralisé certaines
parties du pays.

Mais je ferai la même remarque pour les États-Unis que pour
l'Angleterre : le pays est extrêmement décentralisé, et si l'État
fédéral a des finances très prospères, il n'en est pas de même
des États particuliers. Je puis vous en donner un exemple qui,
je crois, est extrêmement topique.

Il n'y a pas longtemps, je lisais dans un journal américain
de la Louisiane, le *New-Orleans-Bee*, des détails sur les taxes

des États du Sud, sur les taxes particulières de ces États. Ce sont des taxes qui sont établies sur le capital. Il n'existe pas, comme on l'a dit, d'impôt foncier dans ces pays, mais il existe un impôt sur le capital : cet impôt atteint dans des proportions très fortes toutes les propriétés immobilières : les terres, les bestiaux, les instruments agricoles, les constructions, et, bien entendu, les maisons ainsi que les valeurs mobilières. Dans ce journal, on faisait le relevé de toutes les taxes des États du Sud, qui vont de 2 jusqu'à 7 pour 1 000.

Je ferai remarquer qu'un impôt de 7 pour 1 000 sur le capital est déjà un chiffre assez élevé : encore ne comprend-il pas le relevé des villes et des comtés, mais seulement celui des États.

Le journaliste faisait la réflexion suivante à propos de l'impôt de 7 pour 1 000 qui représente le maximum et qu'on trouve dans l'État de l'Arkansas : « Il faut reconnaître, disait-il, que c'est l'État qui possède sur le capital la taxe la plus élevée, mais que c'est aussi l'État qui s'est acquitté le plus largement de sa dette publique, » d'où il résulterait que beaucoup d'autres États ne se sont pas acquittés aussi largement de leurs dettes publiques et qu'elles sont, en effet, très lourdes dans ces pays : ce ne sont pas des dettes inscrites dans le budget fédéral, mais des dettes des États particuliers. On en a, du reste, le chiffre, qui a été donné récemment dans le *census* de 1880, et qui probablement n'a fait qu'augmenter, car, dans ce pays comme dans la vieille Europe, les dettes et les impôts augmentent toujours. Or, ce chiffre était de 6 milliards qu'il faut ajouter à la dette fédérale pour établir une comparaison exacte avec la nôtre. Quant aux dépenses de ces gouvernements locaux, je n'ai qu'un chiffre qui remonte assez loin, à 1874 : on peut, je crois, l'augmenter sans crainte de quelques centaines de millions.

Ce chiffre a été donné par un consul anglais qui a fait un travail très important sur ce point. Or, le chiffre des dépenses et des recettes des États et des pouvoirs locaux, c'est-à-dire des comtés et des villes, approchait de 2 milliards de francs. S'il était de 2 milliards en 1874, il est à croire qu'il n'a fait

d'augmenter et qu'il ne s'éloigne pas beaucoup aujourd'hui
e 2 milliards et demi. Si vous ajoutez cette somme aux
milliards de recettes normales tirées de l'impôt que les États-
nis inscrivent à leur budget fédéral, vous arrivez à 4 milliards,
omme assurément supérieure à l'ensemble des charges publi-
ues en France. Il y a, en tenant compte de la différence entre
s chiffres de la population des deux pays, une certaine supé-
orité en faveur des États-Unis ; mais cette supériorité, il
ut le reconnaître, n'est pas aussi absolue qu'on semble l'ad-
ettre généralement ; elle n'existe que pour certaines régions
ou surchargées. Il y a, en effet, les pays neufs, où les taxes
ont faibles : mais dans l'État de Massachussets, par exemple,
n estime que la taxe par tête s'élève à 150 francs.

En France, le chiffre de toutes nos charges publiques, évalué
ar tête, est sensiblement inférieur.

Vous voyez, messieurs, que, même pour ces deux pays qui
ont, je crois, les seuls, parmi les États ayant un grand déve-
oppement et pouvant être rangés au nombre des grandes puis-
ances, qui aient incontestablement la supériorité sur nous, il
a beaucoup de réserves à faire et que la différence entre leur
tuation et la nôtre, tant au point de vue des ressources que
es dépenses et des charges, est loin d'être aussi grande qu'on
dit. Nous n'avons donc pas à nous décourager ; il faut envi-
ger nos embarras avec fermeté, mais sans découragement ;
ous devons être bien persuadés que nous sommes dans une
tuation difficile, mais que nous sommes loin d'être dans une
tuation qui puisse nous inspirer des sentiments d'abattement.
ui, du reste, nuiraient plutôt au rétablissement de nos
nances, qu'ils ne leur serviraient. *Approbation à gauche.*

Je voudrais maintenant, messieurs, rechercher, aussi briève-
ent que je le pourrai...

A gauche. — Parlez ! parlez !

M. Clamageran. — Je remercie le Sénat de sa bienveillante
ttention.

Je voudrais, dis-je, rechercher quelles sont, selon moi, les
principales causes de nos embarras actuels, que je reconnais
exister, je le répète ; mais, pour en bien apprécier l'importance, il est nécessaire d'en connaître les causes. Je crois
qu'il importe de les voir de très près, parce que ce sont les
causes qui, naturellement, suggèrent le remède ; et quand elles
n'indiquent aucun remède extraordinaire, ce qui arrive le plus
souvent, elles vous confirment, du moins, dans l'idée que les
remèdes indiqués par le bon sens sont décidément les bons, et
qu'il faut les appliquer avec une certaine fermeté et une certaine énergie.

Parmi ces causes, il en est qui sont indépendantes de l'action
gouvernementale : je n'y insisterai pas longtemps, vous les
connaissez. Il y a d'abord l'état des récoltes : c'est évidemment
ce qui influe le plus sur la situation des finances. Il y a aussi,
ce dont il faut tenir grand compte, la situation commerciale,
les mouvements divers des prix qui montent ou qui baissent.
Ce sont là, sans aucun doute, les causes principales de nos
embarras actuels.

En effet, si nous remontons à 1870, nous voyons que, au
point de vue économique, le peuple français a passé par
plusieurs périodes bien différentes.

Dans la première période, il était, je ne dirai pas écrasé,
heureusement il ne l'était pas, mais enfin il était attristé profondément par les désastres qu'il avait subis, et cependant il
n'était pas abattu. Il avait le sentiment qu'il y avait encore du
ressort en lui, qu'il pouvait et devait se relever. Oh ! alors, il y
a eu quelques années de grande tristesse, à certains égards,
mais aussi de grand sérieux, pendant lesquelles la nation
française a vaillamment travaillé. Ne pouvant plus combattre,
du moins elle a travaillé pour reprendre son rang, d'abord au
point de vue économique, sauf à voir ensuite comment elle
pourrait le reprendre à d'autres points de vue. *Très bien ! à gauche.* Ce travail n'a pas été infructueux, et, malgré les 5 milliards que nous avons dû payer à l'Allemagne, qui ont créé dans

ce pays une crise qui a duré bien longtemps et qui lui ont fait
peut-être plus de mal qu'à nous-mêmes, malgré ce payement de
5 milliards, dis-je, la France s'est trouvée au bout de quelques
années forte et en état d'avoir de bonnes finances. Les récoltes
sont venues, à ce moment-là, je dois le dire, encourager nos
efforts : beaucoup verraient dans ce fait, qui est certainement
remarquable, le doigt de la Providence ; pour mon compte,
je ne m'y refuse pas.

En 1874, nous avons eu la plus belle récolte de blé que la
France ait jamais vue : elle n'a eu son influence que
sur l'année 1875, et cette influence s'est étendue même, je
crois, à l'année suivante. Cette récolte a donné 136 millions
d'hectolitres, chiffre qui n'avait jamais été atteint à aucune époque.

Un sénateur à droite. — Et les prix étaient rémunérateurs.

M. CLAMAGERAN. — Et, comme on me le fait observer avec
raison, les prix n'étaient pas encore avilis.

Quant au vin, quoique la vigne fût atteinte déjà dans une
certaine mesure par le phylloxera, on a obtenu également de
bonnes récoltes. Celle de 1874 a été de 63 millions d'hectolitres, chiffre qui, ainsi que vous le savez, dépassait même celui
des anciennes moyennes, qui n'était que de 50 ou 55 millions d'hectolitres.

En 1875, nous avons atteint le chiffre de 83 millions d'hectolitres, c'est-à-dire la récolte de vin la plus extraordinaire que
la France ait jamais eue.

Ce sont donc là deux années qu'on peut appeler deux années
d'or; en même temps que le régime républicain se constituait,
que le pays reprenait confiance en lui-même, des récoltes tout à
fait exceptionnelles venaient lui donner l'abondance, et, les prix
n'étant pas encore avilis, cette abondance ne suscitait aucune
espèce de plaintes : au contraire, tout le monde s'en applau-
dissait; il y avait là, messieurs, une bien grande force.

Nous avons ensuite traversé une période, très brillante encore,
mais moins bonne en réalité.

D'excellentes, les récoltes sont devenues mauvaises, comme vous le savez ; il y a eu de grandes différences, en ce qui touche la production du vin, entre les années dont je viens de parler et celles qui les ont suivies ; et il en a été de même pour les récoltes de blé. Ces différences énormes se sont traduites probablement par une perte de 1 milliard et demi, de 2 milliards peut-être par an ; mais au moins de 1 milliard et demi.

Pendant que ces mauvaises récoltes se succédaient, et que par conséquent il y avait déjà un certain élément défavorable au fond de notre situation, pendant ce même temps, dis-je, la confiance n'avait cessé de grandir ; elle était devenue presque excessive, il faut bien le dire : la spéculation s'en mêlant, les salaires et les prix ont commencé à hausser ; nous avons assisté alors à ce grand mouvement des années qui ont précédé ce qu'on a appelé le krach, je veux dire des années 1879, 1880 et 1881, mouvement qui tenait à un fond de prospérité réelle, mais qui en même temps, il faut bien le reconnaître, était le résultat d'une spéculation excessive, entretenue par une confiance juste, mais par trop débordante.

Voilà, messieurs, quelle a été la seconde période par laquelle nous avons passé. Enfin est venu le krach, comme il vient toujours à la suite de ces excès de spéculation. Ce n'est pas la première fois, en effet, que la France traverse ces diverses phases, et voit se produire ces phénomènes économiques. Elle y a déjà assisté à diverses époques de son histoire. Après un excès de spéculation, il se produit d'abord une crise, puis une liquidation, liquidation qui est plus ou moins lente, d'autant plus lente quelquefois qu'on s'efforce de l'atténuer, ce qui ne la rend peut-être que plus dangereuse : puis vient une période d'affaissement, et c'est dans une de ces périodes d'affaissement que la baisse générale des salaires et des prix nous a surpris.

Il y a eu ensuite, après de mauvaises années, de bonnes récoltes, pour le blé du moins, car il n'y en a pas eu pour le vin, malheureusement ; mais ces bonnes récoltes se sont rencontrées également dans tous les pays du monde ; et alors s'est

produit le phénomène que vous connaissez, messieurs, phénomène fort extraordinaire, qui ne se répétera pas souvent : et
Dieu veuille qu'il ne se présente pas en sens inverse une autre
fois ! C'est que les récoltes ont été surabondantes à peu près
dans toutes les parties du monde : en Amérique, en Europe,
dans l'Inde, en Afrique, en Égypte, dans notre Algérie, en
Tunisie. Il en est résulté une situation évidemment anormale ;
c'est là ce qui constitue la crise actuelle, crise qui ne sévit pas
seulement en France, mais dans le monde entier ; et ceux
d'entre vous, messieurs, qui lisent ou parcourent les journaux
ou les revues des États-Unis, doivent savoir qu'en Amérique la
crise est peut-être plus grave encore que chez nous : il y a, en
tous cas, infiniment plus de chômage, il y a plus de travailleurs
qui sont réduits à ne rien faire. La crise est donc universelle.
C'est dans ce milieu économique, en quelque sorte, et au cours
de ces phases distinctes dont j'ai parlé, qu'il faut se placer pour
apprécier les causes d'un ordre différent dont je voudrais parler
à présent et qui dépendent, dans une certaine mesure, de l'action gouvernementale.

Il est évident qu'il y a bon nombre de phénomènes économiques sur lesquels le gouvernement exerce une action : sur
les causes de notre situation que j'ai précédemment définie,
cette action est nulle ou du moins bien faible : mais sur certaines autres causes de cette même situation, le gouvernement
a eu certainement une action. Je m'expliquerai franchement,
sans dissimuler ce que nos amis, du reste, reconnaissent dans
une certaine mesure, à savoir que des fautes ont été commises.
Quel est le gouvernement qui n'a pas commis de fautes? Quel
est le régime sous lequel il n'y a pas eu d'erreurs ni d'entraînements? Ce gouvernement et ce régime, messieurs, je ne sais si
quelqu'un ici les connaît, mais je serais désireux qu'on me les
nommât : pour moi je ne les ai pas rencontrés dans l'histoire.
Donc, il y a eu des fautes commises ; il faut voir comment on
y a été amené, comment on a pu se laisser aller à certains entraînements. Au nombre des fautes que je veux signaler, il en est

qui, je crois, ne seront contestées par personne ; il en est d'autres qui peuvent l'être, et que je considère cependant comme très réelles.

L'origine de nos embarras actuels remonte, suivant moi, au compte de liquidation. Ce compte de liquidation était nécessaire, c'est indubitable : et ce que je lui reproche, ce qui me porte à le désigner comme point de départ des difficultés où nous nous trouvons aujourd'hui, ce ne sont pas les centaines de millions, les milliards qu'il nous a coûtés. C'est le résultat de la guerre, de ces désastres qu'on a rappelés tout à l'heure et sur lesquels je ne veux pas revenir ; le sentiment public est bien fixé quant aux auteurs de ces désastres *Très bien ! et applaudissements à gauche*, et je crois que le mieux est de se taire sur leur compte. *Oui ! oui ! sur les mêmes bancs.* Ce n'est donc pas là ce que je reproche au compte de liquidation.

Malheureusement, on a été obligé de le créer sous une forme qui, selon moi, était défectueuse. Je dis qu'on y a été obligé, parce que des raisons politiques ont conduit ceux qui ont établi ce compte à procéder autrement qu'on ne l'aurait fait dans d'autres temps, c'est-à-dire au moyen du budget extraordinaire. On a voulu plusieurs fois supprimer le budget extraordinaire, messieurs : mais cette suppression n'a jamais bien réussi, puisqu'on a toujours dû le rétablir sous une autre forme, et sous une forme moins bonne.

Dans l'occasion dont je parle, on a rétabli sous forme de compte de liquidation un énorme budget extraordinaire, très justifié du reste. Il fallait bien reconstituer notre matériel naval et militaire. Mais ce compte de liquidation, évidemment, n'était pas soumis à un contrôle aussi minutieux, aussi constant que le budget ordinaire ou le budget extraordinaire proprement dit. De là sont nées, je crois, certaines pratiques fâcheuses : on a pris un peu l'habitude de dépenser, je ne dirai pas sans compter, mais sans avoir toujours présente à l'esprit cette salutaire terreur du contrôleur que les ministres ordonnateurs de dépenses doivent toujours ressentir. Il y a eu là, selon moi, une première faute, sur laquelle je n'insisterai pas davantage, mais cependant une faute réelle, parce qu'il s'en est suivi des habitudes qui n'étaient pas très bonnes.

La seconde faute, à mon avis, réside dans le système contributif qui a été établi par l'Assemblée nationale. L'Assemblée nationale a été obligée d'augmenter, d'accroître les revenus du pays dans une proportion énorme. Elle a commencé par créer, comme vous le savez, 7 à 800 millions d'impôts, et elle a choisi ceux qui lui paraissaient devoir exciter, au moment où on les proposait, le moins de répugnance, le moins de résistance. L'Assemblée ne s'est peut-être pas rendu compte que la nation, en ce moment sous le coup des désastres qu'elle avait subis, était disposée à accueillir de grandes réformes, qu'elle aurait supporté bien des sacrifices, et qu'il n'était peut-être pas nécessaire d'employer, pour obtenir d'elle des revenus plus considérables, des moyens que l'on peut considérer comme de véritables expédients. On a donc créé beaucoup d'impôts à cette époque ; et je crois bien que ceux-là mêmes qui les ont créés ne sont pas demeurés en admiration devant leur œuvre, car la plupart de ces impôts, qu'on pourrait à bon droit, je le répète, qualifier de véritables expédients, ont ce caractère commun d'être des impôts indirects, pesant soit sur la consommation, soit sur les actes, comme les droits de douanes ou les droits d'enregistrement. L'augmentation portait donc surtout sur les impôts indirects.

Je ne veux pas renouveler contre ces impôts la critique qu'on leur adresse souvent et que j'accepte d'ailleurs, pour mon compte, à savoir qu'ils ne sont pas répartis suivant les règles d'une juste proportionnalité, je veux les considérer ici, non pas au point de vue de l'équité dans la contribution, mais au point de vue de la solidité de nos finances. Eh bien, je dis qu'il y avait un véritable danger à augmenter dans de pareilles proportions, c'est-à-dire dans une proportion de 87 ou 88 pour 100, nos impôts indirects ou de consommation, en ne donnant aux autres impôts que de très faibles développements. Ce danger, messieurs, nous l'avons vu apparaître et il me suffira, pour vous le montrer, pour vous le faire, en quelque sorte, toucher du doigt, de rapprocher cette cause des faits économiques que je rappelais tout à l'heure. Il est arrivé ce qui devait arriver tout naturellement : à la faveur de cette crise de spéculation qui a déterminé une hausse générale des prix et des salaires, les impôts indirects, qui subissent d'une façon très intime, très vive, très immédiate, on peut le dire, l'influence des circonstances extérieures, l'influence des mouvements du commerce, l'influence de la spéculation, ces impôts se sont augmentés, quant au rendement, dans des proportions énormes. Ils se sont alors enflés comme nous les avons vus s'enfler à d'autres époques, pour les mêmes motifs.

Ainsi nous avons eu, sous l'Empire, et même en remontant plus loin, sous l'ancien régime, nous avons eu des moments où les impôts indirects se sont enflés démesurément. C'est également ce qui a eu lieu à notre époque ; il est certain que c'était un grand danger. On voyait les chemins de fer et les impôts donner des plus-values énormes, bien que les récoltes fussent mauvaises, et on était ainsi disposé à croire que décidément les ressources de la France étaient bien grandes ; on était disposé à se laisser entraîner et l'entraînement, il faut le dire, a été à peu près général, presque universel ; tous les pouvoirs constitués, — je ne parle pas des particuliers, j'en demande pardon à l'honorable M. Buffet, mais des groupes, — tous y ont participé. Il suffira pour s'en convaincre de rappeler un seul fait : c'est que, en 1881, à la veille du krach, les esprits les plus modérés demandaient de nouveaux dégrèvements à ajouter aux 164 millions de dégrèvements qui avaient été faits en 1880. On ne se contentait pas de ces 164 millions, on demandait de nouveaux dégrèvements, et les esprits les plus modérés disaient en 1881 que le budget de 1882 ne souffrirait pas d'une diminution de recettes allant jusqu'à 40 et 50 millions et portant sur l'impôt foncier. Voilà où on en était arrivé.

Je ne connais en France qu'un seul corps constitué qui ait
résisté à l'entraînement général ; le fait étonnera peut-être bien
des personnes, mais il est certain : c'est le conseil municipal de
Paris : il avait sans doute en réserve une grande dose de sagesse,
mais il est certain qu'il a repoussé les emprunts qu'on lui
offrait, et il a rendu, en cela, un grand service au pays ; car,
si, en acceptant ces emprunts, il avait développé encore les travaux entrepris à Paris, nous aurions subi une crise beaucoup
plus terrible que celle que nous avons eue. Lui seul, je le
répète, a résisté ; à peu près tout le monde, Gouvernement,
Parlement, a été entraîné dans une certaine mesure. Tout ce
qu'on peut critiquer ensuite vient de là, de cette situation d'un
pays où il y avait certaines souffrances réelles, mais en même
temps une spéculation fiévreuse, des plus-values sur un grand
nombre de choses et un Trésor s'emplissant par suite de ces
plus-values.

Eh bien ! ce que l'on a appelé l'idée de l'État-Providence,
idée qui, il faut bien le dire, a toujours été dans l'esprit français, cette idée qui a toujours été très forte chez nous, sous tous
les régimes, s'est encore développé dans de plus fortes proportions à ce moment-là. L'État peut et a le devoir d'intervenir
dans beaucoup de choses, mais il y a eu un moment où l'on
a voulu le faire intervenir en tout, partout et pour tout.

Il y a eu là un excès, il faut le reconnaître, et je suis le
premier, pour mon compte, à dire qu'il faut réagir contre cet
excès-là.

Toutes les causes des embarras actuels découlent de cet état
d'esprit qui était alors à peu près général, à peu près universel
en France. De là le retard apporté à certaines opérations ; on
voulait un peu ménager tout le monde. On pouvait faire la
conversion dans de très bonnes conditions, mais on ne la faisait pas, ne voulant pas gêner les porteurs de 5 pour 100.
On a attendu et on l'a faite ensuite dans des conditions moins
bonnes.

De là aussi le retard dans les conventions avec les Compagnies de chemins de fer : on rêvait de voir un jour le réseau des chemins de fer tomber entre les mains de l'État et être dirigé par l'État.

De là ces dégrèvements prématurés, dont je parlais tout à l'heure, de 164 millions en 1880. De là aussi l'exagération qu'il faut reconnaître, dans nos dépenses, soit ordinaires, soit extraordinaires.

Je ne blâme pas le plan qu'on a appelé le plan Freycinet, parce que, pour mon compte, j'approuve ce plan. Je l'approuve, d'abord parce que c'est un plan, et ensuite parce que je crois qu'il était bon en lui-même. Mais j'estime qu'il est devenu mauvais parce qu'il a été mal exécuté : c'était en lui-même une excellente chose, mais il y a eu, dans l'exécution, des exagérations que je reconnais.

De là aussi, les caisses des écoles et des chemins vicinaux.

La caisse des chemins vicinaux n'était pas une chose nouvelle, elle datait de 1868 ; je ne l'ai jamais approuvée, car les caisses séparées m'ont toujours semblé une chose détestable. J'estime que plus tôt on pourra les supprimer, mieux cela vaudra. Tous les efforts des financiers ont toujours tendu et doivent toujours tendre à supprimer les caisses particulières, et n'en avoir qu'une seule, la caisse du Trésor.

M. BUFFET. — Vous avez raison : j'adhère complètement à cette déclaration.

M. LE BARON DE RAVIGNAN. — Nous sommes tous de cet avis.

M. CLAMAGERAN. — Mais cela ne veut pas dire que les dépenses pour la caisse des écoles ne soient pas une bonne chose, sauf à discuter les chiffres, ce qu'il est impossible de faire dans une discussion générale.

Je crois seulement qu'il ne fallait pas faire cette dépense au moyen de ces caisses particulières et que, d'autre part, il fallait peut-être la contenir dans des limites plus restreintes. (Très bien ! à droite.)

De là aussi le rachat, — ce qui est plus grave, selon moi, — de certaines compagnies en détresse, comme, par exemple,

le rachat des compagnies des Charentes et de la Vendée qu'on
a décidé en 1877 et qui a été accompli en 1878. Ce rachat a
été une chose déplorable. Si ces compagnies étaient en détresse,
il fallait les laisser tomber. Cela a été d'un très mauvais
exemple vis-à-vis des autres compagnies *Très bien! très bien!
à droite*, parce qu'il y a eu d'autres compagnies qui ont voulu
également être rachetées. *Nouvelle approbation à droite.*

Vous le voyez, messieurs, je dis franchement ce que je pense,
même quand il s'agit de points sur lesquels je me sépare de
quelques-uns de mes amis.

M. LE MINISTRE DES FINANCES. — Nous n'étions pas au pouvoir
à ce moment-là!

M. CLAMAGERAN. — Parfaitement. Cela a été décidé en
dehors de nous. et cela a été, selon moi, une chose extrêmement malheureuse.

De là aussi l'augmentation exagérée des dépenses dans le
personnel administratif, dans le personnel des administrations
centrales, et, pour l'armée, dans le personnel des non-combat-
tants; il y a eu alors une majoration des traitements, hors de
proportion, je crois, avec l'augmentation juste et nécessaire qui
résultait de la hausse de toutes choses : enfin il y a eu une augmentation énorme des pensions. Sur ce point, je ne dirai que
peu de mots, parce que si j'en parlais, j'avoue que j'aurais trop
à m'étendre. Il suffit de dire en quelques mots que de 93 millions,
en 1876, la charge réelle des pensions — je déduis, bien
entendu, les retenues — a passé à 169 millions en 1885. Cette
augmentation est évidemment exagérée. Il ne faut pas croire,
comme on nous l'a dit à la dernière séance, que cela tienne
uniquement à ce que des fonctionnaires ont été mis à la retraite
prématurément; ces mises à la retraite prématurées s'expliquent par cette bonne raison qu'un gouvernement ne peut pas
gouverner avec ses ennemis, et qu'il faut qu'il gouverne avec
ses amis. *(Bruit à droite. — Approbation à gauche.)*

Je crois d'ailleurs qu'elles ont joué un rôle secondaire dans
ces augmentations, qui proviennent surtout de ce fait qu'ayant

augmenté les traitements, on a augmenté également les pensions,
mais dans des proportions plus fortes que les traitements. Enfin,
par suite de l'état d'esprit dont j'ai parlé, on s'est laissé aller à
une grande indulgence dans l'application : on a interprété trop
largement, en faveur de ceux qui réclamaient des pensions,
nos lois sur la matière. C'est à ce point qu'un ancien ministre
des Finances, homme d'un esprit judicieux et modéré, a dit,
dans un livre sur l'histoire des finances de 1870 à 1878, que
les certificats de maladie étaient devenus des certificats de pure
forme. Cela, messieurs, est souvent très vrai. Je pourrais en
donner de nombreux exemples, je me garde de le faire, mais
le fait est absolument certain. Il y a eu de nombreux abus
sous ce rapport.

Enfin, pour couronner cette suite de fautes et d'entraînements, est arrivée une mesure qui a eu des conséquences absolument déplorables, c'est la majoration des recettes en 1881
pour 1882. On a dit quelquefois que cette majoration ne chan-
geait pas le fond des choses ; non, mais cela donnait de mauvaises apparences à des choses qui devaient en avoir de bonnes ;
c'est ce qu'on a appelé la politique du déficit apparent. Dans
l'idée de ceux qui étaient favorables à cette majoration, il y avait
le désir légitime de mettre un frein aux dépenses du Parlement en supprimant les crédits supplémentaires : on croyait
à la permanence, à la constance des plus-values ; on ne voyait
pas que la constance des plus-values n'est une loi économique
générale qu'à condition de prendre une longue série d'années.

On croyait donc à cette permanence des plus-values. Ces
plus-values irritaient bien des personnes, qui — dans d'excellentes intentions, j'en suis persuadé — voulaient qu'on ne se
laissât pas entraîner. On disait, alors, en majorant les revenus,
il n'y aura plus ces fonds qui alimentent trop facilement les
crédits supplémentaires. Voilà l'idée qui dominait. Elle a été
malheureusement appliquée : les mauvaises années sont venues,
et alors on s'est trouvé en présence de difficultés énormes par
suite de cette majoration. De plus, si, en 1881, on avait fait

les efforts nécessaires pour rétablir l'équilibre du budget, ils auraient été faits plus opportunément qu'à présent, parce que, plus on attend pour faire ces efforts, plus il est difficile d'opérer des restrictions dans les dépenses. Il y a toujours quelqu'un qui vit d'une dépense, et par conséquent plus la situation se prolonge, plus ceux qui sont intéressés à ce que les dépenses se fassent, résistent et se défendent. Il est donc très regrettable qu'en 1881, au moment où on s'est aperçu que le budget n'avait qu'un équilibre assez instable, on n'ait pas fait les efforts nécessaires pour arriver à établir un équilibre sérieux. Dans le sens que je viens d'indiquer, la majoration des recettes a été une mesure des plus regrettables.

Il faut ajouter à ces causes les expéditions lointaines de la Tunisie et du Tonkin. Ces expéditions, je ne les blâme pas. Ce sont des nécessités onéreuses ; je crois qu'elles étaient nécessaires, pour la défense des intérêts français et pour l'honneur du pavillon de la France. *Très bien ! très bien !*

L'expédition de Tunisie, qui a été l'objet de tant d'attaques, a donné en somme d'excellents résultats. Je crois pouvoir dire que tous ceux qui ont visité ce beau pays sont heureux que cette espèce d'annexe de l'Algérie, qui était là sur notre flanc nous menaçant, fasse aujourd'hui partie des possessions françaises, et sont persuadés que ce pays, qui contient des éléments de richesse considérables, bientôt nous récompensera de nos efforts et de nos sacrifices. *Applaudissements à gauche.* Je reconnais néanmoins que cela a été et est encore, dans une certaine mesure, une cause de dépense.

Au Tonkin, c'est encore la même raison qu'on peut alléguer. Ici, les sacrifices sont plus considérables et il est à peu près impossible de juger dès à présent quel sera le résultat. Je ne puis donner aucune espèce d'indication, comme je l'ai fait pour la Tunisie, que j'ai eu le plaisir de visiter, et que beaucoup d'entre nous connaissent. Quant au Tonkin, il est certain qu'il fallait absolument intervenir pour faire exécuter un traité que nous avions fait. Quand une nation en est arrivée à ce point de ne pouvoir faire respecter les traités qu'elle a conclus, soyez assurés qu'elle est destinée à être rayée de la liste des grandes puissances. La France n'a pas voulu se résigner à jouer ce rôle; ni le Gouvernement, ni la Chambre des députés, ni le Sénat ne l'ont voulu, et je crois que personne au monde ne pourrait le vouloir aujourd'hui. Il existe un traité, il faut qu'il soit exécuté ; nous ne demandons rien de plus, mais nous ne demandons rien de moins. *Applaudissements à gauche.* Seulement il ne faut pas se faire illusion, il y a là encore une cause de sacrifices, et c'est une raison de plus pour être extrêmement modéré dans les dépenses qui ne sont pas absolument inévitables.

Ces causes étant données, le bon sens suffit à indiquer le remède qu'il faut appliquer avec la plus grande énergie, et ce remède consiste à faire des économies. Il faut non seulement diminuer, comme on l'a fait, dans de fortes proportions le budget extraordinaire et les dépenses extraordinaires, mais diminuer aussi les dépenses ordinaires. Il faut y travailler dans les ministères. Il faut absolument que, dans les bureaux, on s'ingénie à réaliser des économies, parce qu'il faut absolument que le budget ordinaire supporte certaines dépenses qui figurent au budget extraordinaire, mais qui doivent rentrer dans le budget ordinaire. C'est une nécessité absolue. Il faut donc continuer dans la voie où on est ; on a fait des économies très sensibles, il faut en faire davantage, et les faire avec plus de suite et d'énergie.

Quant à la suppression du budget extraordinaire, sur laquelle beaucoup de personnes paraissent compter, j'avoue que je n'en suis nullement partisan. Je crois, au contraire, que cette suppression serait un très grand danger, et cela pour plusieurs raisons. D'abord, parce que les dépenses qui sont inscrites au budget extraordinaire ont toujours une tendance à se rendre ordinaires. Quand on étudie une longue série de budgets, on s'en aperçoit bien vite : l'ordinaire est alimenté par l'extraordinaire, qui a toujours une tendance à se consolider. Je craindrais

donc beaucoup que certaines dépenses qui, à l'état extraordinaire, sont élastiques et qui peuvent être diminuées, devinssent,
une fois entrées dans le budget ordinaire, tellement fermes
qu'on ne pût plus y toucher. C'est un danger, mais ce n'est
pas le plus grand. Le plus grand c'est qu'il est aujourd'hui
impossible de supprimer le budget extraordinaire sans ce qu'on
appelle un emprunt de liquidation. Je crois que cet emprunt
mettrait le Gouvernement fort à l'aise. J'en demande bien pardon à notre excellent collègue, M. le ministre des Finances,
mais je ne puis pas lui accorder ce moyen. Il est certain que
l'emprunt de liquidation le mettrait fort à l'aise, ainsi que le
Gouvernement tout entier, mais c'est précisément pour cela
que ce serait dangereux, parce que, avec cet emprunt de liquidation, nous arriverions, et c'est ce qui a eu lieu autrefois, —
notamment sous la monarchie de Juillet avec les comptes
spéciaux, — à supprimer le budget extraordinaire certainement sur le papier et en réalité peut-être pour la première
année, mais dès la seconde on parlerait de le rétablir et au
bout de très peu de temps, le budget extraordinaire reparaîtrait,
parce que cela est dans la force des choses, parce qu'on ne s'en
est jamais passé, parce qu'il y a en a toujours eu et que je crois,
à vrai dire, qu'il y en aura toujours, sous une forme ou sous
une autre.

Le budget extraordinaire étant nécessaire, les dépenses sur
ressources extraordinaires étant nécessaires dans tous les pays
sous une forme ou sous une autre, et dans tous les temps, le
mieux est encore de l'appeler budget extraordinaire ; mais il
faut le restreindre, profiter précisément de ce que ce budget est
extraordinaire et élastique, de ce qu'il n'est pas rigide comme
l'autre, qui peut lui-même être restreint, mais dans une moindre
mesure. Il faut donc le restreindre selon les circonstances. Et
puis, il ne faut pas seulement le restreindre, il faut encore ce
que j'appellerai l'expurger, ce qu'on a fait déjà dans une certaine mesure, c'est-à-dire qu'il faut enlever autant que possible
les dépenses qui sont improductives, dépenses qui sont souvent

très nécessaires, comme celles de la guerre et de la marine, mais qui sont improductives au point de vue financier. Ces dépenses-là sont les plus dangereuses de toutes ; il faut donc tâcher peu à peu de les éliminer et de les faire rentrer dans le budget ordinaire.

Quant au budget des travaux publics, celui-là doit toujours avoir une partie inscrite au budget extraordinaire, parce que, sans cela, nous serions au bout de très peu de temps dans un état d'infériorité vis-à-vis des autres peuples. Nous n'avons pas ici la décentralisation qui permet à l'Angleterre et aux États-Unis de faire des travaux publics sur fonds d'emprunt, car ils les font sur fonds d'emprunt, mais ce sont des emprunts en dehors de l'État. Nous n'avons pas cette décentralisation ; je crois que nous n'y tendons pas. Dans une certaine mesure, je n'y serais certainement pas opposé ; mais il y aura toujours certains de nos travaux publics qui doivent être bien choisis, il y aura toujours un ensemble de travaux productifs qui devront être faits par l'État, et si l'État venait à supprimer ce budget, je dis que ce serait mettre immédiatement, au point de vue économique et industriel, la nation française en état d'infériorité, qu'au bout d'un certain temps on ne supporterait pas cette infériorité, et qu'alors on aurait le rétablissement du budget extraordinaire et en plus les charges qui résulteraient de l'emprunt de liquidation. (*Très bien! très bien! à gauche.*)

Je me résume donc en disant qu'il faut poursuivre dans la voie de réformes où l'on est, et économiser avec beaucoup d'énergie sur le budget ordinaire et aussi sur le budget extraordinaire. non pas en supprimant le budget extraordinaire, mais en le limitant, en n'y laissant que des dépenses qui ont un caractère de productivité. Mais cela fait, je crois qu'il faut, comme le disait l'honorable M. Chesnelong au mois de décembre en nous le reprochant, « marquer le pas et attendre ». Je suis convaincu qu'avec un peu de sagesse et de prudence, peu à peu la situation se raffermira, parce que l'expérience prouve que les plus-values dans les impôts sont un fait normal,

pourvu qu'on prenne une certaine période assez longue et qu'on
ne se renferme pas dans une période très courte. *Très bien!
très bien! à gauche.* Je crois qu'il faut aussi profiter de ce
moment — où en quelque sorte on attend, en réformant le
plus possible les abus, — pour préparer quelque chose qui me
paraît tout à fait indispensable, je veux dire la réforme de notre
système contributif. Je crois que nous ne pouvons pas rester
indéfiniment sous l'empire de ce système.

Je vous ai démontré qu'au point de vue de la solidité de nos
finances, il y avait un inconvénient à laisser une si grande prédominance aux impôts indirects, et, de plus, nos impôts directs
actuels sont eux-mêmes vicieux à bien des égards et ont besoin
d'être réformés. Nous n'avons pas ici l'initiative de l'impôt, je
ne prends l'initiative d'aucun projet, je demande seulement
qu'on y réfléchisse et qu'on prépare des projets, parce que je
crois que de tels projets ne peuvent être bien préparés que par
le Gouvernement, par l'administration, avec toutes les ressources et les moyens dont elle dispose ; mais je crois pouvoir
affirmer que la démocratie française, qui a depuis longtemps
inscrit dans ses programmes la réforme de l'impôt dans un
sens démocratique, demandera que cette réforme se fasse. *(Très
bien! et applaudissements à gauche.)* Pour qu'elle se fasse sagement, prudemment, il faut la préparer et ne pas se tenir simplement dans un *statu quo* inerte, qui est bon, à certains égards,
mais qui ne doit pas nous faire oublier les nécessités de l'avenir.
Il faut préparer à la France républicaine le budget et les
finances que doit avoir une grande démocratie. *(Applaudissements prolongés à gauche et au centre. — L'orateur, en descen-
dant de la tribune, est vivement félicité par un grand nombre de
ses collègues.)*

LES FINANCES DE LA FRANCE

DEPUIS 1814

La situation de nos finances est, depuis quelques années, l'objet de très vives préoccupations. Les optimistes, peu nombreux, la trouvent excellente. Les pessimistes, aigris souvent par les rancunes politiques, la peignent sous de très sombres couleurs. Quelques-uns ont été jusqu'à parler d'un gouffre dans lequel on aurait englouti la fortune de la France. Nous avons pensé qu'il serait utile, pour ramener les uns et les autres à un sentiment plus juste de la réalité, de comparer les finances de la troisième République avec celles des régimes antérieurs. Nous commençons cette étude par les finances de la Restauration.

FINANCES DE LA RESTAURATION

(*Neuf derniers mois de* 1814 : 1815-1829[1].)

Les budgets tels qu'ils ont été réglés par les pouvoirs publics pour les neuf derniers mois de 1814 et les quinze années de 1815 à 1829, présentent les résultats suivants :

Dépenses ordinaires et extraordinaires.	15 931 000 000 fr.
Recettes ordinaires appartenant en propre à chacun des seize exercices. . .	14 363 000 000
EXCÉDENT DE DÉPENSES. . .	1 568 000 000 fr.

L'excédent de dépenses est couvert jusqu'à concurrence de 1 548 millions par des ressources extraordinaires de diverse nature dont la principale consiste en émission ou négociation de rentes (1106 millions). Le découvert restant à la charge de la dette flottante est de 20 millions. Il se trouva plus tard porté à 67 millions parce que parmi les ressources extraordinaires figurait une créance sur l'Espagne de 58 millions qui ne fut recouvrée qu'en partie. En 1830, le sort de cette créance n'étant pas encore connu, le découvert était seulement de 20 millions.

Telle est la situation qui résulte des budgets réglés de 1814 à 1829 ; mais ces budgets ne donnent qu'une idée fort incomplète des finances de la Restauration. Aux 1548 millions de ressources extraordinaires que nous avons relevés il faut ajou-

1. Voir le *Compte général de l'Administration des finances pour l'année* 1871, qui donne les résultats des budgets de 1814 à 1870 ; M. Calmon, *Histoire parlementaire des finances de la Restauration* ; Nicolas, *Budgets de la France*, 1801-1880 ; le *Bulletin de statistique du ministère des finances*, août 1882, p. 134.

ter, pour un montant à peu près égal, d'autres ressources extraordinaires et les dépenses corrélatives, ressources et dépenses non
inscrites aux budgets ou n'y apparaissant que par les charges
annuelles qu'elles occasionnent. D'un autre côté, il importe de
distinguer, parmi les dépenses ordinaires, les dépenses d'amortissement, qui sont des dépenses libératrices chargeant le présent
au profit de l'avenir, et, parmi les dépenses extraordinaires, celles qui proviennent de l'invasion et des dettes arriérées du
régime impérial.

Les ressources et dépenses non inscrites aux budgets comprennent :

Le produit des rentes négociées et la valeur des rentes remises aux ayants-droit pour le payement des reconnaissances de
liquidation et des dettes arriérées, y compris les dettes du roi
(1 500 000 francs de rentes 5 0/0, soit un
capital de 30 millions). . . . . 587 000 000 fr.

La valeur sur le pied de 4 0/0 des
25 995 310 francs de rentes 3 0/0 créées,
de 1825 à 1830, au profit des émigrés. . 650 000 000

Le montant de l'aliénation de biens de
l'État et des communes. 58 000 000

Le produit de l'aliénation de 150 000
hectares de bois domaniaux au profit de
la caisse d'amortissement. 83 500 000

L'augmentation de la dette flottante y
compris les 20 millions de découvert
final, dette portée de 74 millions sous
l'Empire à 262 562 701 francs le 1er janvier 1830.. . . . . 188 500 000
                                      —————————
                                      1 567 000 000 fr.

qui ajoutés aux sommes inscrites aux
budgets. 1 568 000 000

donnent un total de.. . . . . 3 135 000 000 fr.

Sur ces 3 135 millions on peut considérer que près de deux milliards (1 985 millions) représentent les charges laissées par l'Empire, en admettant que la Restauration ne soit responsable ni de la première invasion, ce qui est juste, ni de la seconde, ce qui pourrait être contesté, car les fautes du gouvernement de Louis XVIII ont contribué au funeste retour de l'île d'Elbe.

Il reste 1 150 millions de charges imputables à la Restauration ; mais il faut en déduire l'amortissement qui a fonctionné avec une très grande énergie de 1816 à 1830. La dotation annuelle de la caisse d'amortissement a été de 20 millions en 1816 et de 40 millions pour chacune des années suivantes.

Les rentes rachetées par la caisse augmentaient les ressources annuelles qui se trouvèrent portées à près de 78 millions en 1825 et restèrent à ce chiffre jusqu'en 1830, les rentes rachetées à partir de 1825 étant annulées au profit de l'État. Le total des sommes consacrées à l'amortissement jusqu'au 1er janvier 1830 est de 950 millions. Si on les retranche de 1 150 millions de charges qui ne proviennent pas du régime précédent, il reste une augmentation réelle et imputable à la Restauration de 200 millions.

Si, au lieu d'évaluer le capital des ressources extraordinaires employées par la Restauration, on cherche à déterminer le montant des rentes et autres charges annuelles que l'emploi de ces ressources a nécessitées, on est conduit à des résultats qui confirment les précédents et les éclairent d'un jour nouveau.

Voici d'abord le mouvement des rentes sur l'État du 1er avril 1814 au 1er août 1830, d'après le compte général de l'administration des finances :

Rentes inscrites au 1er avril 1814.. . .	63 307 637 fr.
Rentes créées sous la Restauration pour le payement des dettes arriérées..	35 622 768
les contributions et charges de guerre. . .	43 185 199
l'insuffisance des budgets..	59 974 950
la convention facultative de 1825. . . .	25 493 799
l'indemnité accordée aux émigrés. . . .	25 995 310
TOTAL. . . .	190 272 026 fr.

A déduire :

Rentes annulées par suite de conversion. .	31 723 956 fr.
Rentes annulées pour causes diverses. .	3 454 433
Rentes rachetées par la Caisse d'amortissement de 1816 à 1825 et lui appartenant. .	37 813 080
Rentes rachetées par la Caisse d'amortissement de 1825 à 1830 et annulées au profit de l'État.	16 020 094
TOTAL des rentes annulées ou rachetées.	89 011 563 fr.

Déduction faite des rentes annulées ou rachetées, il reste net pour les rentes créées par la Restauration une somme de.. . . . . 101 260 463 fr.

Si l'on y joint les rentes appartenant à la Caisse d'amortissement. 37 813 080
et les rentes inscrites au 1er avril 1814. . . 63 307 637
on a le total des rentes inscrites au 1er août 1830. . . . . 202 381 180 fr.

Pour avoir la situation au 1er janvier 1830 (date à laquelle s'arrêtent la plupart des documents officiels que nous avons utilisés). il faut retrancher environ 2 millions de rentes des 54 rachetés par la Caisse d'amortissement. Nous avons alors 103 millions de rentes actives (c'est-à-dire payées aux particuliers ou aux établissements publics) au lieu de 101.

Les rentes créées pour acquitter les charges laissées par l'Empire s'élèvent à 130 millions et demi.

Les rentes créées pour l'acquit des charges imputables à la Restauration comprennent :

1° Les rentes affectées au payement des dettes du roi. . . . . 1 500 000 fr.

2° Les rentes accordées aux émigrés. . . 26 000 000

3° Les rentes émises pour la guerre d'Espagne et les affaires d'Orient. 7 000 000

Au total. . . . 34 500 000 fr.

Les rentes inscrites au 1er janvier sont inférieures de 62 millions à la totalité des rentes créées à la fois pour les charges de l'Empire et pour celles de la Restauration (165 millions). Elles sont inférieures de 27 millions et demi aux rentes créées pour l'acquit des charges de l'Empire. Si l'on s'en tenait uniquement à cette partie de la dette publique, la Restauration aurait donc amorti non seulement ses propres charges (34 millions et demi), mais même celles de l'Empire jusqu'à concurrence de 27 millions et demi, c'est-à-dire de plus d'un cinquième. Mais cet énorme allégement est compensé et au delà par l'augmentation de la dette viagère et de la dette remboursable, par les aliénations domaniales et par l'emploi des ressources extraordinaires provenant du régime antérieur.

Les intérêts des capitaux remboursables (dette flottante, cautionnements, emprunts spéciaux) qui étaient de 18 millions en 1815 montent à 24 en 1830. Différence. . . 6 000 000 fr.

La dette viagère qui était de 35 700 000 francs en 1815 monte à 65 078 000 francs en 1830 et à 68 733 000 francs, avec la dotation de la Légion d'honneur, qui a aussi le caractère viager; la différence est de 33 millions équivalant en rente perpétuelle à. 11 000 000

Les aliénations des biens de l'État et des communes, soit au profit de la Caisse d'amortissement (83 465 000 francs), soit au profit de l'État (58 millions), au total 141 465 000 francs représentant sur le pied de 5 o/o. 7 000 000

Enfin les ressources provenant de l'Empire :

Recettes arriérées. . . 70 720 000 fr.

Fonds du domaine extra-ordinaire. 9 500 000

Vente des rentes de l'ancienne Caisse d'amortissement. 43 787 000

    Total. . . . 124 007 000 fr.

      A reporter. . . . 24 000 000 fr.

Report. . . . . 24 000 000 fr.

évaluées sur le pied de 6,55 o/o, taux de l'intérêt des emprunts contractés pour liquider
l'arriéré de l'Empire et les charges des deux
invasions, soit. 8 000 000
                                      ──────────
                      TOTAL. . . . 32 000 000 fr.

La surcharge annuelle correspondant aux diverses augmentations et ressources ci-dessus est de 32 millions. La diminution
sur les rentes montant à 27 millions et demi, il en résulte une
aggravation finale de 4 millions et demi.

Les charges en capitaux et les charges annuelles ne sont pas
égales, parce qu'il y a des différences dans les éléments qui les
composent. En effet, dans les charges en capitaux, la dette
viagère ne figure pas ; d'autre part, les charges annuelles sont
diminuées par le bénéfice de la conversion (6 millions), par des
annulations de rentes résultant d'autres causes que l'amortissement ou la conversion et par l'emploi d'un certain nombre de
ressources qui, bien que fort extraordinaires (par exemple les
retenues temporaires sur les traitements), ne grèvent pas l'avenir. L'augmentation des charges imputables à la Restauration,
évaluées en capitaux, est de 200 millions sur 1 150 de dépenses.
C'est une proportion de 17,39, d'où résulte un amortissement
de 82,61 pour 100. Les charges annuelles imputables à la Restauration sont finalement de 4 millions et demi sur 34 millions et
demi de charges créées au cours du régime. C'est une proportion de 13,04 pour 100, d'où résulte un amortissement de
86,56 pour 100.

La Restauration n'a donc pas amorti les charges laissées par
l'Empire, mais elle a amorti ses propres charges dans la proportion de près des neuf dixièmes, ce qui est déjà très beau. Je
n'envisage pas ici le procédé employé pour amortir qui a été
très justement critiqué, car on rachetait presque toujours la
rente à un taux plus élevé que celui auquel elle était émise. Je
considère seulement le résultat et l'effort fait pour l'obtenir.

Un amortissement de 60 à 70 millions par an pendant quatorze ans correspondrait de nos jours. pour la période de 1873
à 1887. à un amortissement triple ou quadruple, selon que l'on
prend pour point de comparaison le montant des recettes normales ou le montant de la dette consolidée. Il serait, par conséquent, de 200 à 250 millions par an.

La politique de la Restauration, soit à l'intérieur, soit à l'extérieur, est loin d'être irréprochable, mais les financiers de
cette époque ont fait preuve de sagesse, de fermeté et d'habileté. On ne saurait méconnaître l'ingéniosité des moyens adop-
tés en 1825 pour rendre presque insensible au Trésor les
26 millions de rentes 3 o/o accordés aux émigrés, indemnité
qui ne fut inscrite tout entière qu'au bout de cinq ans et dont
le payement fut combiné avec la conversion facultative du 5 o/o
en 3 o/o et avec une nouvelle loi qui réservait pour le nouveau
fonds toute la puissance de l'amortissement. Mais ce qu'il faut
surtout admirer c'est la ténacité avec laquelle le baron Louis
insista, au début du règne de Louis XVIII, pour que toutes les
dettes de la France, quelle qu'en fût l'origine, fussent intégralement acquittées, fondant ainsi le crédit public qui repose
comme le crédit privé sur la ferme volonté du débiteur de tenir
fidèlement, à tout prix, tous ses engagements.

Malgré ce grand exemple et ces brillants résultats. on ne peut
cependant approuver sans réserve l'administration financière
de la Restauration. Ce n'est pas tout, en effet, que d'amortir
dans une large mesure les emprunts contractés, il faut encore
que les recettes normales du budget soient de telle nature
qu'elles puissent être maintenues sans porter atteinte à certains
principes d'ordre social, et il faut aussi qu'aucun service public
ne soit laissé en souffrance. Cette double règle a été violée par
la Restauration et cette violation a fait peser sur le régime suivant une double charge.

Parmi les recettes, figurait en effet le produit de la loterie et
des jeux, produit dont il a fallu plus tard se priver sous la
pression de l'opinion libérale qui, à juste raison, rejetait des

ressources puisées à une source impure. Or, ce produit n'est pas précisément une quantité négligeable. De 1815 à 1821 il a été en moyenne de plus de 15 millions par an et de près de 20 de 1822 à 1829. Le total pour toute la période monte à 271 millions.

Quant aux services publics, on peut dire que deux au moins ont été singulièrement négligés. Les crédits consacrés à l'instruction étaient à peu près nuls : 3 à 4 millions par an à la fin du règne de Charles X. Les crédits consacrés aux grands travaux, soldés presque entièrement sur fonds d'emprunt, étaient en moyenne de 7 à 8 millions par an ; dans les années les plus favorables, ils s'élevèrent seulement à une vingtaine de millions. On entreprit la construction de quelques canaux qui restèrent inachevés. Les routes de terre se trouvaient dans un état absolument misérable. On en jugera par le passage suivant d'un discours prononcé, le 23 mai 1829, à la Chambre des députés, au nom de la commission du budget.

« Le rapport qui précède l'ordonnance du 10 mai dernier, dit M. Humann, nous fait connaître que 200 millions sont nécessaires pour mettre les routes en état complet de viabilité, construire et achever celles qui manquent. Rien n'est encore arrêté à cet égard et cependant il y a urgence, car chaque année la dégradation fait de rapides progrès ; chaque année diminue le capital que les routes représentent et augmente, dans une proportion ruineuse, la dépense à laquelle il faudra bien finalement se résigner. » On s'y résigna, en effet, quelques années après la chute de la royauté restaurée, et la monarchie de Juillet créa un compte spécial sur fonds d'emprunt, pour les lacunes, les rectifications et même l'entretien d'une partie des routes royales.

Il y a de bons esprits qui pensent que le rôle de l'État doit se borner à la défense du pays et au maintien de la paix intérieure, qu'il faut laisser à l'initiative individuelle, aux associations libres ou aux autorités locales, le soin de pourvoir au développement de l'instruction et des travaux publics. Si on se place à ce point de vue, il ne faut pas oublier que ni la liberté d'enseignement, ni la liberté d'association, ni même la liberté des sociétés commerciales anonymes n'existaient à l'époque dont nous nous occupons et que, d'autre part, les travaux relatifs à la navigation et aux routes étaient absolument en dehors des attributions très restreintes conférées aux autorités locales. Ce n'était pas en vertu d'un principe, c'était par insouciance que le gouvernement de la Restauration, sans renoncer à ces services, ne leur accordait que des ressources médiocres ou dérisoires. Si un principe quelconque dirigeait sa conduite en matière économique, c'était, au contraire, le principe de l'intervention de l'État à outrance, principe qu'il appliquait, on le sait, sans scrupule et sans retenue, aux tarifs de douane. livrant aux convoitises des solliciteurs les droits de ceux qui ne demandent qu'à vivre librement de leur travail. enrichissant ainsi certains groupes sociaux et appauvrissant les autres dans l'espoir illégitime et chimérique de fortifier la vieille aristocratie terrienne et de créer, à côté d'elle, une aristocratie nouvelle vivant des faveurs du pouvoir, maîtresse par le monopole de toutes les grandes industries.

FINANCES DE LA MONARCHIE DE JUILLET

(1830-1847 [1].)

Les dépenses ordinaires et extraordinaires pour les dix-huit années qui s'écoulent de 1830 à 1847,

montent à. . . . . 23 003 500 000 fr.

Les recettes ordinaires normales à. . . 20 490 000 000

D'où un excédent de dépenses de. . . 2 513 500 000 fr.

Cet excédent a été couvert jusqu'à concurrence de 1 491 millions par des ressources extraordinaires inscrites dans les lois de règlement des budgets. Pour le reste, l'avance a été faite par le Trésor, qui s'est trouvé ainsi à découvert pour une somme de plus d'un milliard (1 022 millions et demi). Mais le découvert n'a été définitif qu'en partie. Des lois spéciales l'avaient prévu et avaient destiné à son extinction certaines ressources extraordinaires, en dehors des ressources budgétaires, dont le produit s'est élevé à près de 530 millions et demi. Après la réalisation de ces ressources, le découvert du Trésor imputable à la monarchie de Juillet a été réduit à 492 millions.

Les ressources extraordinaires, qui ont servi, soit à prévenir, soit à atténuer le découvert du Trésor, se montent, dans leur

1. Voir le *Compte général* de l'Administration des finances pour l'année 1871, combiné avec le tableau des découverts du Trésor dans le projet de budget pour l'exercice 1886, déposé le 23 mars 1885 (p. 310 sqq.); le projet de budget pour l'année 1889 (Annexe IX, p. 246 sqq.); le *Bulletin de statistique du ministère des finances*, août 1882 (p. 138 sqq.); Nicolas, *Budgets de la France de 1801 à 1880*.

ensemble, à un peu plus de 2 milliards 21 millions, et se décomposent de la manière suivante :

I. Ressources de diverses natures :

Trésor d'Alger (1830).	49 017 340 fr.
Contribution extraordinaire (1831). .	46 442 590
Retenue proportionnelle sur les traite- ments (1831-1832).	9 848 750
Versements par la Compagnie du che- min de fer du Nord, par la ville de Lille et par la Compagnie du chemin de fer de Lyon (1845, 1846 et 1847).	45 958 750
II. Produit d'aliénations de bois de l'État (1831, 1832, 1833 et 1835).	114 297 276
III. Produit d'emprunts en rentes (1831, 1832, 1842 à 1847).	642 596 627
IV. Consolidation des fonds des Caisses d'épargne (1831, 1833 à 1840, 1845 à 1847).	202 316 175
V. Consolidation des réserves et emploi des fonds disponibles de l'amortissement (1832, 1833, 1839 à 1847).	910 762 963
TOTAL. . .	2 021 240 471 fr.

On peut s'étonner de l'importance énorme des ressources
fournies par la Caisse d'amortissement (près de 911 millions).
En voici l'explication. La loi du 1ᵉʳ mai 1825 avait interdit le
rachat des rentes dont le cours serait supérieur au pair. Toute la
force de l'amortissement se concentrait sur le 3 o/o, qui était
toujours au-dessous du pair, et qu'on voulait favoriser. La loi
du 10 juin 1833 maintint cette interdiction, et de plus elle
établit pour chaque fonds d'État une dotation distincte proportionnelle au montant du fonds. L'amortissement sur le 3 o/o,
le seul qui pût donner lieu à des rachats réguliers, fut restreint,
et sur les autres fonds (4. 4 1/2 et 5 o/o). qui ne pouvaient
guère descendre au-dessous du pair, il fut suspendu en fait;

mais la Caisse recevait néanmoins sa part proportionnelle de dotation : on lui délivrait des bons du Trésor portant intérêt à 3 o/o et payables le jour où les cours cesseraient de dépasser le pair. L'échéance prévue n'arrivant pas, les bons s'entassaient, d'autant plus que le 3 o/o ne représentait qu'un sixième de la dette consolidée en 1833 ; de sorte que les cinq sixièmes de la dotation se transformaient en bons du Trésor. Au bout d'un certain temps, on les consolidait, c'est-à-dire qu'on donnait à la Caisse des rentes au lieu de bons, ou bien on détournait purement et simplement les bons de leur destination primitive et les fonds disponibles de l'amortissement servaient à diminuer les découverts du Trésor causés par l'excédent des dépenses sur les recettes.

Si l'on déduit des 2513 millions et demi de dépenses non couvertes par des recettes normales les sommes consacrées à l'amortissement qui se montent à près de 600 millions, il reste 1913 millions. Ces 1913 millions représentent une addition de 9 1/3 o/o au total des recettes normales et un déficit annuel moyen de plus de 105 millions. Mais parmi les ressources extraordinaires, il y en a un certain nombre qui n'étaient pas de nature à grever l'avenir. Telles sont les ressources tirées du trésor d'Alger, des retenues sur les traitements, des contributions extraordinaires et des versements faits par les Compagnies de chemins de fer et la ville de Lille. Nous avons vu qu'elles se montaient à 151 millions.

L'emploi des ressources de la Caisse d'amortissement ne créait pas non plus de charges nouvelles, il empêchait seulement de diminuer les charges anciennes. L'amortissement, au lieu d'être en moyenne de 80 millions par an, était réduit à 32 ou 33 millions. C'était du reste un procédé financier très critiquable. On voyait ainsi dans le budget une dotation considérable pour l'amortissement, puis on appliquait la plus grande partie de cette dotation à des dépenses extraordinaires et même quelquefois à des dépenses ordinaires pour couvrir le déficit des budgets.

D'autre part, il faut tenir compte de l'augmentation de la dette flottante, qui est de 368 millions. En effet, la dette flottante, au 1ᵉʳ janvier 1830, montait à 262 562 701 francs. Au 1ᵉʳ janvier 1848, elle s'élevait à 630 793 609 francs. Cette augmentation provient du montant des bons du Trésor pour une somme de 184 millions, des avances des receveurs généraux pour 46 millions, des fonds des Caisses d'épargne pour 71 millions, et des fonds des communes et des établissements publics pour 67 millions.

Nous avons donc à retrancher des 1913 millions mentionnés plus haut 1062 millions, et à y ajouter 368 millions. Le résultat final est une somme de 1219 millions, qui représente le montant en capital des charges permanentes laissées par la monarchie de Juillet. C'est une moyenne de plus de 67 millions et demi par an, et près de 6 o/o de l'ensemble des ressources normales.

Les rentes actives, c'est-à-dire les rentes servies par le Trésor à d'autres qu'à la Caisse d'amortissement, montaient le 1ᵉʳ août 1830 à . . . . 164 568 100 fr.

et le 1ᵉʳ mars 1848 à 176 845 367

La différence en plus est de. . . . . 12 277 267 fr.

Les rentes créées dans cette période dépassaient la somme de 39 millions ; mais on en avait racheté pour un peu plus de 26 millions : des causes diverses en avaient fait annuler pour près d'un million, et on avait abouti ainsi à une augmentation un peu supérieure à 12 millions. A ces 12 millions, il convient de joindre les rentes créées en 1848 pour la diminution des découverts antérieurs du Trésor, la consolidation des livrets des Caisses d'épargne et de la dette flottante. Ces rentes s'élèvent à environ 30 ou 31 millions[1]. Elles ont servi non à couvrir des dépenses nouvelles, mais à consolider une dette exigible contractée avant le 24 février et devenue trop lourde pour le

1. Voir le *Compte général de l'Administration des finances pour* 1871, p. 611 et 656. Décret du 7 juillet et loi du 21 novembre 1848.

Trésor. Par ses imprudences financières et plus encore par ses résistances aveugles aux réformes les plus légitimes et les plus raisonnables, la monarchie de Juillet avait provoqué la crise de 1848. Il est juste de lui imputer les résultats d'une liquidation qu'elle avait elle-même rendue non moins nécessaire qu'onéreuse.

Il faut enfin ajouter aux charges annuelles laissées par la monarchie de Juillet une dizaine de millions représentant l'intérêt à 5 o/o d'une somme de 203 millions. Ces 203 millions représentent la différence entre le total du découvert laissé par la monarchie de Juillet, qui est de 492 millions, et les 289 millions, produit des consolidations que nous venons de citer. qui furent appliqués à l'extinction des découverts. Avec les 5 millions pour aliénation de biens domaniaux, nous arrivons à un total de 58 millions. La dette viagère ayant diminué d'un peu plus de 10 millions, équivalant en rente perpétuelle à 3 millions et demi, l'augmentation nette des charges annuelles se trouve réduite à 54 millions et demi.

Même en tenant compte de la durée plus longue de la période et de la progression des recettes normales, les charges imputables à la monarchie de Juillet sont huit fois plus élevées que les charges imputables à la Restauration. A d'autres points de vue, la monarchie de Juillet est supérieure au régime précédent. Elle a fait disparaître ces sources de revenus honteuses qu'on appelait les jeux et la loterie. Elle a porté le budget de l'instruction publique de 2 259 000 francs à 18 275 000 francs, ce qui donne une augmentation absolue de 16 millions et une augmentation proportionnelle de 700 pour 100. Elle a consacré une somme de 957 millions à des travaux extraordinaires que l'état misérable des routes en 1829, et plus tard l'établissement des voies ferrées, rendaient en très grande partie indispensables. La conquête de l'Algérie lui a coûté plus de 800 millions. Pour achever de la caractériser, un trait de plus mérite d'être relevé, c'est la progression constante, interrompue seulement en 1847, du produit des impôts et revenus indirects.

Le produit de l'enregistrement, et du timbre, des douanes, des postes, du monopole des tabacs, des impôts sur le sel, le sucre, les boissons et autres impôts compris dans la catégorie des contributions indirectes proprement dites, avait été de 583 millions en 1829 : nous le retrouvons à 824 millions en 1847. L'augmentation est de 41 pour 100. Si nous comparons les dix dernières années de la Restauration (1819 à 1829) avec les dix dernières années de la monarchie de Juillet (1837 à 1847), nous voyons que la progression dans les dix dernières années de la Restauration est de 22 pour 100, les produits étant de 477 millions en 1819 et de 583 en 1829 ; dans les dix dernières années de la monarchie de Juillet, elle est de 30 pour 100, les produits passant de 632 millions en 1837 à 824 millions en 1847.

Nous n'avons considéré jusqu'ici que l'ensemble du règne, prenant en bloc les dépenses et les recettes des dix-huit années qu'il embrasse. Les choses changent singulièrement d'aspect si l'on examine les années séparément l'une après l'autre. L'on ne tarde pas à s'apercevoir que le règne de Louis-Philippe se divise en deux périodes bien distinctes et que des deux périodes, malheureusement, la meilleure est la première.

De 1830 à 1839, l'amortissement se maintient à peu près sur le même pied que sous la Restauration ; la totalité des dépenses passe de 1 095 millions à 1 179, c'est-à-dire qu'elle augmente seulement de 6 pour 100 : les excédents de recette de six années compensant en partie les déficits de quatre années, ne laissent pour déficit final qu'une somme de 83 à 84 millions ; enfin la dette flottante, loin de s'accroître, diminue et tombe de 262 millions à 231.

De 1840 à 1847, tous les budgets sont en déficit et le déficit ne porte pas seulement sur les dépenses extraordinaires, mais aussi sur le service ordinaire. En 1847, le déficit total est de 257 millions, dont 109 à 110 portent sur le service ordinaire. Les dépenses montent de 1 179 millions, en 1839, à 1 629 en 1847, c'est-à-dire qu'elles augmentent dans la proportion de

38 pour 100. Les budgets des communes et des départements se ressentent de cet accroissement insolite des dépenses publiques et leurs centimes, qui avaient augmenté de 31 pour 100 (96 millions au lieu de 73) en dix ans, augmentent de 32 pour 100 en huit ans (127 millions au lieu de 96) ; la dette flottante passe de 231 millions à près de 631 (630 793) : l'amortissement est devenu insignifiant, presque illusoire, et ses réserves s'épuisent rapidement ; on va jusqu'à escompter à l'avance, dans la fixation des budgets, ses réserves futures.

Le 25 janvier 1848, M. Thiers, à la tribune de la Chambre des députés, résumait ainsi la situation : « Un budget ordinaire en déficit, soldé tous les ans avec les réserves de l'amortissement, lesquelles auraient dû être conservées au budget extraordinaire : un budget extraordinaire soldé avec des réserves futures, et en attendant avec la dette flottante : enfin la dette flottante diminuée de temps en temps par un emprunt, mais restant, même après cet emprunt, au-dessous des limites de la prudence[1]. » Et comme on lui opposait les grands travaux publics (amélioration des rivières, canaux, ports, routes et chemins de fer) qui avaient nécessité des dépenses supérieures aux recettes normales, il reconnaissait l'utilité de ces travaux et l'impossibilité de les exécuter avec les seules ressources du revenu annuel ; seulement, il demandait qu'on eût pour les dépenses du budget extraordinaires des ressources d'une nature extraordinaire. sans doute, comme l'emprunt, mais certaines et non fictives ; et dans sa réplique, il ajoutait que ces travaux, au lieu d'être dispersés sur toute la surface du territoire, amorcés partout sans être finis nulle part, auraient dû être concentrés d'abord sur quelques points où ils étaient plus urgents et où ils devaient être plus productifs. « Vous nous parlez, disait-il, des travaux dont vous avez voulu doter le pays. Mais qui vous reproche de suivre le mouvement de la civilisation ? Personne. Il s'agit seulement de savoir s'il était possible de tout exécuter à la fois. Je

---

1. Voir le recueil des *Discours parlementaires* de M. Thiers, t. VII, p. 429-486.

sais bien que les travaux proposés étaient utiles, qu'il ne s'agissait plus de recommencer l'inhumanité de Louis XIV et de
faire mourir une armée de la fièvre pour construire des palais.
Non, je sais bien que le maître n'est plus en haut, qu'il est en
bas. Mais ce nouveau maître, vous le flattez aussi complaisam-
ment qu'on flattait l'autre. Vous lui avez promis qu'on exécu-
terait tout à la fois. »

III

FINANCES DU SECOND EMPIRE

(1852-1869.[1])

Les dépenses comprises dans le budget ordinaire, le budget des dépenses sur ressources spéciales (dépenses des départements et des communes), le budget extraordinaire, et le budget spécial de l'emprunt de 429 millions, montent à . . . . 37 416 000 000 fr.[2]

Les recettes ordinaires propres à chaque exercice, appartenant aux deux premiers budgets, montent à. 31 795 000 000

L'excédent des dépenses, en dix-huit ans, est de. . . . . 5 621 000 000 fr.[3]

Les ressources extraordinaires, figurant au budget extraordinaire et au budget spécial de l'emprunt de 429 millions, s'élèvent à . . . . 5 080 000 000 fr.

L'excédent de dépense, formant découvert pour le Trésor, est de. . . . . 541 000 000 fr.

Outre les quatre budgets ci-dessus mentionnés, il y eut sous l'Empire, à partir de 1867, un cinquième budget, le budget de la Caisse d'amortissement, auquel on avait attribué des recettes

---

1. Voir le *Compte général* de l'Administration des finances pour 1871 et pour les années suivantes ; le tableau des découverts du Trésor dans le projet de budget pour 1886, déposé le 23 mars 1885, p. 318 sqq. ; les lois portant règlement des budgets de 1867, 1868 et 1869 ; le *Bulletin de statistique du ministère des finances*, août 1882 (p. 142, 143) ; Nicolas, *Budgets de la France de 1801 à 1880*.

2. Moyenne : 2 078 millions par an.

3. 312 millions par an.

normales empruntées au budget ordinaire, telles que le produit de l'impôt du dixième sur les transports en chemin de fer et le produit des forêts, et quelques ressources extraordinaires. Ce budget, par contre, était chargé de dépenses qui n'étaient pas toutes des dépenses d'amortissement, par exemple : les garanties d'intérêts aux Compagnies de chemins de fer, l'intérêt des obligations trentenaires et diverses annuités.

Enfin, en dehors des cinq budgets, il faut faire état, d'une part de certaines avances formant découvert pour le Trésor, et d'autre part d'une masse considérable de ressources extraordinaires, appliquées à l'extinction des découverts.

Les avances faites par le Trésor ont été motivées principalement : 1° par le remboursement, en 1852, de capitaux de rente 5 o/o aux rentiers qui n'avaient pas accepté la conversion (près de 79 millions) ; 2° par le résultat des stipulations financières du traité de Zurich (près de 40 millions) ; 3° par les obligations mexicaines (plus de 28 millions et demi) ; 4° par les prêts faits en 1869 à la Caisse des chemins vicinaux (7 millions 409 000 francs). Le total s'élève à . . .   155 000 000 fr.

Les dépenses du budget de la Caisse d'amortissement pour 1867, 68 et 69, montent à. . . . .   179 000 000 fr.

Ensemble. . . .   334 000 000 fr.
qui, ajoutés aux 37 416 000 000

des dépenses inscrites aux quatre premiers budgets, donnent pour la totalité des dépenses budgétaires et extraordinaires .   37 750 000 000 fr.

Les recettes ordinaires (31 795 millions) augmentées des recettes du budget de l'amortissement ayant le même caractère (194 millions) s'élèvent à 31 989 000 000

L'excédent de la totalité des dépenses sur les recettes normales est de . . .   5 761 000 000 fr.

Cet excédent représente une moyenne de 320 millions par an et 18 pour 100 des recettes normales.

Les ressources extraordinaires figurant aux budgets (y compris 2 millions et demi au budget de la Caisse d'amortissement) s'élèvent à . . . .   5 082 500 000 fr.

En y ajoutant les ressources extraordinaires, hors budget, appliquées à l'extinction des découverts, soit. 694 000 000

nous obtenons un total de. . . . .   5 776 500 000 fr.
supérieur aux dépenses à couvrir de. . .   15 500 000

Il convient maintenant de distinguer, comme nous l'avons fait pour les régimes précédents, parmi les dépenses, celles qui ont un caractère libératoire, c'est-à-dire les dépenses d'amortissement, et, parmi les ressources extraordinaires, celles qui, sans être des recettes normales, n'ont cependant pas grevé l'avenir.

L'amortissement avait cessé de fonctionner depuis 1849. Il fut repris en 1859 et 1860. Dans ces deux années, près de 54 millions furent employés en rachats de rentes. Puis une nouvelle suspension eut lieu jusqu'à la fin de 1866. En 1867, la Caisse d'amortissement, réorganisée avec des recettes propres et aussi avec la charge d'un certain nombre de dépenses ordinaires, consacra à des rachats de rentes une vingtaine de millions. Le total des sommes employées en rachats, de 1867 à 1869, est d'un peu plus de 68 millions. L'ensemble de la dépense est de 122 millions : mais il faut y ajouter près de 79 millions consacrés, en 1852, au remboursement de capitaux de rentes 5 0/0 ; nous arrivons ainsi au chiffre de 200 à 201 millions, qu'on pourrait porter à 250 millions en tenant compte de l'amortissement inhérent à certaines dettes payables par annuités. Nous avons jusqu'ici négligé cette sorte d'amortissement qui était extrêmement minime sous les régimes antérieurs. Dans les huit dernières années de l'Empire, elle acquit une importance notable par suite de la création des obligations trentenaires et des garanties d'intérêts dus aux Compagnies de chemins de fer.

L'amortissement déduit, l'excédent des dépenses sur les recettes normales tombe à environ 5 510 millions (5 511). La moyenne annuelle descend alors à 306 millions, au lieu de 320, et la proportion de l'excédent des dépenses aux recettes normales n'est plus que de 17,22 pour 100.

Quant aux ressources extraordinaires, elles se décomposent ainsi :

A. *Ressources extraordinaires ne grevant pas directement l'avenir :*

1° Ressources obtenues des Arabes et des Kabyles en Algérie, de la Chine, de la Cochinchine, du Japon, du Mexique et de l'Espagne, à titre de contributions de guerre ou de règlement de dettes. . . . . 184 500 000 fr.

2° Versements par les Compagnies de chemins de fer. 257 000 000

3° Soulte de la conversion en 1862. . 158 000 000

4° Refonte des monnaies divisionnaires d'argent 6 000 000

5° Consolidation des réserves de l'amortissement 1 775 000 000

Total . . . . 2 380 500 000 fr.

B. *Ressources extraordinaires grevant l'avenir :*

1° Aliénations et produits extraordinaires des bois de l'État. . . . . 51 000 000 fr.

2° Emprunts en rentes et ventes de rentes appartenant à l'État 2 718 500 000

3° Obligations trentenaires. 132 000 000

A reporter. . . . . 2 901 500 000 fr.

Report. . . . 2 901 500 008

4° Consolidation des fonds de la Caisse
de la dotation de l'armée, Banque de
France, reliquats d'emprunts et divers. . 439 000 000

5° Versements (contre annuités) de la
Société générale algérienne 55 500 000

3 396 000 000 fr.

A déduire l'excédent des recettes. . . 15 500 000

TOTAL . . . . . 3 380 500 000 fr.

Les rentes n'appartenant pas à la Caisse d'amortissement,
dites rentes actives, inscrites au 1er janvier 1852, montaient
à . . . . 230 500 000 fr.
Au 1er janvier 1870, elles s'élèvent à. . 360 500 000

L'augmentation est de . . . . . . 130 000 000 fr.
On en avait créé 165 millions, dont :
Pour la guerre d'Orient. 72 000 000
Pour la guerre d'Italie 26 000 000
Pour le Mexique 18 000 000
Pour la conversion des obligations trente-
naires 12 000 000
Et pour diverses causes. 37 000 000

Mais on en avait racheté 5 millions et demi, on en avait
annulé, par suite de la conversion de 1852, 17,5 et pour
d'autres causes 12 millions, en tout 35 millions qui, déduits
de 165, donnent une augmentation nette de. 130 000 000 fr.

La dette flottante, qui avait augmenté en capital de 179 millions, passant de 615 millions au 1er janvier 1852 à 794 millions au 1er janvier 1870, ne donnait lieu qu'à un surplus
d'intérêts de 4 millions (26,5 au lieu de 22,5) parce que la
plus grande partie de l'accroissement provenait de fonds remis
en dépôt au Trésor par les communes et les établissements
publics.

Les autres capitaux remboursables (cautionnements, emprunts

spéciaux, obligations trentenaires, annuités aux chemins de fer)
donnaient lieu au contraire à un surcroît de charges annuelles
montant à 35 millions.

La dette viagère, déduction faite des retenues, avait augmenté
de 26 millions (85 moins 15, c'est-à-dire 70, au lieu de 44).

En tenant compte de ce que les annuités des capitaux remboursables renferment un élément d'amortissement, et de ce
que la dette viagère est moins onéreuse que la dette perpétuelle,
on peut estimer à environ 170 millions le montant des charges
annuelles permanentes ajoutées par l'Empire aux charges des
régimes précédents, avant la terrible guerre de 1870[1].

Dans l'intervalle de ces dix-huit ans, le total des dépenses inscrites au budget général, y compris le budget de l'amortissement,
avait augmenté de 780 millions, c'est-à-dire de 56 pour 100,
s'avançant, après déduction de la dotation de l'amortissement
inscrite au budget, de 1 398 millions en 1851 à 2 188 en 1869.
Dans la même période, les centimes additionnels des départements et des communes avaient augmenté de 71 pour cent
(231 millions en 1869, au lieu de 134 et demi en 1851). Si
l'on se restreint aux dix dernières années, pour ces centimes
on trouve encore une augmentation de 37 pour 100 (231 millions en 1869 au lieu de 168 millions et demi en 1859).

Il est vrai que les recettes ordinaires, y compris celles de la
Caisse d'amortissement, avaient augmenté dans une proportion
plus forte que la totalité des dépenses ordinaires et extraordinaires. Elles étaient en 1851 de 1 273 millions. En 1869, elles
s'élèvent à 2 154 millions, d'où ressort un accroissement de
69 pour 100. Le produit des impôts et revenus indirects (enregistrement, timbre, douanes, monopole des tabacs, impôts sur
les boissons, sur le sel, sur le sucre, sur les transports, etc.) notamment s'était accru dans d'énormes proportions. Il était un peu
au-dessous de 744 millions en 1851 : en 1869, il dépasse légèrement 1 356 millions. L'augmentation absolue est de 613 mil-

1. À 5 pour 100 = 3 400 millions.
   À 4 pour 100 = 4 250 millions.

lions et demi, et l'augmentation proportionnelle est de 82 pour
100. Si on prend les dix dernières années seulement, la proportion tombe à 23 pour 100 (1 356 au lieu de 1 101), inférieure
par conséquent à celle des dix dernières années de la monarchie
de Juillet, qui était de 30 pour 100, et un peu supérieure à
celle des dernières années de la Restauration, qui était de
22 pour 100; mais cette faible progression des dix dernières années
tient surtout à l'abaissement des tarifs de douane, dont le produit, qui était de 228 millions en 1859, descendit à 144
millions en 1869 ; et cet abaissement, qui amoindrissait les
recettes du Trésor, profitait à l'ensemble de la nation[1]. Les
valeurs successorales, qui sont un indice de la richesse du pays,
passent successivement de 2 025 millions en 1851 à 2 443 en
1859 et 3 636 en 1869, s'accroissant de 20 pour 100 dans la
première période et de 48 pour 100 dans la seconde.

Les travaux extraordinaires qui avaient nécessité une dépense
de 957 millions sous la monarchie de Juillet, continués avec
énergie sous la seconde République (379 millions en quatre
ans, c'est-à-dire près de 95 millions par an), donnèrent lieu à
une dépense totale de 1 274 millions, c'est-à-dire de 70 millions en
moyenne par an. L'instruction publique fut relativement
négligée. Son budget qui était devenu en 1847 huit fois plus
fort qu'en 1830 ne fut pas même doublé de 1851 à 1869. Il
était à près de 22 millions en 1851. Il monta à 38 et demi en
1869. L'augmentation était de 75 pour 100.

Il est certain qu'il y eut sous le second Empire, malgré les
guerres d'Orient et d'Italie, malgré les expéditions lointaines en
Chine, en Cochinchine, au Mexique, et l'abus des ressources
extraordinaires, un grand développement de richesse. Une
part de ce développement peut être attribuée au gouvernement
impérial à partir de 1860. Les traités de commerce, conçus
dans un esprit libéral, furent un stimulant pour les industries

1. Sans le dégrèvement des droits sur les importations de marchandises, la progression aurait été au moins de 30 pour 100. Dans les huit dernières années, elle est
de 44 pour 100.

rétrogrades ou stationnaires, et un soulagement pour la masse
des consommateurs que les régimes précédents avaient sur-
chargés d'impôts dans l'intérêt de certains producteurs beaucoup plus que dans l'intérêt de l'État. Les tendances économiques du second Empire, d'accord avec les enseignements de
la science, forment un parfait contraste avec sa politique intérieure, si cruellement autoritaire, et sa politique étrangère, si
peu clairvoyante, si désordonnée et si téméraire. Mais avant 1860,
et, dans une moindre mesure, après 1860, l'enrichissement du
pays est dû à des causes indépendantes de l'action gouvernementale : les grandes lignes de chemins de fer, et l'afflux d'or
provenant de la Californie et de l'Australie. Quand elle n'est
pas trop soudaine et qu'elle se montre en même temps au sein
des peuples les plus civilisés, les plus riches et les plus actifs,
l'abondance de la monnaie métallique favorise les transactions
de toutes sortes et donne l'impulsion à une foule d'entreprises
qui languiraient sans elle. Les travailleurs des villes en souffrent
d'abord, car leurs salaires ne s'élèvent pas tout de suite au
niveau du prix des denrées. Les travailleurs des campagnes
ressentent moins ce premier effet parce qu'ils sont souvent
nourris par leurs maîtres. Le bénéfice le plus clair de l'afflux
d'or et d'argent est pour les fermiers, les métayers et les propriétaires ruraux dont l'influence, avec le suffrage universel,
est prépondérante aux jours d'élection. Le bien-être causé par
l'établissement des grandes lignes de chemins de fer a un tout
autre caractère. Il ne s'y mêle pas une part d'illusion dangereuse ; la société tout entière y participe, et il ne cesse de pro-
gresser jusqu'au moment où toutes les richesses latentes vivi-
fiées par le nouveau mode de transport ont trouvé leurs
débouchés. Je ne parle, bien entendu, que des grandes lignes,
celles qui relient entre eux les centres importants du pays. On
peut contester l'utilité des lignes secondaires, des lignes régio-
nales ou locales. Il y a beaucoup à dire pour et contre elles, et
la discussion des questions que leur création soulève m'en-
traînerait trop loin. Au sujet des grandes lignes aucune discussion

n'est possible. Elles devaient être et ont été aussi avantageuses pour le Trésor que pour le commerce, l'industrie et l'agriculture. Amorcées déjà dans toutes les directions, réclamées hautement par l'opinion publique, n'importe quel gouvernement les aurait terminées, en 1852 et dans les années suivantes. Elles auraient même été poursuivies et achevées, sans l'intervention administrative, par des compagnies particulières, comme il est arrivé de l'autre côté de la Manche.

Dans les circonstances extraordinairement favorables où il se trouvait, au point de vue économique, le gouvernement impérial aurait pu facilement pratiquer la fameuse maxime du baron Louis : « Il faut amortir pendant la paix pour pouvoir emprunter en temps de guerre. » Non seulement il n'a pas amorti plus que les autres gouvernements, mais il a amorti infiniment moins, et son amortissement dérisoire étant déduit, il a laissé après une période de dix-huit années, à la fin de 1869, une surcharge permanente qu'on peut évaluer à près de 3 milliards et demi en capital et à 170 millions en annuités. Que serait-ce si nous allions plus loin, si nous entrions dans cette fatale année 1870, qui a été pour la France le point de départ de tels désastres qu'il faut remonter au delà de quatre siècles pour en trouver de pareils ?... La plume nous tombe des mains, mais un seul chiffre suffira pour exprimer le côté le moins douloureux après tout de la guerre franco-allemande : cette guerre nous a coûté, en dépenses et dommages à réparer, près de 12 milliards, qui, ajoutés aux 3 milliards et demi de la période antérieure, donnent au total plus de 15 milliards. Quinze milliards, deux belles provinces et des armements militaires de plus en plus onéreux prolongés indéfiniment, sous peine de subir le sort de la Pologne, voilà ce que peut coûter à un peuple un moment de défaillance ! En présence de résultats aussi terribles, que sont les ennuis, les lenteurs, les petites misères du régime parlementaire ? Au point de vue financier, comme à tous les autres, la liberté avec ses labeurs et ses périls est encore la meilleure des sauvegardes.

IV

FINANCES DE LA TROISIÈME RÉPUBLIQUE

(1870-1886) [1].

L'histoire financière de la troisième République, de 1870 à 1886, peut se diviser en trois périodes bien distinctes : la première comprend la fin de l'année 1870 et les quatre années suivantes ; la seconde, les sept années qui s'écoulent de 1875 à 1881 ; la troisième s'étend de 1882 à 1886. La première période est celle des grands emprunts et des nouveaux impôts nécessités par la guerre franco-allemande d'abord, puis par la libération du territoire, la réorganisation de la défense nationale, et les charges de toutes sortes résultant de nos désastres. La seconde période est une période de relèvement et de prospérité ; elle est caractérisée par la plus-value des impôts, malgré les dégrèvements, par les excédents de recettes, le développement de l'instruction publique et des voies de transport. La troisième période est au contraire celle des moins-values, des déficits et des efforts, souvent infructueux, pour enrayer la marche envahissante des dépenses et rétablir l'équilibre des budgets.

1. Voir les lois et projets de lois portant règlement des budgets de 1870 à 1886 et du compte de liquidation ; les comptes généraux de l'Administration des finances pour les mêmes années, notamment pour les années 1884-1886-1887 ; le *Bulletin du ministère des finances*, nos d'août et décembre 1883 ; Mathieu Bodet, *Les Finances françaises de 1870 à 1878*, 2 vol. in-8 ; Rapports parlementaires de MM. Dauphin, Millaud, Loubet, Boulanger au Sénat, J. Roche, Yves Guyot et Burdeau à la Chambre des députés sur les budgets de 1883, 1884, 1885, 1886, 1887, 1888, 1889 et 1890.

Première période

(1870-1874.)

Dans la première période (1870-1874), les dépenses ordinaires et extraordinaires inscrites aux budgets, sur fonds généraux et sur fonds spéciaux, montent à.. 15 842 000 000 fr.

Les recettes s'élèvent à.. . . . . . 12 316 000 000

D'où un excédent de dépenses de. . 3 526 000 000

Cet excédent est couvert par des ressources extraordinaires inscrites aux budgets jusqu'à concurrence de.. . . 3 448 500 000

Le découvert à la charge de la dette flottante est de. . . . . 77 500 000 fr.

Mais il faut ajouter aux dépenses budgétaires les dépenses hors budget suivantes :

1° Pour l'indemnité de guerre, avec ses accessoires. . . . . 5 791 000 000 fr.

2° Pour l'entretien des troupes allemandes d'occupation, pour les indemnités motivées par les dommages résultant de la guerre franco-allemande et de la Commune, pour la reconstitution des approvisionnements et du matériel de la guerre et de la marine, dépenses figurant aux deux comptes de liquidation ouverts de 1872 à 1878, et qui se rattachent par un lien intime à notre première période, bien qu'elles se prolongent pendant quatre années au delà. 1 933 000 000

Total des dépenses extra-budgétaires.. 7 724 000 000 fr.

Par contre il faut ajouter aux ressources extraordinaires les ressources provenant des emprunts en rentes 5 0/0 de 1871 et

1872 (5 591 millions) appliquées au payement de l'indemnité
de guerre et d'autres de diverses natures figurant aux comptes
de liquidation (1 956 millions), en tout 7 747 millions.

Si l'on réunit toutes les dépenses, budgétaires et hors budget, on arrive à un total de. . . . .   23 566 000 000 fr.

Les recettes normales n'étant que de.   12 316 000 000
                                         _____

L'excédent des dépenses, y compris
l'amortissement, qui dépasse 600 mil-
lions, est de. . . . .   11 250 000 000 fr.

Les ressources extraordinaires hors
budget jointes aux ressources extraordi-
naires des budgets montent à. 11 195 500 000

Le découvert est réduit à. . . . . .   54 500 000 fr.

Sans pouvoir préciser encore toute l'étendue du mal, on
savait en 1871 que déjà plusieurs milliards avaient été dévorés
pendant la terrible lutte qui venait de finir, et que d'autres plus
nombreux encore seraient nécessaires pour atténuer, dans la
mesure du possible, les conséquences de nos désastres. Pour
faire face aux charges annuelles qui nous incombaient par suite
d'un pareil surcroît de dépenses, le gouvernement de M. Thiers
et l'Assemblée nationale établirent toute une série de taxes et de
surtaxes, épargnant presque entièrement la propriété foncière
et grevant dans de très fortes proportions le commerce, l'industrie et les consommations populaires. Le produit de ces
nouveaux impôts s'éleva à environ 750 millions en 1874 et 950
en 1875. Les départements et les communes ayant de leur côté
augmenté leurs centimes additionnels d'une cinquantaine, les
recettes ordinaires du budget général se trouvèrent portées en
1874 à 2 888 millions, et en 1875 à 3 095. Ces mêmes recettes
ne s'élevant en 1869 qu'à 2 087 millions, l'augmentation en
1874 a été de 801 millions et en 1875 de 1 008, c'est-à-dire de
38 pour 100 dans l'année finale de notre première période et
de 48 pour 100 dans l'année suivante.

Les dépenses ordinaires avaient naturellement suivi une

marche analogue, passant de 2 054 en 1869 à 3 052 en 1874, et 2 860 en 1875, augmentant ainsi de près d'un milliard d'abord et d'un peu plus de 800 millions ensuite ; mais dans ces dépenses on avait très courageusement et très sagement compris 200 millions pour l'amortissement.

DEUXIÈME PÉRIODE

(1875-1881.)

Dans la deuxième période (1875-1881), les dépenses ordinaires et extraordinaires, sur fonds généraux et sur fonds spéciaux, inscrites aux budgets, montent à.   24 182 000 000 fr.

Les recettes ordinaires normales à.   .   22 739 000 000

D'où un excédent de dépenses de.   .   1 443 000 000 fr.

Cet excédent de dépenses est amplement couvert par les ressources extraordinaires figurant dans les budgets. Le montant des ressources extraordinaires dépasse la somme de 1 825 millions. Si on en retranche l'excédent de dépenses, il reste 382 millions d'excédents de recettes.

En dehors du budget, il y a presque toujours des dépenses qui se traduisent tôt ou tard par des charges annuelles, et dont le capital ne figure que dans des comptes spéciaux. Ces dépenses pour la période qui nous occupe ne sont pas très considérables. La Caisse des Chemins vicinaux, créée en 1868, continue à faire des avances aux communes. Ces avances montèrent en sept ans à la somme de 159 millions : mais, les remboursements ayant été de 35 millions, il ne reste à la charge du Trésor que 124 millions. Ces 124 millions eux-mêmes sont remboursables, et en fait régulièrement remboursés, au moyen d'une annuité de 4 pour 100 qui comprend un intérêt de 1,25 pour 100. La perte pour le Trésor résulte seulement de la différence entre l'intérêt de 1 fr. 25 qu'on lui paye et l'intérêt de 2 fr. 75, taux moyen de ses propres emprunts. Une avance de 124 millions dans de telles conditions équivaut à un emprunt de 46 à 47 millions sur le pied

de 4 pour 100. Il en est de même des avances faites par la Caisse
des écoles créée en 1878. Elles s'élèvent, dans les années
1878, 1879, 1880 et 1881, à la somme de 55 millions et demi,
d'où il faut déduire 3 millions de remboursements ; il reste donc
une charge nette de 52 millions et demi, équivalant à un
emprunt de près de 19 millions sur le pied de 4 pour 100.
Quant aux subventions gratuites, toutes celles qui concernent
les chemins vicinaux figurent aux budgets (117 millions environ, c'est-à-dire en moyenne 16 à 17 millions par an). Celles
qui concernent les écoles y figurent également jusqu'à concurrence de 40 millions. Les subventions payées par l'intermédiaire de la Caisse des écoles ayant atteint le chiffre de 44
millions et demi, il reste une dépense hors budget de 4 millions
et demi.

La dette flottante passe de 1 022 millions au 1ᵉʳ janvier 1875
à 1 187 au 1ᵉʳ janvier 1882. C'est une augmentation de 165 millions due tout entière aux fonds en dépôt des communes, des
établissements publics, des corps de troupe, des Caisses d'épargne (1 013 millions au 1ᵉʳ janvier 1882 au lieu de 476 au
1ᵉʳ janvier 1875). Les bons du Trésor (62 millions au lieu de
410) et les avances des trésoriers-payeurs généraux et autres
comptables (112 au lieu de 136) ont au contraire diminué.
L'augmentation de la dette flottante ainsi constituée indique une
augmentation de fonds disponibles, dans une certaine mesure,
pour des dépenses à faire, non des dépenses faites hors budget.
Cependant, comme elle impose au Trésor une responsabilité
plus grande et que les disponibilités qui en résultent ne sont
pas toutes gratuites, nous en ajouterons le montant aux dépenses
extra-budgétaires pour bien déterminer l'accroissement total
des charges publiques. En réunissant les excédents des dépenses
budgétaires (1 443 millions), les dépenses extra-budgétaires
(71 millions) et l'augmentation de la dette flottante (165 millions) nous arrivons à un total de 1 679 millions ; mais il en
faut déduire l'amortissement et tenir compte, comme nous
l'avons fait pour les régimes précédents, des ressources extra-

ordinaires non onéreuses ainsi que des dépenses rémunératrices.

On a contesté qu'il y ait eu amortissement de la dette publique sous le régime républicain. Amortir, disait-on, ce n'est pas rembourser des capitaux remboursables, c'est racheter des rentes perpétuelles dont le remboursement n'est pas obligatoire. Les orateurs monarchistes, dans les Chambres, soutenaient volontiers cette thèse parce que, sous la Restauration et sous la monarchie de Juillet, presque toute la dette consistait en rentes perpétuelles et, naturellement, quand on la diminuait, c'étaient des rentes qu'on rachetait. Sous le second Empire, les emprunts remboursables, soit pour la totalité à une échéance fixe, soit par annuités, contenant, outre l'intérêt, une partie du capital, commencèrent à prendre une certaine importance. Ils en prirent une plus grande encore sous la troisième République. Cette forme d'emprunt paraissait convenir particulièrement quand il s'agit de dépenses d'un caractère mixte, plus variables que les dépenses ordinaires et moins accidentelles, moins transitoires que les dépenses extraordinaires. Telles sont les dépenses relatives aux grands travaux publics. Payées sur capitaux remboursables, elles ne sont pas uniquement à la charge du budget de l'année où elles sont faites, mais elles ne grèvent pas non plus indéfiniment l'avenir et se répartissent sur une série d'années déterminée. Qu'importe, si on les rembourse, que leur remboursement soit obligatoire ou non? L'effet du remboursement est le même que celui du rachat d'une rente perpétuelle. Il supprime une charge pour l'avenir, il libère un revenu. C'est ce que disait, il y a un siècle, à une époque où la dette publique ne consistait pas seulement en rentes perpétuelles ou viagères, un de nos plus grands financiers. Dans son célèbre compte rendu de 1781, Necker faisait remarquer qu'il avait compris dans les dépenses ordinaires 17 300 000 livres de remboursements: « Cependant, ajoutait-il, ce qu'on applique à des remboursements doit, avec raison, être envisagé comme un superflu, puisque c'est un excédent du revenu ordinaire sur la dépense ordinaire, lequel est employé au profit du souverain pour

éteindre des capitaux à sa charge ; ainsi, en joignant ces
17 300 000 livres de remboursements aux 10 200 000 livres
d'excédent qui résultent du compte des finances de V. M., on
peut avancer avec fondement que ses revenus ordinaires sur-
passent dans ce moment-ci l'état de ses dépenses ordinaires de
27 millions et demi. » Les 17 300 000 livres ainsi remboursées
comprenaient presque uniquement des dettes exigibles : billets
des fermes, lettres de change des colonies, rescriptions des tré-
soriers généraux, avances faites au roi par les provinces, etc.
Les chiffres de Necker, d'où il conclut à un excédent de recettes,
ont été discutés, mais la doctrine sur laquelle il s'appuie ne l'a
pas été et ne pouvait pas l'être sérieusement. Les financiers
républicains, en la reprenant, n'ont rien inventé. Ils se trouvent
sur ce point d'accord à la fois avec la tradition et avec le bon
sens. Voilà pour le fond des choses. Quant au mot, on aurait
pu le réserver pour les rachats de rente : mais il a pris dans
l'usage du commerce et de la banque un sens plus étendu et il
y aurait plus d'inconvénients que d'avantages à le restreindre
quand il s'agit des finances publiques.

Dans un document inséré au *Bulletin du ministère des
Finances,* l'administration estimait à un peu plus de 2 137 millions et demi le montant de l'amortissement effectué de 1872 à
1882, dont 1 425 millions pour les remboursements à la Banque
de France, 396 pour les obligations à court terme, 19 et demi
pour le 3 o/o amortissable et 297 pour la part d'amortissement
contenue dans diverses annuités inscrites au budget du ministère des Finances. Laissant de côté les années 1872, 1873 et
1874 d'une part et l'année 1882 d'autre part pour nous tenir à
notre période de sept ans, nous trouvons que dans ces sept
années (1875-1881), l'amortissement relatif à la Banque de
France, aux obligations à court terme et au 3 o/o amortissable,
s'est élevé à 1 085 millions et demi. Les amortissements divers
n'étant pas donnés année par année, mais seulement en bloc,
il est difficile de préciser d'une manière rigoureuse le montant
de ceux qui appartiennent à notre période. En outre, il y aurait

à ajouter aux annuités du ministère des Finances (section des capitaux remboursables) d'autres annuités inscrites à la dette viagère (Caisse des dépôts et consignations), au ministère de l'Instruction publique et au ministère des Travaux publics. Après un travail minutieux entrepris pour fixer la part de l'amortissement dans chaque annuité inscrite aux budgets, nous pensons qu'on peut s'arrêter à la somme de 275 ou 280 millions, qui, ajoutée à celle de 1 085 millions et demi pour les amortissements déterminés, donnerait un total d'environ 1 360 à 1 365 millions. Si nous les retranchons des 1 679 millions qui constituent l'excédent des dépenses ordinaires, extraordinaires et extrabudgétaires sur les recettes normales, l'excédent réel est réduit à 314 ou 319 millions.

Nous n'avons relevé, à titre d'amortissement, que des remboursements effectués sur les recettes normales et inscrits au budget ordinaire. Si on rembourse avec des ressources extraordinaires, il est clair qu'on n'amortit pas ; on modifie seulement la nature de la dette. Cependant, l'opération qui consiste à emprunter pour rembourser ne produit pas le même effet qu'un emprunt destiné à une dépense pure et simple. Il n'y a pas, dans le premier cas, diminution des charges publiques, mais il n'y a pas non plus aggravation. Or, parmi les dépenses du budget extraordinaire en 1881, figure une somme de 135 millions pour remboursement en capital des avances faites à l'État par les départements, les villes et les Chambres de commerce et établissements de crédit en vue de l'amélioration des rivières, canaux et ports maritimes. Cette dépense n'est pas une dépense onéreuse, c'est une dépense libératoire. La vraie dépense, pour les rivières, canaux et ports, a été faite antérieurement et a été inscrite aux budgets ou aux comptes des années précédentes. Si on la reproduit une seconde fois sous une autre forme, la charge qu'elle impose à l'État n'en reste pas moins la même. Nous ne pouvons la compter deux fois, et si l'on a pris en masse, comme nous l'avons fait, toutes les dépenses ordinaires et extraordinaires, il est juste, pour calculer l'excédent vrai des dépenses, de la déduire du total quand elle réapparaît à titre de remboursement.

D'autres dépenses, celles-là inscrites au budget ordinaire, ont aussi un caractère particulier qu'il importe de signaler. Ce sont plutôt des avances que des dépenses proprement dites. Telles sont les dépenses faites en 1876 pour l'expropriation des fabriques d'allumettes chimiques, dont le montant dépasse 22 millions et demi, et les versements aux Compagnies de chemins de fer pour la garantie d'intérêts, qui en sept ans se sont élevés à la somme de 326 millions. L'expropriation des fabriques d'allumettes chimiques était la condition nécessaire d'un monopole lucratif. Bien loin d'aggraver les charges de l'État, cette dépense a augmenté de plusieurs millions les revenus publics. Il n'en est pas tout à fait de même des versements pour garanties d'intérêts aux Compagnies de chemins de fer, et il est très regrettable qu'à partir de 1886 ces versements, non seulement ne rentrent plus dans le budget ordinaire, mais soient inscrits, hors de tout budget, dans un compte spécial. La dépense de la garantie d'intérêts est certaine et actuelle : le remboursement auquel l'État a droit est aléatoire et lointain. Néanmoins, on ne peut méconnaître que les 326 millions ainsi avancés par l'État ne sont pas des millions perdus, sans espoir de retour : ils rentreront un jour ou l'autre pour la plus grande partie, et en attendant ils portent intérêt. Il y a là une créance qui, même en la réduisant d'un tiers, ce qui est beaucoup, aurait encore une valeur, nullement négligeable, de plus de 216 millions.

Si nous examinons maintenant la nature des ressources extraordinaires employées de 1875 à 1881, nous verrons qu'elles ne sont pas toutes onéreuses pour l'avenir.

Les principales proviennent de véritables emprunts. Telles sont les ressources procurées par les émissions de 3 o/o amortissable en 1878, 1879, 1880 et 1881. Elles montent à 1 288 millions, plus des deux tiers du total des ressources extraordinaires budgétaires. Tel est aussi le produit de la consolidation de la dette flottante, en 1880 et 1881, qui est de

314 millions. La consolidation, il est vrai, a diminué la dette flottante, mais comme nous avons donné le chiffre de cette dette au 1ᵉʳ janvier 1882, nous avons par avance tenu compte de son amoindrissement par suite de la consolidation.

Dans la même catégorie se rangent d'autres ressources moins importantes :

Les obligations du Trésor pour travaux publics . . . . 48 000 000 fr.

Les versements de la Société algérienne, en 1875, 1877 et 1878 . . . . 7 000 000 fr.

Les prêts de la Banque de France, en 1880, 1881 . . . . 17 000 000 fr.

Le total, avec le produit du 3 o o amortissable et de la consolidation de la dette flottante, est de 1674 millions.

Il faut mettre au contraire dans la catégorie des ressources ne provenant pas d'emprunts :

1° Le reliquat de l'indemnité due par le Japon en 1875 . . . . 2 051 219 fr.

2° Le produit des contributions de guerre algériennes en 1876 . . . . 1 780 550

3° Les prélèvements sur les excédents de recettes des budgets de 1876, 1877, 1878 et 1879, appliqués à d'autres exercices . . 117 609 400

TOTAL . . . . 121 441 169 fr.

Nous avons exclu des recettes normales les excédents de recettes provenant d'exercices antérieurs, tous compris dans notre période, excédents évalués aux budgets et assimilés aux recettes propres de l'exercice. Les ressources provenant de ces excédents auraient dû, sans doute, être appliquées à l'extinction des découverts antérieurs ; détournées de leur destination naturelle, n'ayant ni la provenance, ni la régularité des recettes propres à chaque exercice, n'offrant aucune garantie pour l'ave-

nir, elles ne peuvent être mises, au point de vue strictement
financier, sur le même pied que les recettes ordinaires : mais
il faut reconnaître aussi qu'elles n'ajoutent rien aux charges
publiques : elles ne proviennent ni d'un emprunt, ni d'une aliénation domaniale ; elles produisent des effets analogues à ceux
qui résultent d'un remboursement opéré à l'aide d'une ressource extraordinaire ; seulement, au lieu d'une recette onéreuse suivie d'une dépense libératoire, nous avons une dépense
onéreuse appuyée sur une recette qui ne l'est pas.

En résumé, l'excédent des dépenses de toutes sortes sur les
recettes normales a été de 1 679 millions dans la période sep-
ténaire qui nous occupe. L'amortissement s'étant élevé à 1 360
ou 1 365 millions, l'excédent net des dépenses tombe à 314 ou
319 millions : mais si l'on tient compte du caractère particulier de certaines dépenses et de certaines ressources, il y a lieu,
pour constater exactement l'augmentation des charges publiques, de déduire une somme de 495 millions des 314 ou 319
millions d'excédent net des dépenses, et cette déduction faite,
le résultat est non pas une augmentation, mais une diminution
des charges publiques de 176 à 181 millions. Malheureusement, il n'y a pas que les dépenses faites qui grèvent l'avenir :
il y a encore les engagements pris, et il importe, pour l'appréciation complète de notre période, de comparer les charges
annuelles inscrites au budget de 1881, à titre d'arrérages, d'intérêts, d'annuités ou de pensions viagères, avec celles de 1874.
En voici le tableau :

I. *Dette consolidée* (rentes perpétuelles 5, 4 1/2, 4 et 3 °/₀).

	AUGMENTATIONS	DIMINUTIONS
	francs.	francs.
1874. . . . . 744 260 560		
1881. . . . . 739 409 321		4 851 239

II. *Charges annuelles des capitaux remboursables à divers titres* (3 °/₀ amortissable, obligations du Trésor, cautionnements, dette flottante, etc.) *et annuités inscrites au budget d'autres ministères que le ministère des Finances* (Instruction publique et Travaux publics).

		AUGMENTATIONS	DIMINUTIONS
	francs.	francs.	
1874 { Ministère des Finances. . 308 998 587			
{ Autres ministères.. . . 21 915 661			
Total. . . 330 914 248			
Amortissements à déduire. . . 225 000 000			
Net. . . . 105 914 248			
1881 { Ministère des Finances. . 327 686 785			
{ Autres ministères.. . 20 460 310			
Total. . . 348 147 095			
Amortissements à déduire. . . 170 428 000			
Net. . . . 177 719 095	71 804 847	

III. *Dette viagère* (Pensions, rentes viagères pour la vieillesse, supplément à la dotation de la Légion d'honneur, subvention à la Caisse des invalides de la marine).

		AUGMENTATIONS	DIMINUTIONS
	francs.	francs.	
1874.. . . . . 128 459 500			
Retenues à déduire. 19 642 326			
Net. . . . 108 817 174			
1881.. . . . . 174 607 938			
Retenues à déduire. 25 581 878			
Net. . . . 149 026 060	40 208 886	

De ce tableau, il résulte que les charges annuelles, de 1875 à 1881, bien loin de diminuer, ont augmenté de 107 millions, et il semble qu'il y ait contradiction entre ce résultat et notre précédente conclusion. Même en laissant de côté la dette viagère, qui est un élément tout à fait nouveau, que nous ne pouvions pas faire figurer dans les dépenses faites sur ressources extraordinaires provenant d'emprunts, il reste une augmentation de 67 millions qu'il faut expliquer.

La plus grande partie de ces 67 millions provient du compte de liquidation ou plutôt de deux comptes de liquidation. Les dépenses de ces comptes afférentes aux années 1875-1881 montent à plus de 1 400 millions : mais les ressources destinées à y faire face n'ont pas pesé dans la même proportion sur notre période parce que, parmi ces ressources, il y a des reliquats de ressources créées antérieurement et des fonds de concours gratuits, ou du moins qui n'ont pas augmenté la dette publique, car les casernements obtenus par les villes, au moyen de ces fonds, renchérissent souvent les fournitures militaires soumises aux droits d'octroi. Les ressources onéreuses pour notre période comprennent d'abord 984 millions et demi d'obligations à court terme et plus de 200 millions tirés de la soulte de conversion de l'emprunt Morgan, des rentes de la Caisse d'amortissement et de la dotation de l'armée. Elles s'élèvent au total à près de 1 200 millions qui représentent sur le pied de 4 pour 100 une charge annuelle de 48 millions.

Nous éliminons cette charge, véritablement exceptionnelle, qui n'est pas imputable au régime républicain, comme nous l'avons fait en appréciant les finances de la Restauration pour les charges provenant des invasions de 1814 et 1815. Les charges annuelles imputables au régime républicain se réduisent ainsi à 19 millions. Si on tient compte des intérêts de la créance contre les Compagnies de chemins de fer, réduite aux deux tiers de son chiffre nominal, et de la créance contre les départements et les communes pour les avances remboursables qui leur ont été faites par la Caisse des chemins vicinaux et celle des écoles (en tout près de 11 millions) nous tombons à un chiffre à peine supérieur à 8 millions.

Pour représenter les 175 à 180 millions de diminution sur le montant des capitaux d'emprunt mentionnés plus haut, il faudrait une diminution de rente perpétuelle, sur le pied de 4 pour 100, de 7 millions, au lieu d'une augmentation de 8 millions. Une différence de 15 millions subsiste encore. La raison de cette différence est complexe. Elle tient :

1° A ce que certaines dépenses rémunératrices se traduisent par une augmentation de revenu et non une diminution de dette : par exemple l'expropriation des fabriques d'allumettes, qui a coûté en 1875 plus de 22 millions ;

2° A ce que l'on amortit souvent, avec raison, des dettes peu onéreuses, mais dangereuses, en même temps qu'on emprunte à un taux assez élevé, sous une forme qui présente plus de sécurité. C'est ce qui arrive quand on consolide la dette flottante. La dette flottante est dangereuse, si elle dépasse une certaine somme, parce qu'elle est exigible à bref délai, mais elle coûte un faible intérêt. Les rentes qu'on lui substitue représentent un intérêt double ou triple. Or ces consolidations en 1880 et 1881 se sont élevées à 314 millions. Les remboursements à la Banque de France (825 millions) ont eu des effets analogues, puisque les prêts étaient à 3 pour 100 au maximum, et quelques-uns à 1 pour 100, et dans une certaine mesure on peut y joindre les 135 millions de remboursements opérés en 1881 aux départements, villes, chambres de commerce et établissements de crédit qui avaient fait des avances pour l'amélioration des rivières, canaux et ports maritimes. L'amortissement qui résulte de ces remboursements, évalué en capital, est beaucoup plus élevé que le même amortissement évalué en arrérages de rentes ou en intérêts. La différence serait même, non pas de 15 millions, mais de 19, s'il n'y avait eu une transformation en rentes viagères de rentes perpétuelles appartenant à la Caisse des retraites pour la vieillesse.

L'augmentation des charges annuelles imputables au gou-

vernement républicain serait en définitive peu considérable,
sans la dette viagère. Elle se réduirait à 8 millions de rente,
soit 200 millions en capital, 28 millions par an et moins de
1 pour 100 (exactement 0,87) de recettes normales. Conformément à la règle que nous avons suivie jusqu'ici, afin de rendre
la dette viagère comparable aux charges qui résultent d'emprunts,
nous la diminuons des deux tiers. Nous arriverions ainsi à un
peu plus de 13 millions, au lieu de 40 : mais la dette viagère
est en partie payable sous forme d'annuités dont l'amortissement a été déjà déduit et dont le montant par suite ne comporte
plus aucune réduction. Ces annuités, qui étaient déjà de
3 668 000 francs en 1875, s'élèvent à 13 millions en 1881. En
faisant état de cet élément irréductible, l'augmentation de la
dette viagère équivaut à une augmentation en rentes perpétuelles de 19 millions et demi.

Si l'on tient compte à la fois de la dette consolidée, des
annuités et de la dette viagère, l'augmentation des charges
annuelles est de 27 millions et demi, représentant, sur le pied
de 4 pour 100, un capital de 687 millions et demi, c'est-à-dire
3 pour 100 du total des recettes normales qui sont de 22 739
millions.

Pour la Restauration, dont les finances sont les seules qu'on
puisse rapprocher des nôtres dans cette période, la proportion
est seulement de 0,87 pour 100. Mais pour être juste, n'ayant
pas rendu la Restauration responsable des suites de la seconde
invasion, il faudrait ne pas rendre le gouvernement républicain
responsable du budget extraordinaire de la guerre et de la
marine qui a été la continuation du compte de liquidation. Ce
budget s'élève dans les années 1879, 1880 et 1881 à 310 millions. L'augmentation nette serait alors de 376 millions et
demi en capital, et la proportion des charges créées aux recettes normales descendrait à 1,65 pour 100, c'est-à-dire moins du
double de l'accroissement proportionnel sous la Restauration.

L'excès des pensions a joué dans les finances de la troisième
République à peu près le même rôle que l'indemnité des émi-

grés dans les finances de la monarchie légitime. Seulement, les victimes du Deux-Décembre n'ont obtenu que 11 millions à titre viager (dont 300 000 francs seulement payables en 1881), tandis que les émigrés en avaient obtenu 27 à titre perpétuel. Le reste des pensions a été accordé, avec une générosité un peu trop grande dans certains cas, à des fonctionnaires, des instituteurs, des agents administratifs, des militaires et des marins qui, pour la plupart, l'avaient mérité par les services rendus à leur pays. Il est permis toutefois de regretter que, dans nos Assemblées parlementaires, la droite et la gauche, d'un commun accord, aient étendu le bénéfice des pensions nouvelles à d'anciens militaires ou marins dont les pensions étaient déjà liquidées. conformément à un précédent très dangereux créé sous l'Empire, en 1869, mais contrairement aux principes les plus certains de droit et d'équité. Cette extension nous coûte une annuité de 9 325 000 francs.

Un autre défaut des finances de la Restauration, c'était l'insuffisance des crédits alloués à l'instruction publique et aux travaux publics. C'est le reproche inverse qu'on peut adresser aux finances de la troisième République. L'instruction publique, de 1875 à 1881, a absorbé près de 525 millions, dont près de 403 au budget ordinaire de l'État et près de 122 au budget sur ressources spéciales, c'est-à-dire à la charge des départements et des communes. La moyenne annuelle atteint presque 75 millions, dont 57 et demi au budget ordinaire et un peu plus de 17 au budget sur ressources spéciales. Les dépenses à la charge de l'État, passant de 37 millions à 83, ont augmenté de 125 pour 100. Les dépenses à la charge des départements et des communes, qui atteignent presque 14 millions en 1875 et sont inférieures à 19 en 1881, n'ont augmenté que de 35 pour 100.

Pour les travaux publics l'accroissement est véritablement formidable. Le total pour les sept années est de 2 722 millions, sans compter 19 millions sur les ressources spéciales, dont près de 582 pour les travaux ordinaires et un peu plus de 2 140 pour les travaux extraordinaires payés en grande partie sur des fonds d'emprunt. Les crédits qui leur sont consacrés montent de 193 millions en 1875 à 624 en 1881. L'accroissement absolu est de 431 millions, et l'accroissement proportionnel de plus du triple, 222 pour 100.

Les autres dépenses, même celles de la marine et de la guerre, offrent un développement beaucoup moins considérable.

Les dépenses de la marine et des colonies montent de 158 millions à 207 (y compris 24 millions sur le budget extraordinaire de 1881). L'augmentation est de 46 pour 100. Les dépenses de la guerre, qui étaient de 482 millions en 1874 et de 473 en 1875 s'élèvent à 738 en 1881 (y compris 113 millions et demi sur l'extraordinaire). L'augmentation est de 56 pour 100.

L'ensemble des dépenses ordinaires sur fonds généraux et sur fonds spéciaux passe de 2 860 millions en 1874 à 3 359 en 1881. L'augmentation absolue est de 498 millions, l'augmentation relative de 17 pour 100. En y ajoutant les dépenses sur ressources extraordinaires, qui montent de 105 millions à 595, nous avons un total de 2 960 millions en 1874 et de 4 064 en 1881, d'où ressort une augmentation absolue de 1 094 millions et une augmentation relative de 36 pour 100. Nous sommes loin des 125 pour 100 de l'instruction publique et des 222 pour 100 des travaux publics. Et encore nous n'avons pas compris dans les dépenses sur ressources extraordinaires de 1874 et 1875 les dépenses inscrites au compte de liquidation, dépenses qui auraient singulièrement diminué l'écart entre les deux termes de comparaison, car le budget extraordinaire n'a été malheureusement que la continuation du compte de liquidation.

Les recettes normales ont suivi à peu près la même progression que les dépenses ordinaires. De 2 888 millions en 1874, elles se sont avancées à 3 385, ce qui donne une augmentation absolue de 497 millions, et une augmentation relative de 17 pour 100. Cette augmentation a porté principalement sur le

produit des impôts et revenus indirects, malgré des dégrèvements qui se sont élevés à plus de 262 millions, dont 14 millions en 1875 en faveur des bouilleurs de cru, 7 millions en
1876 sur le sel, 19 millions sur le tarif postal, 6 millions sur
les savons, 22 millions sur les transports à petite vitesse, 5 millions sur la chicorée, 2 millions sur les huiles et 18 millions
sur les billets de commerce en 1878, 82 millions sur les sucres
et 71 sur les vins en 1880. Le produit de ces impôts, qui
comprennent, entre autres, l'enregistrement et le timbre, les
douanes, les droits sur les boissons, le sel, le sucre et le monopole des poudres, des tabacs, des postes et télégraphes, était de
1 861 millions en 1874 et en 1881 il s'est élevé à 2 295 millions.
L'augmentation absolue est de 434 millions, l'augmentation
relative de 23 pour 100 ; elle eût été probablement de 50
pour 100 au moins sans les dégrèvements.

Sur les contributions directes, l'augmentation a été au contraire très faible. Il y a même une diminution de 3 millions
sur les contributions perçues au profit de l'État : 376 millions
en 1881 au lieu de 379 en 1874. Sur les contributions perçues
au profit des départements et des communes, il y a une augmentation de 42 millions : 332 en 1881 au lieu de 290 en
1874. L'ensemble est de 708 en 1881 au lieu de 669 en 1874,
ce qui donne une augmentation de 39 millions, soit près de
6 pour 100. L'augmentation eût été sans doute de 9 à 10
pour 100 si l'on n'eût pas dégrevé les patentes. Les dégrèvements résultant soit de la diminution des centimes additionnels,
soit de la modification des tableaux, ont été réalisés en 1879 et
1880. Ils étaient évalués à la somme de 31 millions ; mais leur
effet ayant été contre-balancé par d'autres circonstances, la
diminution du produit des patentes par suite de ces dégrèvements a été seulement de 26 millions. En effet, le produit
maximum atteint en 1879 était de 122 millions, et le minimum en 1881 est encore de 96 millions.

TROISIÈME PÉRIODE

(1882-1886)

Dans la troisième période (1882-1886) les dépenses ordinaires et extraordinaires sur fonds généraux et sur fonds spéciaux, inscrites aux budgets, montent à . 20 090 000 000 fr.

Les recettes ordinaires normales à . . . 17 144 000 000

D'où un excédent de dépenses de. . . 2 946 000 000

A cet excédent il faut ajouter les dépenses extra-budgétaires qui se montent à près de 700 millions, savoir :

Avances remboursables pour les chemins vicinaux[1]. . . . . 138 000 000 fr.

Avances remboursables pour les lycées, collèges et écoles[1]. 124 000 000

Avances non remboursables, à titre de subventions gratuites, pour les lycées, collèges et écoles[1]. 69 500 000

Capital dépensé correspondant aux annuités inscrites au budget du ministère des Finances, pour les chemins de fer. . . 84 600 000

Capital dépensé correspondant aux annuités inscrites au budget du ministère des Travaux publics, pour les chemins de fer. 160 000 000

Avances aux Compagnies de chemins de fer à titre de garanties d'intérêts en 1886. 54 782 000

Dépenses sur fonds avancés par les départements, les communes ou les Chambres de commerce pour amélioration des routes, canaux, rivières et ports. 67 808 000

TOTAL . . . . 698 690 000 fr.

1. Déduction faite des recettes, c'est-à-dire des payements sur crédits budgétaires, et des remboursements effectués par les communes ou les départements.

Par contre, il faut tenir compte :

1° De la diminution de la dette flottante, qui dépassait 1 187 millions au 1ᵉʳ janvier 1882, et au 1ᵉʳ janvier 1887 atteignait à peine 987 millions, d'où une différence de 200 millions :

2° De l'amortissement. L'amortissement dans cette période comprend :

Pour le remboursement des obligations à court terme.	552 000 000 fr.
Pour la part d'amortissement contenue dans l'annuité du 3 pour 100 amortissable.	88 500 000
Pour la part d'amortissement contenue dans diverses annuités.	211 500 000
Total	852 000 000 fr.

Mais comme une partie des annuités diverses figure dans les recettes afférentes au compte des écoles, et que ces recettes ont été déduites précédemment des avances faites par l'État, nous avons de ce chef à retrancher une somme de 27 millions et demi ;

3° Des dépenses qui sont des avances et qui ont pour contre-partie une créance portant intérêt en faveur de l'État : telles sont les avances remboursables faites aux départements et aux communes, qui portent intérêt sur le pied de 1,25 pour 100 (elles montent à 262 millions. En tenant compte de la perte d'intérêt, on peut dire que ces 262 millions équivalent à une dépense définitive d'une centaine de millions — exactement 98 250 000 francs); telles sont aussi les sommes versées aux Compagnies de chemins de fer à titre de garanties d'intérêts (elles portent intérêt à 4 pour 100 et montent à 156 millions, dont un peu plus de 101 payés en 1882, 83, 84 et 85 sur les recettes ordinaires du budget, et près de 55 payés en 1886 par le Trésor à la charge de la dette flottante. En les réduisant d'un tiers pour l'aléa, il reste 104 millions):

4° De la nature des ressources extraordinaires ou recettes exceptionnelles dont quelques-unes ne grèvent pas l'avenir. Les recettes anormales ne grevant pas l'avenir montent à la somme de 278 millions et demi, et se décomposent ainsi :

Remboursements par les Compagnies de
chemins de fer. . . . . 46 649 380 fr.
Prélèvements sur les excédents de recettes
des exercices antérieurs. 232 084 499

En ajoutant les dépenses extrabudgétaires aux dépenses budgétaires, nous sommes arrivés à un excédent de dépenses de 3 646 millions. Si l'on en retranche 1 025 millions et demi pour la diminution de la dette flottante et l'amortissement, il reste un excédent réel de 2 621 millions et demi (524 millions par an). Si l'on tient compte, d'une part, des dépenses qui ne sont pas définitives, mais qui donnent lieu en faveur de l'État à une créance productive d'intérêts, et, d'autre part, des ressources extraordinaires qui par leur nature ne sont pas des charges pour l'avenir, nous avons encore à retrancher 480 millions et demi. L'excédent grevant l'avenir est donc de 2 141 millions, dont la moyenne annuelle pour cinq ans est de 428 millions.

Voici le tableau des charges annuelles inscrites aux budgets réglés de 1881 et de 1886 à titre d'arrérages, intérêts, annuités et pensions viagères :

I. *Dette consolidée* (rentes perpétuelles 5, 4 1/2, 4 et 3 °/₀).

		AUGMENTATIONS	DIMINUTIONS
	francs.		francs.
1881.	739 409 321		
1886.	711 608 950		27 800 371

II. *Charges annuelles des capitaux remboursables à divers titres* (3 °/₀ amortissable, obligations du Trésor, cautionnements, dette flottante, etc.) *et annuités inscrites au budget d'autres ministères que le ministère des Finances* (Instruction publique et Travaux publics).

		AUGMENTATIONS	DIMINUTIONS
	francs.	francs.	
1881 { Ministère des Finances. .	327 686 785		
{ Autres ministères. . . .	20 460 310		
Total. . .	348 147 095		
Amortissements à déduire. . .	170 428 000		
Net. . . .	177 719 095		
1886 { Ministère des Finances. .	421 824 846		
{ Autres ministères. . . .	31 332 737		
Total. . .	453 157 583		
Amortissements à déduire. . .	172 798 523		
Net. . . .	280 359 060	102 639 965	

III. *Dette viagère* (pensions, rentes viagères pour la vieillesse, supplément à la dotation de la Légion d'honneur, subvention à la Caisse des invalides de la marine).

		AUGMENTATIONS	DIMINUTIONS
	francs.	francs.	
1881.	174 607 938		
Retenues à déduire.	25 581 878		
Net. . . .	149 026 060		
1886.	204 961 153		
Retenues à déduire.	32 318 779		
Net. . . .	172 642 374	23 616 314	

Si l'on réduit la dette viagère au tiers, comme nous l'avons fait pour la période précédente et pour les régimes antérieurs, pour la rendre comparable aux charges annuelles permanentes, nous avons de ce chef une augmentation de 7 881 000 francs qui, ajoutée à l'augmentation de 101 745 000 francs sur les annuités, donne 109 626 000 francs, d'où il faut déduire 27 800 000 francs de diminution sur la dette consolidée. L'augmentation nette est donc de 81 826 000 francs.

Par contre, il faut tenir compte de la créance acquise contre les Compagnies de chemins de fer, qui, réduite des deux tiers (104 millions au lieu de 150), représente un revenu de 4 160 000 francs à 4 pour 100 ; et des créances contre les départements et les communes, qui montent à 262 millions, rapportant 1 fr. 25 d'intérêt, soit 3 275 000 francs. En tout 7 432 000 francs. Il reste encore un peu plus de 74 millions (74 394 000 francs) qui, sur le pied de 4 pour 100, représentent un capital de 1 850 millions, c'est-à-dire 370 millions par an.

Tel est le chiffre vrai des charges nouvelles établies de 1882 à 1886. Ces 1 850 millions, comparés aux recettes normales, qui se sont élevées à 17 144 millions, donnent une proportion de 10,79 pour 100, proportion un peu inférieure à celle de l'Empire avant la fatale année 1870. Comparés avec les recettes de l'État seules, à l'exclusion des recettes du budget sur ressources spéciales, qui sont de 15 755 millions, ils donnent une proportion de 11,74 pour 100.

Si l'on veut se rendre compte non pas du montant des charges nouvelles, mais des dépenses faites sur fonds d'emprunt, il faut ajouter aux 1 850 millions ci-dessus mentionnés environ 850 millions, à cause de la conversion du 5 0/0 en 4 1/2 réalisée en 1883, qui a procuré un bénéfice de 34 millions en arrérages de rentes dont la dette consolidée a été déchargée : mais, d'un autre côté, il faut observer que la consolidation de la dette flottante a remplacé une dette peu onéreuse, mais dangereuse, par une dette coûtant un intérêt plus élevé, que cette consolidation portant sur un capital de 886 millions a augmenté les charges annuelles d'environ 22 à 23 millions, soit à 4 pour 100 un capital de 566 millions. L'addition du bénéfice de la conversion donne un total de 2 700 millions. Le retranchement de 566 millions réduit le total à 2 134 millions, chiffre sensiblement égal à celui qui résulte des capitaux empruntés tels qu'ils ont été évalués plus haut (2 121 millions).

Les dépenses sur fonds d'emprunt représentent ainsi 12,44 pour 100 des recettes normales et 13,5 pour 100 des recettes de l'État dégagées des recettes sur ressources spéciales.

La progression des dépenses, qui aurait dû être arrêtée dès 1882, ne le fut malheureusement, à cause de l'expédition du Tonkin, qu'en 1885, après la paix qui suivit le prétendu désastre de Langson. Le budget ordinaire (sur fonds généraux) de 1882 présente 141 millions et demi d'augmentation sur celui de 1881. En 1883, nouvelle augmentation de 77 millions et en 1884 de 21 millions et demi. En 1885, il y a au contraire une diminution de 85 millions et en 1886 l'augmentation sur 1885 est un peu inférieure à 8 millions. Tout compensé, l'augmentation finale est de 183 millions (3 064 millions au lieu de 2 881), c'est-à-dire de 6 1/3 pour 100. Elle est un peu plus faible que celle de la période précédente, qui était de 12 pour 100 pour un espace de sept ans.

Si l'on réunit les dépenses sur ressources spéciales (dépenses des départements et des communes) aux dépenses du budget ordinaire de l'État, on trouve un total de 3 359 millions en 1881 et de près de 3 549 en 1886. L'augmentation est de 190 millions, c'est-à-dire de 6,5 pour 100. Dans la période précédente, elle avait été de 17 pour 100. Le ralentissement, quoique encore insuffisant, est assez sensible ; mais il est loin de correspondre à la marche très lente, et même rétrograde, des recettes dans la dernière année.

En effet, les recettes normales du budget ordinaire ne montent que de 9 millions en 1882, 45 millions et demi en 1883, 5 et demi en 1884, 5 en 1885 ; en 1886 elles perdent près de 36 millions sur 1885. L'augmentation finale dépasse à peine

28 millions et demi, c'est-à-dire qu'elle est légèrement inférieure
à 1 pour 100, progression de six à sept fois plus faible que celle
des dépenses.

Si l'on joint aux recettes de l'État les recettes sur ressources
spéciales, le résultat n'est pas notablement modifié. Nous avons
2 907 millions + 477 = 3 384 en 1881 et 2 936 + 484 = 3 420
en 1886. L'augmentation absolue est de 36 millions, l'augmentation proportionnelle de 1.06 pour 100.

Les dépenses extraordinaires n'ont heureusement pas suivi
la marche ascendante des dépenses ordinaires. En 1881, le
budget extraordinaire montait à 701 millions; en 1886, il tombe
à 229 millions. Il est vrai que les dépenses hors budget (garanties d'intérêts des chemins de fer, chemins vicinaux, écoles)
passent de 73 millions et demi à 235 : mais la diminution sur
le total (464 au lieu de 774 et demi) est encore considérable,
puisqu'elle s'élève à plus de 310 millions. En tenant compte des
dépenses qui n'ont pas un caractère définitif, puisqu'elles sont
ou recouvrables (avances pour la garantie d'intérêts, pour les
chemins vicinaux, pour les bâtiments scolaires), ou libératoires
(remboursements de capitaux), dépenses qui s'élèvent à 188 millions en 1881 et seulement à 93 en 1886, il resterait une diminution nette de 215 millions et demi (371 au lieu de 586 et
demi).

Si l'on pénètre dans le détail des dépenses, on voit qu'il y a
au budget ordinaire une légère diminution sur la guerre
(611 millions au lieu de 624), une autre un peu plus forte sur
les travaux publics (118 au lieu de 134) : au contraire, une
augmentation considérable sur la marine (247 millions au
lieu de 174) et sur les colonies (42 millions et demi au lieu
de 33), augmentation dépassée encore par celle de l'instruction
publique, qui est de 65 pour 100 (près de 137 millions au lieu
de 83). Sur l'ensemble des autres ministères, l'augmentation
éparse en divers articles est de 75 à 76 millions, c'est-à-dire de
4 pour 100.

A l'extraordinaire, la diminution que nous avons signalée

plus haut (214 millions) porte sur la guerre (47 millions), sur
la marine, dont le budget extraordinaire tout entier a été supprimé
(24 millions), et surtout sur les travaux publics, dont le budget
extraordinaire descend de 539 millions à 160, perdant ainsi
379 millions, compensés sans doute en partie par les dépenses
extrabudgétaires, mais seulement jusqu'à concurrence de 210 à
220 millions. Par contre, il y a une augmentation de 16 millions sur l'instruction publique (35 millions au lieu de 20, en
comptant les avances et subventions pour constructions scolaires) et une de 9 millions et demi sur les colonies (42 millions
et demi au lieu de 33).

Nous avons dit que les recettes normales avaient rétrogradé
ou très lentement progressé dans la période qui nous occupe.
Il importe d'examiner sur quels points il y a eu recul, sur quels
autres il y a eu plus-value, forte ou faible. Nous passerons
successivement en revue : l'enregistrement, le timbre, les contributions indirectes (en y comprenant le produit des sels, des
tabacs, des poudres, des boissons et des transports), les sucres,
les quatre contributions directes au profit de l'État, les douanes,
les valeurs mobilières, les taxes assimilées, les postes et télégraphes et les contributions directes au profit des départements
et des communes.

De ces divers impôts, taxes ou monopoles, l'enregistrement
est le seul dont le produit ait reculé. Par une chute ininterrom-
pue, sauf en 1885, il tombe de 571 millions en 1881 à 518 en
1886. La perte pour le Trésor est de 53 millions pour l'année
1886, c'est-à-dire un peu plus de 9 pour 100, et pour les cinq
années, 196 millions. On voit là nettement l'influence de la crise
immobilière qui a déprécié la valeur des propriétés rurales et
urbaines.

Le timbre, les contributions indirectes et les sucres ont progressé d'une manière presque insensible, comme le montre le
tableau suivant :

ANNÉES	TIMBRE	CONTRIBUTIONS INDIRECTES	SUCRES
	francs.	francs.	francs.
1881.	155 360 054	975 891 791	135 935 764
1886.	156 140 654	978 795 871	137 543 316
Différence.	780 600	2 904 080	1 607 552
Augmentation proportionnelle. .	0,50° %	0,29° %	1,18° %

Nous faisons figurer dans un second tableau les cinq sources de revenus qui présentent une augmentation à peu près égale à celle des dépenses, variant entre 5,5 et 11 pour 100.

ANNÉES	CONTRIBUTIONS DIRECTES	TAXES ASSIMILÉES	VALEURS MOBILIÈRES	DOUANES	POSTES et TÉLÉGRAPHES
	francs.	francs.	francs.	francs.	francs.
1881.	376 279 634	25 100 824	44 455 737	304 479 225	152 832 491
1886.	397 331 162	27 280 191	47 238 420	342 784 300	169 448 512
Différence.. . . .	21 051 528	2 179 367	3 782 683	18 305 075	16 616 021
Augmentation pro-portionnelle. .	5,59 %	8,68 %	6,026 %	6 %	10,87 %

Les chiffres relatifs aux quatre contributions directes[1] se décomposent ainsi :

ANNÉES	CONTRIBUTION FONCIÈRE	PERSONNELLE ET MOBILIÈRE	PORTES ET FENÊTRES	PATENTES
	francs.	francs.	francs.	francs.
1881.	174 436 156	62 075 390	44 853 157	96 317 034
1886.	178 933 613	69 483 948	48 585 566	101 713 077
Différence..	4 497 457	7 408 558	3 732 409	5 396 043
Augmentation proportion-nelle.	2,57 %	11,93 %	8,70 %	5,60 %

On voit que les grosses augmentations portent sur les contributions qui grèvent le logement. telles que la contribution mobilière et celle des portes et fenêtres, contributions qui sont surtout lourdes pour les urbains. Puis viennent les patentes,

1. Nous avons laissé de côté la taxe de premier avertissement, qui monte à 597 896 francs en 1881 et à 614 955 francs en 1886.

qui affectent le commerce et l'industrie. La propriété foncière
est au contraire très ménagée. La contribution qui lui est propre
présente une plus-value qui est à peine le quart de celle que
nous offre la contribution mobilière, et cette faible augmentation
est due tout entière à la propriété bâtie. En effet, à partir de
1884, la distinction entre les propriétés bâties et les propriétés
rurales étant faite dans les documents officiels, nous voyons que
les premières payent en 1886 deux millions de plus qu'en 1884
(60 329 734 francs au lieu de 58 033 896), tandis que la part
afférente aux secondes reste stationnaire (118 603 879 francs en
1886 et 118 630 567 en 1884).

Les mêmes ménagements se retrouvent dans les centimes
additionnels perçus au profit des départements et des communes.
Le total monte, avec la taxe de premier avertissement, à
371 257 573 francs en 1886, au lieu de 332 255 344 francs en
1884, d'où résulte une augmentation de 39 millions, soit 11,73
pour 100 ; mais la part de chaque contribution dans cette
augmentation générale est bien différente. Voici comment elle
se distribue :

ANNÉES	CONTRIBUTION FONCIÈRE	PERSONNELLE ET MOBILIÈRE	PORTES ET FENÊTRES	PATENTES
	francs.	francs.	francs.	francs.
1884.	183 236 907	56 771 291	28 351 785	63 474 246
1886.	198 796 765	67 125 586	33 031 214	71 879 323
Différence.	15 559 858	10 354 295	4 679 429	8 405 077
Augmentation proportion-nelle.	8,03 %	18,23 %	16 1/2 %	13,24 %

Ici encore, c'est l'habitation, le commerce et l'industrie qui
supportent les aggravations proportionnelles les plus fortes. La
progression de la contribution foncière représente à peine le
sixième de celle de la contribution mobilière et le quart de celle
des patentes. Il faut remarquer en outre que la contribution des
propriétés rurales passe de 129 772 888 francs en 1884 à
132 485 977 francs en 1886, c'est-à-dire qu'elle augmente seulement de 2 713 089 francs, soit de 2 pour 100. La contribution

des propriétés bâties monte de 62 174 532 francs à 66 310 788
francs et une augmentation proportionnelle de 6,5 pour 100.

DEUXIÈME ET TROISIÈME PÉRIODES RÉUNIES

(1875-1886.)

Le tableau suivant indique les accroissements de charges
annuelles dans la seconde et la troisième périodes réunies, c'est-
à-dire de 1875 à 1886 :

I. *Dette consolidée* (rentes perpétuelles 5, 4 1/2, 4 et 3 %).

		AUGMENTATIONS	DIMINUTIONS
	francs.		francs.
1874	744 260 560		
1886	711 608 950		32 651 610

II. *Charges annuelles des capitaux remboursables à divers titres* (3 % amortissable, obligations du Trésor, cautionnements, dette flottante, etc.) *et annuités inscrites au budget d'autres ministères que le ministère des Finances* (Instruction publique et Travaux publics).

			AUGMENTATIONS	DIMINUTIONS
		francs.	francs.	
1874	Ministère des Finances. .	308 998 587		
	Autres ministères.. . .	21 915 661		
	Total. . .	330 914 248		
Amortissements à déduire. . .		225 000 000		
	Net. . .	105 914 248		
1886	Ministère des Finances. .	421 824 846		
	Autres ministères.. . .	31 332 737		
	Total. . .	453 157 583		
Amortissements à déduire. . .		152 404 046		
	Net. . .	300 753 537	194 839 289	

III. *Dette viagère* (pensions, rentes viagères pour la vieillesse, supplément à la dotation de la Légion d'honneur, subvention à la Caisse des invalides de la marine).

		AUGMENTATIONS	DIMINUTIONS
	francs.	francs.	
1874	128 459 500		
Retenues à déduire.	19 642 326		
Net. . .	108 817 174		
1886	204 961 153		
Retenues à déduire.	32 318 779		
Net. . .	172 642 374	63 825 200	

Si l'on met la dette viagère sur le même pied que la dette consolidée et la dette remboursable, l'augmentation de charges annuelles créées de 1875 à 1886 s'élève à 205 millions, c'est-à-dire en capital, au taux de 4 o o, à 5 125 millions, soit 427 millions par an. Si l'on réduit au tiers, comme nous l'avons fait pour les régimes précédents, la dette viagère, afin de la rendre comparable aux deux autres dettes (les annuités restant en dehors de la réduction), l'augmentation n'est plus que de 169 millions, équivalant à 4 225 millions en capital, soit 352 millions par an. Mais il faut tenir compte des créances sur les Compagnies de chemins de fer et sur les départements et les communes, produisant un intérêt de 17 millions et demi (17 761). Le total s'abaisse ainsi à 151 millions et demi équivalant à 3 787 millions en capital pour toute la période, et 315 millions par an.

Toutes ces charges ne sont pas imputables au gouvernement républicain, car elles comprennent, jusqu'à concurrence de 1 200 millions, celles qui résultent du compte de liquidation destiné à réparer les désastres de la guerre franco-allemande. Pour être tout à fait juste, il conviendrait peut-être de déduire également les 816 millions qui figurent aux budgets extraordinaires de la guerre et de la marine, de 1880 à 1886, car ces budgets extraordinaires ont été sous une autre forme la continuation du compte de liquidation. Ils ne paraissent pas avoir été influencés dans une forte mesure par l'expédition du Tonkin. Cette expédition a donné lieu à des dépenses considérables qui ont pesé, pour la plupart, non sur les budgets extraordinaires, mais sur les budgets ordinaires de la guerre et de la marine, qui présentent, dans les années 1882, 1883, 1884 et 1885, des augmentations sur 1880 de 100, 122, 135 et 157 millions.

Si l'on élimine à la fois les budgets extraordinaires de la guerre et de la marine et le compte de liquidation, le total des charges imputables au gouvernement républicain est de 1 746 millions, en capital, soit de 145 millions et demi par an. Si on se borne à éliminer le compte de liquidation, ce qui est de stricte justice, le total net s'élève à 2 562 millions, soit 213 millions par an.

Nous tenant à ces derniers chiffres, et comparant le montant des charges nouvelles avec le montant des recettes normales, qui sont, pour les douze années 1875-1886, de 39 883 millions, nous trouvons la proportion de 6,42 pour 100. Cette proportion tomberait à 4,38 pour 100, si l'on éliminait les budgets extraordinaires de la guerre et de la marine.

Six budgets présentent un excédent des dépenses ordinaires et extraordinaires sur les recettes normales, excédent non couvert par des ressources déterminées et restant à la charge de la dette flottante. Ce sont les budgets de 1879, 1882, 1883, 1884, 1885 et 1886. Six autres présentent au contraire un excédent des recettes normales sur les dépenses ordinaires et extraordinaires. Ce sont les budgets de 1875, 1876, 1877, 1878, 1880 et 1881. L'excédent de dépenses est un peu supérieur à 781 millions, donnant une moyenne annuelle de 130 millions. L'excédent de recettes s'élève à près de 566 millions, donnant une moyenne annuelle de 94 millions. La différence en faveur des excédents de dépenses est de 215 millions.

Les recettes normales comparées aux dépenses ordinaires seules font ressortir un déficit pour les huit années 1879-1886, et au contraire un excédent de recettes pour les quatre années 1875-1878 : mais il faut remarquer que dans l'ensemble les excédents de recettes l'emportent. En effet, la totalité des recettes normales monte à.. . . . . . . 39 883 000 000 fr.
et celle des dépenses ordinaires à. . . 39 758 000 000

D'où pour l'excédent final des recettes.   125 000 000 fr.

Il faut ajouter encore que la plupart des dépenses de la Tunisie et du Tonkin ont pesé sur le budget des dépenses ordinaires : et ces dépenses, l'événement l'a prouvé depuis, avaient bien un caractère exceptionnel et transitoire.

La progression des dépenses ordinaires, quoique très forte,

ne l'a pas été autant que quelques personnes se l'imaginent.

Ces dépenses en 1875 montaient à. . .   2 907 000 000 fr.

En 1886, elles s'élèvent à. 3 548 000 000

L'augmentation absolue est de. .   .   641 000 000 fr.

et la proportion de 22 pour 100.

Pendant les douze dernières années de la monarchie de Juillet, on avait passé de 1 047 millions en 1836 à 1 452 en 1847. L'augmentation absolue était de 405 millions, et l'augmentation proportionnelle de plus de 38,5 pour 100, c'est-à-dire qu'elle dépasse de 16 pour 100 l'augmentation des années 1875-1886.

Malheureusement l'augmentation des recettes normales, qui avait été considérable de 1875 à 1881, s'est ralentie à partir de 1882, par suite de dégrèvements prématurés et de la crise agricole. On avait gagné 290 millions dans les sept premières années. Dans les cinq dernières, malgré le relèvement des tarifs de douanes sur les produits agricoles, l'accroissement se réduit à 35 millions. L'accroissement total est de 325 millions et demi (3 421 contre 3 095 et demi), c'est-à-dire seulement de 10,5 pour 100.

Dans les années 1836 à 1847, il y avait aussi un écart entre la progression des recettes et celle des dépenses : la première était de 27,5 pour 100 (près de 1 343 millions en 1847 contre un peu plus de 1 053 en 1836) ; la seconde, nous l'avons vu, de 38,5 pour 100.

L'augmentation de dépenses que nous avons signalée en nous bornant au budget ordinaire est sensiblement plus forte quand on réunit au budget ordinaire le budget extraordinaire et les dépenses hors budget.

Les dépenses hors budget comprennent en 1875 :

1° Celles qui figurent au compte de liquidation, soit 293 millions ;

2° Celles qui résultent des avances faites par l'État pour les

chemins vicinaux, après déduction des remboursements, soit
10 700 000 francs.

Le total monte à 303 700 000 francs.

Les dépenses hors budget en 1886 comprennent :

1° Les avances pour les chemins vicinaux et les établissements scolaires, qui montent à 38 millions, déduction faite des
remboursements et des dotations budgétaires : 2° les subventions pour les tramways et les chemins de fer d'intérêt local,
soit 1 400 000 francs ; 3° les sommes versées par l'État entre
les mains des Compagnies de chemins de fer à titre de garanties
d'intérêts, sommes remboursables par les Compagnies avec intérêts à 4 0 0, ces versements montent à 54 782 000 francs :
4° la somme de 111 millions, capital correspondant, sur le
pied de 4,5 0 0, à 5 millions (exactement 4 988 000 francs)
d'annuités supplémentaires inscrites au budget en 1886 au
profit des Compagnies de chemins de fer (subventions de l'État
payées en annuités et avances remboursables des Compagnies
donnant lieu à annuités payées par l'État): 5° enfin, le montant des déficits d'exploitation partielle, porté au compte de
premier établissement des Compagnies de chemins de fer, environ 30 millions.

Le total s'élève à 235 millions. Nous n'y comprenons point
les 74 millions de travaux complémentaires à faire par les Compagnies de chemins de fer, travaux autorisés par la loi de
finances du 8 août 1885. Ces travaux peuvent sans doute
augmenter la garantie d'intérêts, mais ils peuvent aussi la diminuer: il est impossible dès à présent d'en déterminer le degré
d'utilité. D'ailleurs, ils avaient lieu aussi en 1875, sans être
prévus et limités par la loi, et ils pouvaient aussi influencer
alors la garantie d'intérêts. Si on les comptait en 1886, sans
les compter en 1875, la comparaison des dépenses de ces deux
années cesserait d'être exacte. On arriverait par cette addition,
à tort selon moi, au total de 309 millions. C'est le chiffre donné
au Sénat, en décembre 1888, par un des plus habiles financiers
de la droite, M. Blavier.

Nous résumons dans le tableau suivant les dépenses de toute nature en 1875 et 1886 :

	1875	1886
	francs.	francs.
Budget ordinaire.	2 646 868 028	3 064 428 308
Budget sur ressources spéciales	395 295 952	484 464 182
Budget extraordinaire.		229 133 506
Dépenses hors budget.	303 700 000	235 182 000
Total.	3 325 863 980	4 013 207 996
Amortissements à déduire.	250 000 000	172 798 000
Net.	3 075 863 980	3 840 409 996
Augmentation de 1886 sur 1875.		764 546 016

L'augmentation proportionnelle est de près de 25 pour 100. En tenant compte des travaux complémentaires, elle dépasserait à peine 27 pour 100. C'est là certainement une augmentation considérable ; mais telle qu'elle est, elle est encore de beaucoup inférieure à l'augmentation que l'on peut constater dans un même laps de temps, sous la monarchie de Juillet, de 1836 à 1847.

En effet, le total de toutes les dépenses en 1836 est de 1 065 millions, et, après déduction des sommes afférentes à l'amortissement, de 1 017 millions. En 1847, le total est de 1 629, dont il faut déduire 52 millions pour les amortissements : il reste 1 577. La proportion n'est ni de 25, ni de 27 pour 100, mais de 55 pour 100, plus du double.

Pour achever de porter la lumière sur ce point, comparons les dépenses de l'État, y compris celles qui sont inscrites au budget général pour le compte des départements et des communes, avec le montant des valeurs successorales, qui sont un assez bon indice de la richesse du pays. Le total des dépenses, nous l'avons vu, est de 3 839 millions en 1886 ; à la même époque, les valeurs successorales s'élèvent à 5 369 millions. Les dépenses publiques représentent 71,5 pour 100 du montant des valeurs successorales. En 1847, les dépenses publiques sont

de 1577 millions, les valeurs successorales, de 2055. Les
dépenses publiques représentent près de 77 pour 100 (exactement 76,73) des valeurs successorales. On voit que malgré nos
désastres et des entraînements qu'il ne faut ni exagérer, ni contester, la proportion en 1886 est plus favorable qu'en 1847.
Sur 100 millions de valeurs soumises aux droits de mutation
par décès, et représentant environ 3 milliards et demi de
valeurs existant dans le pays, l'État par ses dépenses et une
grande partie de celles des départements et des communes,
prend en 1886 cinq ou six millions de moins qu'en 1847. Un
pareil résultat méritait, je crois, d'être relevé et peut-être, dans
les discussions récentes, l'a-t-on un peu trop perdu de vue.

V

RÉSUMÉ COMPARATIF

Après l'exposé historique que nous avons présenté aux lecteurs dans les paragraphes précédents, nous pouvons, je crois, répondre avec précision aux questions suivantes : les finances de la République sont-elles inférieures à celles des autres régimes ? Sur quels points et dans quelle mesure le sont-elles ?

Il y a en effet un point, mais un seul, sur lequel elles sont inférieures aux finances des trois autres régimes. Ce point, c'est le faible accroissement du produit des impôts et revenus indirects. Dans les douze dernières années de la Restauration (1818-1829), le produit des impôts et revenus indirects passe de 483 millions à 583. Dans les douze dernières années de la monarchie de Juillet, il passe de 616 à 824 millions. Dans les douze dernières années du second Empire, il passe de 1 098 à 1 354. Dans les douze années de la période républicaine (1875-1886), il était au début de 2 052 millions et il ne s'élève à la fin qu'à 2 283 millions. L'accroissement proportionnel est de 20 pour 100 sous la Restauration, de 33 pour 100 sous la monarchie de Juillet, de 23 pour 100 sous l'Empire et de 11 pour 100 seulement sous la République. L'infériorité est encore plus grande, au moins en regard de l'Empire, si on considère la totalité du règne de Louis-Philippe et de la période impériale. En effet, la proportion est alors, sous la monarchie de Juillet, de 43 pour 100 en dix-huit ans, équivalant à 28 pour 100 en douze ans, et, sous l'Empire, de 54 pour 100 en dix-huit ans, équivalant à 36 pour 100 en douze ans.

Cette infériorité n'a en elle-même rien de très grave, car, après l'énorme développement des impôts indirects depuis 1872 jusqu'en 1880 et même un peu au delà, la prédominance de ces impôts dans notre système fiscal, malgré la faible progression des dernières années, subsiste intégralement. Elle est même plus marquée que jamais, car si l'on compare leur produit en 1829, en 1847, en 1869 et en 1886 avec le produit des impôts directs, on trouve que dans le total la part des impôts indirects est successivement de 64, 65, 70 et 73 pour 100. Ce qui rend le fait grave, c'est que le ralentissement de la progression n'est pas dû seulement à des dégrèvements de taxes, mais qu'il provient aussi d'une crise économique, dont il est à la fois l'indice et l'effet, et qu'elle n'a pas été compensée soit par des économies suffisantes, soit par une augmentation des autres recettes.

L'ensemble des recettes ordinaires propres à chaque exercice, dans les douze dernières années de chaque régime, passe, sous la Restauration, de 937 à 992 millions ; sous la monarchie de Juillet, de 1053 à 1342 millions ; sous l'Empire, de 1747 à 2154 ; et enfin, sous la République, de 3095 à 3385. La proportion est de près de 6 pour 100 sous la Restauration, 27 sous la monarchie de Juillet, 23 sous l'Empire et 9 sous la République. Ici, la République est au troisième rang et la Restauration au dernier. La contribution foncière, lourdement chargée après les invasions de 1814 et 1815, a été dégrevée dans les dernières années de la Restauration. L'État ne lui ayant rien demandé (chose inouïe dans notre histoire) après les désastres de 1870-1871, n'a rien eu ensuite à lui retirer.

Les choses changent d'aspect et les rangs se modifient si l'on considère les dépenses, leur progression, leur nature, leur rapport, soit avec les recettes de l'État, soit avec les ressources du pays, les découverts du Trésor, l'amortissement de la dette publique et le montant net des charges nouvelles créées sous les quatre régimes que nous examinons. Dans cet ordre d'idées, les finances de la République occupent, non plus le quatrième, ni le troisième rang, mais le second et quelquefois le premier.

Prenons d'abord la progression des dépenses. Sous la Restauration, laissant de côté les années 1814 à 1818, pendant lesquelles on a liquidé les charges des deux invasions, nous trouvons que les dépenses ordinaires et extraordinaires montent de 896 millions en 1819 à 1015 en 1829 et 1095 en 1830. Sous la monarchie de Juillet, elles montent de 1095 millions en 1830 et 1065 en 1836, à 1629 en 1847. Sous l'Empire, elles montent de 1513 en 1852 et 1771 en 1858 à 2188 en 1869. Sous la République, de 3075 en 1875 à 3839 en 1886. Les augmentations proportionnelles sont de 22 pour 100 sous la Restauration, pour une période de douze années : de 49 pour 100 sous la monarchie de Juillet, pour le règne entier de Louis-Philippe, et de 52 pour 100 pour les douze dernières années ; de 44 à 45 pour 100 sous l'Empire, pour la période de 1852 à 1869, et de 23,5 pour la période de 1858 à 1869 : de 25 ou 26,5 pour 100 dans les douze années de la période républicaine.

La progression la moins rapide est incontestablement celle de la Restauration et la plus forte, de beaucoup, celle de la monarchie de Juillet. La progression sous le régime républicain est sensiblement supérieure à celle des douze dernières années de l'Empire : mais si l'on embrasse la totalité de la période impériale, ce n'est plus 23,5 que l'on trouve, mais 45,5, et ces 45,5 pour dix-huit ans équivalent à une augmentation de 29,5 en douze ans, tandis que nous avons seulement 25 ou 26,5 dans les douze ans du régime républicain.

Le rapprochement des dépenses et des recettes donne un résultat analogue, après déduction de l'amortissement. Les dépenses ordinaires, extraordinaires et hors budget imputables à la Restauration montent à 15513 millions, contre 14363 millions de recettes. L'excédent des dépenses est de 1150 millions.

Les mêmes dépenses, sous la monarchie de Juillet, montent à 23003 millions contre 20490 millions de recettes ; d'où ressort un excédent de dépenses de 2513 millions.

Sous l'Empire (de 1852 à 1869), l'excédent de dépenses

s'élève à 5 761 millions, les dépenses totales montant à 37 750 millions et les recettes à 31 989.

Sous la République (de 1875 à 1886), nous avons pour les dépenses 45 148 millions et pour les recettes 39 883 : l'excédent de dépenses tombe à 5 265 millions.

La proportion des excédents de dépenses au montant des recettes normales est de 8 pour 100 sous la Restauration, 11 pour 100 sous la monarchie de Juillet, 18 pour 100 sous l'Empire et 13 pour 100 sous la République ; mais l'amortissement, qui a joué un rôle prédominant sous la Restauration et considérable encore, quoique beaucoup moindre, sous la République, a été presque nul sous l'Empire et médiocre sous la monarchie de Juillet. Il est juste d'en tenir compte.

L'amortissement sous la Restauration représente 84 pour 100 de l'excédent de dépenses (950 à 975 millions) ; sous la monarchie de Juillet, 23 à 24 pour 100 (600 millions) ; sous l'Empire, 4 à 4,5 pour 100 (250 millions) ; sous la République, près de 42 pour 100 (2 204 millions sur 5 265).

Les finances de la République, au point de vue de l'amortissement, viennent donc au second rang, après celles de la Restauration : *proximus, sed longo proximus intervallo*. Elles gardent encore ce rang si, l'amortissement étant déduit, on compare aux recettes normales l'excédent des dépenses. L'excédent de dépenses se réduit alors à 175 millions pour la Restauration, 1 913 millions pour la monarchie de Juillet, 5 511 pour l'Empire et 3 061 pour la République et la proportion de l'excédent de dépenses aux recettes normales est respectivement de 1,21 pour 100, 9,33 pour 100, 17 pour 100 et 6,77 pour 100.

Parmi les excédents de dépenses, il en est qui sont particulièrement dangereux parce qu'ils ne sont pas couverts à l'avance par des ressources, extraordinaires sans doute, mais certaines, et que le Trésor qui en fait l'avance reste à découvert. Ce sont les déficits qui retombent à la charge de la dette flottante. Ces déficits ont-ils été plus fréquents ou plus graves sous la Répu-

blique que sous les régimes antérieurs ? Les chiffres suivants
contredisent l'affirmative.

Sous la Restauration, sept années ont présenté un déficit, et
sur ces sept, quatre ont été troublées par les invasions, les révolutions de palais et leurs suites (1814, 1815, 1816 et 1818) ;
trois années de déficit seulement sont des années normales
(1823-1825 et 1827). Neuf années présentent des excédents de
recettes sous la monarchie de Juillet, douze années présentent
des déficits, dont huit de suite (1840-1847) et six années (1831,
1833, 1835, 1836. 1837 et 1839) présentent des excédents de
recettes.

Sous l'Empire, treize années sur dix-huit présentent des
déficits.

Sous la République, six années donnent des excédents de
recettes, et six présentent des déficits (1879, 1882, 1883, 1884,
1885 et 1886).

Le montant des déficits sous la Restauration est de 222 millions, et le montant des excédents de recettes de 202. Sous la
monarchie de Juillet, nous avons 1 150 millions pour les déficits
et 152 pour les excédents de recettes. Sous l'Empire 1 047 de
déficits et 506 d'excédents de recettes. Sous la République,
1 032 de déficits et 565 d'excédents de recettes.

Que l'on compte les sommes ou le nombre des années, la
Restauration ici encore est au premier rang, la République au
second, la monarchie de Juillet et l'Empire se disputent le
troisième et le quatrième rang.

Examinons maintenant les charges annuelles créées par
chaque régime et léguées au régime suivant. Ces charges ne
correspondent pas toujours à l'excédent des dépenses sur les
recettes, par plusieurs raisons, notamment parce qu'elles comprennent la dette viagère, que les excédents de recettes ou de
dépenses n'affectent pas : par contre, le bénéfice des conversions
les atténue, et il y a des ressources extraordinaires qui ne sont
pas directement onéreuses pour l'avenir : par exemple, les excédents de recettes appartenant à des exercices antérieurs, les

contributions de guerre payées par l'étranger, certaines réserves telles que les réserves de l'amortissement.

Les charges annuelles créées par la Restauration, en dehors de celles qui sont imputables à l'Empire, et en tenant compte du caractère viager d'une partie de la dette publique, montent à 4 millions et demi. La monarchie de Juillet ajoute à cette somme 54 millions, le second Empire, 170 à 171 millions, et la troisième République, 102 millions et demi. Capitalisées sur le pied de 4 pour 100, elles donnent 125, 1 362, 4 250 et 2 562 millions. Si on les compare au montant des recettes ordinaires propres à chaque exercice, la proportion est de 0.87 pour 100 pour la Restauration, 6,64 pour 100 pour la monarchie de Juillet, 13,28 pour 100 pour le second Empire, et 6,47 pour 100 pour la République. A ce point de vue, qui est d'une importance primordiale, les finances de la République se maintiennent au second rang.

Elles y sont encore si nous comparons le montant des dépenses dans la dernière année de chaque période, non plus aux recettes normales de l'État, mais aux ressources du pays.

Les valeurs successorales en 1829 s'élèvent à 1 412 millions. Les dépenses ordinaires et extraordinaires de l'État, y compris une grande partie de celles des départements et des communes, montent à 1 015 millions. En 1847, nous avons pour les valeurs successorales 2 055 millions, et pour les dépenses 1 629 : en 1869, 3 636 millions et 2 188 : en 1886, 5 369 et 3 839. La proportion des dépenses aux valeurs est de 71,88 pour 100 à la fin de la Restauration, de 79,27 pour 100 à la fin de la monarchie de Juillet, de 60,17 pour 100 à la fin du second Empire, et de 71,50 pour 100 en 1886. Ici, la monarchie de Juillet est au dernier rang, l'Empire au premier, la Restauration et la République sont intermédiaires.

Un dernier élément reste à considérer, c'est la nature des dépenses. Il y a des dépenses nécessaires qui s'imposent, quelle que soit l'idée qu'on se fasse des attributions gouvernementales, mais qui sont improductives dans ce sens qu'elles ne

ménagent à l'avenir aucune ressource. Telles sont les dépenses
relatives à la sécurité publique. D'autres dépenses au contraire,
contestables en principe et contestées en fait par de très bons
esprits, ne sont pas impérieusement exigées, elles sont en quelque sorte facultatives et fort élastiques, mais ce sont des dépenses
qui profitent aux générations futures. Telles sont les dépenses qui
concernent les grands travaux publics et l'instruction publique.
Pour juger équitablement une administration financière, il est
impossible de les confondre avec les autres dépenses.

La Restauration ici se trouve au dernier rang. Nous avons
montré dans quel état elle laissait les routes et combien cette
situation inquiétait la Chambre des députés en 1829. Pour
l'instruction, les crédits ouverts étaient insignifiants, une
aumône. Sous la monarchie de Juillet, sur 23 milliards de
dépenses, nous trouvons 957 millions consacrés aux travaux
publics extraordinaires, c'est-à-dire 4,16 pour 100 et 220 et
demi consacrés à l'instruction, c'est-à-dire près de 1 pour 100
(0,94). Sous l'Empire, dans les 37 750 millions de dépenses,
les travaux extraordinaires figurent pour 1 274 millions, 3,37
pour 100, et l'instruction publique pour 453, 1,20 pour 100.
Sous la République, dans les 45 148 millions de dépenses, les
travaux extraordinaires figurent pour 4 085 millions, soit
9 pour 100, et l'instruction publique pour 1 303, soit 2,88
pour 100. La République est au premier rang pour les travaux
publics et pour l'instruction publique (9 pour 100 et 2,88 pour
100). La monarchie de Juillet est au second rang pour les travaux publics (4,16 pour 100) et au troisième pour l'instruction
(0,94). L'Empire est au troisième rang pour les travaux publics
(3,37) et au second pour l'instruction (1,20).

En diminuant de moitié les dépenses extraordinaires relatives
aux travaux publics et à l'instruction publique, le gouvernement
républicain serait resté encore supérieur, sous ce rapport, aux
trois autres régimes, et en épargnant de ce chef 2 700 millions,
somme qui dépasse le montant capitalisé des charges annuelles
créées de 1875 à 1886 (2 562 millions), il aurait placé les

finances de la République non pas au second rang, où elles sont, mais au premier.

Malgré ce qu'il y a de favorable au gouvernement républicain dans la comparaison que nous avons instituée, la situation de nos finances était encore très grave en 1887. Le déficit, qui avait été de 127 millions en 1886, était encore de 17 millions en 1887. Les recouvrements étaient inférieurs de 32 millions aux évaluations de recettes. L'amortissement était réduit à une centaine de millions. Le budget extraordinaire montait à 275 millions, sans compter les dépenses extrabudgétaires. Depuis lors, la situation s'est améliorée. Le déficit a disparu en 1888, et il a été remplacé par un excédent de recettes de 36 millions. Au budget de 1890, l'amortissement, un peu relevé, figure pour 105 millions. Le budget extraordinaire est réduit à 154 millions. Il ne comprend plus ni les travaux publics, ni la marine. Les plus-values sur les impôts se sont montrées de nouveau, faibles encore, mais déjà sensibles, en 1888 et 1889.

La seconde République, qui a tant d'analogies du reste avec la monarchie de Juillet, au point de vue financier, s'en distingue en ceci, c'est que la monarchie de Juillet n'a pas su s'arrêter sur la pente fatale qui l'entraînait depuis 1840, tandis que le gouvernement républicain a résisté, il a réagi, lentement il est vrai, mais peu à peu, avec une certaine efficacité, contre l'envahissement des dépenses publiques. Il reste néanmoins beaucoup à faire. On ne peut songer à amortir les charges imputables aux régimes antérieurs. Aucun gouvernement ne l'a fait, pas même la Restauration, dont les finances ne sont si remarquables qu'à la condition de ne pas lui imputer la liquidation des pertes et des frais causés par les invasions. On le peut d'autant moins que nous sommes constamment menacés sur nos frontières par la politique « réaliste » des puissances de l'Europe centrale. Le but qu'on doit viser et qu'il n'est pas interdit d'atteindre, si on s'y applique avec persévérance et énergie, c'est de restreindre de plus en plus les dépenses sur fonds d'emprunt, c'est d'augmenter dans une large mesure la part de l'amortis-

sement, et enfin de donner à nos recettes une stabilité plus
grande en diminuant la prédominance vraiment excessive des
impôts sur les consommations et les transactions, impôts d'une
mobilité perfide qui déroute les plus sages prévisions, surtout à
une époque où la vapeur et l'électricité donnent au mouvement
des affaires une rapidité vertigineuse.

Nous nous bornons, pour le moment, à indiquer cet objectif.
L'examen approfondi des voies et moyens qui peuvent servir à
fortifier nos finances comporte des développements qui nous
entraîneraient trop loin, et qui méritent une étude à part. Nous
avons essayé d'apprécier exactement les embarras financiers
d'une période qui avait été très brillante pendant un espace de
sept années sur douze. Plus tard, nous tenterons peut-être de
déterminer les causes véritables de ces embarras, et, les causes
du mal étant connues, d'en déduire les remèdes rationnels
qu'il conviendrait de lui appliquer.

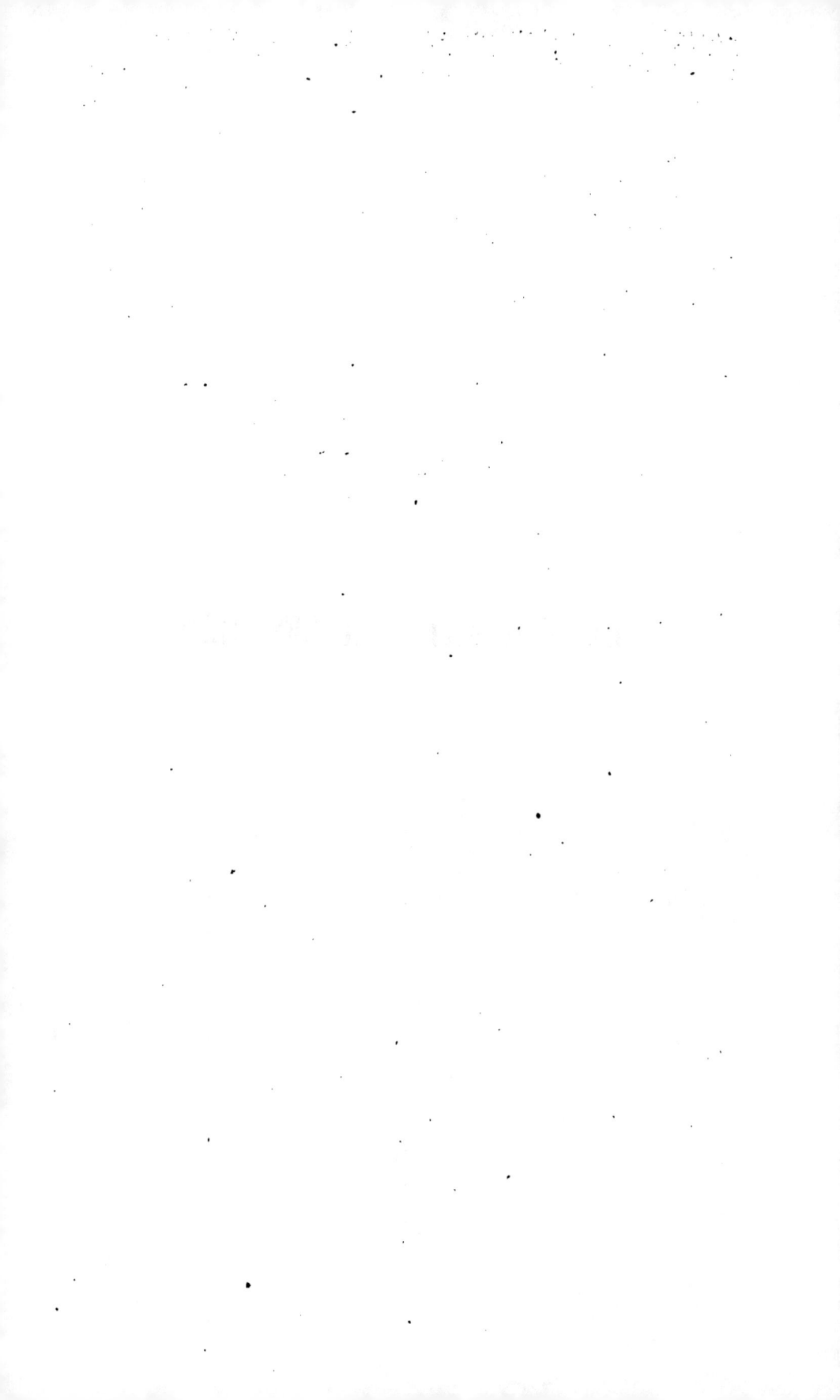

LA SURTAXE SUR LES BLÉS

(1887)

M. CLAMAGERAN. — Messieurs, en prenant la parole contre les conclusions de la commission, j'éprouve plus que jamais le besoin de faire appel à votre bienveillance.

Je ne me dissimule pas que je m'efforce, témérairement peut-être, de remonter un courant d'une violence extrême ; je sais que j'ai en face de moi des adversaires redoutables par le talent et par l'énergie.

Ce qui me rassure, c'est que je sais combien le Sénat s'est toujours montré respectueux du droit des minorités, respectueux des convictions appuyées sur de longues études.

Il comprendra que dans une question comme celle qui lui est soumise aujourd'hui, il est impossible à la minorité de se taire : c'est un devoir pour elle, et un devoir impérieux, de dire ce qu'elle pense dans un débat où il est question, d'un côté, des intérêts de l'agriculture française, et, de l'autre, de l'intérêt non moins respectable de l'alimentation du peuple.

Messieurs, personne ne conteste qu'il y ait, depuis quelques années, au sein des populations rurales, un certain état de malaise, de gêne, d'inquiétude, de souffrance même, qu'on a appelé du nom de crise agricole. Cette crise, je le répète, on n'en conteste pas l'existence : ce qu'on conteste, c'est son intensité, ce sont ses caractères, sa nature, ses causes et surtout le remède qu'on veut y apporter, remède qui, comme tant d'autres, pourrait être pire que le mal.

Ce qui frappe tout d'abord quand on étudie cette crise, c'est son universalité. Elle sévit, on peut le dire, dans le monde entier : non seulement en Europe, mais même dans les pays de grande exportation, en Amérique et dans l'Inde. Partout, elle a un trait caractéristique commun : c'est la baisse du prix des céréales et, par suite, presque partout, la baisse des fermages et de la valeur des propriétés.

Dans quelques pays, d'autres traits s'ajoutent à ce trait commun : en Italie, par exemple, on constate une baisse des fermages très accentuée.

Nous pouvons, sur ce point, consulter utilement l'enquête qui a été faite à la fin de l'année 1884 par les préfets italiens, enquête qui établit que dans beaucoup de provinces la baisse des fermages et de la propriété rurale est de 10, 15, 20, 25, et même de 30 et 35 pour 100. En Italie, il n'y a pas de restriction des cultures : les cultures sont restées intactes : mais il y a une émigration qui est, sur bien des points, assez sensible et qui est causée, en partie, précisément par l'état de gêne des populations agricoles.

Le même fait se rencontre en Allemagne. En Allemagne, vous le savez, les souffrances sont extrêmement vives. Le ministre des Finances, M. von Scholz, le disait l'année dernière : les populations agricoles sont dans une condition économique déplorable.

Vous avez appris tout récemment que des associations se formaient pour obtenir la réduction des fermages. En Saxe, il existe une association de fermiers qui demande 25 pour 100 de réduction.

L'émigration n'est pas non plus sans être de temps en temps accrue, dans certains milieux au moins, par cette crise agricole.

Vous vous rappelez, messieurs, la discussion qui eut lieu, il n'y a pas longtemps, entre M. de Bismarck et M. Richter : M. Richter soutenait que c'étaient les souffrances des populations que les poussaient à l'émigration : et M. de Bismarck, après avoir contesté le fait, reconnaissait cependant qu'en définitive l'émigration n'était pas le résultat d'un excès de bien-être.

Il y a donc des souffrances en Allemagne, une baisse déjà sensible des fermages et des propriétés rurales, et surtout une tendance à la baisse ; mais il n'y a pas de restriction des cultures, à ma connaissance du moins.

En Angleterre, ce qui caractérise la crise, c'est, depuis assez longtemps déjà, la restriction des cultures : les cultures en blé ont diminué, on a développé davantage les herbages et, d'une façon générale, on peut dire que l'activité agricole a diminué. D'ailleurs, la population anglaise, comme vous le savez, est beaucoup plus portée vers la vie urbaine, grâce au développement industriel ; naturellement, sous l'empire de la baisse, cette tendance s'est manifestée de plus en plus.

En France, nous n'avons ni l'émigration, ni, jusqu'ici du moins, la restriction des cultures.

Les emblavures, les surfaces consacrées à la culture du blé n'ont cessé d'augmenter, et cela depuis fort longtemps ; de 5 millions d'hectares en 1829, elles ont passé, en 1852, à 6 millions, et, à la fin de l'Empire, en 1869, à 7 millions d'hectares. Après la guerre et la perte de l'Alsace-Lorraine, il y a eu diminution de quelques centaines de mille hectares, puis le mouvement ascensionnel a repris, et les cultures se sont développées de nouveau.

On est arrivé, en 1884, au chiffre que l'on avait atteint avant la séparation de l'Alsace-Lorraine, c'est-à-dire à 7 millions d'hectares. Ce chiffre est resté à peu près immuable depuis cette époque.

On a dit — et je crois le fait certain — qu'il y avait eu des diminutions de cultures dans quelques régions ; mais elles ont été compensées par l'extension des cultures sur d'autres points, et la culture du blé, qui a paru dans quelques endroits peu rémunératrice aux riches populations du Nord, n'a pas été dédaignée par nos malheureux vignerons phylloxérés du Midi.

Le produit brut n'a pas cessé non plus d'augmenter. Les récoltes, en moyenne, ont été de plus en plus abondantes.

Nous avons eu dans les deux dernières années une moyenne
de 108 millions d'hectolitres. Eh bien, on ne retrouve pas dans
un groupe analogue d'années antérieures un chiffre aussi favorable. Le chiffre le plus favorable que l'on trouve se rapporte
à la période de 1862 à 1865, et il n'a été que de 105 millions
d'hectolitres.

Il est à remarquer que, pendant les années de la grande
hausse des blés, c'est-à-dire en 1872, 1873, 1874 et 1875, la
production était moins grande, car la moyenne était seulement de 103 millions. Donc, la production n'est pas atteinte;
et les cultures, quant à leur étendue et aussi quant à leur rendement en hectolitres par hectare, n'ont pas été atteintes
non plus.

Qu'est-ce donc qui caractérise essentiellement la crise ? C'est
la baisse de valeur des propriétés rurales. En ce qui touche
cette baisse, on a présenté des chiffres assez différents. Je ne
prétends pas en donner un qui soit absolument certain, parce
que depuis 1879 on n'a pas fait d'évaluation officielle. Les évaluations officielles elles-mêmes ne sont jamais d'une exactitude
absolue. Cependant, on peut arriver à des chiffres offrant plus
ou moins de vraisemblance, et je pense qu'on ne peut pas se
passer de ce point de départ dans la discussion qui va s'engager
devant vous.

Pour déterminer l'étendue de la crise, l'importance de la
baisse des fermages et des propriétés, je ne consulterai pas les
documents particuliers à telle ou telle région, à tel ou tel pays,
à tel ou tel groupe local. Je pense qu'on vous donnera sur ce
point des détails nombreux : mais on ne peut pas arriver à quelque chose sur quoi on puisse faire fond en prenant ainsi des
détails particuliers ; il faut absolument s'appuyer sur un document qui vous permette d'arriver à un résultat ayant un certain caractère de généralité, qui porte sur l'ensemble.

Ces documents ne sont pas aussi nombreux qu'on pourrait
le croire au premier abord. On a cherché dans l'enregistrement

une indication : c'est là, en effet, que nous pouvons trouver à peu près la seule qui doive nous inspirer quelque confiance. Il est à remarquer que les droits d'enregistrement sur les baux ne paraissent pas avoir diminué : le chiffre est sensiblement le même depuis quelques années. Il est à remarquer également que les valeurs successorales, sur lesquelles les droits de mutation après décès sont établis, n'ont pas beaucoup diminué non plus : je crois même qu'elles ont, au contraire, augmenté.

Ce qui a diminué, ce sont les droits sur la vente des immeubles, et plus particulièrement sur la vente des immeubles ruraux. Là, il y a une baisse incontestable qu'on chiffre d'une manière différente alors qu'on prend telle ou telle année pour point de départ. A la Chambre des députés, l'honorable M. Méline a pris pour point de départ l'année 1880 ou 1881, et il est arrivé à une baisse de 23 pour 100.

J'estime, quant à moi, que ce n'est pas une bonne année à prendre. L'année 1880, et surtout 1881 et 1882, sont des années de haute spéculation, de spéculation extraordinaire. Évidemment, les prix ont été influencés par cette spéculation.

Il faut donc prendre une année normale qui ne soit ni mauvaise ni exceptionnellement bonne. Je crois que celle que nous pouvons prendre, c'est l'année 1878. L'année 1878, vous le savez par les débats très éloquents et très approfondis qui ont eu lieu sur nos finances, a été excellente, au point de vue fiscal.

Ordinairement, ceux qui attaquent nos finances prennent les années 1876 et 1878 comme point de départ d'une époque bonne et heureuse, et ils montrent ensuite que, depuis, les finances, qui étaient très brillantes alors, ont cessé de l'être au même degré et ont fini par arriver à un certain état de trouble qui cause de l'inquiétude à ceux qui ont souci de notre équilibre budgétaire.

L'année 1878 est donc une année normale. La haute spéculation, qui a dominé quelques années après, n'existait pas encore, du moins d'une façon très intense.

Eh bien, si vous prenez cette année moyenne, vous trouverez un chiffre qui n'est pas extrêmement élevé, qui se rapproche sensiblement de 14 pour 100.

D'un autre côté, il y a un document qui mérite une certaine confiance et qui peut servir à contrôler le premier, c'est celui qui est tiré des baux de l'Assistance publique.

Vous savez, en effet, messieurs, que l'Assistance publique a des propriétés dans divers départements avoisinant Paris, dans Seine-et-Oise, dans Seine-et-Marne et dans quelques autres de la même région. Or, ces départements sont au nombre des plus éprouvés. La différence des baux faits récemment avec les baux précédents est de 19 pour 100.

Pour mon compte personnel, dans l'impossibilité d'arriver à un chiffre d'une exactitude absolue, je suis disposé à prendre un chiffre intermédiaire entre celui que me donne la comparaison des ventes d'immeubles faites en 1878 et 1886, et le chiffre que me donnent les baux de l'Assistance publique, bien qu'ils ne portent que sur un certain nombre de départements.

Je prendrai donc un chiffre intermédiaire entre 14 et 19 pour 100, c'est-à-dire environ 16,50 pour 100. Si nous appliquons cette réduction au total du revenu rural, tel qu'il a été constaté en 1879, lors de l'évaluation officielle qui a été faite, total qui était de 2 645 millions, vous arrivez, après cette déduction, à un revenu de 2 200 millions. Si nous prenons le capital, nous ne trouvons pas tout à fait le même chiffre, mais enfin la différence n'est pas très sensible, et nous voyons que nous avions 61 milliards en 1851, 91 milliards en 1879, et que nous serions ramenés, en 1886, à 76 milliards.

Vous voyez qu'il y a d'abord, de 1851 à 1879, une hausse énorme, grâce à laquelle les propriétaires se sont enrichis ; bien évidemment, ils n'ont pas offert au Trésor de lui donner une part de cet enrichissement, qui a duré assez longtemps. Depuis, ils ont perdu, et de cette somme de 91 milliards on est retombé à 76 : mais cependant la somme de 76 milliards est encore notablement supérieure à celle qui existait en 1851.

Voilà, je crois, des chiffres qui peuvent nous fixer un peu sur l'étendue de la crise, sur son caractère principal, sur sa gravité.

Quelles en sont les causes? Elles sont très nombreuses. Celle qui frappe tous les yeux, celle dont tout le monde s'occupe, celle qui a provoqué les surtaxes qu'on a demandées en 1885 et qui sert à justifier celles qu'on vous demande aujourd'hui, c'est la production très abondante des céréales en général, et du blé en particulier, aux États-Unis et dans l'Inde.

Cette cause existe réellement. Il est certain qu'il y a dans ces pays-là une production très considérable de céréales et que cette production s'y est beaucoup développée, il y a quelques années. Mais bien des exagérations se sont produites, qu'il importe, selon moi, de dissiper. On croit cette production beaucoup plus exubérante qu'elle n'est, et on s'imagine qu'elle va toujours en progressant.

Eh bien, ce n'est pas exact. Pour l'Inde, par exemple, il y avait 28 millions d'acres qui étaient ensemencés en 1884-1885. Dans la campagne suivante, nous trouvons qu'on tombe à peu près en chiffres ronds à 27 millions ; cela fait près d'un million d'acres de moins ; et vous savez que l'acre est à peu près les quatre dixièmes de l'hectare. Vous voyez qu'il y a diminution, restriction des cultures dans une certaine mesure.

Aux États-Unis, le même fait se produit, et d'une manière plus frappante. Il y avait en 1884, année où l'on a atteint le maximum, 15 970 000 hectares ensemencés en blé, c'est-à-dire près de 16 millions.

A cette époque, il y a eu un recul dans les emblavures, accompagné d'une certaine agitation et de chômages sur une très grande échelle. On a parlé de 300 000 et même de 400 000 travailleurs qui étaient sans occupation ; et dans un des États où la production des céréales est la plus abondante et la plus lucrative, dans le Minnesota, voisin de cette rivière Rouge qui se continue ensuite au Canada et qui alimente une vallée des plus fertiles en céréales, eh bien, dans le Minnesota il y a eu 40 pour 100 des travailleurs qui sont restés sans ouvrage.

Je me rappelle avoir lu à cette époque un journal français de la Louisiane qui parlait de ces chômages, de cette crise, — les États-Unis ont eu leur crise comme nous, — et qui en même temps félicitait les Américains du Nord-Ouest de la facilité avec laquelle ils se retournaient en créant de nouvelles cultures et en restreignant celles qui paraissaient excessives. La restriction a été, en effet, considérable, puisqu'on est tombé de près de 16 millions d'hectares à 13 millions 803 000 en 1885. Depuis, il y a eu un relèvement. Je prends les chiffres mêmes donnés par M. le ministre de l'Agriculture.

En 1886, on est revenu à 15 millions d'hectares, et il paraît vraisemblable que, l'année prochaine, on aura à peu près les mêmes quantités : on ne le sait pas absolument, car M. le ministre s'est appuyé sur les emblavures d'hiver. Or, les ensemencements d'hiver ne sont pas toujours un signe certain de la totalité de la récolte.

En effet, toutes les fois que les gelées ne sont pas précoces on ensemence beaucoup l'hiver, les blés d'hiver donnant une meilleure récolte ; mais quand les gelées ne permettent pas d'ensemencer, ce qui arrive assez souvent, on ensemence moins ou plus du tout en hiver, et naturellement on le fait davantage au printemps.

Mais j'admets que les chiffres seront à peu près semblables cette année. Voilà donc 15 millions d'hectares ensemencés : il y a une restriction de près d'un million d'hectares, restriction qu'il importe de bien noter.

Il faut tenir compte aussi d'un autre fait, de la consommation des États-Unis. On cite l'étendue des surfaces ensemencées en blé et la production en hectolitres ; on cite moins la consommation. Cette consommation n'est pas aussi grande que la production, mais elle ne s'en éloigne pas dans des proportions aussi grandes qu'on serait disposé à le croire.

En 1884, la production a été de 180 millions d'hectolitres ;

en 1886, elle est tombée à 161 millions. La consommation, en
y comprenant le blé nécessaire pour la semence, est environ de
120 millions. Dans le document que j'ai consulté, je trouve
122 millions.

Vous voyez que cela laisse un disponible d'une quarantaine
de millions : à certaines époques vous pourrez arriver à 45
millions, mais pas au delà.

Or, le disponible de l'Inde ne dépasse guère 10 à 15 millions.
Vous avez donc à peu près 60 millions de disponible, mettons
65 ou 70 millions ; je crois que le chiffre vrai est plutôt de 60
millions. Sur ce chiffre, l'Angleterre à elle seule demande 50 à
55 millions. Il ne reste donc pas un disponible aussi grand qu'on
le croit. Sur ce point, je pense qu'il y a beaucoup d'exagération dans l'opinion publique. On croit qu'il y a là une production presque indéfinie, qui n'est pas limitée, qui ne pourra pas
s'arrêter : c'est une erreur.

Elle s'est, en effet, déjà arrêtée dans une grande mesure. Elle
est loin d'être aussi effrayante qu'on l'imagine.

J'ajoute que la consommation du blé aux États-Unis tend
plutôt à se développer ; or, si elle se développait quelque peu,
elle arriverait à absorber presque toute la production. Si, avec
leur population, les États-Unis consommaient autant que la
France, il leur faudrait une récolte de 189 millions d'hectolitres. S'il y a un disponible, c'est qu'on consomme beaucoup
de maïs ; mais le maïs est une nourriture qui, pour l'homme,
est inférieure : c'est une nourriture excellente pour les animaux,
avec laquelle notamment on engraisse ces nombreux porcs que
l'on envoie ensuite sous la forme de viande salée en Europe ;
mais les hommes de plus en plus préfèrent le blé, le froment
au maïs. C'est une habitude, il est vrai, une tradition, aux États-
Unis, de manger du maïs ; mais cette habitude cède peu à
peu du terrain, et à mesure que la consommation du froment
augmente, le disponible en blé devient moins important,
ou, tout au moins, on est obligé de cultiver de nouveaux
hectares en blé pour arriver au même disponible : il n'y a

donc pas là cette élasticité presque indéfinie dont on a parlé
quelquefois.

J'ajouterai que la vie qu'on mène dans les États du Nord-
Ouest, qui sont si fertiles, qui sont si vastes et où l'on a tant de
terrains à sa disposition, est une vie très rude. Si vous lisez les
rapports qui ont été faits par les délégués du Parlement anglais
en 1879, qui ont été imprimés en annexes dans le rapport de
M. Pouyer-Quertier en 1881, — ce qui est un très grand service que M. Pouyer-Quertier nous a rendu, car cette publication est extrêmement utile et intéressante, — vous verrez là
que la vie menée par les colons du Nord-Ouest est extrêmement
dure.

Je suis persuadé que si on transportait dans ces contrées
quelques-uns de nos fermiers et de nos propriétaires qui se
plaignent le plus, qui souffrent le plus, et si on leur offrait là un
beau domaine tel qu'il en existe dans le Dacota, il y en a fort
peu qui accepteraient l'échange.

Il y a là des hivers très difficiles à passer ; il y a un grand
isolement.

Il faut ajouter que la main-d'œuvre est extrêmement chère.
On se plaint chez nous de la cherté de la main-d'œuvre, mais
aux États-Unis, on pourrait s'en plaindre bien davantage.

L'argent lui-même est à un taux d'intérêt de 7 ou 8 pour 100,
au plus bas, et le plus souvent il monte à 9 pour 100, circonstance qui devient grave surtout depuis quelques années, parce
que, aujourd'hui, l'ancien pionnier qui s'en allait tout seul avec
sa femme et sa Bible sur les bords du haut Mississipi défricher
un coin de terre, commence à disparaître. Ce qui existe maintenant, ce sont de vastes exploitations dirigées d'une façon
industrielle et scientifique ; mais ces exploitations demandent
de grands capitaux qui coûtent fort cher. De sorte que la main-
d'œuvre est extrêmement chère et que les capitaux le sont également. Ces circonstances, sans aucun doute, doivent entrer
en ligne de compte ; et je crois qu'on doit en conclure qu'il n'y a
pas là quelque chose d'aussi effrayant qu'on se l'est imaginé.

À coup sûr, cette production des États-Unis et de l'Inde a agi sur les prix, cela est incontestable.

Je crois cependant qu'elle n'a pas été la seule cause, et surtout qu'elle n'a pas été la cause principale de la baisse des blés. La cause principale de cette baisse est une baisse générale ou presque générale des prix. Depuis quelques années, nous assistons à un phénomène assez rare dans l'histoire, qui s'est cependant présenté quelquefois, mais d'une manière exceptionnelle ; c'est la hausse de la valeur de l'argent. Ordinairement, c'est le contraire qui se produit : la valeur de l'argent va toujours en baissant, et le prix des marchandises en augmentant.

Eh bien, depuis quelques années, nous assistons à une hausse très sensible de la valeur de l'argent et, par conséquent, à une baisse des prix.

Je ne chercherai pas à expliquer les causes mêmes de cette baisse des prix ; ce serait greffer une discussion assez difficile sur une autre qui déjà offre elle-même ses difficultés, soit qu'on explique la baisse, comme l'a fait notre honorable collègue M. Teisserenc de Bort dans un admirable rapport sur les valeurs de douanes, par une surproduction ayant porté, non pas sur tous les articles, mais sur un très grand nombre ; soit qu'on l'explique, comme d'autres le font, par le fait qu'en réalité une partie de la monnaie d'argent n'ayant pas le même cours qu'autrefois, il y a eu par cela même rareté de monnaie dans le monde et hausse de la valeur monétaire ; soit qu'on l'explique encore d'une autre manière, qui me paraît beaucoup plus probable, par le fait qu'après s'être livré à des excès de spéculation pendant les années 1880, 1881 et 1882, excès que nous avons bien connus en France, mais qui ont existé aussi dans d'autres pays, on a passé d'une confiance excessive à une méfiance excessive. Or, la méfiance, en matière commerciale, quand il s'agit de vente de denrées, se traduit toujours par la hausse de la valeur monétaire et, par conséquent, la baisse des prix.

Le fait est que si l'on compare le prix d'un grand nombre

de marchandises, en prenant, par exemple, l'année 1869 et
l'année dernière ou l'année précédente, on verra qu'il y a eu
d'abord une hausse considérable, mais que, depuis, il y a eu
une baisse beaucoup plus forte sur un grand nombre de marchandises que sur le blé. Je trouve là, dans mes notes, le chiffre
de 20 pour 100 sur un ensemble considérable de marchandises
diverses, et pour le blé seulement 14 pour 100.

Il est certain que si l'on se reporte aux années de très grande
hausse des blés, alors il y a une différence en sens inverse;
mais si l'on se reporte aux années à peu près normales comme
celles de la fin de l'Empire, la baisse est plus grande sur un
très grand nombre de marchandises usuelles que sur le blé.

Si on fait un autre calcul du même genre. — il a été fait à
la Chambre des députés par le regretté M. Raoul Duval, — si on
prend un certain nombre d'articles avec les prix qu'ils avaient
l'année dernière et ceux qu'ils avaient quelques années auparavant, le même fait se produit : la baisse, qui est sur le blé de
22 ou 23 pour 100, atteint, pour dix ou onze articles très importants, tels que la houille, le fer, les minerais, les textiles, un
minimum de 20 ou 25 pour 100 et s'élève souvent à 30, 35 et
jusqu'à 49 pour 100.

Voilà donc une cause très considérable de baisse dont il faut
tenir compte : presque tout est en baisse, il n'est pas étonnant
que le blé baisse aussi dans une proportion plus ou moins
grande, selon que l'on prend tel ou tel point de comparaison.

Si l'on prend une longue période, en somme, la baisse sur le
blé n'est pas plus considérable, et souvent elle est moins grande
que sur les autres marchandises.

D'autres causes peuvent encore être citées. Je vous demande
la permission d'en dire un mot.

La main-d'œuvre, vous le savez, a considérablement augmenté, et il faut s'en féliciter, pendant de nombreuses années.
Cette hausse, se combinant avec celle des fermages et la baisse
du prix des produits, a évidemment causé une très grande gêne
aux fermiers depuis 1885, et il est assez remarquable que ce

soit précisément depuis que la loi sur la première surtaxe a été
votée qu'on a signalé une certaine baisse dans le prix de la
main-d'œuvre; mais, je ne crois pas que cette baisse soit encore
très accentuée.

D'autres causes, qui ont été signalées aussi dans beaucoup de
rapports, sont les habitudes de luxe répandues dans les campagnes et les cultures arriérées. Je n'insisterai pas sur ces causes,
d'abord, parce que je ne suis pas assez compétent en pareille
matière, je ne connais pas assez la vie intime des campagnards
pour en parler ; d'autres en parleront d'une façon plus compé-
tente que moi ; et puis, j'avoue que je n'aimerais pas à me ris-
quer sur ce terrain, quoique, dans les rapports allemands et
dans les rapports italiens, ces causes aient été bien souvent
signalées avec une franchise très rude. Je ne sais pas si en France
on pourrait le faire sans exciter un peu la susceptibilité des
agriculteurs, qui, sous ce rapport, ressemblent pas mal aux
poètes :

Genus irritabile vatum.

Il est certain que quand on énumère parmi les causes de crise
quelques causes qui semblent indiquer un reproche pour eux,
ils y sont extrêmement sensibles ; et, comme j'ai beaucoup d'autres considérations à présenter, je n'insiste pas sur ce point.
J'en dirai autant pour ce qui concerne le crédit.

L'agriculture souffre également de l'absence et de l'abus du
crédit : elle souffre d'un crédit insuffisant et mal organisé quand
elle veut emprunter dans un but utile, pour des améliorations ;
elle souffre de l'abus du crédit, quand les campagnards emprun-
tent, non pas pour améliorer leurs propriétés, mais, ce qui
arrive souvent, pour acheter de la terre et la prendre à un prix
tel, qu'il est impossible que la culture soit rémunératrice.

J'arrive à une autre cause de souffrance qui n'agit pas sur les
prix, mais qui influence certainement l'ensemble de la situation
des populations rurales.

Cette cause-là, je demande à en parler avec un peu plus de

détails. Je n'ai pas ici les mêmes scrupules qu'en ce qui concerne
les habitudes de luxe, le crédit et les cultures arriérées ; c'est,
au contraire, une cause de gêne dont les agriculteurs aiment
beaucoup à parler : c'est le poids des charges publiques : c'est
l'impôt qui pèse sur eux. Il est nécessaire d'en dire quelques
mots. Il y a eu là-dessus, comme à propos de la production américaine, beaucoup d'exagération. Ce n'est pas que les impôts
qui pèsent sur les populations rurales ne soient lourds. Personne ne le méconnaît. Mais il importe d'examiner jusqu'à
quel point on peut dire que les populations rurales sont sacrifiées, qu'elles sont victimes. On l'a beaucoup dit, on a répété
que l'agriculture...

Un sénateur. — On a eu raison.

M. CLAMAGERAN. — J'entends dire : On a eu raison.

En effet, cela a été beaucoup dit. C'est une raison de plus, je
crois, d'insister sur ce fait. J'entends dire souvent : L'agriculture a toujours été sacrifiée en France. Si on entend par là
embrasser une période de plusieurs siècles, je suis de cet avis.
Si on remonte à l'ancien régime, à l'époque des tailles, des
gabelles, des corvées, des dîmes et des droits féodaux, il est
certain que l'agriculture était alors véritablement écrasée. Mais
nous n'en sommes plus là, et je crois que non seulement l'agriculture n'a pas été sacrifiée, mais que sa situation a toujours été,
au point de vue des charges publiques, en s'améliorant depuis
une soixantaine d'années et notamment depuis 1827.

Je ferai remarquer d'abord qu'il serait bien singulier que
l'agriculture eût été sacrifiée depuis 1848, car l'agriculture, on
ne cesse de le répéter, représente à peu près la moitié de la
population française ; en 1848, c'était un peu plus ; aujourd'hui
c'est un peu moins, mais c'est sensiblement la moitié de la
population française.

Or, avec le suffrage universel qui a été proclamé en 1848, il
me paraît bien difficile que les intérêts de l'agriculture aient pu
être méconnus, et j'ajouterai que depuis la Constitution de 1875
cela serait bien plus extraordinaire encore, puisque à côté d'une

Chambre des députés élue par le suffrage universel direct, il y a une autre Chambre — le Sénat — qui est élue en vertu d'un mode électoral qui, évidemment, ne sacrifie pas les communes rurales, qui, dans le principe même, leur donnait une prépondérance complète.

Il est vrai que cette loi a été modifiée en 1884, mais, même avec cette modification, la proportion n'existe pas encore, et l'on peut dire que les communes rurales ont toujours un très grand avantage au point de vue de leur représentation au Sénat. Il serait donc bien extraordinaire qu'elles eussent été sacrifiées.

Mais voyons un peu ce qu'il y a de vrai dans cette allégation. D'abord, à côté de l'impôt, il y a la part que les populations prennent dans les dépenses publiques.

Or, il faut considérer que la part de l'agriculture dans ces dernières n'a pas été médiocre. Je ne parle pas de l'augmentation du budget du ministère de l'agriculture. Il y a là beaucoup de subventions qui, je crois, sont excellentes pour encourager les améliorations agricoles : mais enfin c'est un budget de 20 ou 22 millions. Évidemment, c'est une quantité qu'on peut presque négliger.

Mais ce qui n'est pas à négliger, c'est tout ce qu'on a fait depuis un certain nombre d'années pour les populations purement rurales de la France en fait de travaux publics. Ce qui n'est pas à négliger, par exemple, c'est le fait du milliard dépensé pour les chemins vicinaux.

Évidemment ce n'est pas pour les villes qu'on a dépensé depuis 1869 près d'un milliard, dont plus d'un quart en subventions et le reste en avances avantageuses.

Et si des chemins vicinaux nous passons à quelque chose de bien autrement important, si nous passons aux chemins de fer, est-ce que, si l'on s'était borné à ceux qui concernent les populations purement urbaines, qui relient entre elles les grandes villes et même les villes de second ordre, notre budget serait chargé de cette masse énorme de garanties d'intérêts qui par moments semble l'écraser? Évidemment non.

Ce grand effort qu'on a fait depuis quelques années pour améliorer la situation des populations qu'on a considérées comme les plus pauvres, des régions qui paraissaient les plus déshéritées ; ce grand effort, dis-je, il faut en tenir compte. Il est clair que tous ces chemins si onéreux profitent directement ou indirectement à l'agriculture ; c'est un point dont il est impossible, il me semble, de ne pas tenir un compte sérieux.

J'en pourrais dire autant des écoles rurales. Si on avait voulu seulement établir des écoles gratuites dans les villes, je crois qu'on n'aurait pas eu besoin de l'intervention de l'État.

C'est pour les campagnes que l'on a été obligé de faire de grandes dépenses : beaucoup de nos collègues de la droite critiquent ces dépenses, mais c'est à cause de la nature de l'enseignement qu'on donne dans les écoles. Ils ne contestent pas qu'il était bon de répandre l'instruction là où elle était le plus difficile à faire pénétrer ; c'est le caractère de cette instruction qu'ils contestent ; le fait en lui-même, ils ne le critiquent pas. En tout cas, cela a été fait dans l'intérêt des populations rurales. Voilà pour leur part des dépenses publiques.

Maintenant, revenons à l'impôt. L'impôt pour les populations rurales comporte bien des immunités auxquelles il faut faire attention.

Les bâtiments ruraux sont exempts des taxes : vous avez le privilège des bouilleurs de cru qui est établi exclusivement en faveur des populations rurales et qui cause un grand préjudice au Trésor.

Et enfin, il y a un fait très remarquable, c'est que l'impôt foncier atteint bien le revenu net du propriétaire, mais il n'atteint pas le revenu du fermier comme en Angleterre, où on grève à la fois les deux revenus. Je ne dis pas qu'on eût tort de le faire, mais je constate un fait qui est à coup sûr digne d'attention.

On tient beaucoup à assimiler l'exploitation agricole à une industrie ; c'est, en effet, une sorte d'industrie, mais une industrie qui ne paye pas patente ; c'est le revenu du propriétaire qui est soumis à l'impôt ; le cultivateur du sol lui-même n'y est pas soumis : il ne paye pas de patente. C'est une immunité qui fait partie de notre législation fiscale, qui a un caractère permanent. Il y en a une autre qui ne fait pas partie de nos lois organiques, mais qui n'en est pas moins remarquable. C'est celle qui a été accordée en 1871.

Après la guerre franco-allemande, on a augmenté tous les impôts, excepté l'impôt foncier. Il me semble que c'est la première fois dans notre histoire qu'un fait pareil a eu lieu.

Je ne crois pas qu'il y ait d'exemple — après des désastres analogues à ceux qui ont été subis par la France à cette époque — d'une pareille immunité pour la propriété foncière. Le pays se trouvait en face de dépenses énormes auxquelles il fallait faire face et pour lesquelles on fut obligé d'établir 7 à 800 millions d'impôts nouveaux. Vous vous rappelez la raison donnée pour ne pas toucher à la propriété foncière : on a dit que c'eût été frapper l'alimentation publique, et on ajoutait — c'était le ministre des Finances de l'époque qui le disait : — Ce n'est donc pas dans l'intérêt de la propriété foncière que nous avons refusé de l'atteindre, c'est dans l'intérêt des pauvres et des travailleurs.

Aujourd'hui c'est bien différent. A cette époque, il ne s'agissait pas de ménager la propriété : on ne voulait pas toucher à l'alimentation publique, même par voie indirecte ; on ne voulait pas que le travailleur eût à en subir le contre-coup. Aujourd'hui on veut garantir les revenus des propriétaires et les empêcher de baisser : et on n'hésite pas à toucher directement à l'alimentation publique. C'est un fait qui méritait d'être rappelé.

Cet impôt foncier, qui n'a pas été augmenté en 1871, l'avait été considérablement, comme vous le savez, en 1815 et en 1816.

On avait établi alors 50 centimes additionnels au profit de l'État, qui ont duré assez longtemps. Le principal de l'impôt foncier montait à 245 millions en 1816, tandis qu'il est aujourd'hui de 118 millions.

De 245 millions il est descendu successivement, et il est arrivé, à partir de 1827 à 1837, au chiffre de 179 millions. C'est le chiffre le plus bas de la monarchie constitutionnelle, soit de la Restauration, soit du gouvernement de Juillet. Aujourd'hui, le principal est encore un peu au-dessous de ce chiffre.

Dans l'intervalle, il y eut une grande diminution. En 1851, on avait abaissé l'impôt foncier de 187 millions à 160 millions. C'était une diminution en une seule fois de 27 millions.

Si, depuis, il y a eu quelques augmentations, ces augmentations sont dues uniquement à l'accroissement des constructions, des propriétés bâties. De sorte que ce qui intéresse le plus la propriété rurale est resté intact.

Voilà un point qui ne doit pas être omis quand on considère quelles sont les charges qui pèsent sur l'agriculture. On me dira peut-être que je ne parle que du principal de l'impôt foncier, qui est prélevé au profit de l'État.

Il y a des centimes additionnels. Voulez-vous que nous prenions la totalité des centimes additionnels? Je ne demande pas mieux. Je ne remonterai pas jusqu'en 1816; mais je comparerai, d'après un travail inséré dans le bulletin du ministère des Finances, l'année 1838 avec l'année 1885.

La contribution foncière, avec tous les centimes communaux et départementaux, était en 1838 de 263 millions; en 1885, elle monte à 373 millions.

L'augmentation est de 45 pour 100.

Si vous prenez les autres impôts, voici le développement qu'ils ont pris. L'enregistrement a monté de 186 millions à 520 millions; le produit est presque triplé.

L'octroi a passé de 70 à 270 millions; c'est presque le quadruple; les patentes, de 37 millions à 171, c'est-à-dire près de cinq fois le produit primitif; et enfin, pour les contributions indirectes proprement dites, contributions qui portent sur les boissons, le sel, le sucre, les tabacs, en un mot, les gros impôts de consommation, vous avez 207 millions et 1063 : c'est-à-dire, en 1885, plus de cinq fois le montant de 1838.

Le fisc a suivi le développement de la consommation ; il a·
suivi aussi le développement industriel, je ne le nie pas. L'a-t-il
toujours exactement suivi ? Je n'en suis pas sûr : je suis porté à
croire que l'augmentation industrielle a été au moins aussi forte ;
mais vous voyez qu'il l'a suivie de bien près, puisque pour la
contribution foncière nous n'avons pas même 50 pour 100,
nous avons 45 pour 100 seulement d'augmentation, tandis que
nous arrivons, pour les patentes et les impôts de consommation,
au triple, au quadruple et presque au quintuple du produit primitif, le point de départ étant le même.

Arrivons maintenant à calculer en gros, d'une façon sommaire, quelles sont les charges qui pèsent sur l'agriculture.

Je crois vous avoir montré que l'agriculture avait été, au
point de vue du fisc, de plus en plus ménagée depuis un certain
nombre d'années. Il reste à voir à quels résultats ces ménagements nous ont conduits.

Pour apprécier ces résultats on n'a pas toujours suivi une bonne
méthode. En effet, il arrive souvent qu'on prend pour point de
comparaison le revenu net du propriétaire, qui était, en 1879,
de 2 645 millions, et à ce revenu net du propriétaire on oppose
des charges qui pèsent sur la totalité de la population agricole.

Par exemple, on joint aux impôts qui pèsent directement
sur la propriété non bâtie la part, fort difficile à déterminer,
que les populations agricoles peuvent prendre dans les contributions indirectes, dans les impôts de consommation.

Cependant, si on arrive à une détermination approximative-
ment exacte, la méthode peut être bonne, mais pour cela il faut
qu'aux 2 645 millions représentant le revenu net du propriétaire, on ajoute tout le reste du revenu agricole, les profits du
fermier et les salaires des ouvriers de la campagne.

Car les impôts de consommation ne sont pas pris sur le
revenu net, ce qui fait qu'ils sont si lourds et si productifs ; mais
sur le revenu brut, sur le salaire de l'ouvrier aussi bien que sur
le revenu du propriétaire.

En calculant, d'un côté, tout ce que peut payer la totalité de la population agricole, et en mettant en face seulement le revenu net du propriétaire, on arrive à des chiffres énormes, mais absolument fabuleux.

Si on veut prendre un point de départ exact, il faut prendre le revenu du propriétaire, tel qu'il a été établi en 1879.

En lui faisant subir une baisse de 16 à 17 pour 100 on arrive au chiffre de 2 200 millions. Puis il faut évaluer les impôts qui grèvent ce revenu, mais ces impôts-là seuls, sans entrer dans le détail, ce qui exigerait de trop longs développements.

Je prends d'abord la contribution foncière dont le montant est parfaitement connu. Elle monte pour les propriétés non bâties à 250 millions avec les centimes additionnels.

Nous avons ensuite l'enregistrement. J'estime que la part de l'agriculture dans les droits d'enregistrement et de timbre est fort difficile à établir. Je l'évalue à 225 ou 230 millions. J'arrive ainsi à 480 millions, ce qui donne, sur 2 200 millions — j'admets une baisse qui a eu lieu depuis un certain nombre d'années — 21 à 22 pour 100 sur le revenu. Il est évident que ce chiffre est fort élevé, mais ce n'est pas tout à fait le chiffre qu'on a donné quelquefois.

M. BLAVIER. — Il y a les prestations.

M. CLAMAGERAN. — Par les raisons que j'ai données tout à l'heure, je les écarte parce qu'elles portent principalement sur les travailleurs agricoles. Dans les comparaisons avec les étrangers j'agis de même; autrement, les chiffres ne pourraient pas être comparés s'ils n'étaient pas appliqués avec la même méthode.

J'arrive donc à 21 ou 22 pour 100 sur le revenu net; si on fait le calcul par hectare, j'arrive à 10 ou 11 francs. L'honorable M. Méline admet le chiffre de 611 millions, ce qui donnerait 27 pour 100 sur le revenu et 13 francs par hectare. Ces charges sont, je le répète, considérables.

Mais il ne faut pas croire qu'il n'y ait pas quelque chose d'assez analogue dans beaucoup de pays.

Ceci n'est peut-être pas extrêmement consolant pour ceux qui payent les impôts ; mais il faut cependant bien faire attention qu'il n'y a pas là quelque chose d'aussi exceptionnel qu'on le dit. Si vous comparez la France avec d'autres pays, vous trouverez que ceux-ci n'en diffèrent pas prodigieusement.

Afin de ne pas allonger indéfiniment cette discussion, je me contenterai d'un seul chiffre pour l'Italie. D'après une revue de statistique très estimée, l'impôt y est de 15 francs par hectare. M. Méline donne pour la France le chiffre de 13 francs. J'ai trouvé pour mon compte 10 à 11 francs. Le chiffre de l'Italie est donc sensiblement supérieur.

Pour l'Allemagne, je n'ai pas de chiffres extrêmement précis ; mais vous savez combien on s'y plaint du poids que les centimes communaux font peser sur la propriété. Les charges communales sont souvent triples, quadruples et quelquefois décuples des charges de l'État. Ce qui me porte à croire qu'en Allemagne le poids de l'impôt rural est bien lourd, c'est un mot qui a été rapporté par un de nos agents diplomatiques, M. de Plancy, dans un des rapports très précieux qui ont été publiés au bulletin du ministère de l'Agriculture.

Il cite cette parole d'un paysan allemand avec qui il causait et qui se plaignait, naturellement, du poids des impôts et disait : « Quand cela va, on paye l'impôt ; quand cela ne va pas, on part pour l'Amérique. » *Mouvement.*

Cette parole indique un état grave, de lourdes charges publiques.

En Angleterre, on arriverait, si on faisait bien le calcul, à un chiffre sur le revenu très analogue à celui que nous avons en France. Si vous joignez à la *land-tax*, qui, ayant été en partie rachetée, se trouve réduite à 26 ou 27 millions, la part de l'agriculture, dans les droits de timbre, c'est-à-dire 28 millions, et dans l'*income-tax*, c'est-à-dire 78 millions sur 397, vous arrivez déjà à un total de 132 millions.

Mais il y a en outre la part des fermiers et des propriétaires ruraux dans la taxation locale. Vous savez que ces taxes locales montent à 33 ou 34 millions de livres sterling, c'est-à-dire à 850 millions de francs, prélevés par voie d'imposition directe.

D'après les proportions établies dans les rapports de la trésorerie, cette part est d'environ 270 millions.

En réunissant tous ces chiffres on arrive à un total de 400 millions pour un pays qui n'est pas essentiellement agricole. Si nous recherchons le tant pour cent sur le revenu, nous trouvons que l'*income-tax* portée à 8 pence par livre est de 3,33 pour 100 sur le revenu du propriétaire et de 3.33 pour 100 également sur le revenu du fermier, revenu qui n'est pas atteint chez nous.

Le tant pour cent de ces droits locaux dont j'ai parlé tout à l'heure est estimé à 14 pour 100 pour l'Écosse et à 17 pour 100 pour l'Angleterre. Il y a, il est vrai, des exemptions pour les petits revenus : mais, pour les fortunes moyennes, vous arrivez à un chiffre qui se rapproche sensiblement du nôtre, quelque chose comme 20 ou 23 pour 100. Il me paraît à peu près impossible qu'on demande au-dessus de 20 pour 100.

J'ai hâte d'arriver aux États-Unis, parce que les États-Unis sont le grand objectif. Je vous ai parlé des partisans de la surtaxe ; je vous ai parlé tout à l'heure des conditions dans lesquelles se faisait la production agricole aux États-Unis.

Je crois avoir démontré qu'on avait exagéré les avantages, très grands du reste, je ne le méconnais pas, de la production agricole en Amérique. Voyons maintenant ce qui concerne l'impôt. On entend dire, très souvent : « Comment lutter avec un peuple qui n'a pas de dettes, qui n'a pas d'impôts ? »

Pas de dettes ! Mais, quoiqu'on en ait remboursé beaucoup, il y a encore quelque chose comme 7 milliards de dettes fédérales. Et puis, en dehors de celles-là, il y a les dettes des États, des comtés et des communes, qui se montent, d'après les meilleurs documents que j'aie pu consulter, à 6 milliards environ. Voilà donc une dette de 13 milliards. Ce n'est certainement pas l'équivalent de la nôtre, mais ce n'est pas non plus l'absence de dettes.

Quant à l'impôt, on peut dire que celui qui pèse sur la terre est énorme. On ne voit jamais que le budget fédéral et il arrive, pour les comparaisons qu'on fait avec l'Amérique, ce qui arrive pour celles qu'on fait avec l'Angleterre et d'autres pays. Notre centralisation nous nuit parce que presque toutes nos charges figurent dans notre budget général. Dans ces pays, les plus grosses charges sont en dehors de ce budget.

Il en est ainsi en Amérique. Le budget fédéral s'élève à 15 ou 1 600 millions, comprenant des droits de douanes et des droits sur certains objets de consommation, notamment sur les spiritueux.

Les Américains, dit-on, ne payent pas d'impôts directs, ils ne payent que des impôts indirects, surtout des droits de douane très élevés.

Comme les personnes qui invoquent ce fait sont en général persuadées que les droits de douane sont payés par l'étranger, elles pensent qu'en somme l'impôt en Amérique ne grève presque pas les nationaux.

Mais, en dehors de l'impôt fédéral, il y a l'impôt des États, des comtés, des paroisses et des circonscriptions scolaires, circonscriptions qui forment dans ce pays-là une sorte de circonscription fiscale.

Eh bien, quel est le montant de ces impôts locaux ? Je trouve dans mes notes deux chiffres entre lesquels on peut hésiter, mais dont il est facile de prendre la moyenne ; elle est fort élevée.

L'un a été donné par M. Lambertico, sénateur d'Italie, qui a rédigé le rapport sur l'enquête de l'agriculture en Italie. Il s'est livré à une étude très approfondie sur l'état de l'agriculture aux États-Unis, et surtout sur les charges qui pèsent sur ce pays. Il estime le montant des budgets locaux à 1 563 millions.

Dans un autre ouvrage, écrit par un Américain, celui-là, M. Atkinson, de Boston, je trouve le chiffre de 1 785 millions. Vous voyez que c'est quelque chose qui va entre 1 500 et 1 800 millions ; c'est environ 15 à 1 600 millions : et la presque tota-

lité de ces budgets est alimentée par une seule et unique taxe —
on n'en connaît guère d'autres aux États-Unis — cette taxe,
c'est l'impôt sur le capital.

A combien M. Lambertico estime-t-il l'impôt sur le capital?
A 1 pour 100, non pas de la valeur déclarée — la taxe s'élève-
rait beaucoup plus haut — mais de la valeur réelle des immeubles.

Je demande si, en France, les propriétaires ruraux qui se
plaignent le plus admettraient volontiers cette proportion de
1 pour 100 sur la valeur en capital. J'avoue que j'en doute
fort, d'autant plus que ce 1 pour 100 n'est qu'une moyenne,
parce que dans les pays les plus neufs, dans les pays où la terre
est à peine défrichée, l'impôt n'est que de quelques centimes,
il est vrai, mais que, dans d'autres pays, il est infiniment plus
élevé.

J'avais, il y a quelque temps, sous les yeux le compte d'une
maison vendue à la Nouvelle-Orléans 5 000 piastres, et sur
laquelle on payait 170 piastres, c'est-à-dire 3,40 pour 100.

Sur la propriété rurale la taxe est moindre, mais elle monte
très souvent à 1,50 et 2 pour 100.

Vous n'avez qu'à lire, si vous voulez être édifiés sur ce point,
le rapport extrêmement instructif publié par M. de Savignon,
qui était délégué de notre institut agronomique en Californie.
Vous verrez qu'en Californie la moyenne de l'impôt sur le capital est de 4 pour 100, et que quelquefois on va beaucoup plus
loin.

Dans certaines fermes isolées — je puis en citer une très
importante qui me vient à l'esprit, elle appartient à une femme
d'origine française, Mme Camus — l'impôt va jusqu'à 1,50
pour 100.

Voilà donc un impôt très considérable comme chiffre. Quand
on songe que la valeur de la propriété rurale, estimée d'après le
dernier recensement américain de 1880, était environ de 65 milliards de francs, cet impôt donne 655 millions ; ce n'est pas une
quantité qu'on puisse négliger, c'est à coup sûr une somme très

forte. On pourrait citer, je le répète, des taux infiniment plus élevés.

J'ajoute que cet impôt sur le capital qui, par son taux, effrayerait évidemment beaucoup de propriétaires en France, même parmi ceux qui se plaignent le plus du poids des charges publiques, se trouverait à leurs yeux singulièrement aggravé par les conditions de la perception. L'évaluation des valeurs imposées, ce qu'on appelle l'*assessment* dans ce pays, se renouvelle tous les ans ou tous les deux ans : de sorte qu'une propriété qui vaut aujourd'hui 100 000 francs, mais qui l'année suivante en vaudra peut-être 120 ou 150 000, est immédiatement imposée en proportion de sa valeur nouvelle.

J'ajoute que l'impôt sur le capital est très défavorable à la propriété rurale, parce que les revenus ruraux et la valeur des propriétés rurales sont beaucoup plus faciles à estimer et qu'on est beaucoup plus sûr que rien n'échappe : tandis qu'au contraire les capitaux mobiliers échappent pour une partie souvent assez importante aux investigations du fisc.

Voilà dans quelles conditions se trouve l'impôt aux États-Unis. J'ajouterai ce qu'on a souvent dit ici, que l'agriculture supporte les charges provenant de la protection industrielle, et que ces charges aux États-Unis sont trois ou quatre fois plus élevées que chez nous.

Voilà, messieurs, quelle est la situation. Je n'en conclus pas évidemment qu'il n'y ait rien à faire. Il faut, si cela est possible, persévérer dans la voie où l'on est entré depuis 1827 ; il faut même, si les finances le permettent, aller plus vite : je ne demanderais pas mieux, quant à moi ; mais il ne faut pas parler, comme on le fait souvent, de surcharges extraordinaires, monstrueuses.

Nous avons sans doute des impôts très lourds : mais ces impôts ne sont pas sans analogie avec ceux que supportent beaucoup d'autres peuples qui ne sont pas précisément près de tomber en décadence.

Et d'ailleurs, à supposer même que cette surcharge fût excessive, quelle en serait la conséquence logique ?

Je ne vois pas comment cette conséquence logique pourrait être tirée en faveur de la surtaxe des céréales ; la conséquence logique serait de présenter un projet de revision de l'impôt, qui établirait d'abord d'une façon très nette si réellement la propriété rurale est plus chargée que les capitaux mobiliers, que le commerce et l'industrie, par exemple.

Je ne pense pas que cette revision conduirait à augmenter la charge déjà excessive qui pèse sur la consommation. Cela ne peut entrer dans l'esprit de personne. Ce qui entrerait dans l'esprit de ceux qui entreprendraient cette revision, ce serait de reporter une partie des charges qui frappent l'agriculture sur les capitaux mobiliers.

Voilà ce qu'on ferait. Je ne crois pas que quelqu'un s'avisât d'augmenter les impôts de consommation, qui déjà sont énormes.

Par conséquent, cette surcharge ne peut pas, par elle-même, par elle seule, justifier le remède qu'on nous propose.

Elle justifierait une revision. Je crois qu'il serait très bon de travailler à cette revision. Mais le remède qu'on nous propose, quel est-il ? C'est encore un nouvel impôt de consommation.

Ce remède, vous le savez, c'est le même qu'on a employé en 1885. C'est le remède auquel on a recours toutes les fois qu'on se trouve quelque peu embarrassé dans notre pays. On s'adresse à l'État : on lui demande d'intervenir. Ici son intervention prend la forme d'une surtaxe. Cette surtaxe a été d'abord de 3 francs. Elle est portée aujourd'hui à 5 francs.

C'est une différence notable. Cette surtaxe de 5 francs peut parfaitement produire des effets qui ne soient pas absolument proportionnés à une taxe de 3 francs. On arrive ici en quelque sorte à un point aigu, à un point critique dans les tarifs.

On avait dans les tarifs un droit de 15 pour 100 : on arrive à un droit de 25 pour 100. Il y a réellement là une aggravation considérable ; la chose mérite que nous réfléchissions et que nous nous demandions si véritablement nous devons persévérer dans la voie où nous sommes entrés, voie qui, aux yeux de beaucoup de personnes, est une voie extrêmement dangereuse.

En effet, ce droit sur les céréales, sur une denrée alimentaire, me paraît tout à fait contraire aux principes qui doivent régir les droits de douane. même quand ce sont des droits protecteurs.

J'admets bien que les droits protecteurs ont toujours quelque chose d'anormal, quelque chose qui n'est pas conforme évidemment au droit commun, puisqu'il s'agit en somme de faire payer un nouvel impôt, non pas au profit de l'État, mais au profit d'un certain nombre de personnes, au profit de certains groupes sociaux ; cependant, ces droits peuvent, dans leur répartition tout au moins, ne pas être contraires à l'équité contributive. A quelles conditions ? A deux conditions : quand ils sont payés, par exemple, *ad valorem*. Alors, il est évident qu'ils grèvent les denrées d'après leur valeur. Les denrées dont le prix est élevé sont atteintes plus fortement que les autres.

On a renoncé à ce procédé en 1881. C'est la tendance, il faut bien le dire, des droits de douane de se transformer toujours, de cesser d'être *ad valorem* parce que l'appréciation est difficile à faire et qu'elle est toujours un peu arbitraire.

On les a transformés en droits spécifiques. Dans ces conditions, à moins de rendre ces droits absolument injustes, il faut tenir compte d'une autre condition qui permet de les concilier avec le grand principe de l'équité contributive.

Cette condition consiste à en affranchir les denrées de première nécessité. Eh bien, cette condition, nous y manquons. Non seulement nous imposons quelque chose d'anormal à la masse des contribuables, en leur imposant une charge qui ne profitera que dans une très faible mesure à l'État, et qui profitera, au contraire, dans une très forte mesure, à des groupes sociaux, considérables, il est vrai, mais qui n'embrassent pas la nation :

nous leur imposons, de plus, une répartition de cette charge des moins équitables.

On ne voit, jamais, dans la protection, que le côté du bénéfice, et c'est ce qui fait qu'on réclame ce qu'on appelle l'égalité dans la protection, à défaut de l'égalité dans la liberté. On voit la répartition du bénéfice. On dit aujourd'hui : L'agriculture ne participe pas dans la même mesure que l'industrie de la protection ; donc il faut rétablir l'équilibre par des droits sur les produits agricoles.

Mais il y a les charges qu'impose cette protection ! Il y a quelqu'un qui paye ces millions qui constituent le bénéfice de la protection ! Eh bien, ce quelqu'un, vous pouvez bien lui imposer une certaine charge : mais encore faut-il que cette charge soit répartie conformément aux principes de la justice en matière d'impôt ; et, pour qu'elle soit répartie équitablement, il ne faut pas qu'elle grève les consommations de première nécessité: il ne faut pas qu'elle devienne, en un mot, une capitation, un véritable impôt progressif à rebours. Voilà ce qui est extrêmement dangereux dans la mesure qui vous est proposée.

L'inconvénient me paraît tel, que je considère qu'il y a lieu, avant de s'engager plus avant dans cette voie, avant d'augmenter un droit, qui était de 3 francs, qu'on va porter à 5 francs et qui, peut-être, dans quelque temps, sera porté à 7, 8 et 10 francs — car je ne sais pas, dans la voie où l'on est, où l'on s'arrêtera — avant, dis-je, de s'engager ainsi, je crois qu'il y a lieu de consulter l'expérience du passé.

Il semblerait vraiment que ce soit là quelque chose de nouveau : mais ils ne sont pas le moins du monde nouveaux ces droits sur les matières premières, sur les céréales, sur le blé ! Ils ont occupé une très grande place dans notre système financier et douanier, et pendant de très longues années.

Il me semble donc qu'il serait bon de voir quels ont été leurs effets, comment ils ont contribué à éviter la crise agricole provenant de bas prix et la crise alimentaire provenant, au contraire, de hauts prix. Je ne crois pas qu'on puisse négliger cet enseignement.

· On a dit, pour se dispenser de consulter l'expérience du passé, qui pouvait peut-être paraîtr gênante, qu'il n'y avait plus aucune espèce de rapport entre ce qui se passait à cette époque et ce qui se passe aujourd'hui : que nous avions des moyens de transport incomparablement supérieurs ; que la culture étrangère s'était développée dans des proportions beaucoup plus grandes.

Eh bien, je répondrai à cela qu'il y a eu, en effet, de grands changements, mais qu'ils se sont faits dans les deux sens.

Certainement, d'une part, il y a une production plus grande à l'étranger. Les États-Unis peuvent exporter une plus grande quantité de céréales que la Russie, qui, cependant, effrayait nos pères au même degré que les États-Unis nous effrayent aujourd'hui.

Les moyens de transport sont plus faciles, d'autre part : mais il faut aussi tenir compte de la consommation. Or, la consommation a doublé depuis l'époque où l'on était effrayé de l'invasion des blés russes : elle a plus que doublé, car elle a passé de 58 à plus de 120 millions. C'est là une circonstance qui n'est pas non plus à négliger.

Il faut tenir compte aussi de la sensibilité plus grande des populations. Nous n'avons pas aujourd'hui la patience et l'endurance que l'on avait autrefois ; une famine comme il y en avait sous l'ancien régime serait aujourd'hui quelque chose d'absolument subversif de l'ordre social tout entier.

De nos jours, une simple disette produirait presque le même effet, et une cherté un peu grande, qui, autrefois, était tolérée pendant des mois, ne le serait peut-être plus pendant une seule semaine. Le gouvernement qui serait en présence d'une pareille difficulté se trouverait certainement ébranlé dans un très bref délai.

Il résulte de cela que la rapidité des moyens de transport est compensée par la sensibilité plus grande des populations.

J'ajouterai que l'attraction des grands centres de commerce, où l'entrée est libre, est toujours extrêmement considérable et

que, dans le cas où une mauvaise récolte se rencontrerait en
France et dans toute l'Europe occidentale — ce qui s'est présenté plus d'une fois — nous serions évidemment servis les
derniers : notre commerce ayant été désorganisé, ce n'est pas
chez nous que l'on viendrait, et il y aurait là une source de très
grandes difficultés.

Je ne crois pas, encore une fois, que l'on puisse échapper
aux enseignements du passé en disant qu'aujourd'hui il n'y a
plus rien de semblable à l'état de choses ancien.

Aujourd'hui, je le répète, la consommation est plus développée et la sensibilité, les exigences des populations sont plus
grandes. Les crises que l'on a subies autrefois pourraient être et
seraient infiniment plus redoutables.

Je dirai, comme on l'a déjà dit du reste, que quand on consulte l'histoire, ce n'est pas seulement pour examiner les crises
alimentaires, pour voir ce que les droits ont produit au point
de vue de l'augmentation du prix des denrées et des désordres
qui en ont résulté au sein des populations : mais c'est également
pour voir quelle a pu être l'efficacité de ces droits, et s'ils ont
réellement permis d'échapper à des crises analogues à celle dont
on se plaint aujourd'hui.

Si vous parcourez les tableaux de la production, de la consommation et des prix du blé depuis 1819 jusqu'à notre époque, par
exemple, tableaux qui ont été donnés fidèlement par un homme
très compétent, M. Grandeau, vous serez frappés d'un premier fait.

Il y a eu beaucoup d'époques de bas prix, il y a eu 23 années
— je les ai comptées — où ils se sont maintenus au-dessous
de 18 francs : ces 23 années, sur 66, ont donc été une période
de bas prix pendant laquelle la culture du blé s'est développée
absolument comme dans les autres périodes. La production s'est
développée également pendant cette période. Voilà l'observa-
tion générale que je voulais faire sur cette série de phénomènes
économiques qui se rapportent évidemment à la question qui
est soumise au Sénat.

Mais je voudrais attirer plus particulièrement votre attention, messieurs, — et ici je fais un nouvel appel à la bienveillance du Sénat, — sur quelques expériences particulières qui ont été faites.

Je parlerai d'abord d'une expérience qui a duré neuf années, de 1819 à 1827.

L'année 1819, vous le savez, est l'époque où on a établi l'échelle mobile. On était alors effrayé par les blés russes. On disait que les blés russes étaient le produit de la culture servile, qu'on ne pouvait lutter contre eux, et c'est pour cela qu'on établit l'échelle mobile.

Les blés russes, ceci soit dit en passant, nous ont rendu quelques services pendant les années 1816, 1817 et 1818, qui ont été des années de disette. Mais, enfin, on a cru que cette importation-là allait continuer bien que les hauts prix ne continuassent pas : on a donc établi l'échelle mobile et même la prohibition absolue pendant trois ans.

Quel a été le résultat? — La moyenne des blés a été de 17 francs et quelques centimes. C'était un prix bas, même pour l'époque. L'argent a certainement, aujourd'hui, moins de valeur, mais c'est le prix du blé rendu au marché.

Mais, pour aller de la ferme au marché, il faut que le blé fasse un certain chemin. Or, à cette époque, il n'y avait pas de chemins vicinaux — ils ne sont même pas terminés aujourd'hui — il y avait, même, fort peu de routes nationales, dites royales alors.

A la fin de la Restauration, il a été souvent question au Parlement, à la Chambre des députés et à la Chambre des pairs, de 200 millions à emprunter pour les routes royales. Le fait est que la Restauration n'en a fait que fort peu. C'est la monarchie de Juillet qui en a construit et qui a emprunté pour cela.

Je crois que cette circonstance balance amplement la différence qui existe dans la valeur de l'argent.

On était donc à 17 fr. 15. Je me permettrai de vous montrer par quelques citations que la crise agricole qui a duré alors pendant neuf années a été extrêmement grave.

Nous retrouvons à cette époque, malgré la prohibition et malgré l'élévation des tarifs, toutes les plaintes, tous les murmures d'aujourd'hui. On se plaignait de ce que les fermages baissaient ; on se plaignait de ce que les fermiers faisaient faillite, on se plaignait de ce qu'on ne trouvait plus de fermiers, absolument comme aujourd'hui.

Voici quelques passages que j'ai extraits des *Archives parlementaires* et qui se rapportent à l'année 1827. Je demande pardon au Sénat d'entrer dans ces développements, mais je crois vraiment qu'il y a un intérêt de premier ordre à savoir ce qui s'est passé sous un régime analogue à celui qu'on veut établir aujourd'hui.

M. BUFFET. — Sans analogie aucune !

A gauche. — Parlez ! parlez ! *(Bruits et mouvements divers.)*

M. LE PRÉSIDENT. — Voulez-vous vous reposer un instant, monsieur Clamageran ?

M. CLAMAGERAN. — Je vous remercie, monsieur le président, je préfère continuer.

M. LE PRÉSIDENT. — Messieurs, l'orateur fera son possible pour continuer son discours : je prie le Sénat de vouloir bien faire silence.

M. CLAMAGERAN. — Voilà, par exemple, messieurs, quelques extraits d'un discours de M. Corbière qui était alors ministre de l'Intérieur. C'était dans la séance du 19 mai 1827.

« Le préopinant... » — le préopinant était M. Bignon, qui s'était beaucoup plaint des souffrances de l'agriculture, exactement comme on s'en plaint aujourd'hui. D'après lui, la cause de ses souffrances, c'était le manque de consommation ; on ne consommait pas assez, et cela parce que les impôts indirects, disait-il, empêchaient le consommateur d'accroître sa consommation. Vous voyez que c'est l'argument inverse de celui qu'on invoque aujourd'hui, mais le fait est le même.

« Le préopinant, après s'être plaint que l'agriculture et les manufactures languissaient, a ajouté que les produits étaient tels, qu'on était partout encombré, sans faire attention à ce que ces deux assertions pouvaient présenter de contradictoire. Il est bien vrai que dans la totalité de l'Europe il existe une certaine inquiétude qui tend à établir qu'une certaine disproportion existe entre les produits et la consommation : le mal est général...» — on croirait entendre parler un ministre d'aujourd'hui ! — «... la France s'en ressent comme les autres pays, il n'y a rien là qui doive étonner. »

Arrive ensuite le comte de Saint-Cricq, qui s'exprime ainsi : « Je parlerai d'abord de l'agriculture. Ses doléances sont anciennes. Sur quoi portent-elles ? Sur le bas prix des denrées. Le blé vaut en moyenne 17 francs l'hectolitre. Il est plus bas dans tous les pays de l'Europe continentale. Et à ceux qui soutiendraient que de grandes calamités nous menacent si nos prix ne se relèvent pas, je demanderai s'ils ont bien considéré ce qu'une plus grande masse de produits, maintenant obtenue d'un même sol avec un même travail, permet au cultivateur de relâcher sur le prix du produit obtenu. »

Vous voyez que c'était exactement les mêmes faits dont on se plaignait, les bas prix et la surproduction, et cela, malgré l'échelle mobile, malgré l'intervention des tarifs !

Je pourrais multiplier ces citations. Vous verriez partout que les souffrances de l'agriculture ont leur écho dans les Parlements, qu'à chaque instant il en est question dans les discours qui sont prononcés.

Mais en 1829, peu de temps après, tout change tout à coup. Les prix remontent. Le blé est à 16 francs en 1826 : il dépasse 18 francs en 1827, et le prix moyen de l'hectolitre monte, en 1828, à 22 francs, et à un peu plus de 22 francs, 22 fr. 50, en 1829.

Voilà un changement de scène : voilà ce qui est à craindre, voilà la hausse. Elle n'était cependant pas énorme, puisqu'on passait de 18 francs à 22 francs.

Cependant cette hausse excita des désordres : et nous en trouvons la preuve dans les paroles d'un ministre, très sympathique d'ailleurs, M. de Martignac.

Il fut interpellé à la suite des désordres qu'avait provoqués le haut prix du pain, et voici quelle fut sa réponse :

« Une hausse subite, excessive, s'est fait ressentir sur les céréales. Il y a eu des inquiétudes sérieuses, des résistances sur certains points... Partout la force est restée à la loi, partout la liberté et la sûreté du commerce ont été protégées, partout l'autorité a fait son devoir et la justice des tribunaux a frappé les coupables avec mesure et sévérité. »

Vous voyez qu'à une période de bas prix et malgré le système employé alors — système auquel on veut revenir — a succédé tout à coup une période de hausse qui, immédiatement, a donné lieu à des désordres. Ces désordres, je le répète, sont constatés par la réponse même du ministre à cette époque.

Maintenant, si nous franchissons un certain espace de temps et si nous arrivons à la fin de la monarchie de Juillet, nous trouvons que le même phénomène se reproduit, mais, cette fois, avec une très grande aggravation, en 1846. Je crois que ces faits sont restés présents à la mémoire de beaucoup d'entre nous.

En 1846, une mauvaise récolte se présente : de 75 millions d'hectolitres, qui étaient la moyenne des années précédentes, on passe à 60 millions et demi ; c'est une différence de 15 millions environ.

Le blé, qui était à 19 francs en 1845, à 21 francs en 1846, monte, et la moyenne, en 1847, est de 29 francs. Vous savez quel a été le résultat, vous savez quels désordres ont eu lieu : les populations, souffrant de ces hauts prix, se sont laissé entraîner à des émeutes qui ont été réprimées d'une façon terrible, et qui ont abouti à l'échafaud de Buzançais.

La monarchie de Juillet est tombée peu de temps après, de même que le régime de la Restauration était tombé peu de temps après la crise de 1828 et 1829, dont je parlais tout à l'heure. Je ne prétends pas dire que ces hauts prix du blé, et par suite du pain, aient été la cause de ces deux révolutions. Évidemment, en 1830, on se battait pour autre chose que pour des intérêts matériels, on se battait pour la liberté. En 1848, on se battait pour une réforme électorale qui préoccupait, qui passionnait les esprits. Mais il n'est pas cependant impossible que, parmi les combattants, il y en ait eu beaucoup dont le courage fût quelque peu aiguisé par le souvenir des souffrances qu'ils avaient endurées, et peut-être par les souffrances qu'ils enduraient au moment même où ils prenaient part à l'insurrection. C'est donc un fait auquel un gouvernement doit prêter une très grande attention.

Il est certain que si, à un moment donné, un gouvernement intervient par des mesures restrictives, de façon à gêner le commerce des céréales, il peut en résulter une hausse qui cause des désordres. Ces désordres, il faut les réprimer, et cette répression porte toujours préjudice au gouvernement.

Nous avons eu plus tard l'exemple contraire, la contre-épreuve après l'épreuve, permettez-moi de le rappeler. En 1864 et 1865, il y a eu aussi une crise agricole : il s'est produit une baisse dans les prix qui a excité des murmures et des plaintes, absolument comme aujourd'hui.

Quand on relit les articles publiés à cette époque — je parle de 1864 et 1865 — articles dont les auteurs étaient à la fois des économistes et des agriculteurs, comme M. Léonce de Lavergne, on est frappé de ce fait, qu'on pourrait prendre ces articles comme la description exacte de ce qui se passe aujourd'hui, tant les faits sont analogues, tant les plaintes sont semblables !

M. Léonce de Lavergne, vous le savez, messieurs, ne répugnait pas à toute espèce de droit sur les céréales : je crois qu'il demandait un droit de 1 franc ou 1 fr. 50, un droit extrêmement modéré. Il était bien impartial dans la question. Voici ce qu'il écrivait en mai 1865 :

« L'agriculture se plaint, ses souffrances sont-elles réelles ? On peut varier, et on varie en effet beaucoup sur les causes et les remèdes : mais, quant au fait même de la souffrance, il ne peut être contesté... Il n'y a qu'un cri en ce moment, d'un bout du territoire à l'autre : du Nord, du Midi, de l'Est, de l'Ouest, du Centre, partent les mêmes réclamations... De même que toutes les parties du territoire, toutes les classes de la population souffrent à la fois : grands, moyens et petits, propriétaires, fermiers, métayers, journaliers, depuis les premiers jusqu'aux derniers, tout le monde se plaint.

« La valeur des propriétés rurales baisse visiblement, et beaucoup de propriétés sont mises en vente sans trouver d'acquéreurs : les fermiers ne payent plus à l'échéance et, quand leurs baux expirent, ils refusent de les renouveler aux mêmes conditions ; les ouvriers eux-mêmes, dont les salaires avaient beaucoup haussé dans ces derniers temps, voient aujourd'hui le travail leur échapper et leur salaire descendre, faute de ressources chez ceux qui les emploient. »

Voilà ce que disait M. Léonce de Lavergne à cette époque. Il y avait alors de vives réclamations, il s'élevait beaucoup de plaintes, et on demandait au gouvernement des droits protecteurs.

Eh bien, peu de temps après, vous savez ce qui est arrivé. La hausse a eu lieu, le ministre de la Guerre a été obligé de demander un crédit supplémentaire pour les rations des hommes et des chevaux de l'armée, le blé est monté au prix de 26 francs.

Évidemment il y a eu encore, à cette époque, une grande émotion ; mais il n'y a pas eu d'émeutes ni de désordres, il n'y a pas eu de résistance, et cela, précisément, parce que le gouvernement avait laissé libre l'entrée des blés. Le gouvernement, en effet, n'encourait ainsi aucune responsabilité ; on ne pouvait pas lui reprocher d'avoir fait quoique ce fût pour entraver l'entrée des blés étrangers, qui, en effet, pénétraient librement sur nos marchés.

S'il l'avait entravée, s'il avait cédé à ce mouvement de réclamations auquel la baisse avait donné lieu, que serait-il arrivé ? Pour mon compte, je crois que le gouvernement serait tombé un an plus tôt. Je m'en féliciterais à certains points de vue : car

je pense que si le régime impérial avait disparu en 1869 au lieu
de tomber en 1870, c'eût été un bonheur pour le pays ; mais,
franchement, je ne puis pas mettre à l'actif du protectionnisme
agricole la vertu qu'il aurait de renverser les gouvernements.

Je crois donc que l'expérience qui a été faite, soit à l'époque
où il y avait des droits sur les blés à l'entrée, soit, au contraire,
quand l'entrée était libre, est tout à fait défavorable à la surtaxe
sur les céréales, et surtout à l'augmentation de cette surtaxe,
que l'on veut aujourd'hui porter de 3 francs à 5 francs.

Quel a été, messieurs, l'effet de la première surtaxe et quel
peut être l'effet probable de la surtaxe complétée, aggravée,
qu'on propose aujourd'hui, et qui sera de 5 francs ?

Il est incontestable que l'effet de la première surtaxe a été, non
pas d'augmenter le prix du blé, qui est resté absolument stationnaire ; car, ainsi que je le disais en commençant, il y a
d'autres causes que la grande production ou l'importation qui
amènent le bas prix du blé. La surtaxe a seulement maintenu
les cours, elle les a empêchés de baisser. Quand on recherche
les prix de Londres, par exemple, et qu'on les compare avec
ceux de Paris, on observe qu'il y a eu, en 1885, une différence
de 1 franc, à quelques centimes près, et de 1 fr. 64 en 1886.

Cette différence est établie, bien entendu, en tenant compte
de celles qui existaient antérieurement, parce que, depuis bien
des années déjà, le marché anglais, étant très largement appro-
visionné, avait des prix inférieurs aux nôtres, même à l'époque
où nous ne percevions que le petit droit de 0,60 centimes.
Seulement, cette infériorité s'est augmentée depuis.

Il y a eu, je le répète, une différence de 1 franc dans la première année, et de 1 fr. 64, je crois, dans la seconde, environ
1 fr. 50 en chiffres ronds. C'est là un résultat assez considérable, messieurs, car il se traduit, sur 100 millions ou un peu
plus de 100 millions d'hectolitres produits en France, par une
somme de 150 millions environ au profit du producteur, au
profit du vendeur, et par une somme plus forte encore au détri-

ment de l'acheteur, puisque la consommation est plus considérable que la production : il y a environ 120 millions d'hectolitres
de consommation, pour une production qui varie de 100 à
110 millions.

La grande question, c'est de savoir qui a supporté cette
charge de 150 millions environ, et qui supportera la somme
nouvelle qui sera ajoutée à cette charge et qui sera, probablement, à peu près égale, ce qui portera le total à quelque chose
comme 300 millions.

Eh bien, cette charge, par qui peut-elle être supportée ? On a
dit : Par l'étranger. Mais l'étranger n'en supporte qu'une faible
partie ; et il n'est pas bien prouvé qu'il supporte même les
droits de douane qu'il paye. Mais, lors même qu'il supporterait
une partie de ces droits de douane, ce qui est très peu de chose,
évidemment, il ne supporterait pas les 300 millions qui résul-
teront, pour l'acheteur en France, de l'établissement des droits
protecteurs. Sur qui donc vont retomber ces 300 millions ?

On a parlé souvent des intermédiaires, on a dit : Cela sera
payé par les boulangers. On l'a dit à propos de la taxe de 1885 ;
mais je crois qu'on le dit un peu moins à propos de la taxe
nouvelle, parce qu'en vérité il n'est pas possible que les boulangers supportent une charge pareille.

Évidemment, le boulanger peut supporter une certaine augmentation ; il peut diminuer la qualité de son pain et accroître
dans une plus grande proportion le mélange des farines inférieures : il peut aussi diminuer le crédit qu'il accorde à ses
clients, et encore retirer un bénéfice plus considérable de la
vente du pain de luxe.

Mais ces moyens ne peuvent pas le mener bien loin. Il est
bien évident que, tôt ou tard, la charge en question doit peser
non pas sur le boulanger — ce qui d'ailleurs serait extrêmement
injuste — mais sur le consommateur, sur celui qui achète le
pain.

Il a, du reste, été parfaitement établi que la première surtaxe a produit une augmentation de 2 centimes au moins par

kilogramme. C'est le chiffre qui a été admis par M. Fairé qui est, comme vous le savez, un très ardent partisan de la surtaxe ; et la plupart de ceux qui ont discuté la question ont admis un chiffre plus élevé que celui-là.

En fait, on constate entre le prix du pain à Londres, à Anvers et celui de Paris, une différence de 4 à 5 centimes ; l'augmentation du prix du pain a donc été bien réelle.

Mais les partisans de la surtaxe ne se découragent pas pour cela ; ils disent en effet : Sans doute, la surtaxe sera payée par le consommateur : mais le consommateur, et surtout celui qui appartient à la catégorie qui nous intéresse le plus, et qui doit être particulièrement ménagée dans la répartition des charges publiques, le consommateur trouvera une compensation, soit dans des travaux plus nombreux qui lui seront donnés, soit dans une augmentation de salaires.

Voilà ce qui a été soutenu et voilà ce sur quoi l'on compte.

Nous arrivons ici à une question extrêmement délicate, sur laquelle je demande à attirer spécialement l'attention du Sénat.

Cette question est celle de savoir si, quand on met un impôt sur la consommation du travailleur, et, par conséquent, sur le travailleur lui-même, celui-ci en reçoit la compensation sous forme de salaire.

Je répète que c'est une question extrêmement délicate, et que les arguments qu'on donne pour établir cette sorte de répercussion sont des arguments extrêmement peu solides. On ne cite aucun fait : je voudrais pourtant bien en connaître ! Je voudrais bien savoir dans quels cas l'augmentation du prix des céréales et du prix du pain a donné lieu à une augmentation de salaire.

Ce qu'on voit, c'est que les salaires augmentent quand il y a un mouvement plus grand dans les affaires, un développement de l'aisance publique, un accroissement de richesse. Oh ! dans ce cas-là, évidemment, les salaires augmentent, non pas immédiatement, bien entendu, mais ils suivent peu à peu la marche des prix ; cela est incontestable. Les salaires augmen-

tent encore dans un autre cas : celui de la variation de la valeur
des monnaies.

Si la valeur de la monnaie devient moindre, il y a, naturellement, une hausse de tous les prix, et, au bout d'un certain
temps, les salaires des ouvriers s'en ressentent. Mais ici, rien
de pareil : il n'y a pas de richesses nouvelles créées, pas de
capitaux nouveaux créés. C'est un simple transfert ; rien de
plus n'existe dans la société au point de vue de la production
économique ; après comme avant, ce sont les mêmes capitaux,
en présence du même nombre d'hommes auxquels il faut les
distribuer sous forme de salaire. On ne voit donc pas, *a priori*,
comment les salaires pourraient augmenter.

Mais, messieurs, cette argumentation est démentie par les
faits. Nous voyons que, depuis 1825, par exemple, jusqu'à 1852,
la hausse des salaires agricoles n'a pas été très considérable :
elle les a fait passer de 1 fr. 25 à 1 fr. 41. C'est une augmentation de 12 pour 100 seulement.

Si vous recherchez, au contraire, la condition des salaires de
1852 à 1880, vous trouvez que de 1 fr. 41 ils ont passé à
2 fr. 32, soit une hausse de 64 pour 100.

Dans la première période, on n'avait pas la liberté d'entrée
des céréales, on n'avait pas la liberté du commerce. Dans la
seconde période, cette liberté existait, et l'augmentation a été
beaucoup plus considérable. Donc, vous le voyez, messieurs,
les salaires ne suivent pas nécessairement les prix. Je ne dis pas
qu'il n'y ait pas eu une certaine différence dans les prix : mais
je soutiens qu'elle n'a pas été en proportion de la différence
dans les salaires.

Mais il y a encore une autre considération qui me fait penser
que la répercussion dont on parle n'a pas lieu ; c'est le soin avec
lequel tous les ministres des Finances et tous les hommes qui se
sont occupés de la répartition des charges publiques dans notre
pays ont évité précisément les impôts de consommation. Si cette
répercussion était réelle, rien ne serait plus facile que d'établir
des impôts lucratifs.

Tout le monde sait, en effet, que les impôts qui rapportent
le plus et qui sont, pour le fisc, les plus aisés à percevoir, sont
ceux qui portent sur les denrées de consommation usuelle et de
première nécessité.

Cependant, on n'en a établi qu'avec la plus grande réserve,
en les compensant par d'autres produits d'impôts d'une nature
différente. Pourquoi? Parce qu'on ne croit pas à la répercussion,
qui n'a, du reste, jamais été admise par aucun de ceux qui ont
réfléchi à la question, qui l'ont étudiée, discutée. Elle a été
examinée avec beaucoup de soin, il y a un peu plus d'un siècle,
par un homme qui n'était pas le premier venu, par Turgot.

Quand Turgot a présenté, en 1776, son édit sur la corvée, il
voulait supprimer ainsi une charge qui pesait sur les travailleurs. Eh bien, que lui disait le chancelier de l'époque, Hue de
Miroménil, qui discutait contre lui, qui ne voulait pas qu'on
abolît la corvée et qu'on reportât cette charge sur le propriétaire? Mais il disait absolument ce que l'on dit aujourd'hui
pour justifier la surtaxe.

Voici, en effet, comme il s'exprimait :

« Le prix des denrées ne saurait augmenter sans que le salaire
des ouvriers augmente, et si l'on met l'imposition sur les seuls
propriétaires, elle ne sera supportée que par ceux dont l'aisance
est la seule ressource qui puisse assurer la subsistance des gens
de journée. »

C'est le langage que l'on tient aujourd'hui pour justifier la
surtaxe. Voici ce que répondait Turgot :

« Il est très vrai que le prix des denrées ne saurait augmenter
d'une manière constante sans que les salaires des gens de
journée augmentent ; mais le propriétaire commence par être
enrichi. »

Et dans un autre passage il se sert de ce mot très énergique :

« C'est une avance du pauvre au riche dont l'attente est
accompagnée de toutes les langueurs de la misère. »

Chose curieuse, à la même époque, Necker, qui était le rival de Turgot et qui, sous certains rapports, l'avait combattu — il n'admettait pas la liberté d'exportation des blés — reconnaissait aussi que le surenchérissement des denrées premières ne pourrait pas, si ce n'est à la longue, longtemps après, produire une élévation des salaires et qu'il y avait un moment où, pour me servir de l'expression qu'il employait, les propriétaires profitent de toute la souffrance de l'homme de peine.

« Lorsque le pain était à un prix modéré, l'artisan nourrissait sa famille et ménageait une petite réserve pour le cas de maladie. A mesure que le prix renchérit, l'empire du propriétaire augmente : car dès que l'artisan ou l'homme de campagne n'ont plus de réserve, ils ne peuvent plus disputer ; il faut qu'ils travaillent aujourd'hui sous peine de mourir demain. »

Voilà donc un fait de répercussion qui est invoqué, allégué : mais qui ne repose absolument sur aucune démonstration, qui est contesté par les hommes qui se sont le plus occupés de ces questions. Il l'a été dans tous les temps ; il l'a été à une époque où des hommes qui ont contribué à établir les bases mêmes de notre ordre social, avaient présenté des édits favorables à la décharge des impôts qui pesaient, sous une forme ou une autre, sur les classes ouvrières. Rien ne nous prouve que, depuis, cette répercussion, sans laquelle la surtaxe est absolument injuste, pourrait avoir lieu.

J'ajoute que, quelles que soient les conséquences de la surcharge ainsi proposée, en supposant même que cette répercussion ait lieu, des résultats autrement graves se produiront. C'est que, évidemment, il y aura souffrance de la part des industriels, dont les frais seront augmentés. Cette augmentation de la main-d'œuvre diminuera leur profit.

Ces industries souffriront, elles demanderont à leur tour des droits nouveaux : elles trouveront que ceux qui les protègent aujourd'hui ne sont pas suffisants. Il faudra les augmenter, et alors que devient cette égalité dans la protection dont on a parlé ? Elle disparaît.

Nous aurons ainsi une augmentation incessante de droits

protecteurs, tantôt en faveur de l'agriculture, pour rétablir un certain équilibre, tantôt en faveur de l'industrie pour empêcher celle-ci de péricliter.

Nous arriverons à une dépression complète du commerce par suite de la mobilité et de l'aggravation des tarifs, à une sorte d'isolement de la France, qui, en atteignant nos industries et notre commerce, finira par réagir sur l'agriculture elle-même.

Voix nombreuses. — Reposez-vous !

M. LE PRÉSIDENT. — L'orateur demande à se reposer un moment.

Il n'y a pas d'opposition?...

La séance est suspendue pendant un quart d'heure.

(La séance, suspendue à quatre heures dix minutes, est reprise à quatre heures et demie.)

M. LE PRÉSIDENT. — La parole est à M. Clamageran, pour la continuation de son discours.

M. CLAMAGERAN. — Je remercie le Sénat d'avoir bien voulu m'accorder quelques moments de repos. Je me sens réellement très fatigué et, dans l'intérêt du Sénat comme dans le mien, j'essayerai d'abréger la fin de mon discours.

Je crois avoir démontré que la mesure qu'on vous propose est contraire à tous les principes fondamentaux de notre droit public en matière d'impôts; je crois avoir démontré par une série d'exemples tirés de l'histoire que c'était une mesure dangereuse. Je voudrais, en quelques mots seulement, examiner maintenant si cette mesure dangereuse est nécessaire.

Elle ne peut être nécessaire que s'il s'agit de sauver la culture en France, car je ne pense pas qu'on puisse venir soutenir ici cette théorie, que l'État est tenu de garantir aux propriétaires un certain minimum de revenus. *Marques d'approbation sur un grand nombre de bancs.* Cela me paraît impossible: nous sommes tous d'accord sur ce point. L'État ne garantit pas un minimum de revenus; ce qu'il veut, c'est sauver la culture.

Je répondrai d'abord que la culture n'est pas menacée: une

certaine restriction même en serait désirable : les agronomes,
depuis 1864 et 1865 — je pourrais citer de nombreux exemples — jusqu'à ce jour ont, tous, demandé qu'une partie des
terres consacrées à la culture du blé fût utilisée pour d'autres
cultures, notamment pour les herbages et les prairies. *(Exclamations sur divers bancs.)*

Messieurs, je n'en ai pas pour longtemps ; on me répondra ;
vous avez de nombreux orateurs. Je vous demande donc la permission de terminer.

Il ne s'agit pas, bien entendu, de transformer toutes les terres à blé en prairies ; il s'agit d'en transformer un certain nombre. Et, je le répète, ceci a été demandé à plusieurs époques,
notamment depuis 1865, et, encore aujourd'hui, cela est
demandé par M. Risler et M. Grandeau.

M. Méline lui-même le demandait il n'y a pas longtemps, et
de la façon la plus formelle. *Rumeurs sur divers bancs.)* Et
puisqu'on le conteste, je crois pouvoir vous citer les propres
paroles qu'il a prononcées à cette époque :

« La production des céréales, disait-il, qui, pendant longtemps, avait pu s'étendre avec succès dans toutes les parties de
la France, est obligée aujourd'hui de se restreindre et de se
concentrer afin de pouvoir se défendre. Pour qu'elle reste rémunératrice, il devient nécessaire de la réduire aux terres de bonne
qualité, susceptibles de rendements très élevés. Quant aux
terres médiocres, il faut les restituer aux différentes cultures
qui peuvent leur convenir et surtout aux pâturages et à la
prairie, partout où cela est possible. »

Voilà ce que disait M. Méline. Il est vrai qu'il le disait
avant la surtaxe. La surtaxe obtenue, il semble que cette
transformation demandée par les agronomes n'est plus désirable.

Voilà ma première réponse. La seconde me paraît plus décisive encore. C'est qu'en fait il n'y a eu aucune restriction de
culture.

Les ensemencements se sont étendus à 7 millions d'hectares

en 1884, et ils comprennent encore aujourd'hui à peu près le même espace.

A aucune époque, même quand la baisse de prix a eu lieu, il n'y a eu de restriction.

Par conséquent, le danger dont on nous menace peut être considéré comme assez problématique, tandis que le danger produit par les mauvaises récoltes est attesté par l'histoire tout entière.

Mais la preuve que la culture n'est pas atteinte, sauf dans des cas exceptionnels, résulte de la comparaison même des chiffres des produits dans les dernières années avec les produits antérieurs. Je prends les chiffres présentés par M. Méline, qui ne sont pas les miens, pour ne pas allonger la discussion.

Dans les trois dernières années, si on les compare avec les trois années précédentes, l'agriculture a perdu 1 200 millions, c'est-à-dire 400 millions par an.

J'établis ma comparaison non pas avec les trois années précédentes, mais avec une série beaucoup plus longue. Je remonte jusqu'en 1860, et je trouve un chiffre inférieur à celui de M. Méline. Mais j'accepte le chiffre de 400 millions et, en le rapprochant du revenu net de 2 645 millions en 1879, je trouve une baisse de 16 pour 100.

Si vous prenez seulement le revenu des terres labourables, qui est de 1 485 millions, la baisse est alors de 27 pour 100.

Comment les cultures peuvent-elles être atteintes quand la baisse n'est et ne peut être, au maximum, que de 27 pour 100 ?

Il est évident que le revenu net couvre nécessairement les frais de la culture. Il n'y a de revenu net que quand ces frais de culture sont couverts : par conséquent, il est absolument impossible que les cultures, d'une façon générale, soient gravement atteintes.

Toute la question est de savoir si vous prendriez les 2 ou 300 millions qui manquent aux agriculteurs, sur le revenu net des propriétaires ou sur la consommation des travailleurs. Il n'y a

pas d'autre question. C'est ainsi qu'elle est partout posée
aujourd'hui. *Marque d'approbation à gauche.*

Le Dr Thiel en Allemagne, en Angleterre M. Caird
reconnaissent, et dans tous les pays on reconnaît que les terres
ont été achetées trop cher, que les fermages sont trop élevés ;
il faut que les fermages baissent de 25 ou 30 pour 100, peut-
être plus. *Interruptions à droite.*

S'ils baissent dans cette proportion, je dis que vous retrou-
verez les 400 millions dont vous parlez ; seulement vous les
prenez sur les revenus nets de la propriété au lieu de les
prendre sur les travailleurs, en admettant une prétendue répercussion qui ne s'est jamais présentée dans les conditions où vous
l'espérez aujourd'hui.

Je terminerai en présentant au Sénat l'alternative suivante :

Vous êtes en présence de deux dangers à envisager : d'une
part, le danger de la restriction des cultures, danger absolument problématique, et dont la prévision est presque toujours
démentie par l'histoire : d'autre part, un danger qui a été constaté par une longue série d'épreuves et qui consiste dans
l'inégalité dans les bénéfices de la protection. Vous ne pouvez
pas l'éviter, car qui dit protection dit privilège, nécessairement.

Or, il y a en dehors de la protection que vous créez une
multitude de personnes : les industriels qui produisent en vue
de l'exportation, les artisans, et enfin les ouvriers exposés à la
concurrence de la main-d'œuvre étrangère ; tous ceux-là sont
étrangers à la protection. *Interruptions à droite.— Approbation
à gauche.*

Par conséquent, vous ne pouvez pas établir l'égalité dans les
bénéfices de la protection. Tout ce que vous pouvez faire, c'est
d'établir l'égalité dans les charges de cette protection.

Vous pouvez l'établir, au moins dans l'impôt, qui, en réalité,
pèse sur ceux qui ne devraient pas le supporter.

Cette égalité dans les charges existe quand vous accordez des
subventions. Je n'approuve pas certaines subventions. Je n'ai

pas approuvé, par exemple, celle de la marine marchande ; elle est, à mon avis, contraire aux bons principes économiques. Mais, au moins, cette subvention est prise sur l'impôt général, sur les ressources générales du budget, elle est prélevée d'une façon proportionnelle sur tous les contribuables, tandis qu'ici, vous avez une manière de faire supporter les charges qui équivaut à une capitation ou à un impôt progressif à rebours.

Du choix qui sera fait dépend l'orientation de toute notre politique économique.

Ce n'est pas entre la protection et le libre-échange que le débat est ouvert : mais entre la protection modérée qui respecte, dans une certaine mesure, l'équité contributive, et une protection à outrance qui, étendant à toutes les matières premières, même aux denrées alimentaires, les hauts tarifs de douane, autorise les revendications les plus redoutables et nous lance dans une série de mesures contraires aux intérêts des travailleurs, funestes à la prospérité de toutes nos industries et dangereuses pour l'agriculture elle-même.

Une pareille politique ne saurait convenir aux petits-fils des hommes de 89, qui, en affranchissant la France, ont voulu en même temps qu'elle représentât dans le monde la liberté et l'égalité.

Le Sénat, s'inspirant des idées de nos pères, se grandirait, je crois, aux yeux du pays, s'il refusait d'entrer dans la voie où la Chambre des députés, avec le concours de la droite monarchique, s'est engagée. Son rôle, selon moi, n'est pas d'obéir à un mandat impératif quelconque, quelque influents que puissent être ceux qui veulent le lui imposer. Son véritable rôle est de représenter l'intérêt général et permanent de la nation, bien sûr que tôt ou tard les électeurs, mieux éclairés, le remercieront de sa clairvoyance et de son courage. *Très bien ! très bien ! — Applaudissements à gauche.*

ASSOCIATIONS ET CONGRÉGATIONS

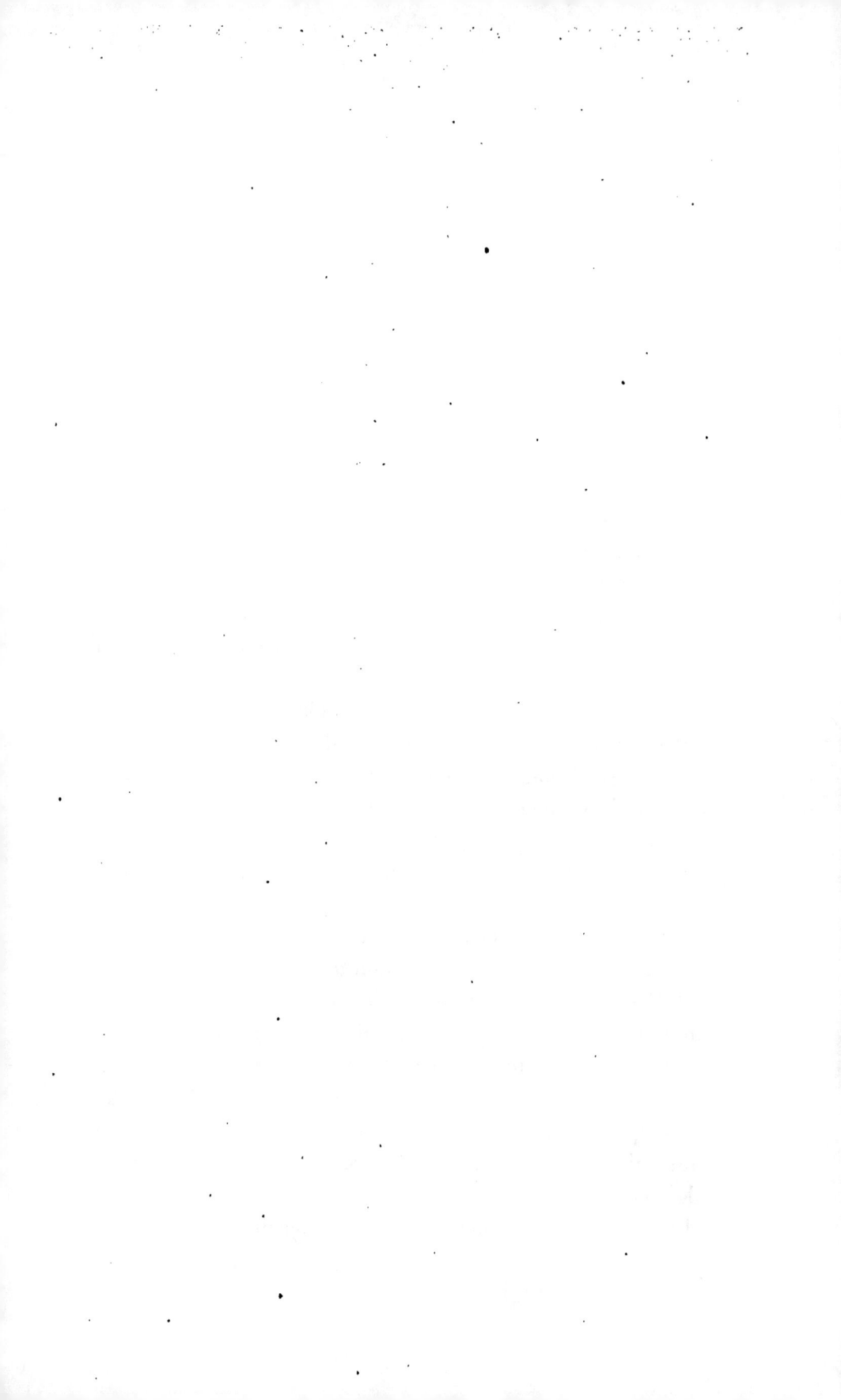

M. Clamageran. — Messieurs, en entendant hier l'honorable rapporteur de la proposition de loi qui nous est soumise, j'ai été profondément ému : je me retrouvais en présence d'un grand orateur que j'ai beaucoup admiré, et aimé longtemps, que j'admire encore et que j'ai le regret de trouver aujourd'hui dans les rangs de nos adversaires.

Ses sévérités éloquentes m'ont troublé, je l'avoue : je suis rentré en moi-même et je me suis demandé si, réellement, nous nous laissions entraîner, mes amis et moi, à renier ce principe de la liberté pour lequel nous avons lutté si longtemps.

En récapitulant les griefs qui nous ont été reprochés dans le dernier discours de l'honorable M. Jules Simon, je dois confesser que je me suis un peu rassuré. J'ai trouvé, en effet, qu'on nous reprochait d'abord la création d'écoles neutres qui existent dans bien des pays libres, qu'on nous reprochait ensuite une double formule de serment, double formule alternative offerte aux jurés, qui se rencontre dans les pays les plus libéraux, et notamment en Amérique. Dans ce pays, en effet, toutes les fois qu'un serment est prêté, on offre en même temps à celui qui doit le prêter, l'alternative de jurer ou d'affirmer solennellement.

Enfin, le grief suprême, c'était de vouloir distinguer les congrégations des associations. Et pour écarter cette distinction, l'honorable rapporteur nous opposait un programme qu'il résumait en ces mots : unité, liberté égale pour tous, publicité. Eh bien, messieurs, ce programme, je ne crois pas qu'il renferme la clef du problème que nous avons à résoudre.

Ce problème est purement législatif et juridique ; ce n'est pas ici une question de croyance ; ce n'est pas une question de doctrine : sur ces questions nous serions divisés, à gauche comme à droite : c'est une œuvre législative que nous devons faire, c'est une œuvre juridique. Il s'agit d'apprécier certains contrats, certaines conventions : il s'agit de voir quelle peut être leur valeur légale au point de vue de l'ordre public, de l'intérêt social.

C'est là, je le répète, une œuvre purement législative et juridique : c'est celle là seule que je veux examiner devant vous. (*Très bien ! à gauche.*)

Il n'y a rien de plus séduisant que certains principes. Quand on nous parle d'unité dans la législation, de liberté, de publicité, on est sûr de trouver de l'écho ; tout le monde est d'accord pour accepter ces principes, quand ils sont formulés ainsi d'une manière générale. Mais on s'aperçoit bien vite que ces formules ne permettent d'aboutir à aucune espèce de résultat pratique, *Très bien ! à gauche* parce que chacun fait ses réserves, parce que personne ne les accepte et ne peut les accepter d'une manière absolue.

La publicité, tout le monde la demandera, mais à une condition, c'est qu'elle soit complète, c'est qu'on découvre tout ce qui doit être découvert, qu'on ne laisse dans l'ombre rien d'essentiel. L'unité, on la poursuit souvent dans nos lois, mais elle n'est l . . . qu'à la condition qu'on ne mêle pas ensemble des choses contraires, ni même des choses par trop différentes.

Combien y en a-t-il parmi nous qui n'aient pas été séduits par des questions n'ayant même aucun trait ni à la politique, ni aux questions religieuses qui nous divisent tant ? Combien d'entre nous n'ont pas été séduits souvent par l'idée de résoudre toutes les difficultés des questions par une seule formule, par quelque chose de simple, par un seul article si c'est possible?

Je me rappelle encore, dans ma jeunesse, une question très agitée qui n'a aucun trait à la politique, une question purement juridique et qui est encore agitée quelquefois : c'est la question de la propriété littéraire. La plupart d'entre vous, sans doute, se rappellent cette réponse qui a été faite par un publiciste spirituel qui disait : On cherche à faire des lois sur la propriété littéraire, on trouve que c'est bien difficile et on embrouille la question ; c'est bien simple : il suffit de déclarer que la propriété littéraire est une propriété.

Eh bien ! tous ceux qui se sont occupés de la question savent qu'elle ne se résout pas aussi facilement ; que la propriété littéraire est une propriété des plus respectables qui existent, à certains égards plus respectable que beaucoup d'autres, et que cependant, on est bien obligé de la soumettre à un régime spécial parce que sa nature propre comporte des différences essentielles, qui ne permettent pas de l'assimiler aux autres propriétés. *Très bien ! à gauche.*

Dernièrement encore, nous avons eu sous nos yeux un exemple des inconvénients qu'il y a à vouloir unir ensemble des choses dissemblables. Nous avons vu que dans une loi sur la presse, — loi votée récemment et inspirée par les sentiments les plus libéraux, — on avait cru devoir unir des choses parfaitement distinctes : la presse elle-même, le livre, le journal et l'affichage : on a été bientôt obligé de reconnaître, par les faits, qu'entre ces manifestations, il y avait des différences énormes. Autre chose, en effet, est le fait de l'affichage qui s'impose à tous ceux qui passent, autre chose est le fait de publier un livre ou un journal qui ne sont lus que par ceux qui veulent les lire.

Voilà un exemple frappant du danger qu'il y a à vouloir faire l'unité là où elle n'est pas possible.

Et, maintenant, liberté égale pour tous. Sans doute tout le monde la veut, mais quel est celui d'entre nous qui la voudrait sans distinction aucune, sans tenir compte des situations différentes, des circonstances qui comportent des solutions diverses ? Personne ne peut poser ce principe d'une façon absolue et sans faire des réserves.

Si je prenais successivement la plupart de nos libertés, je vous montrerais que toutes sont différentes, selon la situation, bien que le législateur ait voulu les rendre égales pour tous : mais il n'a pas pu ne pas tenir compte de certaines situations.

Prenons, par exemple, la liberté industrielle. Elle est entrée dans nos mœurs depuis 1789. Elle doit être égale pour tous, mais dans un sens relatif et dans un sens humain. Néanmoins, est-ce que celui qui se livre à une fabrication paisible, non incommode, non insalubre, est soumis aux mêmes règlements préventifs — remarquez-le bien, non pas seulement répressifs, mais préventifs — que celui qui fabrique et manipule des matières explosives ? Évidemment non, il est nécessaire qu'il y ait des lois de police spéciales pour ces établissements dangereux. Est-ce contre les industriels qui s'occupent de cette fabrication qu'on a fait ces règlements ? Pas le moins du monde. On a tenu compte de situations différentes qui imposent des conditions différentes, qui exigent des restrictions très dures, très pénibles quelquefois, mais nécessaires.

J'en dirai autant de la liberté commerciale qui est depuis bien longtemps entrée dans nos mœurs. Est-ce qu'elle est absolument égale ? Est-ce que, même dans les pays qui inclinent vers le libre-échange, les produits de l'intérieur et ceux qui viennent de l'extérieur sont placés sur le pied d'égalité ? Mais non. Vous avez, dans tous les pays, des douanes qui sont une entrave, qui gênent le commerce extérieur, et cependant on ne dira pas que le principe de la liberté égale pour tous soit violé. *Très bien ! à gauche.*

Si je prenais toutes les libertés, j'arriverais à la même conclusion. La liberté de la parole ? Il est évident qu'on ne la reconnaîtra pas aussi pleine, aussi entière à celui qui parle devant des enfants, par exemple, surtout s'il traite des questions morales, qu'à l'orateur qui parle dans une conférence ou dans une réunion publique en présence d'adultes. Il en est de même de la liberté électorale. Cette liberté, devenue si essentielle depuis le suffrage universel, si essentielle dans s   égalité pour tous, même cette liberté électorale fléchit dans certains cas, par exemple, dans le cas où des militaires, des hommes appartenant à l'armée sont sous les drapeaux ; dans ce cas ils ne votent pas. Est-ce qu'il y a là quelque chose d'injurieux pour eux ? Est-ce que, quand on a établi cette prohibition de voter, il y a quelques années, on avait la moindre idée de vouloir rabaisser l'armée ? Mais non, hélas ! Nous avions alors toutes sortes de motifs, non pour la rabaisser, mais pour l'exalter. Seulement on se trouvait en présence d'une nécessité impérieuse, la nécessité de tenir l'armée en dehors de la politique et on se trouvait obligé d'établir une disposition restrictive qui constituait une véritable inégalité.

Vous voyez donc qu'il faut entendre cette liberté égale pour tous dans un sens relatif, qu'on ne peut l'admettre d'une manière absolue.

Ce qu'il faut tirer de ce principe, c'est ceci : que les distinctions qu'on fait ne doivent pas être arbitraires, capricieuses, inspirées par l'esprit de parti, qu'elles doivent être fondées sur la raison, sur la nature des choses et sur la justice. Si on peut démontrer que ces distinctions sont ainsi fondées, je dis que c'est non seulement un droit, mais un devoir de les faire.

Et dans la matière même qui nous occupe, est-ce que nous ne trouvons pas des distinctions dans tous les temps ? Il y a eu, au sein de la société générale, de petites sociétés qui se sont formées, et, dans tous les temps, ces petites sociétés ont joui d'une certaine liberté, d'une liberté plus ou moins restreinte à certaines époques, mais toujours d'une certaine liberté, et j'ajouterai que, dans aucun temps et en aucun pays, elles n'ont joui d'une liberté illimitée. J'ajouterai encore que jamais elles n'ont été soumises à un régime uniforme, que toujours on leur a imposé des règles spéciales suivant leur mode de groupement, suivant la manière dont leurs membres sont unis, sui-

vant la nature de leurs engagements, suivant les principes
constitutifs de ces sociétés.

C'est ce que nous voyons, par exemple, pour les sociétés
civiles et commerciales.

Elles ont toujours été admises, même sous les régimes les
plus despotiques, parce que le commerce est impossible, parce
que les relations économiques entre les peuples sont impossibles, si ces sociétés n'existent pas. Même à l'époque où les
sociétés qui n'ont en vue aucun gain, mais un certain intérêt
moral qu'elles considéraient, bien entendu, à leur point de vue,
même à l'époque où elles étaient prohibées, les sociétés civiles
et commerciales ne l'étaient pas.

Elles ont été réglées d'abord par les coutumes, par nos
vieilles ordonnances et enfin par nos codes. Est-ce qu'on a
appliqué à ces sociétés les mêmes règles ? est-ce qu'on les a
confondues sous un régime uniforme ? Non : on a fait des catégories diverses : d'une part, les sociétés civiles : d'autre part,
les sociétés commerciales. Et ces sociétés commerciales, elles-
mêmes, elles se subdivisent en une multitude de branches qu'on
n'a jamais confondues entre elles, qui sont soumises à des
règles différentes et à des restrictions plus ou moins grandes,
quelquefois même au régime de l'autorisation. Ainsi nous avons
les sociétés en noms collectifs, les sociétés en commandite, les
sociétés par actions, les sociétés en participation, les sociétés à
capital variable, les sociétés anonymes, et enfin des sociétés
que la loi de 1867, considérée comme une loi libérale, a soumises à l'autorisation, au nom de l'intérêt social et de l'ordre
public, ce sont celles qui s'occupent des assurances sur la vie
et des tontines.

Voilà une grande exception au principe de la liberté des
sociétés commerciales, que l'on peut être étonné, au premier
abord, de rencontrer dans nos codes. Et cependant, elle s'est ren-
contrée toujours : elle a été maintenue dans la loi de 1867 : et, dans
la commission extraparlementaire dont je fais partie, et qui est
chargée de reviser la loi de 1867, on a reconnu qu'il n'y avait

pas lieu de la supprimer. Ce n'est certes pas par méfiance contre ces sociétés.

Non ! c'est parce que, quand il s'agit de pareilles sociétés, il y a
là des intérêts majeurs, des intérêts supérieurs que l'État seul peut
prendre dans sa main, qu'il peut seul sauvegarder.

Si on tient compte des nécessités qui ont guidé ces régimes
divers, quand même on ne connaîtrait pas la proposition de loi qui
nous est faite, ni aucune de nos lois sur les associations, ni
aucune des lois qui existent dans les autres pays, je dis qu'un
jurisconsulte, *a priori*, se dirait : Il est bien difficile que les
sociétés civiles et commerciales étant divisées en tant de branches diverses, il n'y ait pas dans les sociétés, qui ne poursuivent pas le gain, le bénéfice, qui poursuivent le succès d'une
certaine opinion, la satisfaction d'un certain intérêt moral, il
est bien difficile qu'il n'y ait pas là des types divers, des tendances différentes, des organisations différentes : qui, elles aussi,
appellent des distinctions nécessaires.

Je ne vois pas comment nous avons pu mériter les sévérités
excessives, selon moi, de M. le rapporteur, parce que nous
faisons des distinctions qui se retrouvent déjà dans tant d'ordres de matière, dans tant de lois, dans des pays si divers,
distinctions que tous les jurisconsultes et tous les législateurs
ont faites avant nous. Ce n'est pas que nous en fassions ici une
question de doctrine, ce n'est pas que nous en fassions une
question de croyance ; je le répète, sur ce point nous sommes
divisés à gauche comme à droite et par conséquent nous devons
tous respecter mutuellement nos diverses croyances, nos
diverses doctrines.

C'est une question d'organisation intime, c'est une question
de plan social, en quelque sorte, de constitution organique des
sociétés qui se trouvent en présence. Est-ce que cette distinction, nous la faisons en France pour la première fois ? Non,
messieurs, elle a été faite à l'aurore de la liberté, dès que les
premières associations libres ont paru en France. M. le rapporteur disait dernièrement — je crois que c'est dans son pre-

mier discours — qu'en 1791, on avait détruit la liberté d'association. J'avoue qu'il m'a été impossible de comprendre cette parole ; d'abord, par une raison très simple : c'est qu'on ne détruit que ce qui existe.

Or, je me demande si la liberté d'association existait à cette époque. Sous l'ancien régime il n'y avait absolument aucune espèce de liberté d'association. Vous pouvez relire d'un bout à l'autre le traité de Domat, à la fin du dix-septième siècle, sur le droit public, vous verrez qu'il n'y est pas question d'associations, de sociétés libres : il n'y est question que de communautés, ce qui est bien différent et de communautés qui ne sont nullement libres, qui ne sont établies que par la permission du prince — c'est le mot même de Domat, qui dit :

« Les communautés sont des assemblées de personnes liées entre elles en vue d'un certain intérêt public et formées en corps par la permission du prince. »

Il n'y avait pas d'autres communautés que celles-là ! *Très bien ! à gauche.*

Ces communautés se divisaient en corporations d'arts et métiers, en communautés des villes qui comprenaient les pouvoirs municipaux des communes, en universités et en communautés religieuses, lesquelles se subdivisaient, comme vous le savez, en communautés séculières, en communautés régulières et en communautés ecclésiastiques.

Les communautés régulières sont précisément celles qui nous occupent aujourd'hui. Elles étaient formées, d'après les termes mêmes de Domat, par des personnes faisant profession de passer leur vie en commun sous la direction des supérieurs et sous une règle établie par leurs fondateurs et approuvée par l'Eglise. Voilà la définition que donne Domat des communautés régulières qui sont précisément les congrégations dont nous avons à nous occuper.

Toutes ces communautés n'existaient que par la volonté du prince, avec son autorisation, et il n'y avait aucune autre espèce d'associations libres. Je dirai même qu'en dehors d'elles, à l'époque où Domat écrivait, au dix-septième siècle, il n'y avait rien.

C'est seulement au dix-huitième siècle qu'en voit apparaître quelque chose qui ressemble à nos associations laïques, mais toujours avec l'autorisation du prince.

Je me rappelle une société de ce genre qui a été fondée en 1761 et qui intéresse beaucoup d'entre vous, messieurs, parce qu'elle a formé le point de départ d'une association dont beaucoup de membres du Parlement font partie. Je veux parler de la société générale des agriculteurs de France. Elle a été fondée, non seulement avec la permission du prince, mais avec son intervention constante ; les bureaux de la société se composaient d'hommes choisis par le souverain, par le roi ; les assemblées étaient présidées par des intendants, dans les provinces où elles se réunissaient.

Voilà quel était le point de départ de l'Assemblée constituante, voilà ce qu'elle a trouvé devant elle : des corporations ayant dans toute sa plénitude la personnalité civile avec faculté de recevoir des legs et donations, mais toujours avec l'autorisation du souverain, pour la fondation, pour les statuts, comme pour l'acceptation des legs et donations, qui, en outre, étaient soumis au droit d'amortissement, lequel était un impôt extrêmement lourd.

En présence de cette situation, la Constituante a-t-elle nié la liberté d'association ?... — car, pour l'avoir détruite, c'est impossible, puisqu'elle n'existait pas — ou l'a-t-elle fondée, au contraire ?

Je prétends qu'elle l'a fondée ; sans doute elle ne l'a pas développée suffisamment, mais elle en a posé les bases et, dans la même année, vous voyez apparaître cette distinction que nous faisons aujourd'hui et qui est faite en 1790 par les hommes de la Constituante, qui n'étaient pas des hommes irréligieux, car vous savez que les jansénistes dominaient de beaucoup parmi eux.

Dans cette année 1790, nous voyons précisément cette distinction s'établir d'une façon très nette.

En effet, c'est au mois de février 1790 qu'est rendue la fameuse loi sur les congrégations religieuses, et c'est au mois de novembre qu'on trouve un décret de l'Assemblée qui, pour la première fois, déclare que les citoyens ont le droit de former entre eux des sociétés libres.

Eh bien, ce droit de former des sociétés libres, distinctes des corporations, distinctes des congrégations, c'est le germe du principe de l'association, qui n'avait nullement échappé à la Constituante.

Mais, en même temps qu'elle faisait cela, comme je le disais tout à l'heure, en même temps, elle n'admettait pas l'existence des congrégations religieuses, ou du moins elle ne l'admettait qu'avec beaucoup de tempérament et par mesure de transition.

Je crois qu'il importe de relire les termes de ce décret, car il est extrêmement important, il est le point de départ de toute la législation qui nous gouverne encore aujourd'hui et qu'il faut bien apprécier :

« La loi constitutionnelle du royaume ne reconnaîtra plus de vœux monastiques solennels de personnes de l'un ni de l'autre sexe ; en conséquence, les ordres et congrégations réguliers dans lesquels on fait de pareils vœux sont et demeurent supprimés en France, sans qu'il puisse en être établi de semblables à l'avenir. »

J'attire votre attention sur ces mots « en conséquence ».

Remarquez que, si on avait voulu simplement annuler les vœux, il était absolument inutile de dire que les congrégations étaient supprimées. Il suffisait de laisser chacun libre de former ou de ne pas former des congrégations, mais on déclare que les congrégations sont supprimées. Après viennent les articles qui établissent des mesures de transition. On ne voulait pas que les membres de ces congrégations restassent pour ainsi dire sur le pavé, et alors on leur offre des asiles dans des maisons de retraite.

Quelques personnes en ont conclu, très témérairement suivant moi, que la Constituante avait voulu reconnaître la liberté des congrégations, mais cela n'entrait pas le moins du monde dans ses idées : elle ne voulait plus des communautés, elle ne voulait plus des corporations ayant une personnalité civile : si elle eût reconnu la liberté des congrégations, par cela même elle reconnaissait la liberté des jésuites, et vous savez combien il y avait d'adversaires des jésuites au sein de l'Assemblée constituante.

Il suffit, du reste, de lire ces articles, que je passe parce qu'ils sont un peu longs, pour voir que ce sont purement et simplement des mesures de transition ; c'est une retraite qui est offerte aux membres de ces congrégations, et quand on lit ces dispositions, on voit très bien comment les membres des congrégations qu'on supprimait peuvent rester dans les maisons de de retraite qu'on leur offre : on voit comment ils en sortent. Ce qu'on ne voit pas, c'est comment ils y entrent. Dans ces dispositions, il n'est pas question de ceux qui renouvelleront la congrégation comme novices, comme adeptes.

Donc on voulait bien réellement les supprimer : seulement, on agissait avec cette sagesse qui a souvent caractérisé l'Assemblée constituante ; on admettait des mesures de transition. De même, on acceptait l'existence d'un certain nombre de congrégations que l'on considérait comme devant être utiles pendant un certain temps.

Quant au décret sur les associations, que je considère comme le point de départ de la liberté des associations, voici quel en est le texte exact :

« L'Assemblée nationale, après avoir entendu son comité des rapports, déclare que les citoyens ont le droit de s'assembler paisiblement et de former entièrement des sociétés libres à la charge d'observer les lois qui régissent tous les citoyens. »

Voilà bien l'association pure, sans la personnalité civile, il est vrai, mais enfin c'est l'association, la société libre. Notez que le mot « s'assembler » avait à cette époque un sens beaucoup plus énergique qu'aujourd'hui : c'est celui dont se servaient

les vieux jurisconsultes, précisément pour désigner non seulement ce que nous appelons les réunions, mais les associations ;
il avait un sens plus fort, seulement c'était l'association sans la
personnalité civile. Le principe était donc posé. Les assemblées
qui ont suivi ont-elles manqué à ce principe? L'ont-elles
négligé, ou, au contraire, l'ont-elles suivi fidèlement ?

Vous pouvez suivre toute notre législation jusqu'au décret de
messidor an XII, c'est-à-dire jusqu'en 1804, jusqu'à l'Empire,
et vous verrez que constamment les assemblées de la Révolution, la Constituante, la Législative, la Convention, puis
ensuite le gouvernement du Directoire et même le Consulat
sont restés fidèles à cette distinction. On l'a maintenue jusque
sous l'Empire, au delà même du décret de messidor an XII,
jusqu'au code pénal de 1810 : pendant toute cette période,
c'est-à-dire pendant vingt ans, la liberté d'association a été
reconnue en France, mais la liberté d'association seule : et,
sous ce rapport, on peut consulter utilement la constitution de
fructidor an III, parce que vous voyez là rapprochées ces deux
idées, ces deux choses, d'une part, les associations, de l'autre,
les congrégations, les corporations religieuses, — non pas les
associations religieuses, car c'est bien différent : au contraire,
les associations religieuses sont permises — mais les congrégations et les corporations ayant une personnalité civile, des
vœux, des statuts particuliers, une règle, des supérieurs qui
ne sont pas responsables. Ces congrégations se trouvent interdites et au contraire l'association est reconnue d'une façon très
nette dans les divers articles de cette constitution : ainsi, l'article 310 dit : « Les citoyens ont le droit de former des sociétés
libres pour concourir au progrès des sciences, des lettres et
des arts. »

Vous voyez qu'on se sert toujours des mots « société libre »
pour désigner le contraire d'une « congrégation ». Ce mot a
fait fortune pendant un certain temps. Je me rappelle, précisément en ce moment, les statuts d'une congrégation de 1816 :
c'est la congrégation des prêtres des missions en France. Le

1er article de ses statuts déclare que cette congrégation est sous la protection du grand aumônier. Il ajoute : « qu'il s'agit d'une société libre, sans vœux ni promesses. »

A tort ou à raison cette congrégation se vantait d'être une société libre, pourquoi ? Précisément, parce qu'elle n'avait pas de vœux, précisément parce qu'elle était affranchie de ces liens spéciaux qui constituent la congrégation. *Très bien ! très bien ! à gauche.*

Dans le reste de la constitution de fructidor an III, nous voyons toujours le même principe : ainsi l'article 352 dit : « La loi ne reconnaît ni vœux religieux, ni aucun engagement contraire aux droits naturels de l'homme. »

Et l'article 360 : « Il ne peut être formé de corporations ni d'associations contraires à l'ordre public. »

Voilà qui maintient la loi de la Constituante de 1790, et même le décret beaucoup plus énergique, contenant des dispositions que, pour ma part, je trouve excessives, du 18 août 1792. Mais à côté se trouve l'article 354 :

« Nul ne peut être empêché d'exercer, en se conformant aux lois, le culte qu'il a choisi. Nul ne peut être forcé de contribuer aux dépenses d'un culte. La République n'en salarie aucun. »

Voilà pour l'association religieuse : puisque la République ne salarie aucun culte et que, d'autre part, tous les cultes étaient libres, il fallait qu'il y eût des assemblées religieuses. D'autres articles concernent les sociétés politiques et les sociétés qui s'occupent de lettres, d'arts, de littérature, de sciences. Ces dernières jouissent d'une liberté complète. Les sociétés politiques, au contraire, sans être interdites, sont l'objet de certaines restrictions. Voilà, messieurs, comment cette question qui nous préoccupe a été résolue par nos grandes assemblées révolutionnaires et républicaines, et cette solution a persisté jusqu'au code de 1810. C'est alors seulement que la liberté des associations a été proscrite.

C'est réellement le code pénal de 1810, et non pas la Con-

stituante, qui a détruit en France la liberté d'association...
Très bien! très bien! à gauche ... et je ferai remarquer ceci,
c'est que cette liberté n'est pas restée à l'état purement idéal,
car elle s'est traduite par des faits, non seulement la liberté des
associations qui s'occupaient d'œuvres laïques, de sciences, de
lettres, d'arts, mais la liberté des associations religieuses. Je
lisais dernièrement dans un mémoire qui a été produit à l'académie des sciences morales et politiques par un de nos collègues, l'honorable M. Carnot, sur la vie de Grégoire le conventionnel, évêque de Blois, qu'en 1797 ou 1798 — je ne me
rappelle pas très bien la date, mais c'est vers cette époque —
il y avait en France 32 000 églises catholiques qui étaient desservies, ouvertes au culte. L'Empire a eu intérêt à nier cela,
Napoléon 1er a prétendu avoir restauré les autels et il a fait
croire à une partie de la France qu'avant lui le culte catholique était absolument proscrit. Eh bien, c'est faux !

On avait traversé des époques orageuses, des époques de
luttes, de guerre civile, pendant lesquelles, il faut le dire, il y
avait eu des persécutions. Comme il arrive toujours aux époques de guerre civile, de part et d'autre il y avait eu des violences. Mais une fois la paix rétablie, une fois le calme revenu,
une fois surtout les inquiétudes vis-à-vis de l'étranger, les
inquiétudes en ce qui concerne l'intégrité du territoire enfin
disparues, eh bien alors, le principe qui avait été déposé dans
la loi par nos assemblées révolutionnaires a commencé à produire ses fruits. Il y avait, à cette époque, je le répète, d'après
une information et des rapports qui n'ont pas été contredits,
environ 30 à 32 000 églises desservies, ouvertes au culte.

De plus, on constatait que sept millions et demi de catholiques contribuaient aux frais de ce culte. *Très bien! très bien !
à gauche.*

Et, comme il n'y avait plus de budget des cultes, comme il
n'y avait plus de culte de l'État, ni de culte protégé par l'État,
le résultat que nous signalons était dû à la liberté des associations religieuses.

Le seul reproche qu'on puisse adresser à cet égard à nos assemblées révolutionnaires, ce serait en ce qui touche la question des associations professionnelles qu'on appelle aujourd'hui les chambres syndicales ; c'est sur ce point-là surtout que la Constituante a laissé une lacune à remplir et que nous remplirons un jour, et, je l'espère bien, prochainement. Elle craignait la restauration des corporations, des corps de métiers privilégiés, des jurandes et des maîtrises, et elle avait cru devoir interdire complètement les associations professionnelles : mais, je le répète, en dehors de cette lacune, il est impossible de poser les principes avec plus de fermeté et de netteté que ne l'ont fait nos assemblées révolutionnaires ; et ce sont ces principes, sauf certains tempéraments et certains compléments, bien entendu, que nous reproduisons aujourd'hui, principes qui sont étrangers aux querelles philosophiques et religieuses et qui font partie de ce droit public nouveau, que toutes les sociétés modernes devront reconnaître, que, tôt ou tard, elles reconnaîtront. *Nouvelle approbation à gauche.*

Je ne poursuivrai pas plus longtemps cette revue rétrospective de nos lois, d'autant qu'à partir de l'Empire, elle devient moins intéressante. En effet, à partir de ce moment, toutes les choses qui étaient distinctes s'embrouillent ; il se fait une confusion. C'est à ce moment qu'on arrive à confondre les associations proprement dites avec les congrégations. Dans un décret de messidor an XII, on vise les congrégations et plus spécialement la compagnie de Jésus, mais on se sert de termes vagues. Tantôt on emploie le mot congrégation, tantôt le mot association et tantôt le mot agrégation.

Du reste, cette confusion n'a rien qui étonne à partir du code pénal de 1810, parce que la liberté d'association restreinte jusque-là uniquement pour les sociétés politiques, se trouva disparaître absolument par le fait des articles 291 et 292. Dès lors toutes les sociétés se sont trouvées soumises au régime de l'autorisation, celles qui constituent des congrégations comme les autres, les associations laïques comme les associations religieuses. Ces articles mêmes 291 et 292 ont été aggravés, comme vous le savez, par la loi de 1834. et encore aggravés par la jurisprudence. En 1864. dans une affaire qui a fait quelque bruit, l'affaire des Treize, il y a eu un arrêt de la cour de cassation qui compte parmi les membres d'une association non autorisée, les correspondants. même ceux qui contribuaient à l'association par des cotisations. à condition qu'ils auraient apporté à l'association un concours intelligent, dit l'arrêt, et une volonté libre.

Vous voyez combien on avait élargi le cercle de l'autorisation en ce qui touche les associations ordinaires. Au contraire, en ce qui touche les congrégations, on avait toujours maintenu le principe de l'autorisation. Mais il est certain qu'on avait beaucoup facilité les autorisations qu'elles avaient demandées. Elles en avaient obtenu un grand nombre sous l'Empire.

On avait dérogé, à cette époque, à un principe posé sous la Restauration, principe excellent, que les congrégations ne pouvaient être autorisées que par une loi.

Au commencement de l'Empire, en janvier 1852, on fit un décret qui permettait de reconnaître sans loi, par simple décret, les congrégations présentant des statuts semblables aux statuts d'autres congrégations déjà reconnues ou même qui présenteraient des statuts nouveaux, mais lorsqu'elles-mêmes auraient déjà été reconnues. Et dans une foule d'autres cas, on avait facilité les autorisations. A cette époque, il fallait payer le clergé, il fallait payer le concours donné par le clergé au *Te Deum* du 1er janvier. *Très bien! très bien! à gauche.* On payait ce concours notamment par des facilités plus grandes pour l'établissement des congrégations.

Voilà le résumé de notre législation sur la matière : je le répète, la distinction entre les différentes associations est très nette pendant quinze ou vingt ans de notre vie politique, depuis la Révolution de 1789. c'est-à-dire depuis l'époque de la première République jusqu'à l'Empire. A partir de l'Empire, une certaine confusion se fait. On met les associations ordinaires et les congrégations à peu près sur le même pied.

Et cependant il y a certaines différences entre elles, c'est que toujours une loi est nécessaire pour les congrégations, tandis qu'un simple décret suffit pour les associations ordinaires.

Maintenant, cette distinction, que nous retrouvons dans notre législation, est-elle uniquement propre à la France ? Eh bien, non : si on jette un coup d'œil sur les législations étrangères, on voit bien vite que cette distinction se retrouve non pas partout, mais presque partout. Je n'entreprendrai pas de parcourir toutes ces législations ; je voudrais seulement en dire quelques mots qui me paraissent de nature à éclaircir la question, au point de vue juridique, sur certaines législations. Dans les pays libéraux il y a des législations qui refusent toute espèce de personnalité civile aux associations quelles qu'elles soient. C'est ainsi que les choses se passent en Belgique : elles se passent aussi, je crois, à peu près ainsi en Italie.

Là, la distinction dont je parlais tout à l'heure n'est pas faite : mais on refuse aux associations la personnalité civile, chose beaucoup plus grave, si les lois sont fidèlement exécutées, pour les congrégations religieuses que pour les associations ordinaires. qui. le plus souvent. n'ont pas besoin de cette personnalité civile. Elle leur est utile. elles la sollicitent souvent. mais elles n'en ont pas absolument besoin. tandis que les congrégations religieuses ne peuvent pas ne point avoir la personnalité civile : comme elles se perpétuent indéfiniment, qu'elles se renouvellent constamment par les novices. elles ont nécessairement. fatalement une personnalité civile.

Cette personnalité civile est-elle légale ou n'est-elle pas légale ? Quoi qu'il en soit. vous l'avez toujours. Si donc les lois sont exécutées, il est certain que les législations qui refusent cette personnalité civile sont extrêmement onéreuses pour les congrégations. En fait. elles ne les gênent pas énormément parce qu'elles trouvent moyen de tourner la loi. (Sourires et assentiment à gauche.) Et très souvent, la jurisprudence les favorise

dans leurs entreprises, à l'étranger comme en France. Mais enfin,
je le répète, si on s'attache aux lois, si on les suppose exécutées
fidèlement, le refus de la personnalité civile préjudicie beaucoup
plus aux congrégations qu'aux associations.

Dans d'autres pays même libéraux, on fait la distinction que
nous soutenons ici. Je n'ai pas besoin de vous dire qu'en Suisse
il y a des lois et des lois très sévères sur les couvents et les
monastères.

Mais, en Angleterre, beaucoup de personnes croient qu'il n'y
a qu'une loi générale ou un principe universellement admis
qui proclame la liberté d'association et laisse tout le monde
libre. C'est une erreur profonde : vous pouvez étudier la législation anglaise. J'en ai ici une étude approfondie dans *la Revue
de législation*, et vous verrez qu'il y a autant de lois que de
sociétés diverses. Ainsi, il y a une loi pour les sociétés religieuses ordinaires, une autre pour les sociétés littéraires et
scientifiques, une autre pour les sociétés de secours, *friendly
societies*, pour les sociétés charitables ou amicales et une autre
loi encore pour les congrégations.

M. BUFFET. — Elle n'a jamais été appliquée.

M. CLAMAGERAN. — C'est la loi de 1829. M. Buffet dit qu'elle
n'a jamais été appliquée, mais elle existe cependant, cette loi
de 1829. Elle est même très sévère, presque draconienne à
certains égards. Elle n'est pas éloignée de nous, elle est
de 1829.

M. BUFFET. — Oui, mais je le répète, elle n'est jamais
appliquée.

M. CLAMAGERAN. — Non, sans doute : il y a beaucoup de lois
qui ne sont pas exécutées, mais qui n'en existent pas moins.
Très bien ! à gauche.

Il y a beaucoup de choses qu'on tolère, même pour les
sociétés laïques, en France ; il y en a un grand nombre qui avant
d'être reconnues sont tolérées. Le gouvernement ne les trouve
pas dangereuses et il les tolère. Et de même en Angleterre, tant
que la grande masse du pays sera protestante, elle ne sera pas

très émue par la présence de quelques congrégations catholiques. (*Très bien! c'est cela! à gauche.*) Il en est tout différemment dans les pays dont la masse est catholique, où les congrégations ont une influence beaucoup plus dangereuse, non pas qu'elles fassent partie nécessaire du catholicisme, mais parce qu'elles viennent se greffer sur lui, trouvant là un milieu qui leur convient pour se développer. (*Très bien! à gauche.*)

Voilà pourquoi l'Angleterre n'applique pas la loi de 1829, qui est très rigoureuse, draconienne même, car elle interdit le territoire à tous les membres des congrégations d'hommes ; et soyez persuadés que si, dans les troubles qui ont eu lieu en Irlande, à la tête desquels s'est trouvée la ligue agraire, si l'on avait rencontré la main d'une congrégation quelconque, soyez convaincus, messieurs, que l'on aurait appliqué la loi de 1829. (*Très bien! très bien! à gauche.*)

M. BUFFET. — Elle est inapplicable !

M. CLAMAGERAN. — Il ne faut pas dire que les lois que l'on n'applique pas sont nulles : c'est une arme défensive ; elles tiennent en respect ceux qui seraient tentés d'abuser de la liberté.

Si vous voulez me le permettre, messieurs, jetons un coup d'œil sur les législations des pays qui se trouvent éloignés de nous, mais qui n'en sont que plus intéressantes.

Je prendrai l'Amérique comme type de deux législations bien différentes de nos institutions par leur diversité.

Je parlerai de la législation du Mexique et des États-Unis. Je disais tout à l'heure que les lois sont très sévères contre les congrégations, surtout dans les pays catholiques ; vous en avez un exemple au Mexique. Vous y trouvez une loi très nette — et récente, car elle est de 1874 — qui définit d'une façon extrêmement précise, d'une part, les associations, en général, et, d'autre part, les associations religieuses. Celles-ci sont permises : on établit quels sont leurs droits. Elles ont le droit de posséder l'immeuble qui leur est nécessaire, ce qui, comme vous le voyez, ressemble beaucoup à notre proposition. Les associations religieuses ont le droit de recevoir des dons mobiliers, elles ont le droit de faire des quêtes dans l'intérieur des temples. On ne leur accorde pas le droit de quêter au dehors parce qu'il paraît que ces quêtes auraient donné lieu à beaucoup d'abus dans ce pays.

Voici le droit des associations religieuses qui s'occupent du culte : remarquez bien ce mot qui est écrit en toutes lettres.

A ce point de vue, cette loi est une loi extrêmement large. Étant donné que, dans ce pays, il n'y a pas de budget des cultes, cette loi a permis à l'église catholique de se développer et de se maintenir. A côté, vous voyez un article qui interdit les ordres religieux et les défend d'une façon extrêmement nette, afin qu'on ne s'y trompe pas.

La définition qu'il donne est encore empruntée presque textuellement à ce vieux jurisconsulte dont je parlais tout à l'heure, à Domat, et elle est d'une exactitude parfaite.

Voilà la législation d'un pays où les catholiques, qui sont en très grande majorité, veulent rester catholiques, mais où cependant le pays ne veut pas être envahi indéfiniment par ces congrégations qui, trouvant dans le catholicisme un milieu favorable, pourraient se développer d'une façon alarmante et pour la fortune du pays et pour la sécurité du pays. *Très bien ! très bien ! à gauche.*

Nous avons aussi les États-Unis comme exemple. Aux États-Unis, c'est tout l'inverse : là, c'est comme en Angleterre, et plus encore qu'en Angleterre : il y a une masse protestante énorme. L'esprit d'initiative est développé au plus haut point. Vous le savez tous, l'Amérique, c'est le pays du *Go ahead.* Il y a là un esprit d'initiative très développé, il y a là un esprit d'individualisme très puissant, très énergique et il est bien certain que, dans ce pays-là, les congrégations n'effrayent pas beaucoup.

On a fait tout ce qu'on a pu pour leur donner une existence régulière et légale.

Eh bien, on n'a pas pu les faire rentrer dans les cadres réguliers : cela a été impossible. On a fait, dans l'état de New-York et à peu près dans tous les états américains, une loi qui est datée, pour l'État de New-York, de 1813. Cette loi donne les plus grandes libertés pour les associations, non seulement pour les associations laïques, mais encore pour les associations religieuses.

Les congrégations ne peuvent pas profiter de cette loi, du moins directement.

Pourquoi? parce qu'on exige dans cette loi que les membres d'une association, religieuse ou laïque, peu importe, élisent eux-mêmes leurs administrateurs, leurs chefs, et aussi que ces chefs soient responsables vis-à-vis de l'association. (*Très bien! à gauche.*)

Les jurisconsultes anglo-saxons reculaient devant cette énormité qui consiste à venir nous dire qu'il y a une association là où il y a un groupe d'hommes dominés par des chefs qui ne leur rendent pas de compte... *Approbation à gauche*, qui obéissent à une autorité extérieure qui siège à deux mille lieues de là. *Nouvelle et vive approbation sur les mêmes bancs.*

Voilà ce qu'ils n'ont jamais pu comprendre. Et cependant, ils avaient un très grand désir de les favoriser ; sans entrer dans les détails, je puis dire qu'ils les ont favorisées d'une autre manière : ils leur ont permis, par exemple, d'enregistrer des établissements particuliers, de leur donner la personnalité civile. Mais les congrégations elles-mêmes, en tant que congrégations, ne peuvent pas obtenir la personnalité civile, parce que, je le répète, elles ne rentrent dans aucun cadre légal, parce que, malgré toute la bonne volonté qu'on y a mise, et bien qu'on ait voulu les favoriser en fait par d'autres moyens, on n'a pas pu cependant leur donner la liberté pleine et entière, on n'a pas pu leur donner cette assimilation dont parlait notre honorable rapporteur, on n'a pas pu leur donner cette liberté égale qu'on nous reproche de contester, on n'a pas pu les mettre sur le rang des autres associations. Pourquoi? Parce qu'il y a là quelque chose qui résiste absolument à cette assimilation, parce qu'il y a là quelque chose qui est profondément différent ; parce qu'il y a un abîme, en réalité, entre l'association et la congrégation. *Très bien ! très bien ! à gauche.*

M. BUFFET. — On les laisse absolument libres aux États-Unis.

M. CLAMAGERAN. — Vous me répondrez, monsieur Buffet. Si j'avais le temps, je vous citerais les textes eux-mêmes et vous seriez convaincu de la vérité de ce que je dis. En fait, on les favorise beaucoup, mais elles ne trouvent pas dans la loi un cadre qui leur convienne pour se faire enregistrer comme congrégations.

M. BUFFET. — Enregistrer, c'est autre chose.

M. CLAMAGERAN. — Elles ne peuvent recevoir ni legs ni dons directement. Donc, vous le voyez bien, on ne les a pas mises sur le pied d'égalité.

Je ne prétends pas dire que la législation des États-Unis nous convienne. J'ai expliqué les conditions particulières dans lesquelles se trouvent les Américains...

M. BUFFET. — J'accepte.

M. CLAMAGERAN. — Quand nous aurons en France cette masse de protestants animés de l'esprit de libre examen, cette difficulté n'existera pas. *Très bien ! très bien ! à gauche.)*

Je crois que cette distinction non seulement a existé, existe encore dans une certaine mesure dans notre législation, mais existe également dans la législation de beaucoup d'autres pays : je la trouve justifiée, quand on examine la nature des choses.

Je ne reviendrai pas sur les considérations qui ont été déjà présentées au Sénat par nos honorables collègues, MM. Corbon et Tolain, à la dernière séance ; je ne relèverai pas tous les traits qui distinguent une association ordinaire d'une congrégation. Ces traits sont tels, surtout quand on les réunit ensemble, qu'il n'est véritablement pas possible d'hésiter et de les confondre. Il n'est pas possible, par exemple, de confondre une association comme celle de la protection de l'enfance, dont quelques-uns de nos collègues font partie et qui est présidée par M. Bonjean.

il n'est pas possible, dis-je, de confondre cette association, d'un caractère absolument neutre, avec la compagnie de Jésus.

Tout le monde sait qu'il y a des abîmes entre ces deux associations ; même avant d'avoir examiné la question à fond, on comprend qu'il y a entre elles une différence prodigieuse, une différence colossale. Eh bien, la différence n'existe pas, d'après la doctrine. On pourrait très bien concevoir cette forme de congrégation appliquée à toute autre doctrine qu'à la doctrine catholique. On a dit qu'il y en avait parmi les protestants ; pour ma part, je n'en connais pas. Il y a peut-être, en ce moment, l'Armée du salut qui fait beaucoup de bruit, beaucoup de tapage en Suisse et qui cause beaucoup de désordre. Celle-là est constituée sur le modèle de la compagnie de Jésus ; vous voyez que ce n'est pas un encouragement à imiter ce type. *Rires approbatifs à gauche.*

C'est la seule que je connaisse.

Je sais qu'il y en a dans d'autres religions ; il y en a chez les musulmans, cela est certain. En Algérie, par exemple, il y a des confréries de khouans. Vous pouvez voir leurs statuts dans l'ouvrage de MM. Hannoteau et Letourneur. Ils ressemblent énormément aux statuts des jésuites : ce sont les mêmes causes qui ont produit ces deux sortes de sociétés, ces deux sortes de congrégations : c'est le désir que l'homme éprouve, à un moment donné, de s'abandonner lui-même, de renoncer à sa liberté individuelle, de ne plus porter le fardeau de cette responsabilité, de ces hésitations, hésitations cruelles, qui sont souvent une douleur pour l'homme, quand il faut chercher non seulement comment on fera son devoir, mais où est le devoir. Mais ce qui est à la fois un fardeau et un danger est aussi une grande noblesse pour l'homme. *Très bien ! très bien ! à gauche.*

C'est précisément là ce qui l'élève, ce qui en fait un être à part, supérieur à tous les autres. *Nouvelles marques d'approbation sur les mêmes bancs.*

La forme de congrégation dont je parle se retrouve, je le répète, dans d'autres pays, mais ce n'est pas une question de doctrine, c'est une question de constitution intérieure. Ces congrégations sont constituées de telle façon qu'elles ne ressemblent pas aux associations ordinaires.

Je demande au Sénat la permission d'insister sur un seul fait que j'ai déjà mentionné tout à l'heure à propos de la loi américaine. La grande différence est surtout dans l'organisation des pouvoirs sociaux. *Très bien ! à gauche.* Dans une association, les chefs sont élus, ils sont responsables vis-à-vis des associés. Peut-on comprendre une association où il n'en est pas ainsi ?

Eh bien, est-ce qu'il en est de même dans les congrégations ? Est-ce que les chefs des congrégations, est-ce que les supérieurs rendent des comptes ? C'est au dehors qu'ils rendent des comptes : c'est au général des jésuites quand il s'agit de la congrégation des jésuites ; c'est au pape souvent, mais, en tous cas, c'est au dehors, c'est à Rome.

Vous vous rappelez certainement, messieurs, l'affaire des jésuites de Lyon en 1845. Quand le gouvernement de Juillet fut interpellé, vous souvenez-vous des faits qui furent racontés à cette époque ?

Une saisie avait été opérée sur les papiers de cette congrégation de Lyon et, parmi ces papiers, on avait trouvé les registres. Ces registres étaient sur le point de partir pour aller où ? à Rome : ils étaient adressés au général des jésuites, et non aux membres de la congrégation de Jésus.

Est-ce que le membre d'une congrégation se considère comme l'associé de son supérieur ou même de ceux qui font partie de cette congrégation ? En aucune façon, messieurs : il n'y a aucune espèce de rapport entre les deux choses. Si on leur appliquait le droit commun, mais leur vie serait impossible. Si, en Amérique, les congrégations ne peuvent pas se faire enregistrer, c'est précisément à cause de cela, c'est parce qu'elles ont des chefs qui sont des chefs de droit divin, qui ne sortent pas de leur sein et qui ne sont pas responsables vis-à-vis d'elles. C'est ce défaut de responsabilité qui constitue la grande différence entre l'association et la congrégation. différence purement juridique. qui ne touche nullement aux doctrines et aux croyances, qui intéresse purement et simplement l'organisation de la société *Très bien !à gauche.*

Et je ferai remarquer que. si le mot association a le sens que je lui ai donné d'après la législation de notre pays et les législations étrangères. — je pourrais appuyer mon assertion de citations de tous les auteurs qui se sont occupés de la question. de M. Dupin, de Portalis. de M. Beudant. — si, dis-je. le mot association a ce sens-là. il l'a aussi dans le langage vulgaire.

Est-ce que vous croyez qu'en 1848. par exemple. quand les ouvriers s'étaient passionnés avec tant d'ardeur pour le principe d'association. avant et après 1848. comme encore aujourd'hui quand ils se passionnent pour ce principe, est-ce que vous croyez. dis-je. que l'association signifie pour eux un groupe dans lequel ils seront dominés par des supérieurs qui leur seraient étrangers et qui ne leur rendraient pas de comptes ? C'est exactement l'inverse. Ce qui fait pour eux l'attrait de l'association, c'est qu'ils y voient. non pas l'étouffement de l'individu. l'abdication de la volonté individuelle. mais. au contraire. le développement des forces individuelles par une union qui n'est pas oppressive. et qui n'est pas oppressive parce que les pouvoirs qui la dirigent sortent de son sein : parce qu'ils y rentrent. parce que ces pouvoirs rendent des comptes. *Très bien ! sur les mêmes bancs.*

Y a-t-il. messieurs. des conclusions à tirer de cette différence ? Il me paraît impossible qu'on ne l'admette pas. Il me paraît impossible que deux groupes sociaux. deux types aussi différents ne soient pas régis par des règles différentes et qu'ils puissent. au point de vue de l'ordre public. être considérés de la même manière. être vus du même œil. Mais si vous entrez un peu dans les détails. si vous analysez les conséquences de cette différence, vous verrez de plus en plus combien cela est impossible.

Ainsi, à la dernière séance, M. le rapporteur a parlé très éloquemment de la publicité qu'il voulait absolue, complète pour tous. Il nous a présenté la publicité comme étant le contrepoids de la liberté, la garantie de l'ordre public en face de la liberté. Tout cela est admirablement vrai ; mais, cette publicité, est-ce qu'elle est possible pour les congrégations ? Est-ce qu'elle est organisée dans la proposition qui nous est présentée ?

Sans doute, on publie les noms des membres et les statuts, mais on ne les définit pas, ces statuts, et l'on a soin de nous dire dans le rapport que les règlements intérieurs ne font pas partie de ces statuts. Et les vœux, en font-ils partie ? Je pense que oui, car au conseil d'État, quand on vérifie les statuts, les vœux sont visés. Eh bien, s'ils sont publiés immédiatement, vous leur donnez force, car ils deviennent la base d'un contrat ; par conséquent, vous vous mettez en contradiction avec la loi de 1790. Si, au contraire, vous ne les publiez pas, vous laissez dans l'ombre ce qui est l'essentiel, ce qui est le plus important. Voilà pour la publicité.

Maintenant, pour la police ordinaire, pour la sécurité des citoyens : est-ce que les personnes qui vivent cloîtrées dans un lieu renfermé ne doivent pas véritablement être l'objet d'une surveillance spéciale, de garanties spéciales ? Est-ce qu'il ne peut pas se passer dans ces intérieurs fermés, cloîtrés, des choses extrêmement difficiles à vérifier ? Voyez combien de crimes, de suicides, de morts violentes restent inconnus ou ne se dévoilent que longtemps après qu'ils ont été accomplis ; voyez combien sont précisément découverts, dévoilés par les voisins, par un fournisseur qui se présente, par les rapports que la personne qui habite dans un appartement privé ordinaire entretient avec le dehors. Ici, il n'y a pas de rapports avec le dehors : il faut donc quelque chose de spécial : là encore, il faut une surveillance, des règles particulières.

Et maintenant, en nous plaçant à un point de vue plus élevé.

qu'est-ce qui fait la garantie de la société en général, la garantie de l'État, qui est le représentant de la société, vis-à-vis des
citoyens, quand il accorde, quand il reconnaît à ces citoyens
certaines libertés?

Vous savez, Messieurs, quelles sont ces garanties. Ce sont
les choses essentielles à la vie humaine : c'est la famille, c'est
la propriété, c'est le respect des lois.

Eh bien, ici, est-ce que nous trouvons ces garanties? Le respect des lois? mais il est singulièrement ébranlé par le vœu
d'obéissance qui, dans certaines congrégations, implique l'obéissance aveugle et absolue. *(Réclamations à droite.)*

M. Buffet. — Jamais !

M. Clamageran. — *Perinde ac cadaver*, ce sont des mots qui
ont été bien souvent répétés, mais qui sont toujours vrais, et le
respect des lois est singulièrement ébranlé, je le répète, par
cette obéissance qui se trouve souvent bien supérieure à l'obéissance qu'on doit aux lois du pays.

Et maintenant, la famille ! La famille? mais elle n'existe plus,
puisque les membres des congrégations ont fait vœu de chas-
teté, vœu de célibat.

M. Buffet. — Et le clergé?

M. Clamageran. — On trouve cela tout simple; on trouve
que cela ne présente aucune espèce de difficulté. On nous
dit : mais le mariage n'est pas obligatoire. Non, sans doute;
on parle en riant de certains projets contre le célibat, qui
ont été présentés récemment. On en avait déjà présenté autre
fois, au XVIIᵉ siècle, et cela n'a pas porté bonheur, je le reconnais, à ceux qui les avaient présentés. Un certain contrôleur
général, qui avait proposé un impôt sur les célibataires, a été
renversé en partie à cause de cet impôt, qui froissait beaucoup
de personnes.

Ce sont là, je le crois, des mesures puériles et mauvaises en
elles-mêmes. Évidemment, le mariage n'est pas obligatoire,
mais autre chose est de conserver le célibat par suite de circonstances souvent involontaires, autre chose est de nier systémati-

quement la famille et de se vouer au célibat d'une façon systématique. *(Interruptions à droite.)*

On a dit quelquefois que le prêtre catholique se trouve dans la même situation que le congréganiste : ce n'est pas tout à fait exact. En effet, le prêtre renonce sans doute à une portion de la famille ; il n'a pas d'épouse auprès de lui et cela, suivant moi, est une lacune qui me paraît extrêmement regrettable. Je considère que la présence de la femme au foyer domestique sanctifie certainement ce foyer... *(Vive approbation à gauche.)* et je m'étonne vraiment que ceux qui, pendant si longtemps, ont eu la prétention d'être les défenseurs privilégiés de la famille, contestent un pareil point. Mais, si le prêtre n'a pas la femme en qualité d'épouse auprès de lui, il la trouve du moins à son foyer — et c'est déjà beaucoup — comme sœur, comme mère, comme tante ou même comme humble servante. C'est déjà quelque chose, c'est déjà une véritable garantie sociale.

D'un autre côté, le prêtre est sans cesse en rapport avec le dehors, il y plonge, en quelque sorte, par ses relations diverses avec les fidèles ; il n'est pas totalement étranger à la société, et c'est là une très grande différence entre le prêtre, même le prêtre catholique, le prêtre non marié, et le congréganiste. *(Très bien! très bien! à gauche.)*

Enfin, il y a la propriété individuelle qui, elle aussi, est bien une garantie.

Je dirai pour la propriété comme pour la famille : en fait, il y a malheureusement bien des personnes qui ne sont pas propriétaires, — il serait à désirer que tout le monde le fût, — et, pourtant, dans une certaine mesure, on pourrait dire que tout le monde l'est un peu : tout le monde est propriétaire, de peu de chose souvent, mais enfin de quelque chose. Ce qui est grave, selon moi, c'est de se soustraire complètement à la propriété individuelle : c'est de renoncer à ce qui est, il faut bien le dire, en général, une cause et un moyen d'indépendance dans la vie sociale.

Tous ces droits sont enlevés au congréganiste: et vous prétendez que cet homme, qui a ainsi dépouillé, on peut le dire, presque tous les caractères qui constituent l'être humain *(Très bien! très bien! à gauche. — Exclamations ironiques à droite.)* dans la vie sociale, doit être mis sur le pied de l'égalité avec un autre homme qui fera partie d'une association où l'on s'occupe de questions intellectuelles, littéraires, religieuses même, mais à laquelle il ne donnera qu'une partie de son temps, de son activité, de sa fortune et qui retrouvera ensuite, à son foyer, cette famille dont je parlais tout à l'heure et dont la mention n'est, je crois, de nature à amener le sourire sur les lèvres de personne! *Très bien! très bien! à gauche.)*

Il résulte de la constitution même de ces sociétés quelque chose de tout à fait anormal. Il y a non seulement à craindre, ce que me paraît redouter beaucoup le rédacteur du rapport et ce dont on croit s'être préservé, la mainmorte matérielle, mais il y a quelque chose de bien plus grave encore à redouter : ce qu'on pourrait nommer la mainmorte personnelle, la main- morte morale, la mainmise sur l'individu, l'absorption de l'individu au sein de la congrégation, sous cette discipline étroite, passive, absolue, qui dépasse même en rigueur la discipline que la nécessité impose à nos armées. Eh bien, tout cela exige des garanties spéciales, tout cela exige un correctif.

Il est évident qu'il y a, dans les congrégations, un certain relâchement social, et, par contre, une concentration indi- viduelle, un séparatisme, comme diraient les Allemands, contre lequel il faut absolument que l'on réagisse. Et comment réagir, si ce n'est en doublant la force des liens qui unissent ces sociétés particulières à la grande société géné- rale? Or, je ne vois pas comment on pourrait atteindre ce résultat sans faire intervenir l'État d'une façon quelconque.

Pour mon compte, et tout en constatant ce qu'il y a de défec- tueux et de dangereux dans les congrégations, je ne suis pas porté aux solutions extrêmes : j'avoue que je ne serais pas d'avis de renouveler le décret de 1792 qui prononçait l'inter- diction absolue des congrégations : je crois qu'il y a des distinctions et des concessions à faire ; je crois qu'il y a des personnes très honorables, très respectables qui ont besoin de cette vie contemplative, et d'autres qui, éprouvant le besoin de se dévouer, ne se sentent capables de le faire qu'après avoir abdiqué toute direction d'elles-mêmes, toute responsabilité, et enfermé leur volonté personnelle dans un cadre extrêmement rigide.

Il y a donc des concessions à faire, et ce sont précisément ces concessions qui se font par l'intervention du gouvernement, qui reconnaît s'il y a ou non des dangers.

Le danger peut exister de la part de telle société qui exagère les principes communs aux congrégations : il peut ne pas y en avoir de la part de telle autre qui n'admet ces principes qu'avec certains tempéraments ; je dirai même, comme on l'a dit quelquefois, qu'il peut encore y avoir du danger dans notre pays et ne pas y en avoir au dehors. Ce sont des questions d'espèce qu'il faut examiner dans chaque cas spécial, et c'est au gouvernement qu'il appartient de les examiner toutes. C'est cette nécessité et ce droit qui ont donné naissance au régime de l'autorisation, soit qu'il s'agisse de l'autorisation accordée par décret, soit, comme dans la législation actuelle, de l'autorisation par la loi.

Mais ce qui importe, c'est d'établir un régime spécial ; ce qui importe, c'est de ne pas croire qu'il suffise, pour que les congrégations rentrent dans l'ordre normal et puissent être assimilées à des associations, d'annuler leurs vœux ou de déclarer que leurs vœux sont nuls. Cela ne suffit nullement, messieurs, et savez-vous pourquoi ? C'est que les vœux font partie intégrante du contrat qui lie les congréganistes à la congrégation. Vous ne pouvez, par conséquent, annuler ces vœux légalement sans annuler le contrat de congrégation lui-même : c'est un principe de droit permanent ; c'est un principe, celui-là, qu'on peut véritablement appeler universel et supérieur.

Mais ce principe, à la différence de bien d'autres qui ont été invoqués récemment, se retrouve dans des lois concrètes, ou plutôt, depuis qu'il y a des jurisconsultes au monde, il se

retrouve partout. Quand vous attachez à un contrat une certaine condition, et que cette condition est annulée, le contrat
lui-même est annulé ; c'est ce qui arrive toutes les fois qu'on
prohibe certaines conditions. Ainsi, par exemple, la servitude
personnelle, la servitude imposée à la personne ou en faveur
de la personne, est prohibée : eh bien, croyez-vous que, si l'on
a fait une vente sous la condition de l'établissement d'une servitude de ce genre, cette vente restera valable ? Non. La vente
elle-même est nulle, le contrat tout entier disparaît.

Nous voyons qu'il en est de même quand nous nous mettons
en présence d'un article qui nous touche de très près dans cette
discussion : je veux parler de l'article 1780 du code civil sur
le contrat de louage de services, article qui défend le louage
de services perpétuels. En réalité, le contrat des congrégations
ressemble beaucoup au louage de services, bien plus qu'à l'association proprement dite ; le louage perpétuel de services est
donc défendu, mais si la perpétuité disparaît, le contrat lui-
même disparaît avec elle ; et il en est ainsi, je le répète, toutes
les fois que vous trouvez dans un contrat une condition non
reconnue par la loi, une condition qui n'est pas légale, la condition disparaissant, le contrat disparaît en même temps. Les
vœux étant nuls, il n'y a donc plus de contrat qui lie les congréganistes à la congrégation et, par conséquent, la congrégation elle-même est nulle.

Ainsi, vous le voyez, messieurs, la déclaration de nullité
légale des vœux, faite par la Constituante, déclaration que vous
maintenez, suffit pour empêcher que le contrat de congrégation
puisse acquérir véritablement une force légale.

Je termine, messieurs ; je demande pardon au Sénat d'avoir
été si long. *Non ! non ! Très bien ! à gauche.*

Je me résume : la distinction que nous proposons, nous la
croyons sage, raisonnable, et parfaitement légitime.

En finissant, permettez-moi de protester en quelques mots
contre des idées qui nous ont été attribuées à propos de cette
proposition de loi et qui ne sont pas les nôtres.

On nous dit : Vous voulez garder la liberté pour vous et la refuser aux autres. Là n'est pas la question. La question est de savoir si c'est bien une liberté qu'on accorde ; de savoir si la liberté de renoncer à la liberté est une liberté légitime. *Exclamations ironiques à droite. — Très bien ! très bien ! à gauche.*

C'est une question qui relève de tous les principes du droit civil et aussi de tous ceux du droit politique, et je mets en fait que si l'on avait admis ce droit de renonciation à la liberté, jamais la liberté ne se serait développée dans l'humanité. La somme d'esclavage et de servitude, qui a été le résultat de l'assujettissement volontaire, a été au moins aussi grande que la somme d'esclavage et de servitude imposée par la violence.

Toutes les fois qu'il y a un affranchissement légal dans l'humanité et qu'on a voulu que cet affranchissement fût sérieux et permanent, on a été obligé d'ajouter qu'il ne serait pas permis d'y déroger ; et que, après que les hommes auraient reçu la liberté, ils n'auraient pas le droit d'y renoncer. Est-ce que, par exemple, quand, il y a peu de temps encore, on a aboli l'esclavage aux États-Unis, si l'on avait permis aux nègres d'aliéner leur liberté, la moitié peut-être ne l'aurait pas fait ? Il n'est rien, malheureusement, que l'homme aliène plus facilement que sa liberté. Les soucis de la vie sont souvent très cruels, le fardeau de la liberté est lourd et on s'en décharge volontiers.

Je mets en fait que si vous voulez maintenir la liberté, il faut d'abord poser ce principe que la liberté est inaliénable : à cette condition seule elle peut être ferme et permanente. Non ! ce n'est pas la liberté que nous refusons à nos adversaires : nous la leur accordons tout entière ; mais ce que nous refusons, c'est de consacrer, sous ce nom de liberté, l'assujettissement !

Voilà ce que nous ne voulons pas faire : et ce refus même est la conclusion de toutes les distinctions que nous avons soumises au Sénat. Nous ne voulons pas confondre le contrat d'association, contrat d'hommes libres qui veulent rester libres, et développer leur activité en restant libres, avec un contrat qui n'est plus un contrat d'association, mais de soumission et de sujétion, avec un contrat qui, au fond, n'est qu'un contrat d'assujettissement.

Ce droit de s'asservir, nous refusons de le confondre avec la liberté d'association, précisément parce que nous considérons cette liberté comme une des plus grandes, des plus belles, des plus nobles qu'on puisse instituer dans un pays.

C'est justement pour cela que nous ne voulons pas qu'on la confonde avec ce qui est, à nos yeux, absolument le contraire.

Très bien! très bien! et applaudissements à gauche. — L'orateur, en retournant à son banc, reçoit les félicitations d'un grand nombre de ses collègues.

AFFAIRE DREYFUS

I

LA LOI SUR LA TRAHISON

M. le Président. — M. Clamageran a déposé un amendement ainsi conçu :

« Article 77 (du Code pénal).

« Au commencement de l'article,

    « Au lieu de :

« Sera puni de la peine des travaux forcés à perpétuité »,

    « Mettre :

« Sera puni de la peine des travaux forcés à temps. »

« A la fin de cet article,

    « Au lieu de :

« La peine sera la mort »,

    « Mettre :

« La peine sera celle des travaux forcés à perpétuité. »

La parole est à M. Clamageran.

M. Clamageran. — Messieurs, toutes les trahisons sont criminelles, mais il y a des degrés dans le crime de trahison comme dans tous les autres.

M. Le Provost de Launay. — Non ! Il n'y en a pas !

M. Clamageran. — Messieurs, j'approuve la Commission qui a fait une distinction entre le temps de paix et le temps de guerre. Je crois, contrairement à ce qu'a dit l'honorable préopinant, que la trahison en temps de guerre est à la fois plus criminelle et plus dangereuse.

Elle est plus criminelle, parce qu'évidemment quand la guerre est déclarée, il y a une espèce de coup qui émeut les consciences même les plus endurcies et leur fait sentir, quand l'ennemi est là, quand il approche, que le crime est monstrueux.

Cette même commotion n'existe pas en temps de paix. L'action est criminelle néanmoins, mais elle l'est moins, je le répète.

Au point de vue du danger qu'elle fait courir à la défense nationale, je ne puis pas admettre que le danger ne soit pas moindre, car enfin, en temps de guerre, vous êtes surpris, une trahison peut tout à coup occasionner la perte d'une grande bataille sans que vous ayez le temps de réparer les effets de cette trahison.

En temps de paix, vous avez le temps, comme on dit vulgairement, de vous retourner. La chose est grave, c'est évident : mais elle l'est infiniment moins. J'admets donc qu'il y a une distinction à faire, et, sous ce rapport, je suis d'accord avec la Commission.

Je trouve seulement qu'elle aurait pu aller plus loin.

Dans le troisième paragraphe de l'article 77 elle prévoit le cas de trahison avec circonstance aggravante — c'est le cas de communication de pièces à l'étranger ou d'intelligence avec l'étranger dont se sont rendus coupables des hommes revêtus d'un mandat ou exerçants d'une fonction publique — et je propose la peine des travaux forcés à perpétuité, c'est-à-dire la peine la plus forte après la peine de mort. Dans le premier cas, au contraire, celui où manque la circonstance aggravante, je propose la peine des travaux forcés à temps. J'estime que le rétablissement de la peine de mort, en temps de paix, en ce qui concerne les crimes contre la sûreté extérieure de l'État, est une mesure rétrograde, inutile et dangereuse. Je ne suis pas de ceux qui préconisent le progrès à rebours.

Autrefois les républicains et les libéraux étaient d'accord sur ce point, qu'il ne fallait pas augmenter le nombre des applications de la peine de mort et qu'on ne devait pas surtout la prononcer dans des cas où elle n'existe pas. Je persiste, quant à moi, dans les idées de nos pères : je suis avec les hommes de

1789, de 1830 et de 1848 : j'estime comme eux que la peine de mort en temps de paix est une chose inutile et dangereuse.

Sur divers bancs. — Ce n'est pas de la politique, cela.

M. Destieux-Junca. — Ce n'est pas de la politique, mais on peut en faire de la politique.

M. le baron de Lareinty. — Quand il s'agit de l'armée, il n'y a pas de politique, mon cher collègue, il y a l'intérêt du pays et rien que cela.

M. Destieux-Junca. — Nous sommes tous d'accord là-dessus ; vous n'avez pas le monopole de cette préoccupation.

M. le Président. — N'interrompez pas, Messieurs.

M. Clamageran. — La Révolution de 1848, Messieurs, a fait trois grandes choses qu'on oublie et que, selon moi, on ne devrait pas perdre de vue, surtout en République.

Elle a fondé le suffrage universel, elle a supprimé l'esclavage dans les colonies et elle a aboli la peine de mort en matière politique.

M. le baron de Lareinty. — Cela ne se ressemble pas.

M. Clamageran. — Je vous prierai, mon cher collègue, de ne pas m'interrompre.

M. le baron de Lareinty. — Je ne voulais pas du tout vous interrompre, mais il y a des choses qui blessent et qui peuvent motiver une interruption.

M. Clamageran. — Je suis désolé de vous blesser ; cependant je crois m'exprimer d'une manière parlementaire *(Parlez ! parlez ! à gauche)* et qui est de nature à ne blesser personne.

Je ne puis pourtant pas ne pas exprimer mon opinion. *(Très bien !)*

Eh bien, ces trois choses, il y a entre elles un lien qui, pour moi, est indissoluble.

Par la première, les hommes de 1848 ont fait passer le pouvoir des mains de la minorité dans celles de la majorité, ce qui était juste.

Par la seconde, ils ont déclaré bien haut qu'ils ne tiendraient pas compte dans leur manière de traiter les hommes ni de la race ni de la couleur. *Très bien ! très bien ! à gauche.*

Par la troisième, enfin, ils ont mis un frein aux persécutions politiques ; ils n'ont pas pu les faire disparaître, malheureusement, mais ils y ont posé une limite : ils leur ont ôté à la fois et leur acuité et leur attrait.

Il ne faut pas se le dissimuler, il y a dans tous les temps des hommes chez lesquels la bête féroce qui a existé autrefois revit, se réveille, qui ont besoin de spectacles sanglants. C'est contre cela que les hommes de 1848 se sont élevés : selon moi ils ont eu raison de le faire. On a dit qu'ils n'avaient pas eu l'intention de comprendre dans les crimes politiques les crimes contre la sûreté extérieure de l'État. Une jurisprudence constante a répondu que l'article 5 de la Constitution s'appliquait aux crimes contre la sûreté extérieure de l'État aussi bien que ceux contre la sûreté intérieure. C'est une jurisprudence, je le répète, constante.

Mais comment n'auraient-ils pu les comprendre puisqu'ils ne définissaient pas les crimes politiques et qu'ils n'avaient pour expliquer les crimes politiques que la loi de 1830 ? Or, est-ce que la loi de 1830 faisait une distinction entre les infractions menaçant la sûreté extérieure et la sûreté intérieure de l'État ? Elle n'en faisait absolument aucune. Il est vrai que cette loi, qui renvoyait à la cour d'assises les infractions politiques, ne parlait pas des crimes, qui étaient déjà déférés à la cour d'assises : elle ne pouvait parler que des délits, mais dans le dispositif et dans les rapports, — il y a des rapports très remarquables méritant d'être lus encore aujourd'hui qui ont été faits en 1830, à la Chambre des pairs, par le comte Siméon et, à la Chambre des députés, par M. de Martignac ; c'étaient des hommes libéraux, mais extrêmement modérés — dans ces rapports, vous ne verrez pas une seule fois la distinction dont on parle ; ils confondent les uns et les autres et ils parlent aussi bien des crimes que des délits.

· Mais, même en m'en tenant seulement au dispositif de la loi, il ne pouvait parler que des délits, puisqu'il s'agissait de renvoyer les délits, les infractions politiques à la cour d'assises. Il y a un fait qui constitue un délit de trahison atténuée, puisque ce n'est pas un crime, c'est celui qui consiste à communiquer à une puissance étrangère, en temps de paix, des plans et autres documents intéressant la défense nationale, comme on dirait aujourd'hui, qui ont été obtenus sans fraude ni violence. Ceci est parfaitement un délit contre la sûreté extérieure de l'État et il était compris dans la loi de 1830.

Par conséquent, la Constituante, en 1848, quand elle a pris cette décision, savait parfaitement ce qu'elle faisait : elle avait bien l'intention de comprendre les crimes contre la sûreté extérieure comme ceux contre la sûreté intérieure de l'État.

Mais il y a une autre raison qui prouve, selon moi, qu'elle ne pouvait pas faire autrement.

Que voulaient les hommes de 1848 ? Il y en a beaucoup, parmi nos collègues, qui n'ont pas connu les événements de cette époque, et je les en félicite, mais quelques autres ont appris à les connaître. Qu'est-ce donc que voulaient les hommes de 1848 ? Ils voulaient surtout effacer le souvenir de la Terreur qui pesait sur la République et encore plus en éviter pour l'avenir de nouvelles, aussi bien la terreur blanche que la terreur rouge. Voilà ce qu'on voulait et voilà ce qu'on a dit partout. Est-ce que vous croyez qu'on aurait obtenu ce résultat si on avait exclu les crimes contre la sûreté extérieure de l'État ? On n'aurait rien obtenu du tout. Pourquoi ? Parce que, dans tous les temps et dans tous les pays, c'est chose élémentaire que, pour se débarrasser de ses ennemis, on les appelle des traîtres. *Très bien ! à gauche.* Si l'on avait exclu les crimes contre la sécurité extérieure, on n'obtenait aucun résultat. Lisez les procès de trahison, à n'importe quelle époque, car je ne distingue pas entre les régimes, il en a été ainsi. Presque toujours, pour peu que les faits y prêtent, on transforme un crime qui, en réalité, est dirigé contre la forme du gouvernement, en crime de haute trahison. On n'obtenait donc abso-

lument rien du tout si on avait parlé simplement de crimes
relatifs à la sûreté intérieure de l'État.

On a dit aussi que cette mesure de 1848 rentrait dans l'ordre
de ces mesures idéalistes auxquelles on se laissait aller à cette
époque, qu'elle avait été inspirée par un grand poète et qu'au
point de vue politique il n'y avait par conséquent pas à en tenir
compte.

Je crois d'abord qu'il n'est pas bon de négliger ainsi les opinions des grands poètes, que les grands poètes, et Lamartine en
particulier, ont eu souvent, même en politique, des intuitions
très justes. Il l'avait bien montré quand, en 1840, il parlait
contre le retour des cendres de Napoléon.

Il avait parfaitement prévu que ce retour allait réchauffer en
France les sentiments impérialistes et il avait prévu aussi, probablement avec un certain frisson au fond de l'âme, que ce
réveil amènerait des désastres épouvantables.

Donc, il ne faut pas négliger les opinions d'hommes qui, je
le reconnais, ne voient pas toujours très bien les intérêts présents, mais qui ont une vue à longue portée et qui s'aperçoivent
des conséquences que les autres hommes ne voient pas. *Très
bien !*

Mais est-il vrai que cette mesure fût uniquement mise dans
la loi dans un moment d'enthousiasme chevaleresque, dans un
accès de don quichottisme, permettez-moi le mot ? Cela n'est
pas encore exact. Il est vrai que Lamartine s'est fait l'organe de
cette grande réforme, mais il s'appuyait sur des antécédents ;
et, derrière ce qu'il proposait, il y avait les criminalistes de 1830 ;
et notamment le père de notre honorable collègue, M. Béren-
ger, qui, dès 1830, avait proposé de restreindre successivement
les cas d'application de la peine de mort. Il avait indiqué toute
une série d'articles où on pouvait supprimer peu à peu la peine
de mort, et je dois dire que, dans beaucoup de cas, il a été
suivi : je citerai, notamment, le crime de fausse monnaie ; et
son programme se terminait par la suppression de la peine de
mort en matière politique.

C'était donc une réforme qui avait été préparée par les hommes de science, par les jurisconsultes, par les criminalistes ; seulement elle a trouvé son expression dans un moment de grande émotion, dans un de ces moments qu'on appelle des révolutions, où les peuples s'élèvent au-dessus d'eux-mêmes et se livrent alors à certaines manifestations grandioses : ils retombent évidemment de ces hauteurs où ils s'étaient placés, mais il reste toujours quelque chose de cette vision d'idéal qu'ils ont entrevue un moment.

Maintenant, ce qui répond peut-être mieux à cette idée qu'on a souvent exprimée, que l'article 5 de la Constitution de 1848 avait été inspiré par une sorte d'esprit chevaleresque peu pratique, c'est que nous avons été suivis par les autres puissances.

Je n'invoque pas ici les législations étrangères, comme on le fait quelquefois, pour demander qu'on les imite ; je constate seulement que ces législations ont adopté cette réforme, se la sont assimilée et que c'est nous qui, après l'avoir faite, voudrions ensuite rétrograder.

Reportez-vous au rapport de la Chambre, rapport très loyal, je dois le dire, auquel son auteur a joint les législations de l'Angleterre, de l'Allemagne, de la Russie. Il n'en a pas discuté la portée, mais il a donné les textes dont nous devons tous profiter. Vous pouvez lire ces lois, elles sont récentes : l'une est de 1887, l'autre de 1889, une autre est de 1892 ou 1893, je crois ; parcourez ces lois émanant des plus grandes puissances qui existent en Europe, de peuples qui n'ont jamais passé pour manquer de patriotisme, qui ont un patriotisme tout aussi susceptible, tout aussi farouche, peut-être un peu trop quelquefois, que le nôtre. Vous ne trouverez pas, en temps de paix, une seule fois l'indication de la peine de mort.

Dans la législation d'Angleterre, vous trouverez la servitude pénale perpétuelle dans un seul cas ; vous verrez des articles qui ressemblent presque mot pour mot aux nôtres : ce sont les mêmes textes à peu près, seulement la peine est différente.

Vous en avez eu un exemple dernièrement : un maître timonier a été traduit devant un conseil de guerre maritime : c'était, je crois, au mois de juillet dernier.

De quoi était-il accusé ?

1° D'avoir déserté ;

2° D'avoir livré à une puissance étrangère le livre des signaux secrets pour le temps de guerre. C'était en temps de paix qu'avait été faite la livraison, mais les signaux étaient destinés au temps de guerre.

Il avouait : il n'y avait donc pas de difficulté : cependant, à quoi a-t-il été condamné ? Non pas à dix-huit ans, mais à dix-huit mois de prison seulement, avec travail forcé. D'après le projet qu'on vous soumet, il aurait été condamné à la peine de mort, et, même dans ce que je propose, la peine aurait été beaucoup plus sévère, puisque ce seraient les travaux forcés à perpétuité.

Vous pouvez parcourir toute la législation allemande : il y a plusieurs textes assez confus. Je les ai lus pour mon compte avec beaucoup d'attention et un peu étonné, je dois le dire, de ne pas y trouver cette peine de mort dont on parlait tant, qu'on considérait comme une chose absolument inhérente, en quelque sorte, au patriotisme d'un peuple.

Je dois dire que le code allemand, même en temps de guerre, est relativement indulgent, et qu'on y voit rarement la peine de mort : mais pour le temps de paix, jamais vous n'y trouverez cette peine : il n'existe que la détention perpétuelle.

En Russie, pays qui ne passe pas pour être d'une tendresse excessive, la peine de mort n'existe pas davantage. Dans les cas où je propose les travaux forcés à perpétuité, où quelques-uns proposent la peine des travaux forcés à temps, vous trouverez la déportation en Sibérie. Nous avons la déportation à Cayenne. Sous des climats différents, ce sont des peines assez analogues.

Vous voyez donc qu'il n'y avait rien d'extraordinaire, ni de compromettant pour la patrie dans cette réforme qu'ont introduite dans notre législation les hommes de 1848.

Quelle est la raison — je vous demande pardon d'insister, mais il est nécessaire d'entrer dans le fond même de la question,

— qui fait que les hommes de 1848 ont réalisé cette réforme et que des législateurs appartenant à des puissances étrangères dont le patriotisme est, je le répète. très vivace ont renoncé à la peine de mort? Je parle du temps de paix, car en temps de guerre il y a la nécessité absolue qui s'impose : la criminalité est plus grande, le danger plus considérable : en temps de guerre on s'habitue aussi à beaucoup d'atrocités : il faut nécessairement sacrifier une multitude d'hommes innocents : les mêmes raisons de modération n'existent pas comme en temps de paix.

Mais en temps de paix, quelles sont les raisons? Elles sont très sérieuses, comme vous le verrez si vous voulez bien y réfléchir.

Il est impossible dans ces sortes de crimes de donner à l'accusé toutes les garanties qu'il a dans les autres affaires.

Voilà une des raisons. Il y en a d'autres : mais celle-ci me paraît fondamentale.

On n'évitera presque jamais le huis clos. Je ne dis pas qu'on n'en ait pas abusé un peu dans ces derniers temps : la chose est certaine. mais on sera toujours entraîné dans les affaires de ce genre à l'établir plus ou moins. Or, qu'est-ce que le huis clos? C'est la suppression de la plus grande garantie qui existe en faveur des accusés. c'est-à-dire la suppression de la publicité.

Je ne connais pas un publiciste, un homme d'État, qui. depuis un siècle ou deux. n'ait considéré la publicité des débats comme une garantie essentielle de la défense. Je pourrais vous faire de longues citations sous ce rapport : je n'en ferai qu'une seule : c'est une citation de Mirabeau qui disait dans ses *Lettres à la province* : « Donnez-moi le juge que vous voudrez. partial. corrompu. mon ennemi même. peu m'importe, pourvu qu'il ne puisse rien faire qu'à la face du public? » *Très bien ! très bien ! à gauche.)*

Mirabeau a résumé en un mot l'essence des garanties que la publicité assure à l'accusé. Quand vous refusez cette publicité — et souvent vous ne pouvez pas faire autrement — et, quand en même temps vous établissez une peine irréparable, je dis que vous faites quelque chose de très grave. Je suis d'avis, d'ailleurs, que des peines extrêmement sévères, à défaut de la peine de mort, doivent atteindre le crime de trahison en temps de paix.

Maintenant au huis clos peuvent se joindre d'autres choses dont on a parlé dans ces derniers temps, sur lesquelles je ne voudrais pas insister, mais auxquelles je ne peux pas ne pas faire allusion. Il y a des entraînements pour tous les juges, il y en a surtout dans ces sortes de procès. Dans une affaire qui est malheureusement présente à tous les esprits et qui a beaucoup tourmenté le pauvre peuple français pendant ces dernières années, on a dit que l'accusé avait été condamné sur des pièces secrètes qui ne lui avaient même pas été communiquées. Je crois qu'il y a là pour tous les jurisconsultes du monde entier quelque chose de monstrueux. (*Vive approbation sur les mêmes bancs.*)

Le fait n'est pas judiciairement constaté, mais enfin il a été affirmé et n'a pas été nié. Or, je me demande quel intérêt on aurait pu avoir à ne pas le nier s'il eût été niable ! Le fait allégué est monstrueux. Si donc on se laisse entraîner à de telles pratiques, il est permis, sans reprendre cette lamentable affaire, ce qui n'est pas dans mes intentions, de supposer qu'à l'avenir les choses pourraient se passer ainsi. Il y a donc un bien grand danger pour l'accusé...

M. Ponthier de Chamaillard. — Et le huis clos de la cour de cassation, il vous rassure ? *Bruit.*

M. Clamageran. — Vous savez bien que la cour de cassation procède en ce moment à une instruction, mon cher collègue, et non pas à un jugement.

M. Victor Leydet. — Le jugement sera public. Vous aurez connaissance de tout ce qui se fait.

M. Ponthier de Chamaillard. — Le jugement sera public, mais non pas l'instruction !

M. Victor Leydet. — Livrez toutes les pièces, alors ? C'est vous qui le demandez, le huis clos !

M. Le Provost de Launay. — Désormais on jugera les traîtres sur la place publique, avec l'avis des journalistes !

M. VICTOR LEYDET. — On doit les juger à la face du public !
(Assentiment à gauche.)

M. CLAMAGERAN. — Je ne demande pas la publicité, remarquez-le bien ; je regrette qu'elle ne soit pas applicable. Je crois
qu'on abuse du huis clos, mais je le reconnais nécessaire.
Seulement, j'en tire un argument. Je dis que c'est une garantie essentielle, de premier ordre, qui manque à l'accusé, que,
par conséquent, il faut tenir compte de cette circonstance, et
qu'appliquer une peine irréparable, dans ce cas-là, c'est une
chose d'une gravité extrême que, pour mon compte, je ne con-
sentirai jamais à voter. (Très bien ! très bien ! à gauche.)

Voilà le seul argument que je tire de la nécessité du huis
clos, et je n'entends nullement revenir sur les détails de cette
affaire.

Est-ce tout, est-ce vraiment là tout ce qui constitue le huis
clos ? La communication possible de pièces secrètes qui n'auront pas été vues par la défense et plus tard, j'ajoute, si la revision est demandée, le refus de la communication de ces pièces
ou leur communication faite aux juges, mais non pas à l'accusé, tout cela est encore extrêmement grave : si on refuse de
communiquer les pièces — et c'est ce dont on a parlé hier à la
Chambre — il en résultera que, si la revision a lieu — et la revision est inscrite dans nos lois, c'est une chose légitime — si la
cour de cassation décide qu'il y a lieu à revision, on dira partout, comme on le disait hier malheureusement à la Chambre,
que cette revision n'est qu'une comédie, parce que toutes les
pièces n'auront pas été connues.

A quelque point de vue qu'on examine une affaire de ce
genre, il est évident qu'elle entraîne une procédure qui est tout
à fait différente de celle des affaires ordinaires, mais différente
dans ce sens : que les garanties généralement données à l'accusé
lui manquent dans ce cas.

Est-ce tout ? Non, il y a dans la définition de ces délits et de
ces crimes, comme dans la manière de les prouver, quelque
chose qui pèse sur la défense, quelque chose qui est contraire

aux intérêts de la défense, quelque chose qui peut empêcher l'innocence de se produire.

Je me rappelle ce que nous disait, à la commission qui a étudié le projet de loi sur la trahison et dont j'ai l'honneur de faire partie, l'honorable M. Hervé, entendu comme représentant de la presse, qui n'est cependant pas un des nôtres : « Punissez de mort la trahison si vous voulez, si vous le croyez indispensable, seulement définissez le crime d'une façon précise. » La commission a cherché à définir le crime d'une façon précise : je me demande si ses efforts ont réussi. Je ne crois pas que personne puisse avoir une pareille pensée.

Pour mon compte, j'aurais bien voulu trouver cette définition précise ; mais il faut y renoncer, parce qu'il est dans la nature des choses que le crime soit vague, et cependant, quoique vague, il faut absolument qu'il soit puni ; la question est de savoir si on appliquera une peine irréparable à un crime qui ne peut être défini avec précision. Qu'est-ce que ces « intelligences avec une puissance étrangère qui sont de nature à favoriser des entreprises de guerre contre la France ? »

Cela rappelle les manœuvres à l'intérieur dont parlait si spirituellement le père de notre ancien Président de la République, M. Casimir-Périer, dans une lettre à Gambetta. Et nous tous — je dis nous, parlant de ceux qui étaient dans l'opposition sous l'Empire, aussi bien nous républicains que beaucoup de royalistes qui étaient avec nous — nous nous sommes tous moqués de cette loi de sûreté générale, nous demandant ce que pouvaient bien être ces manœuvres à l'intérieur ? Vous le voyez, Messieurs, le texte est le même aujourd'hui ! Qu'est-ce donc que des manœuvres ayant pour but de favoriser l'invasion du pays ? En temps de paix, remarquez-le bien, en quoi cela peut-il consister ?

Supposez — car il faut toujours faire des hypothèses quand il s'agit de lois criminelles — supposez un gouvernement qui ne soit pas parfaitement bien intentionné — je ne parle pas du gouvernement actuel *sourires* — mais enfin il peut survenir —

cela s'est vu dans l'histoire — des gouvernements qui soient mal disposés, qui cherchent à se débarrasser de leurs adversaires ; est-ce que vous croyez qu'avec une loi pareille, ils seront bien embarrassés? Je prends un exemple, le premier qui me vient à l'esprit. Voilà un banquier qui, en temps de paix, émet un emprunt au profit d'une puissance étrangère — je ne dis pas d'une puissance ennemie. Ce n'est pas un crime prévu par nos lois. A la rigueur on pourrait le prévoir, mais je ne suppose pas qu'on le punirait de mort. Avec un peu de bonne volonté, cependant, on peut dire que ce banquier a eu des intelligences avec une puissance étrangère.

M. LE BARON DE LAREINTY. — Mais pas du tout! Personne n'est obligé de souscrire!

M. LE PROVOST DE LAUNAY. — Il n'y a que le comité de Salut public de la première République qui ait fait cela jusqu'à présent.

M. DESTIEUX-JUNCA. — Et l'Empire?

M. CLAMAGERAN. — On pourrait y revenir, et quelques comités pourraient se rencontrer qui se montreraient encore plus terribles.

M. LE PROVOST DE LAUNAY. — Cela me paraît difficile.

M. CLAMAGERAN. — Et je ne crois pas qu'il y ait grand intérêt, même de ce côté, à demander des mesures draconiennes qui deviendraient ainsi de la persécution. Vous n'y avez aucun intérêt, et je crois qu'aucun parti et que personne ici n'a intérêt à rétablir des mesures qui faciliteraient la persécution.

M. LE PROVOST DE LAUNAY. — Assurément.

M. CLAMAGERAN. — Je dis qu'avec un peu de bonne volonté il serait bien facile de démontrer que cet homme a eu des intelligences avec les puissances étrangères. Par exemple, il a été en rapport avec le ministre des finances de l'étranger. On pourra dire que ces rapports ont été de nature à favoriser l'invasion de la France. En effet, rien n'est plus de nature à favoriser l'invasion d'un pays que l'argent que l'on procure à un autre État. *Exclamations ironiques à droite.*

Je ne dis pas que ce serait une bonne interprétation de la

loi; mais, en matière criminelle, on est bien obligé de prévenir même les mauvaises interprétations parce qu'on n'a pas toujours affaire à des personnes qui apportent une bonne volonté complète dans l'application de la loi ou, plutôt, on a souvent affaire à des gouvernements qui cherchent à se débarrasser de leurs adversaires par tous les moyens possibles.

Je prends à présent un exemple dans une autre catégorie de la société.

Voilà un ouvrier qui est un socialiste international. Je ne l'approuve pas en ce point. Il est ouvrier dans les chemins de fer, par exemple. Il a une grande influence sur ses compagnons. Je ne dis pas que ce qu'il va faire ne devrait pas tomber sous le coup d'une loi; mais je n'imagine cependant pas qu'on puisse le frapper de la peine de mort.

Il aura été en rapports, à l'étranger, avec des ministres d'un pays ennemi. Vous n'ignorez pas que M. de Bismarck n'a pas dédaigné d'entrer en coquetterie avec Lassalle et quelques autres socialistes de marque.

Ceci peut se reproduire. D'autres ministres n'ont peut-être pas l'intention d'entrer en coquetterie avec les socialistes, mais enfin ce qui s'est vu peut se revoir.

Voilà un homme qui s'est trouvé en rapport avec ces ministres. A son retour en France, il provoque une grève des chemins de fer. C'est une chose très dangereuse, qu'une grève des chemins de fer. On a souvent parlé ici de la punir : mais je ne crois pas que personne propose la peine de mort. Or, ici, rien ne serait plus facile que de condamner à mort, en disant que c'est une trahison. *Protestations à droite.*

Parfaitement, mes chers collègues. Rien n'est plus propre à faciliter l'invasion d'un pays qu'une grève des chemins de fer. C'est là ce que cette grève a de dangereux : et un homme qui a été en rapport avec des ministres à l'étranger pourrait être accusé de complicité.

M. LE BARON DE LAREINTY. — S'il l'a fait, il doit être puni !

M. CLAMAGERAN. — Pas de la peine de mort !

M. LE BARON DE LAREINTY. — Pourquoi pas ?

M. CLAMAGERAN. — Parce qu'il n'y a pas trahison dans le
sens propre du mot. Il y a un acte mauvais : mais vous n'irez
pas jusqu'à le punir de la peine de mort. Ce qui est vrai plutôt,
c'est que le texte bien interprété n'indiquerait pas qu'il y ait
trahison dans ce cas.

Mais je me place au point de vue d'un gouvernement qui
voudrait persécuter. C'est une chose qui s'est vue et qui peut
se revoir. Je dis qu'il pourrait abuser de ces textes, et qu'il y a
dans la définition du crime un certain vague qui prête à l'arbitraire. Ce vague, vous ne pouvez pas l'éviter, parce que, sous
peine de ne pas atteindre la trahison, il faut se servir de termes
très compréhensifs.

Et j'en tire cette conclusion qu'il ne faut pas que la peine
soit irréparable, comme l'est la peine de mort.

Enfin, je trouve une troisième raison tirée du mode de preuve
que comporte le crime de trahison et qui consiste, surtout
quand il s'agit de communications faites à l'étranger, dans des
expertises : vous savez la confiance qu'il faut accorder aux expertises ; nous voyons, du reste, par ce qui s'est passé dans ces
derniers temps, combien ces procès, qui reposent sur des communications de pièces qui ne peuvent être constatées que par
des expertises, par des examens d'écriture, sont obscurs, enve-
loppés de ténèbres : combien il est difficile de faire la lumière,
car elle n'est pas faite aujourd'hui — j'espère qu'elle se fera,
mais enfin, elle n'est pas faite encore aujourd'hui — et je me
demande vraiment ce qui serait arrivé si la peine de mort avait
existé lorsque cette terrible affaire a eu lieu. *Très bien ! très
bien ! à gauche. — Rumeurs à droite.*

Je dis que, quand on a commencé à avoir des doutes sur
cette affaire — je ne parle que de doutes — un frisson d'horreur aurait couru dans toute la France. *Mouvements divers.* ...
Oui, du moment où le doute aurait surgi, un frisson d'horreur
aurait couru dans toute la France.

J'ai entendu dire quelquefois — car cette affaire a tellement

passionné qu'elle a vraiment, on peut le dire, perturbé les
esprits les plus sains — : « Mais tant mieux, nous serions
débarrassés de l'affaire ! » C'est une erreur profonde.

En supposant l'innocence du condamné, il y aurait un
remords de plus sur la conscience nationale *(Vive approbation
à gauche)*, et on n'aurait rien gagné au point de vue de la tran-
quillité, attendu que la plupart des revisions, et presque toutes
les revisions célèbres, ont été faites après la mort des condamnés.

Je n'ai pas besoin de les rappeler. Tout le monde connaît
l'affaire Calas : est-ce que Calas était vivant ? il avait été mis à
mort, et livré au supplice de la roue ; car, à cette époque, sous
prétexte de pousser jusqu'à l'extrême logique le principe de la
proportionnalité des peines, qui ne doit pas, lui non plus, être
poussé trop loin, on allait au delà de la peine de mort, parce
qu'on disait — il y avait bien quelque chose de vrai dans ce
raisonnement — qu'il y avait des crimes plus graves que le
crime d'assassinat ; et l'on ajoutait au supplice de la mort le
supplice de la roue — autrefois on ajoutait le bûcher.

M. Le Provost de Launay. — On a noyé aussi, plus tard.

M. le baron de Lareinty. — A Nantes, le système de la
noyade a rempli la rivière !

M. Victor Leydet. — Et à Avignon, en 1815, qu'est-ce
qu'ont fait vos amis ?

Un sénateur à droite. — On pourrait faire le compte : ils
auraient à leur actif moins de crimes que les vôtres.

M. Victor Leydet. — Je parle de la Terreur blanche.

M. Clamageran. — Ce sont précisément ces excès que je veux
éviter.

*M. de Lareinty quitte son banc et, montant dans la travée de
gauche, prononce quelques paroles qui se perdent au milieu du
bruit.*

M. le Président. — Monsieur de Lareinty, vous n'avez pas
la parole.

M. Clamageran. — Messieurs, ces interruptions, je vous

l'avoue, ne me troublent pas : elles ne font que me confirmer dans mon sentiment. Je voudrais empêcher toutes les Terreurs ; de quelque couleur qu'elles soient, je les déteste toutes également. *Très bien! à gauche.*

Je ne voudrais pas voir ces journées terribles se renouveler, et j'avoue que, dans ce moment, je ne suis pas sans crainte.

M. PONTHIER DE CHAMAILLARD. — Alors, faites un cours d'histoire complet et intégral ! *Exclamations à gauche.*

M. LE PROVOST DE LAUNAY. — Vous choisissez vos exemples avec le plus grand soin !

M. CLAMAGERAN. — Je vous demande pardon, mon cher collègue, vous m'interrompez à chaque instant et cependant je ne dis absolument rien qui soit de nature, je crois, à froisser qui que ce soit.

Plusieurs sénateurs à droite, ironiquement. — Au contraire !

M. FÉLIX MARTIN. — Voilà bien la tolérance !

M. CLAMAGERAN. — Je dis qu'en ce moment je ne suis pas sans crainte parce que je vois une violence extrême dans les journaux et même dans les débats parlementaires: je vois annoncer des mesures dont on n'aurait pas osé parler il y a seulement dix ans. Quand j'entends parler avec éloges de la révocation de l'édit de Nantes et d'autres faits de ce genre, je dis que j'ai le droit d'être inquiet. Un parti s'est formé il y a quelques années qui a déjà bouleversé l'Autriche, qui a semé le trouble en Algérie d'une façon épouvantable. *Très bien! sur quelques bancs à gauche.*

M. ALCIDE TREILLE. — Ce sont les consistoires qui ont porté le trouble en Algérie, monsieur. *Approbation à droite.*

M. LE COUR GRANDMAISON. — C'est la franc-maçonnerie qui a fait partout l'œuvre de la Révolution. *Exclamations à gauche.* Demandez à l'Espagne !

M. CLAMAGERAN. — Ce parti devient menaçant même en France, et la campagne qu'il a faite en Algérie pourrait bien être pour lui, si nous n'y faisions pas attention — mais j'espère que nous y prendrons garde — quelque chose comme

ce qu'a été, pour la réaction en 1849 et 1850, l'expédition de
Rome. qui a été le prélude du coup d'État de Décembre. C'est
ainsi, messieurs, que toutes les réactions procèdent : elles
essayent d'abord leurs forces au dehors, et puis elles reviennent fortifiées par les succès qu'elles ont eus, devenant redoutables dans leur pays, dans la métropole même. *(Applaudissements à gauche.)*

Je reconnais que le gouvernement a pris ces derniers temps
— bien tard — quelques mesures un peu fermes, un peu énergiques en Algérie ; il a pris quelques mesures de nature à maintenir, je ne dirai même pas les principes de 1789 — il n'est
pas nécessaire de s'élever à cette hauteur pour parler de principes qui devraient être respectés dans ce pays comme dans
tous les autres — mais enfin pour maintenir les principes
élémentaires qui régissent les sociétés humaines.

Je reconnais donc que le gouvernement a pris certaines
mesures, très tardives d'ailleurs, très insuffisantes, mais je ne
suis pas sûr que le mouvement soit arrêté. Je le vois apparaître
en France et il m'inquiète. Je n'ai aucune envie de livrer un
instrument de servitude, de persécution, à des hommes qui
peuvent, à un moment donné, commettre des actes abomi-
nables si, par un de ces hasards qui se rencontrent dans la vie
des peuples, ils se trouvaient un moment au pouvoir.

Supposez qu'ils y fussent huit jours seulement : Dieu sait ce
que nous verrions, à quelles hécatombes nous assisterions en
France. *Exclamations et rires à droite.)* Absolument, mes chers
collègues. Je vois que nous différons d'avis sur ce point : vous
ne comprenez pas toute la portée de la mesure que je propose et
de celle qui vous est soumise.

Vous-mêmes, en effet, messieurs de la droite, qui m'interrompez si souvent, vous pourriez parfaitement être victimes.
Voilà ce qui pourrait vous arriver ! Je sais que vous exercez en
ce moment quelque influence sur le gouvernement *Rires à
droite* et que vous espérez vous emparer peu à peu du pouvoir...

M. Ponthier de Chamaillard. — Ce jour-là, nous vous promettons toute notre protection.

M. Destieux-Junca, *s'adressant à la droite.* — Ce n'était pas un vain mot sous M. Méline, votre protection !

M. Clamageran. — Je vous en remercie, mais je n'y compte nullement, parce que, voulussiez-vous faire quelque chose, vous seriez absolument impuissants, permettez-moi de vous le dire.

Le parti dont je parle n'est pas sans espoir en ce moment, et j'affirme qu'il y a là un danger extrême auquel il faut prendre garde, et que tous les républicains, je puis ajouter tous les libéraux, doivent se bien garder d'abandonner trop facilement ce terrain des grands principes de 1789, de 1830 et de 1848 qui sont, en somme, la base de la société moderne, auxquels on ne peut pas porter atteinte impunément. *Très bien !* — *Applaudissements à gauche.*

M. Alcide Treille. — Vous devriez bien vous en inspirer pour l'amnistie, de ces grands principes ! *(Très bien ! à droite.)*

M. le Président. — N'interrompez pas, monsieur Treille.

M. Clamageran. — Je ne sais vraiment pas, mon cher collègue, quel rapport a l'amnistie avec les principes de 1789. Il s'agit d'amnistier des gens dont la plupart ont été condamnés pour bris de clôture et pour vol. Je ne vois pas trop en quoi les principes de 1789 militent en leur faveur. Je crois que ce serait le contraire. Les principes de 1789 ont pour objet de protéger tous les citoyens et tous les sujets de la France dans leur vie, dans leur sécurité et dans leur honneur. *(Très bien ! très bien ! à gauche.)*

Permettez-moi, messieurs, d'ajouter une dernière considération, car je ne veux pas retenir trop longtemps votre attention. *(Parlez ! parlez !)*

Il serait presque inutile de vous soumettre cet argument, car vous le pressentez tous : c'est que la plupart de ces procès de trahison se déroulent dans des circonstances extrêmement difficiles, au milieu d'agitations, de pressions soulevées de part et d'autre.

M. le rapporteur a dit notamment, dans son rapport, que la trahison n'était pas un crime politique. S'il parle de la trahison vénale — car encore faudrait-il distinguer — c'est vrai. Je ne pense pas, en effet, messieurs de la droite, que vous voulussiez confondre avec des malfaiteurs vulgaires les Charette et les La Rochejaquelein.

M. Ponthier de Chamaillard. — Ils ont combattu loyalement, ils n'ont jamais trahi !

M. Clamageran. — Ils ont combattu pour le roi contre la France.

M. Destieux-Junca. — Ils ont combattu avec les Anglais derrière eux.

M. le marquis de Carné. — Et ils n'ont jamais rien reçu pour cela !

M. le baron de Lareinty. — Nous protestons contre ces attaques !

M. Le Provost de Launay. — On assassinait leurs familles : ils ont bien fait de les défendre et de se défendre.

M. le Président. — N'interrompez pas, messieurs, vous êtes inscrits pour répondre.

M. le baron de Lareinty. — Il y a des choses tellement monstrueuses qu'il est impossible de se contenir.

M. Clamageran. — Je ne comprends pas cette indignation, messieurs. Bien loin de les attaquer, je dis qu'il ne viendrait à l'esprit de personne de dire que la trahison envers la France qu'ils ont commise était un crime vulgaire : pourquoi? J'en ai donné la raison moi-même.

M. Destieux-Junca. — Ils étaient d'accord avec l'étranger !

M. Clamageran. — Ce n'était pas, dis-je, un crime vulgaire, parce qu'ils estimaient que leur fidélité au roi devait l'emporter sur la fidélité à la nation. Voilà ce qui les excusait.

Il s'agit simplement de la trahison vénale; c'est un crime ordinaire, je le reconnais, mais je ne reconnais pas que les procès en trahison soient toujours des procès ordinaires: le crime peut parfaitement être un crime de droit commun et le procès avoir un caractère politique. Or, les crimes de trahison donnent lieu à des procès qui ont presque toujours le caractère politique.

Il suffit de jeter un coup d'œil sur certains événements, trop tristes pour que je veuille y insister, pour voir quel rôle considérable la politique y a joué. C'est visible, cela se sent tout de suite. De part et d'autre, les passions sont extrêmement excitées : elles l'ont été dès le commencement. Il y a eu, dès le principe, des personnes qui ont émis des doutes sur la culpabilité du condamné, précisément à cause de l'acharnement qu'on apportait dans l'affaire, acharnement plus grand que contre Bazaine, qui avait livré non pas des papiers, mais 160 000 hommes à l'ennemi *Mouvement*. qui avait infligé à la France cette honte. qu'elle n'avait jamais connue, que le commandant des forces allemandes ne pouvait pas croire au nombre d'hommes qu'on lui livrait. *Vifs applaudissements sur un grand nombre de bancs.*

Eh bien, je dis que Bazaine lui-même n'avait pas été l'objet d'un pareil acharnement. qu'il s'est même trouvé des hommes pour le défendre...

M. LE PROVOST DE LAUNAY. — Qui donc l'a défendu ? *Bruit à gauche.*

Ce sont des insinuations sans preuves.

M. LE COMTE DE MAILLÉ. *s'adressant à la gauche.* — C'est vous qui avez fait nommer le maréchal Bazaine : c'était votre candidat.

M. CLAMAGERAN. — J'ajoute que son procès a été public. que ceux qui l'avaient condamné ont demandé la commutation de sa peine. qu'on l'a obtenue et qu'on l'a envoyé dans un pays délicieux. l'île Sainte-Marguerite. d'où on l'a laissé s'échapper. *Très bien ! très bien ! à gauche.*

Je suis donc fondé à dire que ces procès de trahison ont toujours un caractère politique. que les passions sont extrêmement soulevées à ce moment-là. Il arrive bien aussi quelquefois. dans les affaires ordinaires. dans les crimes de droit commun.

que les passions soient également soulevées. Cela se voit même dans des cas d'assassinat ordinaires. Mais alors on a la ressource de l'article 542, c'est-à-dire que la cour de cassation peut, pour cause de suspicion légitime, renvoyer d'un tribunal à un autre.

Dans les procès de trahison, cela n'est pas possible. Les passions sont soulevées dans le pays tout entier. Elles ne se manifestent pas toujours également dans un sens et dans l'autre, mais elles se retrouvent en quelque sorte sur toute l'étendue du territoire, et, dès lors, ce moyen manque absolument. Voilà donc un homme qui, d'abord privé de la garantie de la publicité des débats, menacé d'être condamné sur des pièces secrètes, pour des crimes qui sont définis d'une façon vague et qui prêtent à l'arbitraire, obligé de discuter des preuves qui reposent sur des expertises — et nous savons quelle confiance elles peuvent inspirer — voilà, dis-je, un homme qui est jugé au milieu du soulèvement des passions.

Cela n'arrivera pas toujours (il y aura des exceptions, on ne parlera pas de l'affaire et les condamnations ne seront pas d'une gravité extrême), mais cela arrivera presque toujours. Ne croyez pas, en effet, que ce qui s'est passé dernièrement soit une chose exceptionnelle. On en reverra peut-être d'autres, non pas moi, messieurs, qui suis arrivé à un âge où je ne dois plus espérer assister à un grand nombre d'événements, mais ceux d'entre vous qui sont jeunes, on en reverra d'autres analogues, parce que c'est en quelque sorte dans la nature, dans la force des choses.

Eh bien, ne faut-il pas prévoir ces éventualités, ces procès si difficiles à diriger, dans lesquels on a tant de peine à faire la lumière, qui nécessiteraient le concours des jurisconsultes les plus experts et les plus subtils du monde entier, d'hommes animés d'un esprit juridique bien différent de celui auquel faisait allusion Tacite quand il parlait de la *castrensis jurisdictio* dans des termes que je n'oserais pas reproduire aujourd'hui, parce qu'on m'accuserait d'attaquer l'armée? *Sourires à gauche.*

Aujourd'hui, nous en sommes arrivés à ce point, qu'on ne peut même pas citer Tacite intégralement. Je me contente donc de renvoyer ceux de mes collègues qui seraient curieux de lire ce passage à la *Vie d'Agricola*.

Je dis, messieurs, que non seulement ces procès sont difficiles à conduire pour ceux qui, d'après Tacite, manquent de la finesse d'esprit nécessaire au jurisconsulte, mais difficiles même pour les plus grands magistrats, pour les meilleurs jurisconsultes : et que, si l'on pouvait rassembler, en quelque sorte, pour juger des procès de ce genre, tout ce qu'il y a d'hommes, dans tous les pays du monde, possédant l'esprit le plus pénétrant, le plus aigu, la plus grande sagacité qu'on puisse imaginer, on ne serait pas encore absolument sûr qu'ils ne se trompassent pas.

Et c'est dans ces conditions que vous voulez établir la peine de mort en pleine paix, quand rien ne vous menace, quand elle n'existe pas chez les plus grandes puissances, celles qui peuvent être nos rivales, nos ennemies à un moment donné, qui cependant sont animées d'un patriotisme très vif, aussi vif que le nôtre ? Je dis que ce serait une grande imprudence. Quant à moi, je ne pourrai jamais voter une telle disposition.

J'ai proposé les peines les plus graves après la peine de mort, car je reconnais que le crime est énorme : mais je repousse la peine de mort. Je crois que vous me ferez l'honneur de croire que ce n'est pas par tendresse pour les traîtres : c'est seulement par la crainte de voir poursuivre injustement de prétendus traîtres. Voilà ce qui me préoccupe, et pourquoi je veux une peine grave et sévère : mais je repousse la peine de mort.

En définitive, vous avez à choisir entre le code pénal de 1810 — dont on a parlé tout à l'heure et qui est l'œuvre d'un homme qui, comme le disait M. Hervé devant la commission, n'a jamais passé pour très respectueux des libertés publiques — et la réforme faite par nos pères en 1848.

Votre choix ne peut être douteux et, ici comme dans d'autres questions du même genre, il faut absolument que le Sénat s'oppose à cette mauvaise méthode qui, depuis quelque temps, paraît prédominer et qui consiste, sous prétexte d'amélioration sociale, de progrès, à faire des pas en arrière, à saper les bases mêmes de l'édifice social élevé en 1789, perfectionné en 1830 et en 1848. Quant à moi, je reste fidèle aux idées de nos pères à ces trois grandes époques, et j'espère que le Sénat voudra bien partager mes convictions. *Applaudissements répétés à gauche.* — *L'orateur, en retournant à son banc, reçoit les félicitations de plusieurs de ses collègues.*

II

L'AMNISTIE

M. Clamageran. — Messieurs, je ne voudrais ni allonger, ni passionner le débat : cependant le Sénat me permettra de renouveler en quelques mots à la tribune la protestation que M. le rapporteur a bien voulu insérer dans son rapport, au nom de la minorité de la commission.

Ce n'est certainement pas dans un esprit d'opposition au gouvernement que nous combattons ce projet : nul ne désire plus que nous le maintien du ministère actuel ; nous lui savons gré de la fermeté d'attitude qu'il a montrée vis-à-vis de la réaction *Applaudissements à gauche*, et nous lui sommes reconnaissants d'avoir mérité les attaques violentes des ennemis de la République. *Nouveaux applaudissements sur les mêmes bancs.*

Mais nous considérons que ce projet soulève une question de principe, une question qui intéresse la conscience, c'est-à-dire ce qu'il y a de plus intime et de plus profond dans l'âme et qu'alors il nous est impossible de faire une concession. Nous sommes obligés de manifester notre opinion dans toute son intégrité.

La minorité de la commission a donc considéré d'une part que ce projet n'était pas conforme à l'idée de justice et que, d'autre part, l'apaisement que tout le monde désire et que tout le monde recherche, fort difficile à faire, il est vrai, ne pouvait s'obtenir que par la justice. *Très bien ! très bien ! à gauche.*

Pourquoi est-ce que nous considérons ce projet comme contraire à l'idée de justice? Pour plusieurs raisons.

Quand on fait une amnistie, je reconnais qu'il ne s'agit pas d'une application stricte et étroite des principes du droit pénal: mais cependant une amnistie, malgré le vague, malgré l'espèce d'arbitraire qu'elle peut comporter, exige cependant l'intervention de l'idée de justice dans une certaine mesure: notamment, il ne faut pas que cette amnistie lèse des droits respectables.

Évidemment, le projet qu'on nous présente, qui n'est pas une amnistie dans le sens propre du mot, qui est, comme on l'a dit, une extinction d'actions pénales, ce qui selon moi est infiniment plus grave, ce projet lèse des droits très respectables, puisqu'il interdit à certaines personnes, qui se croient condamnées à tort, le moyen de prendre les voies de recours que la loi leur ouvre.

On dit bien à cela — et vous trouverez la réponse à cette objection insérée dans le rapport — que les actions civiles leur restent. Mais je ferai sur ce point deux observations. La première, c'est que toutes les affaires ne sont pas susceptibles d'actions civiles. Je prends, par exemple, l'affaire du colonel Picquart. Elle est intitulée : « Le ministère public contre le colonel Picquart. » Il n'y a pas de recours possible au civil, puisqu'il n'y a pas de partie civile.

Il y a donc un certain nombre d'affaires — j'en pourrais citer d'autres — où le recours devant les tribunaux civils n'existe pas.

De plus, devant les tribunaux civils, la procédure est très différente de la procédure suivie devant les tribunaux correctionnels et la cour d'assises. L'interrogatoire sur faits et articles dans le premier cas, et les enquêtes se font devant le juge-commissaire et non pas devant le tribunal tout entier. Par conséquent, les garanties pour celui qui a recours à ce moyen ne sont pas complètes.

J'ajoute encore ceci: c'est qu'il y a des moyens de recours qui ne sont ouverts qu'à celui qui réclame dans certaines conditions. Par exemple, lorsqu'il s'agit d'une demande en revision d'un procès criminel, il y a plusieurs motifs qu'on peut alléguer pour cette revision : mais il y en a un grand nombre qui ne justifient pas la revision *de plano*, à la volonté de celui qui réclame ; il faut que le gouvernement intervienne. Il y a au contraire un cas dans lequel l'intervention du gouvernement n'est pas nécessaire : c'est le cas de faux témoignage. Mais la loi spécifie bien qu'il faut que celui qui a été reconnu coupable de faux témoignage ait été réellement condamné. On ne peut pas admettre que quand même le faux témoignage a été surpris et constaté devant un tribunal civil, il puisse servir de motif de revision comme s'il y avait eu condamnation pénale.

Il y a donc un certain nombre de droits très respectables auxquels il est porté atteinte par ce projet. J'ajoute que ce n'est pas seulement au point de vue des droits individuels qu'il faut se placer — quoique ces droits individuels méritent bien aussi notre attention, car, enfin, c'est par ces droits individuels que la sécurité se maintient dans un pays, que la société subsiste ; — il y a encore autre chose à envisager, ce sont les intérêts de la société elle-même : c'est l'intérêt qu'a la société à ce que certains crimes ne soient pas couverts. Dans le cas d'une amnistie, voyez ce qui se produit et remarquez ce qui existe, ici, où il s'agit d'action pénale, avec ce qui se passe en cas d'amnistie.

En cas d'amnistie, le législateur qui ordonne l'amnistie sait ce qu'il fait ; il y a condamnation ou au moins des poursuites très avancées ; il connaît le crime, sa nature, sa gravité, il le pèse, il juge en quelque sorte et estime qu'il y a des circonstances qui, malgré tout, permettent d'amnistier ce crime.

Je le répète, il agit en connaissance de cause : il peut se tromper. Et, en effet, quelquefois, on a prononcé des amnisties dans des cas où on aurait mieux fait de garder le silence ; mais enfin on agit en connaissance de cause.

Si au contraire vous éteignez des actions pénales pour des faits qui sont inconnus, vous ne connaissez ni le nombre, ni la

nature, ni la gravité de ces faits délictueux ou criminels ; il
peut y avoir là de grands crimes qui se révèlent tout à coup et
à l'avance vous déclarez que vous ne les poursuivrez pas. Il y
a là une garantie de l'ordre social qui fait défaut. Je ne crois
donc pas qu'en ce qui concerne l'idée de justice, qu'on se place
soit au point de vue individuel, soit au point de vue des intérêts supérieurs de la société, on puisse justifier le projet.

Du reste, vous avez dû remarquer que dans le rapport, qui
est très bien fait, la question de justice est, pour ainsi dire, laissée
de côté. On invoque, en somme, la question du salut public et
on dit : « Il faut absolument, pour produire l'apaisement, que
le projet soit voté, et l'apaisement est absolument nécessaire
pour rendre à la France la pleine possession d'elle-même. »

L'apaisement ! Croyez-vous que réellement ce projet puisse
le produire ?

Je crois, moi, que ce sera tout le contraire : je crois que ce
sera un encouragement donné aux hommes de désordre, à ceux
plus ou moins bien intentionnés, qui ont produit, par une
intervention malheureuse, tous les abus et toutes les agitations
dont la France a souffert. L'agitation du pays, les angoisses
qu'il a éprouvées, cette espèce de torture morale à laquelle il a
été soumis, tiennent, non pas tant à l'affaire elle-même, dont
vous ne pouvez pas éteindre le souvenir, qu'à un certain état
d'esprit malheureux. Depuis quelques années, des maximes,
des idées, dont vous reconnaîtrez facilement l'origine, se sont
infiltrées dans le pays et ont bouleversé les esprits.

On s'est mis à professer hardiment, je dirai presque cyni-
quement, cette maxime que la fin justifie les moyens.

Quelques sénateurs à gauche. — Très bien !

M. CLAMAGERAN. — Je dis que vous reconnaîtrez aisément
l'origine de cette idée malheureuse qui s'est répandue dans les
esprits et qui a eu pour résultat ces crimes soi-disant patrioti-
ques qui ont abondé dans ces derniers temps. Vous avez, en
effet, assisté à ce spectacle d'un faux qui non seulement a été
excusé, mais même honoré et glorifié.

Il y a donc là un état d'esprit absolument lamentable qu'il faut faire disparaître.

La seconde idée qui s'est répandue et qui est également, selon moi, l'une des grandes causes de tout le désordre dont nous avons souffert, c'est que le mal en lui-même est peu de chose et que ce qui est grave, c'est le scandale. Vous connaissez encore l'origine de cette idée malheureuse, de cette erreur funeste. C'est le scandale qu'il faut éviter ! De là la politique d'étouffement, qui consiste à cacher les choses.

M. Destieux-Junca. — C'est la morale des jésuites ! *Rumeurs.*

M. Clamageran. — De ce qu'on cache une chose, il n'en résulte pas qu'elle n'existe pas. Or, de pareilles habitudes d'esprit, qui se sont introduites dans ces dernières années, sont la source du maintien de tous les abus, parce que, alors, on refuse de les dénoncer sous prétexte qu'en les dénonçant on fera du scandale, et ainsi on ne répare rien. Nous croyons — je parle ici au nom d'une minorité qui n'est pas très considérable, mais d'une certaine minorité — que l'apaisement doit se faire par le rayonnement de la vérité, et non pas par l'étouffement. *Applaudissements sur quelques bancs à gauche.*

M. Ponthier de Chamaillard. — Alors, continuez l'affaire !

M. Clamageran. — Il doit se faire par la justice, en laissant les choses suivre leur cours naturel, sans intervenir sans cesse pour les troubler.

Plusieurs sénateurs à droite. — Ce sont vos amis et vous qui êtes intervenus !

M. Halgan. — Expliquez-nous donc les affaires de Panama ! *(Rumeurs.)*

M. le Président. — Veuillez, Messieurs, ne pas interrompre ; le débat est assez grave pour cela.

M. Clamageran. — Je ne suis pas ici pour traiter la question de Panama ; j'aurai du reste fini dans quelques instants. *Parlez ! parlez !)*

Je n'ai voulu apporter ici qu'une simple protestation et je termine par une dernière considération.

Dans les tristes années que nous venons de passer, nous avons assisté à une multitude de mesures exceptionnelles.

Ont-elles contribué à l'apaisement?

Depuis la communication des pièces secrètes qui n'avaient pas été soumises à l'accusé jusqu'à la loi de dessaisissement, il y a eu toute une série de mesures exceptionnelles. La loi même qui a été faite exprès, pour aggraver la pénalité que devait subir l'accusé, était une chose d'un ordre absolument exceptionnel. Toutes ces mesures ont-elles contribué à l'apaisement? Ont-elles été utiles en quoi que ce soit au pays?

Je ne le pense pas.

Quand la loi de dessaisissement, par exemple — pour nous arrêter à une des dernières mesures exceptionnelles qui aient été prises — nous a été apportée ici, on nous a dit qu'elle devait produire l'apaisement; que tout le monde serait d'accord du moment que la cour de cassation tout entière jugerait. Vous savez que tel n'a pas été le résultat obtenu.

A présent, on vous demande une mesure exceptionnelle qui paraît être la dernière pour le moment. Je ne sais pas si elle le sera, j'ignore s'il n'en viendra pas d'autres; mais, pour le moment, c'est la dernière.

Croyez-vous qu'elle produise de meilleurs résultats que les précédentes? Nous ne le pensons pas, Messieurs; nous restons sur le terrain de la justice; nous croyons que l'apaisement, comme je le disais tout à l'heure, se produira par la justice et par le rayonnement de la vérité. *Très bien !)*

Il y a un grand courant en faveur de la loi. Et il est probable, je ne me le dissimule pas, qu'elle sera votée. Si elle l'est, je ne dis pas que je m'en consolerai, parce qu'on ne se console jamais d'une chose qu'on croit mauvaise et contraire à la justice; mais je me rassurerai en partie, cependant, si je vois que le gouvernement ne se fait pas d'illusion, ne s'imagine pas que l'apaisement qu'il vise dans cette loi se réalisera et que les ennemis de la République vont désarmer.

Les ennemis de la République ne désarmeront pas, et si nous désarmons de notre côté, la République sera renversée. Par conséquent, quel que soit le sort de la loi, qu'elle soit rejetée ou votée, je supplie le ministère d'être de plus en plus vigilant et énergique. *Très bien! très bien! sur quelques bancs à gauche.*

M. DE LAMARZELLE. — Réunissez la Haute Cour encore une fois.

M. CLAMAGERAN. — Il ne s'agit pas seulement, dans les circonstances où nous sommes, de défendre la République, il s'agit de défendre les institutions nées de la Révolution de 89, qui sont menacées. Il ne faut pas oublier un instant que l'affaire Dreyfus a été un trait de génie de la part de ceux qui l'ont inventée, qui l'ont imaginée. *Mouvements divers.*

M. PONTHIER DE CHAMAILLARD. — C'est vous qui demandez à la perpétuer.

M. LE PRÉSIDENT. — Veuillez ne pas interrompre, Monsieur de Chamaillard ; vous êtes inscrit, vous aurez la parole à votre tour.

M. CLAMAGERAN. — Je dis que cela a été un trait de génie, parce que si on avait attaqué de front la liberté de conscience en France, il est évident qu'on n'aurait eu aucune espèce de succès.

On a choisi le seul point faible qui offrît prise à l'attaque, la question des juifs. On a été réveiller de vieilles passions, de vieux préjugés, de vieilles haines. et c'est ainsi qu'on a soulevé et divisé le pays. Il faut que cela disparaisse, il faut que nous restions fidèles et fermes sur le terrain des principes de 1789. La France a eu la gloire de les proclamer ; il faut qu'elle ait la gloire d'en continuer l'application. *Applaudissements sur un certain nombre de bancs à gauche.*

APPENDICE BIBLIOGRAPHIQUE

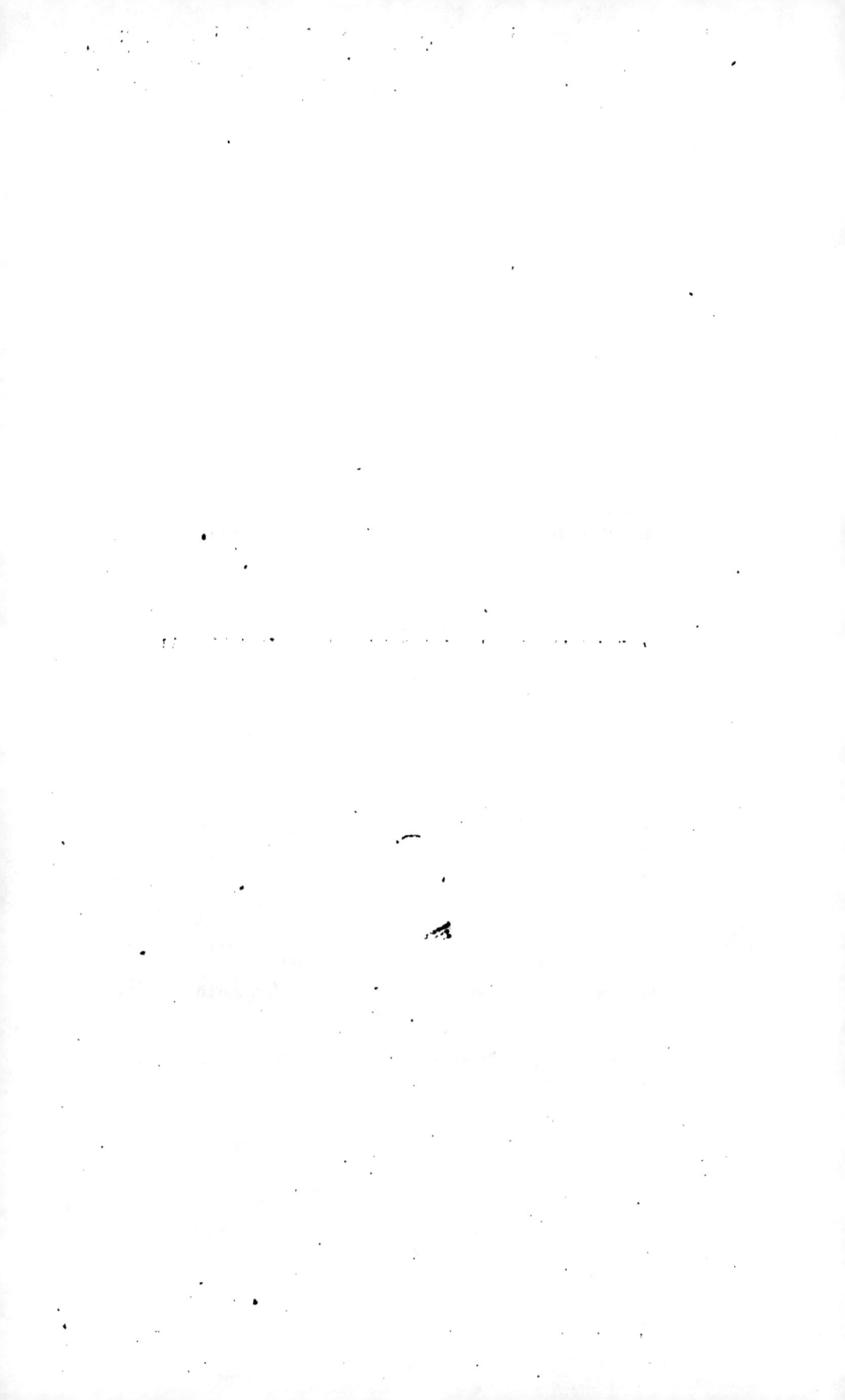

APPENDICE BIBLIOGRAPHIQUE

SOUVENIRS DU SIÈGE DE PARIS. — CINQ MOIS À L'HOTEL DE VILLE

Article paru dans *le Journal des Économistes*, décembre 1871.
Il a été fait un tirage à part de cet article. Paris, Guillaumin, 1872,
1 plq.

LA SITUATION (DÉCEMBRE 1871)

Article paru dans *Le Réveil de Lot-et-Garonne*, 23, 26-27, 28 décembre
1871.

L'INDEMNITÉ PRUSSIENNE

Article paru dans *L'Indépendance de Bordeaux*, 9, 10 octobre 1871.

LA LIBERTÉ DE LA BOULANGERIE ET DE LA BOUCHERIE

I. — Liberté de la boulangerie.
Article paru dans *L'Indépendance de Bordeaux*, 1er, 2 novembre 1871.

II. — Liberté de la boucherie.
Article paru dans *L'Indépendance de Bordeaux*, 16 novembre 1871.

LA RÉACTION ÉCONOMIQUE EN 1871 ET 1872

I. — Droits sur les matières premières.
Article paru dans *L'Indépendance de Bordeaux*, 14, 18, 19 décembre
1871.

II. — La loi sur la marine marchande et la dénonciation des traités de commerce.

Article paru dans *L'Indépendance de Bordeaux*, 21, 23, 24, 25 février 1872.

L'IMPOT SUR LE REVENU

I. — Forme de l'impôt.

Discours prononcés au *Congrès international de l'Impôt* tenu à Lausanne dans les séances du 27 et du 28 juillet 1860.

Inédit.

II. — L'Impôt sur le revenu.

Article paru dans *L'Indépendance de Bordeaux*, 19, 21, 23, 25, 27 janvier 1872.

DES RÉSULTATS DU TRAVAIL NATIONAL DEPUIS 1872 (MAI 1880)

Conférence faite à l'Assemblée générale de la Société protestante du travail tenue le 10 mai 1880 à la mairie du Iᵉʳ arrondissement.

Publiée. Paris, Germer Baillière, 1880, 1 plq. in-8°.

LE BUDGET DE 1885

Discours prononcé au Sénat le 21 février 1885.

Paru dans le *Journal officiel*, 22 février 1885.

Publié par l'Union républicaine et la Gauche républicaine du Sénat. Paris, P. Mouillot, 1885, 1 plq. in-8°.

LES FINANCES DE LA FRANCE DEPUIS 1814

I. — Finances de la Restauration.

Écrit en août 1888.

Inédit.

II. — Finances de la Monarchie de Juillet

Écrit en août et septembre 1888.

Inédit.

III. — FINANCES DU SECOND EMPIRE.

Écrit en septembre 1888.
Inédit.

IV. — FINANCES DE LA TROISIÈME RÉPUBLIQUE.

Écrit de septembre à décembre 1888 et de juillet à octobre 1889.
Inédit.

V. — RÉSUMÉ COMPARATIF.

Écrit en octobre 1889.
Inédit.

LA SURTAXE SUR LES BLÉS (1887)

Discours prononcé au Sénat dans la séance du 22 mars 1887.
Paru dans le *Journal officiel*, 23 mars 1887.

ASSOCIATIONS ET CONGRÉGATIONS

Discours prononcé au Sénat dans la séance du 6 mars 1883.
Paru dans le *Journal officiel*, 7 mars 1883.

AFFAIRE DREYFUS

I. — LA LOI SUR LA TRAHISON.

Discours prononcé au Sénat dans la séance du 20 décembre 1898.
Paru dans le *Journal officiel*, 21 décembre 1898.

II. — L'AMNISTIE.

Discours prononcé au Sénat dans la séance du 1er juin 1900.
Paru dans le *Journal officiel*, 2 juin 1900.

Publié dans l'*Amnistie. Discours prononcés les 1er et 2 juin 1900 devant le Sénat par MM. Clamageran, Delpech et Trarieux*. Paris, Ligue française pour la défense des Droits de l'homme et du citoyen, 1900, 1 plq. in-16.

TABLE DES MATIÈRES

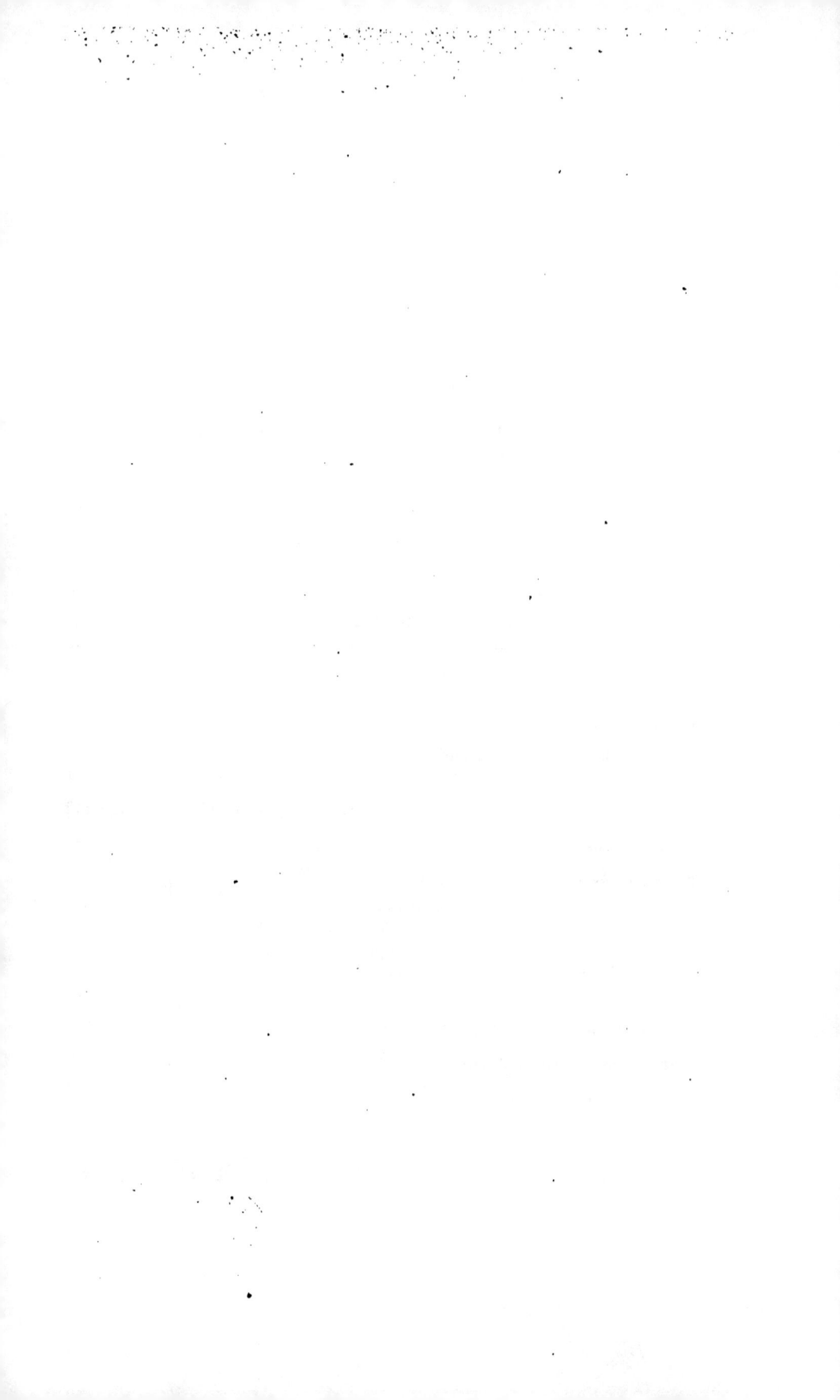

TABLE DES MATIÈRES

CHARTRES. — IMPRIMERIE DURAND, RUE FULBERT.

FÉLIX ALCAN, Éditeur

ANCIENNE LIBRAIRIE GERMER BAILLIÈRE ET Cⁱᵉ

PHILOSOPHIE — HISTOIRE

CATALOGUE

DES

Livres de Fonds

*On peut se procurer tous les ouvrages
qui se trouvent dans ce Catalogue par l'intermédiaire des libraires
de France et de l'Étranger.*

*On peut également les recevoir franco par la poste,
sans augmentation des prix désignés, en joignant à la demande
des* TIMBRES-POSTE FRANÇAIS ou un MANDAT *sur Paris.*

108, BOULEVARD SAINT-GERMAIN, 108

Au coin de la rue Hautefeuille

PARIS, 6ᵉ

JANVIER 1904

Les titres précédés d'un *astérisque* sont recommandés par le Ministère de l'Instruction publique pour les Bibliothèques des élèves et des professeurs et pour les distributions de prix des lycées et collèges.

BIBLIOTHÈQUE DE PHILOSOPHIE CONTEMPORAINE
Volumes in-12, brochés, à 2 fr. 50.
Cartonnés toile, 3 francs. — En demi-reliure, plats papier, 4 francs.

La *psychologie*, avec ses auxiliaires indispensables, l'*anatomie* et la *physiologie du système nerveux*, la *pathologie mentale*, la *psychologie des races inférieures* et *des animaux*, les *recherches expérimentales des laboratoires*; — la *logique*; — les *théories générales fondées sur les découvertes scientifiques*; — l'*esthétique*; — les *hypothèses métaphysiques*; — la *criminologie* et la *sociologie*; — l'*histoire des principales théories philosophiques*; tels sont les principaux sujets traités dans cette Bibliothèque.

ALAUX, professeur à la Faculté des lettres d'Alger. **Philosophie de V. Cousin.**
ALLIER (R.). ***La Philosophie d'Ernest Renan.** 2ᵉ édit. 1903. .
ARRÉAT (L.). *** La Morale dans le drame, l'épopée et le roman.** 2ᵉ édition.
— ***Mémoire et imagination** (Peintres, Musiciens, Poètes, Orateurs). 1895.
— **Les Croyances de demain.** 1898.
— **Dix ans de philosophie.** 1900.
— **Le Sentiment religieux en France.** 1903.
BALLET (G.), professeur agrégé à la Faculté de médecine de Paris. **Le Langage intérieur et les diverses formes de l'aphasie.** 2ᵉ édit.
BEAUSSIRE, de l'Institut. *** Antécédents de l'hégél. dans la philos. française.**
BERGSON (H.), de l'Institut, professeur au Collège de France. ***Le Rire.** Essai sur la signification du comique. 3ᵉ édition. 1904.
BERSOT (Ernest), de l'Institut. *** Libre philosophie.**
BERTAULD. **De la Philosophie sociale.**
BINET (A.), directeur du lab. de psych. physiol. de la Sorbonne. **La Psychologie du raisonnement, expériences par l'hypnotisme.** 3ᵉ édit.
BOS (C.). ***Psychologie de la croyance.** 1902.
BOUGLÉ, prof. à l'Univ. de Toulouse. **Les Sciences sociales en Allemagne.** 2ᵉ éd. 1902.
BOUCHER (M.). **L'hyperespace, le temps, la matière et l'énergie.** 1903.
BOURDEAU (J.). **Les Maîtres de la pensée contemporaine.** 1904.
BOUTROUX, de l'Institut. *** De la contingence des lois de la nature.** 4ᵉ éd. 1902.
BRUNSCHVICG, professeur au lycée Henri IV, docteur ès lettres. ***Introduction à la vie de l'esprit.** 1900.
CARUS (P.). *** Le Problème de la conscience du moi,** trad. par M. A. MONOD.
CONTA (B.). *** Les Fondements de la métaphysique,** trad. du roumain par D. TESCANU.
COQUEREL FILS (Ath.). **Transformations historiques du christianisme.**
COSTE (Ad.). *** Les Conditions sociales du bonheur et de la force.** 3ᵉ édit.
— **Dieu et l'âme.** 2ᵉ édit. précédée d'une préface par R. Worms. 1903.
CRESSON (A.), docteur ès lettres. **La Morale de Kant.** (Couronné par l'Institut.)
DAURIAC (L.), professeur honoraire à l'Université de Montpellier. **La Psychologie dans l'Opéra français** (Auber, Rossini, Meyerbeer). 1897.
DANVILLE (Gaston). **Psychologie de l'amour.** 3ᵉ édit. 1903.
DUGAS, docteur ès lettres. *** Le Psittacisme et la pensée symbolique.** 1896.
— **La Timidité.** 3ᵉ éd. 1903.
— **Psychologie du rire.** 1902.
DUNAN, docteur ès lettres. **La théorie psychologique de l'Espace.** 1895.
DUPRAT (G.-L.), docteur ès lettres. **Les Causes sociales de la Folie.** 1900.
— **Le Mensonge,** *Étude psychologique.* 1903.
DURAND (de Gros). **Questions de philosophie morale et sociale.** 1902.
DURKHEIM (Émile), chargé du cours de pédagogie à la Sorbonne. *** Les règles de la méthode sociologique.** 3ᵉ édit. 1904.
D'EICHTHAL (Eug.). **Les Problèmes sociaux et le Socialisme.** 1899.
ENCAUSSE (Papus). **L'occultisme et le spiritualisme.** 2ᵉ édit. 1903.

Suite de la *Bibliothèque de philosophie contemporaine*, format in-12, à 2 fr. 50 le vol.

ESPINAS (A.), prof. à la Sorbonne. * **La Philosophie expérimentale en Italie.**

FAIVRE (E.). **De la Variabilité des espèces.**

FÉRÉ (Ch.). **Sensation et Mouvement.** Étude de psycho-mécanique, avec fig. 2ᵉ éd.

— **Dégénérescence et Criminalité,** avec figures. 3ᵉ édit.

FERRI (E.). *Les Criminels dans l'Art et la Littérature. 2ᵉ édit. 1902.

FIERENS-GEVAERT. **Essai sur l'Art contemporain.** 2ᵉ éd. 1903. (Cour. par l'Ac. fr.).

— **La Tristesse contemporaine,** essai sur les grands courants moraux et intellectuels du XIXᵉ siècle. 4ᵉ édit. 1904. (Couronné par l'Institut.)

— * **Psychologie d'une ville.** *Essai sur Bruges.* 2ᵉ édit. 1902.

— **Nouveaux essais sur l'Art contemporain.** 1903.

FLEURY (Maurice de). **L'Âme du criminel.** 1898.

FONSEGRIVE, professeur au lycée Buffon. **La Causalité efficiente.** 1893.

FOURNIÈRE (E.). **Essai sur l'individualisme.** 1901.

FRANCK (Ad.), de l'Institut. * **Philosophie du droit pénal.** 5ᵉ édit.

— **Des Rapports de la Religion et de l'État.** 2ᵉ édit.

— **La Philosophie mystique en France au XVIIIᵉ siècle.**

GAUCKLER. **Le Beau et son histoire.**

GOBLOT (E.), professeur à l'Université de Caen. **Justice et liberté.** 1902.

GRASSET (J.), professeur à la Faculté de médecine de Montpellier. **Les limites de la biologie.** 2ᵉ édit. 1903.

GREEF (de). **Les Lois sociologiques.** 3ᵉ édit.

GUYAU. * **La Genèse de l'idée de temps.** 2ᵉ édit.

HARTMANN (E. de). **La Religion de l'avenir.** 5ᵉ édit.

— **Le Darwinisme,** ce qu'il y a de vrai et de faux dans cette doctrine. 6ᵉ édit.

HERCKENRATH. (C.-R.-C.) **Problèmes d'Esthétique et de Morale.** 1897.

HERBERT SPENCER. * **Classification des sciences.** 6ᵉ édit.

— **L'Individu contre l'État.** 5ᵉ édit.

HERVÉ BLONDEL. **Les Approximations de la vérité.** 1900.

JAELL (Mᵐᵉ). *La Musique et la psycho-physiologie.** 1895.

JAMES (W.). **La théorie de l'émotion,** préf. de G. DUMAS, chargé de cours à la Sorbonne. Traduit de l'anglais. 1902.

JANET (Paul), de l'Institut. * **La Philosophie de Lamennais.**

LACHELIER, de l'Institut. **Du fondement de l'induction,** suivi de **psychologie et métaphysique.** 4ᵉ édit. 1902.

LAISANT (C.). **L'Éducation fondée sur la science.** Préface de A. NAQUET. 1904.

LAMPÉRIÈRE (Mᵐᵉ A.). * **Rôle social de la femme,** son éducation. 1898.

LANDRY (A.), agrégé de philos., docteur ès lettres. **La responsabilité pénale.** 1902.

LANESSAN (J.-L. de). **La Morale des philosophes chinois.** 1896.

LANGE, professeur à l'Université de Copenhague. * **Les Émotions,** étude psychophysiologique, traduit par G. Dumas. 2ᵉ édit. 1902.

LAPIE, maître de conf. à l'Univ. de Bordeaux. **La Justice par l'État.** 1899.

LAUGEL (Auguste). **L'Optique et les Arts.**

LE BON (Dʳ Gustave). * **Lois psychol. de l'évolution des peuples.** 6ᵉ édit.

— * **Psychologie des foules.** 8ᵉ édit.

LÉCHALAS. * **Étude sur l'espace et le temps.** 1895.

LE DANTEC, chargé du cours d'Embryologie générale à la Sorbonne. **Le Déterminisme biologique et la Personnalité consciente.** 2ᵉ édit.

— * **L'Individualité et l'Erreur individualiste.** 1898.

— **Lamarckiens et Darwiniens,** 2ᵉ édit. 1904.

LEFÈVRE (G.), prof. à l'Univ. de Lille. **Obligation morale et idéalisme.** 1895.

LEVALLOIS (Jules). **Déisme et Christianisme.**

LIARD, de l'Institut, vice-recteur de l'Académie de Paris. * **Les Logiciens anglais contemporains.** 4ᵉ édit.

— **Des définitions géométriques et des définitions empiriques.** 3ᵉ édit.

LICHTENBERGER (Henri), professeur à l'Université de Nancy. *La philosophie de Nietzsche.** 8ᵉ édit. 1901.

— * **Friedrich Nietzsche.** Aphorismes et fragments choisis. 2ᵉ édit. 1902.

Suite de la *Bibliothèque de philosophie contemporaine*, format in-12, à 2 fr. 50 le vol.

LOMBROSO. L'Anthropologie criminelle et ses récents progrès. 4ᵉ édit. 1901.
— Nouvelles recherches d'anthropologie criminelle et de psychiatrie. 1892.
— Les Applications de l'anthropologie criminelle. 1892.
LUBBOCK (Sir John). * Le Bonheur de vivre. 2 volumes. 5ᵉ édit.
— * L'Emploi de la vie. 3ᵉ éd. 1901.
LYON (Georges), recteur de l'Académie de Lille. * La Philosophie de Hobbes.
MARGUERY (E.). L'Œuvre d'art et l'évolution. 1899.
MARIANO. La Philosophie contemporaine en Italie.
MARION, professeur à la Sorbonne. * J. Locke, sa vie, son œuvre. 2ᵉ édit.
MAUXION, professeur à l'Université de Poitiers. * L'éducation par l'instruction
  et les Théories pédagogiques de Herbart. 1900.
MILHAUD (G.), professeur à l'Université de Montpellier. * Le Rationnel. 1898.
— * Essai sur les conditions et les limites de la Certitude logique. 2ᵉ édit. 1898.
MOSSO. * La Peur. Étude psycho-physiologique (avec figures). 2ᵉ édit.
— * La Fatigue intellectuelle et physique, trad. Langlois. 3ᵉ édit.
MURISIER (E.), professeur à la Faculté des lettres de Neuchâtel (Suisse). Les
  Maladies du sentiment religieux. 2ᵉ édit. 1903.
NAVILLE (E.), doyen de la Faculté des lettres et sciences sociales de l'Université
  de Genève. Nouvelle classification des sciences. 2ᵉ édit. 1901.
NORDAU (Max). * Paradoxes psychologiques, trad. Dietrich. 5ᵉ édit. 1904.
— Paradoxes sociologiques, trad. Dietrich. 4ᵉ édit. 1904.
— * Psycho-physiologie du Génie et du Talent, trad. Dietrich. 3ᵉ édit. 1902.
NOVICOW (J.). L'Avenir de la Race blanche. 2ᵉ édit. 1903.
OSSIP-LOURIÉ, lauréat de l'Institut. Pensées de Tolstoï. 2ᵉ édit. 1902.
— * Nouvelles Pensées de Tolstoï. 1903.
— * La Philosophie de Tolstoï. 2ᵉ édit. 1903.
— * La Philosophie sociale dans le théâtre d'Ibsen. 1900.
— Le Bonheur et l'Intelligence. 1904.
PALANTE (G.), agrégé de l'Université. Précis de sociologie. 2ᵉ édit. 1903.
PAULHAN (Fr.). Les Phénomènes affectifs et les lois de leur apparition. 2ᵉ éd. 1901.
— * Joseph de Maistre et sa philosophie. 1893.
— * Psychologie de l'invention. 1900.
— * Analystes et esprits synthétiques. 1903.
PHILIPPE (J.). L'Image mentale, avec fig. 1903.
PILLON (F.). * La Philosophie de Ch. Secrétan. 1898.
PILO (Mario). * La psychologie du Beau et de l'Art, trad. Aug. Dietrich.
PIOGER (Dᵣ Julien). Le Monde physique, essai de conception expérimentale. 1893.
QUEYRAT, prof. de l'Univ. * L'Imagination et ses variétés chez l'enfant. 2ᵉ édit.
— * L'Abstraction, son rôle dans l'éducation intellectuelle. 1894.
— * Les Caractères et l'éducation morale. 2ᵉ éd. 1901.
— * La logique chez l'enfant et sa culture. 1902.
REGNAUD (P.), professeur à l'Université de Lyon. Logique évolutionniste. *L'En-
  tendement dans ses rapports avec le langage.* 1897.
— Comment naissent les mythes. 1897.
RÉMUSAT (Charles de), de l'Académie française. * Philosophie religieuse.
RENARD (Georges), professeur au Conservatoire des arts et métiers. Le régime
  socialiste, son organisation politique et économique. 4ᵉ édit. 1903.
RIBOT (Th.), de l'Institut, professeur honoraire au Collège de France, directeur
  de la *Revue philosophique.* La Philosophie de Schopenhauer. 9ᵉ édition.
— * Les Maladies de la mémoire. 16ᵉ édit.
— * Les Maladies de la volonté. 18ᵉ édit.
— * Les Maladies de la personnalité. 9ᵉ édit.
— * La Psychologie de l'attention. 5ᵉ édit.
RICHARD (G.), chargé du cours de sociologie à l'Université de Bordeaux. * Socia-
  lisme et Science sociale. 2ᵉ édit.
RICHET (Ch.). Essai de psychologie générale. 5ᵉ édit. 1903.
ROBERTY (E. de). L'Inconnaissable, sa métaphysique, sa psychologie.
— L'Agnosticisme. Essai sur quelques théories pessim. de la connaissance. 2ᵉ édit.

Suite de la *Bibliothèque de philosophie contemporaine,* format in-12 à 2 fr. 50 le vol.

ROBERTY (E. de). **La Recherche de l'Unité.** 1893.
— **Auguste Comte et Herbert Spencer.** 2ᵉ édit.
— *** Le Bien et le Mal.** 1896.
— **Le Psychisme social.** 1897.
— **Les Fondements de l'Ethique.** 1898.
— **Constitution de l'Éthique.** 1901.
ROISEL. **De la Substance.**
— **L'Idée spiritualiste.** 2ᵉ éd. 1901.
ROUSSEL-DESPIERRES. **L'Idéal esthétique.** *Esquisse d'une philosophie de la beauté.* 1904.
SAISSET (Émile), de l'Institut. *** L'Ame et la Vie.**
SCHOPENHAUER. *** Le Fondement de la morale,** trad. par M. A. Burdeau. 7ᵉ édit.
— *** Le Libre arbitre,** trad. par M. Salomon Reinach, de l'Institut. 8ᵉ éd.
— **Pensées et Fragments,** avec intr. par M. J. Bourdeau. 17ᵉ édit.
SELDEN (Camille). **La Musique en Allemagne,** étude sur Mendelssohn.
SOLLIER (Dʳ P.). **Les Phénomènes d'autoscopie,** avec fig. 1903.
STUART MILL. *** Auguste Comte et la Philosophie positive.** 6ᵉ édit.
— *** L'Utilitarisme.** 3ᵉ édit.
— **Correspondance inédite avec Gustave d'Eichthal (1828-1842) — (1864-1871),** avant-propos et trad. par Eug. d'Eichthal. 1898.
SULLY PRUDHOMME, de l'Académie française, et Ch. RICHET, professeur à l'Université de Paris. **Le problème des causes finales.** 1902.
SWIFT. **L'Éternel conflit.** 1901.
TANON (L.). *** L'Évolution du droit et la Conscience sociale.** 1900.
TARDE, de l'Institut, prof. au Coll. de France. **La Criminalité comparée.** 5ᵉ édit. 1902.
— *** Les Transformations du Droit.** 2ᵉ édit. 1899.
— *** Les Lois sociales.** 2ᵉ édit. 1898.
THAMIN (R.), recteur de l'Académie de Rennes. *** Éducation et Positivisme.** 2ᵉ édit. (Couronné par l'Institut.)
THOMAS (P. Félix), docteur ès lettres. *** La suggestion,** son rôle dans l'éducation intellectuelle. 2ᵉ édit. 1898.
— *** Morale et éducation,** 1899.
TISSIÉ. *** Les Rêves,** avec préface du professeur Azam. 2ᵉ éd. 1898.
VIANNA DE LIMA. **L'Homme selon le transformisme.**
WECHNIAKOFF. **Savants, penseurs et artistes,** publié par Raphael Petrucci.
WUNDT. **Hypnotisme et Suggestion.** Étude critique, traduit par M. Keller. 2ᵉ édit. 1902.
ZELLER. **Christian Baur et l'École de Tubingue,** traduit par M. Ritter.
ZIEGLER. **La Question sociale est une Question morale,** trad. Palante. 3ᵉ édit.

BIBLIOTHÈQUE DE PHILOSOPHIE CONTEMPORAINE
Volumes in-8.

Br. à 3 fr. 75, 5 fr., 7 fr. 50, 10 fr., 12 fr. 50 et 15 fr.; Cart. angl., 1 fr. en plus par vol.;
Demi-rel. en plus 2 fr. par vol.

ADAM (Ch.), recteur de l'Académie de Nancy. *** La Philosophie en France (première moitié du XIXᵉ siècle).** 7 fr. 50
AGASSIZ.* **De l'Espèce et des Classifications.** 5 fr.
ALENGRY (Franck), docteur ès lettres, inspecteur d'académie. *** Essai historique et critique sur la Sociologie chez Aug. Comte.** 1900. 10 fr.
ARNOLD (Matthew). **La Crise religieuse.** 7 fr. 50
ARRÉAT. *** Psychologie du peintre.** 5 fr.
AUBRY (Dʳ P.). **La Contagion du meurtre.** 1896. 3ᵉ édit. 5 fr.
BAIN (Alex.). **La Logique inductive et déductive.** Trad. Compayré. 2 vol. 3ᵉ éd. 20 fr.
— *** Les Sens et l'Intelligence.** 1 vol. Trad. Cazelles. 3ᵉ édit. 10 fr.
BALDWIN (Mark), professeur à l'Université de Princeton (États-Unis). **Le Développement mental chez l'enfant et dans la race.** Trad. Nourry. 1897. 7 fr. 50
BARTHÉLEMY SAINT-HILAIRE, de l'Institut. **La Philosophie dans ses rapports avec les sciences et la religion.** 5 fr.

Suite de la *Bibliothèque de philosophie contemporaine*, format in-8.

BARZELOTTI, prof. à l'Univ. de Rome. *La Philosophie de H. Taine. 1900. 7 fr. 50

BERGSON (H.), de l'Institut, professeur au Collège de France. * Matière et mémoire, essai sur les relations du corps à l'esprit. 2ᵉ édit. 1900. 5 fr.

— Essai sur les données immédiates de la conscience. 4ᵉ édit. 1901. 3 fr. 75

BERTRAND, prof. à l'Université de Lyon. * L'Enseignement intégral. 1898. 5 fr.

— Les Études dans la démocratie. 1900. 5 fr.

BOIRAC (Émile), recteur de l'Acad. de Dijon. * L'Idée du Phénomène. 5 fr.

BOUGLÉ, professeur à l'Université de Toulouse. *Les Idées égalitaires. 1899. 3 fr. 75

BOURDEAU (L.). Le Problème de la mort. 3ᵉ édition. 1900. 5 fr.

— Le Problème de la vie. 1 vol. in-8. 1901. 7 fr. 50

BOURDON, professeur à l'Université de Rennes. * L'Expression des émotions et des tendances dans le langage. 7 fr. 50

BOUTROUX (Em.), de l'Institut. Etudes d'histoire de la philos. 2ᵉ éd. 1901. 7 fr. 50

BRAY (L.). Du beau. 1902. 5 fr.

BROCHARD (V.), de l'Institut. De l'Erreur. 1 vol. 2ᵉ édit. 1897. 5 fr.

BRUNSCHWICG (E.), prof. au lycée Henri IV, docteur ès lettres. *Spinoza. 3 fr. 75

— La Modalité du jugement. 5 fr.

CARRAU (Ludovic), professeur à la Sorbonne. La Philosophie religieuse en Angleterre, depuis Locke jusqu'à nos jours. 5 fr.

CHABOT (Ch.), prof. à l'Univ. de Lyon. *Nature et Moralité. 1897. 5 fr.

CLAY (R.). * L'Alternative, *Contribution à la Psychologie.* 2ᵉ édit. 10 fr.

COLLINS (Howard). *La Philosophie de Herbert Spencer, avec préface de M. Herbert Spencer, traduit par H. de Varigny. 4ᵉ édit. 1901. 10 fr.

COMTE (Aug.). La Sociologie, résumé par E. Rigolage. 1897. 7 fr. 50

CONTA (B.). Théorie de l'ondulation universelle. 1894. 3 fr. 75

COSTE. Les principes d'une Sociologie objective. 1899. 3 fr. 75

— L'Expérience des peuples et les prévisions qu'elle autorise. 1900. 10 fr.

CRÉPIEUX-JAMIN. L'Écriture et le Caractère. 4ᵉ édit. 1897. 7 fr. 50

CRESSON, prof. au lycée de Lyon, docteur ès lettres. La Morale de la raison théorique. 1903. 5 fr.

BAURIAC (L.), professeur honoraire à l'Université de Montpellier. L'esprit musical. 1901. 5 fr.

DE LA GRASSERIE (R.), lauréat de l'Institut. Psychologie des religions. 1899. 5 fr.

DEWAULE, docteur ès lettres. * Condillac et la Psychol. anglaise contemp. 5 fr.

DUMAS (G.), chargé de cours à la Sorbonne. *La Tristesse et la Joie. 1900. (Couronné par l'Institut.) 7 fr. 50

DUPRAT (G. L.), docteur ès lettres. L'Instabilité mentale. 1899. 5 fr.

DUPROIX (P.), professeur à l'Université de Genève. * Kant et Fichte et le problème de l'éducation. 2ᵉ édit. 1897. (Ouvrage couronné par l'Académie française.) 5 fr.

DURAND (DE GROS). Aperçus de taxinomie générale. 1898. 5 fr.

— Nouvelles recherches sur l'esthétique et la morale. 1 vol. in-8. 1899. 5 fr.

— Variétés philosophiques. 2ᵉ édit. revue et augmentée. 1900. 5 fr.

DURKHEIM, chargé du cours de pédagogie à la Sorbonne. * De la division du travail social. 2ᵉ édit. 1901. 7 fr. 50

— Le Suicide, *étude sociologique.* 1897. 7 fr. 50

— * L'Année sociologique. Collaborateurs : MM. Simmel, Bouglé, Mauss, Fauconnet, Hubert, Lapie, Em. Lévy, G. Richard, A. Milhaud, Simiand, Muffang et Parodi. — 1ʳᵉ année, 1896-1897. — 2ᵉ année, 1897-1898. — 3ᵉ année, 1898-1899. — 4ᵉ année, 1899-1900. — 5ᵉ année, 1900-1901. Chaque volume, 10 fr. — 6ᵉ année, 1901-1902. 12 fr. 50

EGGER (V.), prof. adjoint à la Faculté des lettres de Paris. La parole intérieure. *Essai de psychologie descriptive.* 2ᵉ édit. 1904. 5 fr.

ESPINAS (A.), professeur à la Sorbonne. *La Philosophie sociale du XVIIIᵉ siècle et la Révolution française. 1898. 7 fr. 50

FERRERO (G.). Les Lois psychologiques du symbolisme. 1895. 5 fr.

FERRI (Louis). La Psychologie de l'association, depuis Hobbes. 7 fr. 50

Suite de la *Bibliotheque de philosophie contemporaine*, format in-8.

FLINT, prof. à l'Univ. d'Edimbourg. * La Philos. de l'histoire en Allemagne. 7 fr. 50
FONSEGRIVE, professeur au lycée Buffon. * Essai sur le libre arbitre. (Couronné par l'Institut.) 2ᵉ édit. 1895.   10 fr.
FOUILLÉE (Alf.), de l'Institut. * La Liberté et le Déterminisme. 5ᵉ édit.   7 fr. 50
— Critique des systèmes de morale contemporains. 4ᵉ édit.   7 fr. 50
— * La Morale, l'Art, la Religion, d'après GUYAU. 4ᵉ édit. augm.   3 fr. 75
— L'Avenir de la Métaphysique fondée sur l'expérience. 2ᵉ édit.   5 fr.
— * L'Évolutionnisme des idées-forces. 3ᵉ édit.   7 fr. 50
— * La Psychologie des idées-forces. 2 vol. 2ᵉ édit.   15 fr.
— * Tempérament et caractère. 3ᵉ édit.   7 fr. 50
— Le Mouvement positiviste et la conception sociol. du monde. 2ᵉ édit. 7 fr. 50
— Le Mouvement idéaliste et la réaction contre la science posit. 2ᵉ édit. 7 fr. 50
— * Psychologie du peuple français. 3ᵉ édit.   7 fr. 50
— * La France au point de vue moral. 2ᵉ édit.   7 fr. 50
— Esquisse psychologique des peuples européens. 2ᵉ édit. 1903.   10 fr.
— Nietzsche et l'immoralisme. 2ᵉ édit. 1903.   5 fr.
FRANCK (A.), de l'Institut. Philosophie du droit civil.   5 fr.
FULLIQUET. Essai sur l'Obligation morale. 1898.   7 fr. 50
GAROFALO, agrégé de l'Université de Naples. La Criminologie. 4ᵉ édit.   7 fr. 50
— La Superstition socialiste. 1895.   5 fr.
GÉRARD-VARET, prof. à l'Univ. de Dijon. L'Ignorance et l'Irréflexion. 1899. 5 fr.
GLEY (Dʳ E.), professeur agrégé à la Faculté de médecine de Paris. Etudes de psychologie physiologique et pathologique, avec fig. 1903.   5 fr.
GOBLOT (E.), Prof. à l'Université de Caen. * Classification des sciences. 1898. 5 fr.
GODFERNAUX (A.), docteur ès lettres. * Le Sentiment et la pensée. 1894.   5 fr.
GORY (G.), docteur ès lettres. L'Immanence de la raison dans la connaissance sensible. 1896.   5 fr.
GREEF (de), prof. à la nouvelle Université libre de Bruxelles. Le Transformisme social. Essai sur le progrès et le regrès des sociétés. 2ᵉ éd. 1901.   7 fr. 50
GROOS (K.), prof. à l'Université de Bâle. * Les jeux des animaux. 1902.   7 fr. 50
GURNEY, MYERS et PODMORE. Les Hallucinations télépathiques, traduit et abrégé des *Phantasms of The Living* par L. MARILLIER, préf. de CH. RICHET. 3ᵉ éd. 7 fr. 50
GUYAU (M.). * La Morale anglaise contemporaine. 6ᵉ édit.   7 fr. 50
— Les Problèmes de l'esthétique contemporaine. 6ᵉ édit.   5 fr.
— Esquisse d'une morale sans obligation ni sanction. 5ᵉ édit.   5 fr.
— L'Irréligion de l'avenir, étude de sociologie. 7ᵉ édit.   7 fr. 50
— * L'Art au point de vue sociologique. 5ᵉ édit.   7 fr. 50
— * Education et Hérédité, étude sociologique. 5ᵉ édit.   5 fr.
HALÉVY (Élie), docteur ès lettres, professeur à l'École des sciences politiques. * La Formation du radicalisme philosophique, 1901-1903 : T. I. *La jeunesse de Bentham*, 7 fr. 50. — T. II. *L'Evolution de la Doctrine utilitaire* (1789-1815) 7 fr. 50. — T. III. *Le Radicalisme philosophique*.   7 fr. 50
HANNEQUIN, prof. à l'Univ. de Lyon. L'hypothèse des atomes. 2ᵉ édit. 1899. 7 fr. 50
HARTENBERG (Dʳ Paul). Les Timides et la Timidité. 1901.   5 fr.
HERBERT SPENCER. * Les premiers Principes. Traduc. Cazelles. 9ᵉ éd.   10 fr.
— * Principes de biologie. Traduct. Cazelles. 4ᵉ édit. 2 vol.   20 fr.
— * Principes de psychologie. Trad. par MM. Ribot et Espinas. 2 vol.   20 fr.
— * Principes de sociologie. 4 vol., traduits par MM. Cazelles et Gerschel :
Tome I. 10 fr. — Tome II. 7 fr. 50. — Tome III. 15 fr. — Tome IV. 3 fr. 75
— * Essais sur le progrès. Trad. A. Burdeau. 5ᵉ édit.   7 fr. 50
— Essais de politique. Trad. A. Burdeau. 4ᵉ édit.   7 fr. 50
— Essais scientifiques. Trad. A. Burdeau. 3ᵉ édit.   7 fr. 50
— * De l'Education physique, intellectuelle et morale. 10ᵉ édit. (Voy. p. 3, 20, 21 et 32.)   5 fr.
HIRTH (G.). * Physiologie de l'Art. Trad. et introd. de L. Arréat.   5 fr.
HOFFDING, prof. à l'Univ. de Copenhague. Esquisse d'une psychologie fondée sur l'expérience. Trad. L. POITEVIN. Préf. de Pierre JANET. 2ᵉ éd. 1903. 7 fr. 50
IZOULET (J.), prof. au Coll. de France. * La Cité moderne. (nᵉ éd. sous presse).

Suite de la *Bibliothèque de philosophie contemporaine*, format in-8.

JANET (Paul), de l'Institut. * **Les Causes finales.** 4ᵉ édit. 10 fr.
— * **Victor Cousin et son œuvre.** 3ᵉ édition. 7 fr. 50
— * **Œuvres philosophiques de Leibniz.** 2ᵉ édit. 2 vol. 1900. 20 fr.
JANET (Pierre), professeur au Collège de France. * **L'Automatisme psychologique,** essai sur les formes inférieures de l'activité mentale. 4ᵉ édit. 7 fr. 50
JAURÈS (J.), docteur ès lettres. De la réalité du monde sensible. 2ᵉ éd. 1902. 7 fr. 50
KARPPE (S.), docteur ès lettres. Essais de critique et d'histoire de philosophie. 1902. 3 fr. 75
LALANDE (A.), docteur ès lettres, prof. au lycée Michelet. *La Dissolution opposée à l'évolution, dans les sciences physiques et morales. 1 vol. in-8. 1899. 7 fr. 50
LANG (A.). * **Mythes, Cultes et Religion.** Traduit par MM. Marillier et Dirr, introduction de Léon Marillier. 1896. 10 fr.
LAPIE (P.), maît. de conf. à l'Univ. de Bordeaux. Logique de la volonté 1902. 7 fr. 50
LAVELEYE (de). *De la Propriété et de ses formes primitives. 5ᵉ édit. 10 fr.
— * **Le Gouvernement dans la démocratie.** 2 vol. 3ᵉ édit. 1896. 15 fr.
LE BON (Dʳ Gustave). *Psychologie du socialisme. 3ᵉ éd. refondue. 1902. 7 fr. 50
LECHALAS (G.). Études esthétiques. 1902. 5 fr.
LECHARTIER (G.). David Hume, moraliste et sociologue. 1900. 5 fr.
LECLÈRE (A.), docteur ès lettres. Essai critique sur le droit d'affirmer. 1901. 5 fr.
LE DANTEC (F.), chargé de cours à la Sorbonne. L'unité dans l'être vivant. 1902. 7 fr. 50
— Les Limites du connaissable, *la vie et les phénomènes naturels.* 1903. 3 fr. 75
LÉON (Xavier). *La philosophie de Fichte, *ses rapports avec la conscience contemporaine,* Préface de E. Boutroux, de l'Institut. 1902. (Couronné par l'Institut.) 10 fr.
LÉVY-BRUHL (L.), chargé de cours à la Sorbonne. *La Philosophie de Jacobi. 1894. 5 fr.
— *Lettres inédites de J.-S. Mill à Auguste Comte, *publiées avec les réponses de Comte et une introduction.* 1899. 10 fr.
— *La Philosophie d'Auguste Comte. 1900. 7 fr. 50
— La Morale et la Science des mœurs. 1903. 5 fr.
LIARD, de l'Institut, vice-recteur de l'Acad. de Paris. *Descartes, 2ᵉ éd. 1903. 5 fr.
— * La Science positive et la Métaphysique, 4ᵉ édit. 7 fr. 50
LICHTENBERGER (H.), professeur à l'Université de Nancy. Richard Wagner, poète et penseur. 3ᵉ édit. 1902. (Couronné par l'Académie française.) 10 fr.
LOMBROSO. * L'Homme criminel (criminel-né, fou-moral, épileptique), précédé d'une préface de M. le docteur Letourneau. 3ᵉ éd. 2 vol. et atlas. 1895. 36 fr.
LOMBROSO ET FERRERO. La Femme criminelle et la prostituée. 15 fr.
LOMBROSO et LASCHI. Le Crime politique et les Révolutions. 2 vol. 15 fr.
LUBAC, prof. au lycée de Constantine. Esquisse d'un système de psychologie rationnelle. Préface de H. Bergson. 1904. 3 fr. 75
LYON (Georges), recteur de l'Académie de Lille. * L'Idéalisme en Angleterre au XVIIIᵉ siècle. 7 fr. 50
MALAPERT (P.), docteur ès lettres, prof. au lycée Louis-le-Grand. *Les Éléments du caractère et leurs lois de combinaison. 1897. 5 fr.
MARION (H.), prof. à la Sorbonne. * De la Solidarité morale. 6ᵉ édit. 1897. 5 fr.
MARTIN (Fr.), docteur ès lettres, prof. au lycée Saint-Louis. * La Perception extérieure et la Science positive, essai de philosophie des sciences. 1894. 5 fr.
MAX MULLER, prof. à l'Université d'Oxford. * Nouvelles études de mythologie, trad. de l'anglais par L. Job, docteur ès lettres. 1898. 12 fr. 50
MAXWELL (J.), docteur en médecine, avocat général près la Cour d'appel de Bordeaux. Les Phénomènes psychiques. Recherches, Observations, Méthodes. Préface de Ch. Richet. 1903. 5 fr.
NAVILLE (E.), correspond. de l'Institut. La Physique moderne. 2ᵉ édit. 5 fr.
— * La Logique de l'hypothèse. 2ᵉ édit. 5 fr.
— * La Définition de la philosophie. 1894. 5 fr.
— Le libre Arbitre. 2ᵉ édit. 1898. 5 fr.
— Les Philosophies négatives. 1899. 5 fr.
NORDAU (Max). *Dégénérescence, trad. de Aug. Dietrich. 6ᵉ éd. 1903. 2 vol. Tome I. 7 fr. 50. Tome II. 10 fr.
— Les Mensonges conventionnels de notre civilisation. 6ᵉ édit. 1902. 5 fr.
— *Vus du dehors. *Essais de critique sur quelques auteurs français contemporains.* 1903. 5 fr.

— 9 —   **F. ALCAN.**

Suite de la *Bibliothèque de philosophie contemporaine*, format in-8.

NOVICOW. **Les Luttes entre Sociétés humaines.** 3ᵉ édit.   10 fr.
— * **Les Gaspillages des sociétés modernes.** 2ᵉ édit. 1899.   5 fr.
OLDENBERG, professeur à l'Université de Kiel. * **Le Bouddha,** *sa Vie, sa Doctrine,* *sa Communauté,* trad. par P. FOUCHER, maître de conférences à l'École des Hautes Études. Préf. de Sylvain Lévi, prof. au Collège de France. 2ᵉ éd. 1903. 7 fr. 50
— **La religion du Véda.** Traduit par V. HENRY, prof. à la Sorbonne. 1903.   10 fr.
OSSIP-LOURIÉ. La philosophie russe contemporaine. 1902.   5 fr.
OUVRÉ (H.), professeur à l'Université de Bordeaux. * **Les Formes littéraires de la pensée grecque.** 1900. (Ouvrage couronné par l'Académie française et par l'Association pour l'enseignement des études grecques.)   10 fr.
PAULHAN, corr. de l'Institut. **L'Activité mentale et les Éléments de l'esprit.** 10 fr.
— **Les Types intellectuels : esprits logiques et esprits faux.** 1896.   7 fr. 50
— * **Les Caractères.** 2ᵉ édit.   5 fr.
PAYOT (J.), Recteur de l'Académie de Chambéry. **De la Croyance.** 1896.   5 fr.
— * **L'Éducation de la volonté.** 17ᵉ édit. 1903.   5 fr.
PÉRÈS (Jean), professeur au lycée de Toulouse. **L'Art et le Réel.** 1898. 3 fr. 75
PÉREZ (Bernard). **Les Trois premières années de l'enfant.** 5ᵉ édit.   5 fr.
— **L'Éducation morale dès le berceau.** 4ᵉ édit. 1901.   5 fr.
— * **L'Éducation intellectuelle dès le berceau.** 2ᵉ éd. 1901.   5 fr.
PIAT (C.). **La Personne humaine.** 1898. (Couronné par l'Institut).   7 fr. 50
— * **Destinée de l'homme.** 1898.   5 fr.
PICAVET (E.), maître de conférences à l'École des hautes études. * **Les Idéologues,** essai sur l'histoire des idées, des théories scientifiques, philosophiques, religieuses, etc., en France, depuis 1789. (Ouvr. couronné par l'Académie française.)   10 fr.
PIDERIT. **La Mimique et la Physiognomonie.** Trad. par M. Girot.   5 fr.
PILLON (F.). * **L'Année philosophique,** 12 années : 1890, 1891, 1892, 1893 (épuisée), 1894, 1895, 1896, 1897, 1898, 1899, 1900, 1901 et 1902. 12 vol. Ch. vol. séparém. 5 fr.
PIOGER (J.). **La Vie et la Pensée,** essai de conception expérimentale. 1894.   5 fr.
— **La Vie sociale, la Morale et le Progrès.** 1894.   5 fr.
PREYER, prof. à l'Université de Berlin. **Éléments de physiologie.**   5 fr.
— * **L'Ame de l'enfant.** Développement psychique des premières années.   10 fr.
PROAL, conseiller à la Cour de Paris. * **Le Crime et la Peine.** 3ᵉ édit. Couronné par l'Institut.   10 fr.
— * **La Criminalité politique.** 1895.   5 fr.
— **Le Crime et le Suicide passionnels.** 1900. (Couronné par l'Ac. française.) 10 fr.
RAUH, maître de conférences à l'École normale. * **De la méthode dans la psychologie des sentiments.** 1899. (Couronné par l'Institut.)   5 fr.
— **L'Expérience morale.** 1903.   3 fr. 75
RÉCÉJAC, doct. ès lett. **Les Fondements de la Connaissance mystique.** 1897. 5 fr.
RENARD (G.), professeur au Conservatoire des arts et métiers. * **La Méthode scientifique de l'histoire littéraire.** 1900.   10 fr.
RENOUVIER (Ch.) de l'Institut. * **Les Dilemmes de la métaphysique pure.** 1900. 5 fr.
— * **Histoire et solution des problèmes métaphysiques.** 1901.   7 fr. 50
— **Le personnalisme,** suivi d'une étude sur la perception externe et la force. 1903. 10 fr.
RIBERY, prof. au lycée de Tourcoing, docteur ès lettres. **Essai de classification naturelle des caractères.** 1903.   3 fr. 75
RIBOT (Th.), de l'Institut. * **L'Hérédité psychologique.** 5ᵉ édit.   7 fr. 50
— * **La Psychologie anglaise contemporaine.** 3ᵉ édit.   7 fr. 50
— * **La Psychologie allemande contemporaine.** 4ᵉ édit.   7 fr. 50
— **La Psychologie des sentiments.** 3ᵉ édit. 1899.   7 fr. 50
— **L'Évolution des idées générales.** 1897.   5 fr.
— * **Essai sur l'Imagination créatrice.** 1900.   5 fr.
RICARDOU (A.), docteur ès lettres, professeur au lycée Charlemagne. * **De l'Idéal.** (Couronné par l'Institut.)   5 fr.
RICHARD (G.), chargé du cours de sociologie à l'Univ. de Bordeaux. **L'idée d'évolution dans la nature et dans l'histoire.** 1903. (Couronné par l'Institut.) 7 fr. 50
ROBERTY (E. de). **L'Ancienne et la Nouvelle philosophie.**   7 fr. 50
— * **La Philosophie du siècle** (positivisme, criticisme, évolutionnisme).   5 fr.

Suite de la *Bibliothèque de philosophie contemporaine*, format in-8.

ROBERTY (E. de). Nouveau Programme de sociologie. *Introduction à l'étude des sciences du monde surorganique.* 1904. 5 fr.

ROMANES. *L'Evolution mentale chez l'homme. 7 fr. 50

SABATIER (A.), doyen de la Faculté des sciences de Montpellier. — Philosophie de l'effort. *Essais philosophiques d'un naturaliste.* 1903. . 7 fr. 50

SAIGEY (E.). *Les Sciences au XVIII° siècle. La Physique de Voltaire. 5 fr.

SAINT-PAUL (D' G.). Le Langage intérieur et les paraphasies. (*La fonction endophasique*). 1904. 5 fr.

SANZ Y ESCARTIN. L'Individu et la Réforme sociale, trad. Dietrich. 7 fr. 50

SCHOPENHAUER. Aphor. sur la sagesse dans la vie. Trad. Cantacuzène. 7° éd. 5 fr.

— *De la Quadruple racine du principe de la raison suffisante, suivi d'une *Histoire de la doctrine de l'Idéal et du Réel.* Trad. par M. Cantacuzène. 5 fr.

—* Le Monde comme volonté et comme représentation. Traduit par M. A. Burdeau. 3° éd. 3 vol. Chacun séparément. 7 fr. 50

SÉAILLES (G.), prof. à la Sorbonne. Essai sur le génie dans l'art. 2° édit. 5 fr.

SERGI, prof. à l'Univ. de Rome. La Psychologie physiologique. 7 fr. 50

SIGHELE (Scipio). La Foule criminelle. 2° édit. 1901. 5 fr.

SOLLIER. Le Problème de la mémoire. 1900. 3 fr. 75

— Psychologie de l'idiot et de l'imbécile, avec 12 pl. hors texte. 2° éd. 1902. 5 fr.

SOURIAU (Paul), prof. à l'Univ. de Nancy. L'Esthétique du mouvement. 5 fr.

— * La Suggestion dans l'art. 5 fr.

STEIN (L.), professeur à l'Université de Berne. *La Question sociale au point de vue philosophique. 1900. 10 fr.

STUART MILL. * Mes Mémoires. Histoire de ma vie et de mes idées. 3° éd. 5 fr.

— * Système de Logique déductive et inductive. 4° édit. 2 vol. 20 fr.

— * Essais sur la Religion. 2° édit. 5 fr.

— Lettres inédites à Aug. Comte et réponses d'Aug. Comte, 1899. 10 fr.

SULLY (James). Le Pessimisme. Trad. Bertrand. 2° édit. 7 fr. 50

— * Études sur l'Enfance. Trad. A. Monod, préface de G. Compayré. 1898. 10 fr.

TARDE (G.), de l'Institut, prof. au Coll. de France. *La Logique sociale. 3° éd. 1898. 7 fr. 50

— *Les Lois de l'imitation. 3° édit. 1900. 7 fr. 50

— L'Opposition universelle. *Essai d'une théorie des contraires.* 1897. 7 fr. 50

— *L'Opinion et la Foule. 1901. 5 fr.

— *Psychologie économique. 1902. 2 vol. in-8. 15 fr.

TARDIEU (E.). L'Ennui. *Etude psychologique.* 1903. 5 fr.

THOMAS (P.-F.), docteur ès lettres. La Philosophie de Pierre Leroux. 1904. 5 fr.

— *L'Éducation des sentiments. (Couronné par l'Institut.) 3° édit. 1904. 5 fr.

THOUVEREZ (Émile), professeur à l'Université de Toulouse. Le Réalisme métaphysique. 1894. (Couronné par l'Institut.) 5 fr.

VACHEROT (Et.), de l'Institut. * Essais de philosophie critique. 7 fr. 50

— La Religion. 7 fr. 50

WEBER (L.). Vers le positivisme absolu par l'idéalisme. 1903. 7 fr. 50

Derniers volumes publiés

COLLECTION HISTORIQUE DES GRANDS PHILOSOPHES

PHILOSOPHIE ANCIENNE

ARISTOTE (Œuvres d'), traduction de J. BARTHÉLEMY-SAINT-HILAIRE, de l'Institut.
— *Rhétorique. 2 vol. in-8. 16 fr.
— *Politique. 1 vol. in-8... 10 fr.
— Métaphysique. 3 vol. in-8. 30 fr.
— De la Logique d'Aristote, par M. BARTHÉLEMY-SAINT-HILAIRE. 2 vol. in-8............ 10 fr.
— Table alphabétique des matières de la traduction générale d'Aristote, par M. BARTHÉLEMY-SAINT-HILAIRE, 2 forts vol. in-8. 1892............ 30 fr.
— L'Esthétique d'Aristote, par M. BÉNARD. 1 vol. in-8. 1889. 5 fr.
— La Poétique d'Aristote, par HATZFELD (A.), prof. hon. au Lycée Louis-le-Grand et M. DUFOUR, prof. à l'Univ. de Lille. 1 vol. in-8 1900................. 6 fr.
SOCRATE. * La Philosophie de Socrate, p. A. FOUILLÉE. 2 v. in-8 16 fr.
— Le Procès de Socrate, par G. SOREL. 1 vol. in-8..... 3 fr. 50
PLATON. *Platon, sa philosophie, sa vie et de ses œuvres, par CH. BÉNARD. 1 vol. in-8. 1893. 10 fr.
— La Théorie platonicienne des Sciences, par ÉLIE HALÉVY. In-8. 1895................. 5 fr.
— Œuvres, traduction VICTOR COUSIN revue par J. BARTHÉLEMY-SAINT-HILAIRE : Socrate et Platon ou le Platonisme — Eutyphron — Apologie de Socrate — Criton —

Phédon. 1 vol. in-8. 1896. 7 fr. 50
ÉPICURE.*La Morale d'Épicure et ses rapports avec les doctrines contemporaines, par M. GUYAU. 1 volume in-8. 5e édit..... 7 fr. 50
BÉNARD. La Philosophie ancienne, ses systèmes. La Philosophie et la Sagesse orientales. — La Philosophie grecque avant Socrate. Socrate et les socratiques. — Les sophistes grecs. 1 v. in-8... 9 fr.
FAVRE (Mme Jules), née VELTEN. La Morale de Socrate. In-18. 3 fr. 50
— La Morale d'Aristote. In-18. 3 fr. 50
OGEREAU. Système philosophique des stoïciens. In-8..... 5 fr.
RODIER (G.).*La Physique de Straton de Lampsaque. In-8. 3 fr.
TANNERY (Paul). Pour la science hellène (de Thalès à Empédocle), 1 v. in-8. 1887..... 7 fr. 50
MILHAUD (G.).*Les origines de la science grecque. 1 vol. in-8. 1893................. 5 fr.
— * Les philosophes géomètres de la Grèce, Platon et ses prédécesseurs. 1 vol. in-8. 1900. (Couronné par l'Institut.)..... 6 fr.
FABRE (J.). La Pensée antique. De Moïse à Marc-Aurèle. In-8. 5 fr.
— La Pensée chrétienne. Des Évangiles à l'Imitation. In-8 (sous presse)
LAFONTAINE (A.). — Le Plaisir, d'après Platon et Aristote. In-8. 6 fr.

PHILOSOPHIE MODERNE

* DESCARTES, par L. LIARD. 1 vol. in-8.................. 5 fr.
— Essai sur l'Esthétique de Descartes, par E. KRANTZ. 1 vol. in-8. 2e éd. 1897............ 6 fr.
LEIBNIZ.*Œuvres philosophiques, pub. p. P. JANET. 2e é. 2 v. in-8. 20 fr.
— *La logique de Leibniz, par L. COUTURAT. 1 vol. in-8.. 12 fr.
— Opuscules et fragments inédits de Leibniz, par L. COUTURAT. 1 vol. in-8........ 25 fr.
SPINOZA. Benedicti de Spinoza opera, quotquot reperta sunt, recognoverunt J. Van Vloten et J.-P.-N. Land. 2 forts vol. in-8 sur papier de Hollande........... 45 fr.
    Le même en 3 volumes élégamment reliés............ 18 fr.
SPINOZA. Inventaire des livres

formant sa bibliothèque, publié d'après un document inédit avec des notes biographiques et bibliographiques et une introduction par A.-J. SERVAAS VAN ROIJEN. 1 v. in-4 sur papier de Hollande....... 15 fr.
— La Doctrine de Spinoza, exposée à la lumière des faits scientifiques, par E. FERRIÈRE. 1 vol. in-12. 3 fr. 50
FIGARD (L.), docteur ès lettres. Un Médecin philosophe au XVIe siècle. La Psychologie de Jean Fernel. 1 v. in-8. 1903. 7 fr. 50
GEULINCK (Arnoldi). Opera philosophica recognovit J.-P.-N. LAND, 3 volumes, sur papier de Hollande, gr. in-8. Chaque vol... 17 fr. 75
GASSENDI. La Philosophie de Gassendi, par P.-F. THOMAS. In-8. 1889 .... 6 fr.

LOCKE. *Sa vie et ses œuvres, par MARION. In-18. 3ᵉ éd... 2 fr. 50

MALEBRANCHE. * La Philosophie de Malebranche, par OLLÉ-LAPRUNE, de l'Institut. 2 v. in-8. 16 fr.

PASCAL. Études sur le scepticisme de Pascal, par DROZ. 1 vol. in-8.............. 6 fr.

VOLTAIRE. Les Sciences au XVIIIᵉ siècle. Voltaire physicien, par Em. SAIGEY. 1 vol. in-8. 5 fr.

FRANCK (Ad.), de l'Institut. La Philosophie mystique en France au XVIIIᵉ siècle. In-18. 2 fr. 50

DAMIRON. Mémoires pour servir à l'histoire de la philosophie au XVIIIᵉ siècle. 3 vol. in-8. 15 fr.

J.-J. ROUSSEAU*Du Contrat social, édition comprenant avec le texte définitif les versions primitives de l'ouvrage d'après les manuscrits de Genève et de Neuchâtel, avec introduction par EDMOND DREYFUS-BRISAC. 1 fort volume grand in-8. 12 fr.

ERASME. Stultitiæ laus des. Erasmi Rot. declamatio. Publié et annoté par J.-B. KAN, avec les figures de HOLBEIN. 1 v. in-8. 6 fr. 75

PHILOSOPHIE ANGLAISE

DUGALD STEWART. *Éléments de la philosophie de l'esprit humain. 3 vol. in-12... . 9 fr.

BACON. Étude sur François Bacon, par J. BARTHÉLEMY-SAINT HILAIRE. In-18........ 2 fr 50

— * Philosophie de François

Bacon, par CH. ADAM. (Couronné par l'Institut). In-8.... 7 fr. 50

BERKELEY. Œuvres choisies Essai d'une nouvelle théorie de la vision. Dialogues d'Hylas et de Philonoüs. Trad. de l'angl. par MM. BEAULAVON (G.) et PARODI (D.). In-8. 1895. 5fr.

PHILOSOPHIE ALLEMANDE

KANT. La Critique de la raison pratique, traduction nouvelle avec introduction et notes, par M. PICAVET, 2ᵉ édit. 1 vol. in-8. 6 fr

— Éclaircissements sur la Critique de la raison pure, tra . TISSOT. 1 vol. in-8....... 6 fr.

— Doctrine de la vertu, tradu te BARNI. 1 vol. in-8........ 8 fr

— *Mélanges de logique, traduction TISSOT. 1 v. in-8..... 6 fr

— * Prolégomènes à toute metaphysique future qui se présentera comme science, traductio TISSOT. 1 vol. in-8........ 6 f.

— * Anthropologie, suivie de divers fragments relatifs aux rapports du physique et du moral de l'homme, et du commerce des esprits d'un monde à l'autre, traduction TISSOT. 1 vol. in-8...... 6 fr

—*Essai critique sur l'Esthétique de Kant, par V. BASCH. 1 vol. in-8. 1896........ 10 fr.

— Sa morale, par CRESSON. 1 vol. in-12.............. 2 fr. 50

— L'Idée ou critique du Kantisme, par C. PIAT, Dʳ ès lettres. 2ᵉ édit. 1 vol. in-8....... 6 fr.

KANT et FICHTE et le problème de l'éducation, par PAUL DUPROIX. 1 vol. in-8. 1897....... 5 fr.

SCHELLING. Bruno, ou du principe livin. 1 vol. in-8....... 3 fr. 50

HEGEL *Logique. 2 vol. in-8. 14 fr.

* Philosophie de la nature. 3 vol. in-8........... 25 fr.

— * Philosophie de l'esprit. 2 vol. in-8........... 18 fr.

— ' Philosophie de la religion. 2 vol. in-8........... 20 fr.

— La Poétique, trad. par M. Ch. BÉNARD. Extraits de Schiller, Gœthe, Jean-Paul, etc., 2 v. in-8. 12 fr.

— Esthétique. 2 vol. in-8, trad. BÉNARD.............. 16 fr.

— Antécédents de l'hégélianisme dans la philosophie française, par E. BEAUSSIRE. 1 vol in-18......... 2 fr. 50

— Introduction à la philosophie de Hegel, par VÉRA. 1 vol. in-8, 2ᵉ édit .... 6 fr. 50

—*La logique de Hegel, par EUG. NOEL. In-8. 1897....... 3 fr.

HERBART. * Principales œuvres pédagogiques, trad. A. PINLOCHE. In-8. 1894.......... 7 fr. 50

La métaphysique de Herbart et la critique de Kant, par M. MAUXION. 1 vol. in-8... 7 fr. 50

MAUXION (M.). L'éducation par l'instruction et les théories péda-

gogiques de Herbart. 1 vol. in-12. 1901............... 2 fr. 50
RICHTER (Jean-Paul-Fr.). **Poétique ou Introduction à l'Esthétique.** 2 vol. in-8. 1862...... 15 fr.
SCHILLER. **Son esthétique,** par Fr. Montargis. In-8..... 4 fr.

SCHILLER. **Sa Poétique,** par V. Basch. 1 vol. in-8. 1902... 4 fr.
Essai sur le mysticisme spéculatif en Allemagne au XIVe siècle, par Delacroix (H.), Maître de conf. à l'Univ. de Montpellier. 1 vol. in-8, 1900.. 5 fr.

PHILOSOPHIE ANGLAISE CONTEMPORAINE
(Voir *Bibliothèque de philosophie contemporaine,* pages 2 à 10.)

Arnold (Matt.). — Bain (Alex.). — Carrau (Lud.). — Clay (R.). — Collins (H.). — Carus. — Ferri (L.). — Flint. — Guyau. — Gurney, Myers et Podmore. — Halévy (E.). — Herbert Spencer. — Huxley. — James (William). — Liard. — Lang. — Lubbock (Sir John). — Lyon (Georges). — Marion. — Maudsley. — Stuart Mill (John). — Ribot. — Romanes. — Sully (James).

PHILOSOPHIE ALLEMANDE CONTEMPORAINE
(Voir *Bibliothèque de philosophie contemporaine,* pages 2 à 10.)

Bouglé. — Groos. — Hartmann (E. de). — Léon (Xavier). — Lévy-Bruhl. — Mauxion. — Nordau (Max). — Nietzsche. — Oldenberg. — Piderit. — Preyer. — Ribot. — Schmidt (O.). — Schopenhauer. — Selden (C.). — Wundt. — Zeller. — Ziegler.

PHILOSOPHIE ITALIENNE CONTEMPORAINE
(Voir *Bibliothèque de philosophie contemporaine,* pages 2 à 10.)

Barzelotti. — Espinas. — Ferrero. — Ferri (Enrico). — Ferri (L.). — Garofalo. — Lombroso. — Lombroso et Ferrero. — Lombroso et Laschi. — Mosso. — Pilo (Mario). — Sergi. — Sighele.

LES GRANDS PHILOSOPHES
Publié sous la direction de M. C. PIAT
Agrégé de philosophie, docteur ès lettres, professeur à l'École des Carmes.

Chaque étude forme un volume in-8° carré de 300 pages environ, du prix de 5 francs.

VOLUMES PUBLIÉS :
*Kant, par M. Ruyssen, professeur au lycée de Bordeaux. 1 vol. in-8. (Couronné par l'Institut.) 5 fr.
*Socrate, par l'abbé C. Piat. 1 vol. in-8. 5 fr.
*Avicenne, par le baron Carra de Vaux. 1 vol. in-8. 5 fr.
*Saint Augustin, par l'abbé Jules Martin. 1 vol. in-8. 5 fr.
*Malebranche, par Henri Joly. 1 vol. in-8. 5 fr.
*Pascal, par A. Hatzfeld. 1 vol. in-8. 5 fr.
*Saint Anselme, par Domet de Vorges. 1 vol. in-8. 5 fr.
Spinoza, par P.-L. Couchoud, agrégé de l'Université. 1 vol. in-8. 5 fr.
Aristote, par l'abbé C. Piat. 1 vol. in-8. 5 fr.
Gazali, par le baron Carra de Vaux. 1 vol. in-8. 5 fr.

SOUS PRESSE OU EN PRÉPARATION :
Descartes, par le baron Denys Cochin, député de Paris.
Saint Thomas d'Aquin, par Mgr Mercier et M. de Wulf.
Saint Bonaventure, par Mgr Dadolle, recteur des Facultés libres de Lyon.
Maine de Biran, par M. Marius Couailhac, docteur ès lettres.
Rosmini, par M. Bazaillas, professeur au lycée Condorcet.
Duns Scot, par le R. P. D. Fleming, définiteur général de l'ordre des Franciscains.
Maimonide, par M. Karppe, docteur ès lettres.
Chrysippe, par M. Thouverez, prof. à l'Université de Toulouse.
Montaigne, par M. Strowski, prof. à l'Université de Bordeaux.
Schopenhauer, par M. Ruyssen.

BIBLIOTHÈQUE GÉNÉRALE

des

SCIENCES SOCIALES

SECRÉTAIRE DE LA RÉDACTION : DICK MAY, Secrétaire général de l'École des Hautes Études sociales.

VOLUMES PUBLIÉS :

L'Individualisation de la peine, par R. SALEILLES, professeur à la Faculté de droit de l'Université de Paris. 1 vol. in-8, cart.   6 fr

L'Idéalisme social, par Eugène FOURNIÈRE. 1 vol. in-8, cart.   6 fr.

*Ouvriers du temps passé (xvᵉ et xviᵉ siècles), par H. HAUSER, professeur à l'Université de Dijon. 1 vol. in-8, cart.   6 fr.

*Les Transformations du pouvoir, par G. TARDE, de l'Institut, professeur au Collège de France. 1 vol. in-8, cart.   6 fr.

Morale sociale. Leçons professées au Collège libre des Sciences sociales, par MM. G. BELOT, MARCEL BERNÈS, BRUNSCHVICG, F. BUISSON, DARLU, DAURIAC, DELBET, CH. GIDE, M. KOVALEVSKY, MALAPERT, le R. P. MAUMUS, DE ROBERTY, G. SOREL, le PASTEUR WAGNER. Préface de M. EMILE BOUTROUX, de l'Institut. 1 vol. in-8, cart.   6 fr.

Les Enquêtes, pratique et théorie, par P. DU MAROUSSEM. (Ouvrage couronné par l'Institut.) 1 vol. in-8, cart.   6 fr.

*Questions de Morale, leçons professées à l'École de morale, par MM. BELOT, BERNÈS, F. BUISSON, A. CROISET, DARLU, DELBOS, FOURNIÈRE, MALAPERT, MOCH, PARODI, G. SOREL. 1 vol. in-8, cart.   6 fr.

Le développement du Catholicisme social depuis l'encyclique *Rerum novarum*, par MAX TURMANN. 1 vol. in-8, cart.   6 fr.

* Le Socialisme sans doctrines. *La Question ouvrière et la Question agraire en Australie et en Nouvelle-Zélande*, par Albert MÉTIN, agrégé de l'Université, professeur à l'École Coloniale. 1 vol. in-8, cart.   6 fr.

*Assistance sociale. *Pauvres et mendiants*, par PAUL STRAUSS, sénateur. 1 vol. in-8, cart.   6 fr.

* L'Éducation morale dans l'Université. (*Enseignement secondaire*.) Conférences et discussions sous la présid. de M. A. CROISET, doyen de la Faculté des let. de Paris. (*École des hautes Études soc.*, 1900-1901). In-8, cart. 6 fr.

* La Méthode historique appliquée aux Sciences sociales, par Charles SEIGNOBOS, maître de conf. à l'Université de Paris. 1 vol. in-8, cart. 6 fr.

L'Hygiène sociale, par E. DUCLAUX, de l'Institut, directeur de l'institut Pasteur. 1 vol. in-8, cart.   6 fr.

Le Contrat de travail. *Le rôle des syndicats professionnels*, par P. BUREAU, prof. à la Faculté libre de droit de Paris. 1 vol. in-8, cart.   6 fr.

*Essai d'une philosophie de la solidarité. Conférences et discussions sous la présidence de MM. Léon BOURGEOIS, député, ancien président du Conseil des ministres, et A. CROISET, de l'Institut, doyen de la Faculté des lettres de Paris. (*École des Hautes Études sociales*, 1901-1902.) 1 vol. in-8, cart.   6 fr.

*L'exode rural et le retour aux champs, par E. VANDERVELDE, professeur à l'Université nouvelle de Bruxelles. 1 vol. in-8, cart.   6 fr.

L'Éducation de la démocratie. Leçons professées à l'École des Hautes Études sociales, par MM. E. LAVISSE, A. CROISET, Ch. SEIGNOBOS, P. MALAPERT, G. LANSON, J. HADAMARD. 1 vol. in-8, cart.   6 fr.

La Lutte pour l'existence et l'évolution des sociétés, par J.-L. DE LANNESSAN, député, prof. agr. à la Fac. de méd. de Paris. 1 vol.in-8, cart. 6 fr.

La Concurrence sociale, par le MÊME. 1 vol. in-8, cart.   6 fr.

L'Individualisme anarchique, Max Stirner, par V. BASCH, professeur à l'Université de Rennes. 1 vol. in-8, cart.   6 fr.

La démocratie devant la science, par C. BOUGLÉ, prof. de philosophie sociale à l'Université de Toulouse. 1 vol. in-8, cart.   6 fr.

Chaque volume in-8 carré de 300 pages environ, cartonné à l'anglaise, 6 fr.

MINISTRES ET HOMMES D'ÉTAT

HENRI WELSCHINGER. — *Bismarck. 1 vol. in-16. 1900 . . . . . . 2 fr. 50
H. LÉONARDON. — *Prim. 1 vol. in-16. 1901. . . . . 2 fr. 50
M. COURCELLE. — *Disraëli. 1 vol. in-16. 1901. . . . . 2 fr. 50
M. COURANT. — Okoubo. 1 vol. in-16, avec un portrait. 1904 . . 2 fr. 50

SOUS PRESSE OU EN PRÉPARATION :

Gladstone, par F. DE PRESSENSÉ. — Léon XIII, par Anatole LEROY-BEAULIEU. — Alexandre II, par Alfred RAMBAUD. — Metternich, par Ch. SCHEFER. — Lincoln, par A. VIALLATE. — Mac Kinley, par A. VIALLATE. — Cavour, par A. FARGES.

BIBLIOTHÈQUE
D'HISTOIRE CONTEMPORAINE
Volumes in-12 brochés à 3 fr. 50. — Volumes in-8 brochés de divers prix

EUROPE

DEBIDOUR, inspecteur général de l'Instruction publique. * Histoire diplomatique de l'Europe, de 1815 à 1878. 2 vol. in-8. (Ouvrage couronné par l'Institut.) 18 fr.

SYBEL (H. de). * Histoire de l'Europe pendant la Révolution française, traduit de l'allemand par Mlle Dosquet. Ouvrage complet en 6 vol. in-8. 42 fr.

FRANCE

AULARD, professeur à la Sorbonne. * Le Culte de la Raison et le Culte de l'Être suprême, étude historique (1793-1794). 1 vol. in-12. 3 fr. 50
— * Études et leçons sur la Révolution française. 3 vol. in-12. Chacun. 3 fr. 50

DESPOIS (Eug.). * Le Vandalisme révolutionnaire. Fondations littéraires, scientifiques et artistiques de la Convention. 4e éd. 1 vol. in-12. 3 fr. 50

DEBIDOUR, inspecteur général de l'instruction publique. * Histoire des rapports de l'Église et de l'État en France (1789-1870). 1 fort vol. in-8. 1898. (Couronné par l'Institut.) 12 fr.

ISAMBERT (G.). * La vie à Paris pendant une année de la Révolution (1791-1792). 1 vol. in-12. 1896. 3 fr. 50

MARCELLIN PELLET, ancien député. Variétés révolutionnaires. 3 vol. in-12, précédés d'une préface de A. Ranc. Chaque vol. séparém. 3 fr. 50

BONDOIS (P.), agrégé de l'Université. * Napoléon et la société de son temps (1793-1821). 1 vol. in-8. 7 fr.

CARNOT (H.), sénateur. * La Révolution française, résumé historique. 1 volume in-12. Nouvelle édit. 3 fr. 50

ROCHAU (M. de). Histoire de la Restauration, traduit de l'allemand. 1 vol. in-12. 3 fr. 50

WEILL (G.), docteur ès lettres, agrégé de l'Université. Histoire du parti républicain en France, de 1814 à 1870. 1 vol. in-8. 1900. (Récompensé par l'Institut.) 10 fr.

BLANC (Louis). * Histoire de Dix ans (1830-1840). 5 vol. in-8. 25 fr.

GAFFAREL (P.), professeur à l'Université d'Aix. * Les Colonies françaises. 1 vol. in-8. 6e édition revue et augmentée. 5 fr.

LAUGEL (A.). * La France politique et sociale. 1 vol. in-8. 5 fr.

SPULLER (E.), ancien ministre de l'Instruction publique. * Figures disparues, portraits contemp., littér. et politiq. 3 vol. in-12. Chacun. 3 fr. 50
— Hommes et choses de la Révolution. 1 vol. in-12. 1896. 3 fr. 50

TAXILE DELORD. * Histoire du second Empire (1848-1870). 6 v. in-8. 42 fr.

POULLET. La Campagne de l'Est (1870-1871). In-8 avec cartes. 7 fr.

VALLAUX (C.). * Les campagnes des armées françaises (1792-1815). 1 vol. in-12, avec 17 cartes dans le texte. 3 fr. 50

ZEVORT (E.), recteur de l'Académie de Caen. Histoire de la troisième République :
    Tome I. * La présidence de M. Thiers. 1 vol. in-8. 2e édit. 7 fr.
    Tome II. * La présidence du Maréchal. 1 vol. in-8. 2e édit. 7 fr.
    Tome III. La présidence de Jules Grévy. 1 vol. in-8. 2e édit. 7 fr.
    Tome IV. La présidence de Sadi Carnot. 1 vol. in-8. 7 fr.

WAHL, inspect. général honoraire de l'Instruction aux colonies, et A. BERNARD, professeur à la Sorbonne. * L'Algérie. 1 vol. in-8. 4e édit. refondue, 1903. (Ouvrage couronné par l'Institut.) 5 fr.

LANESSAN (J.-L. de). * L'Indo-Chine française. Étude économique, politique et administrative (Ouvrage couronné par la Société de géographie commerciale de Paris. 1 vol. in-8, avec 5 cartes en couleurs hors texte. 15 fr.

PIOLET (J.-B.). La France hors de France, notre émigration, sa nécessité 1 vol. in-8. 1900. 10 fr.

LAPIE (P.), chargé de cours à l'Université de Bordeaux. * Les Civilisations tunisiennes (Musulmans, Israélites, Européens). 1 vol. in-12. 1898. (Couronné par l'Académie française.) 3 fr. 50

WEILL (Georges), agrégé de l'Université, docteur ès lettres. L'École saint-simonienne, son histoire, son influence jusqu'à nos jours. 1 vol. in-12. 1896. 3 fr. 50

ANGLETERRE

LAUGEL (Aug.). * **Lord Palmerston et lord Russell.** 1 vol. in-12. 3 fr. 50
SIR CORNEWAL LEWIS. * **Histoire gouvernementale de l'Angleterre,** depuis 1770 jusqu'à 1830. Traduit de l'anglais. 1 vol. in-8. 7 fr.
REYNALD (H.), doyen de la Faculté des lettres d'Aix. * **Histoire de l'Angleterre,** depuis la reine Anne jusqu'à nos jours. 1 vol. in-12. 2ᵉ éd. 3 fr. 50
MÉTIN (Albert), Prof. à l'Ecole Coloniale. * **Le Socialisme en Angleterre.** 1 vol. in-12. 2ᵉ éd. 3 fr. 50

ALLEMAGNE

VÉRON (Eug.). * **Histoire de la Prusse,** depuis la mort de Frédéric II, continuée jusqu'à nos jours, par P. BONDOIS, professeur au lycée Buffon. 1 vol. in-12. 6ᵉ édit. 3 fr. 50
— * **Histoire de l'Allemagne,** depuis la bataille de Sadowa jusqu'à nos jours. 1 vol. in-12. 3ᵉ éd., mise au courant des événements par P. BONDOIS. 3 fr. 50
ANDLER (Ch.), Prof. à la Sorbonne. * **Les origines du socialisme d'État en Allemagne.** 1 vol. in-8. 1897. 7 fr.
GUILLAND (A.), professeur d'histoire à l'Ecole polytechnique suisse. * **L'Allemagne nouvelle et ses historiens.** (NIEBUHR, RANKE, MOMMSEN, SYBEL, TREITSCHKE.) 1 vol. in-8. 1899. 5 fr.
MILHAUD (G.), professeur à l'Université de Genève. **La Démocratie socialiste allemande.** 1 vol. in-8. 1903. 10 fr.
MATTER (P.), doct. en droit, substitut au tribunal de la Seine. **La Prusse et la révolution de 1848.** 1 vol. in-12. 1903. 3 fr. 50

AUTRICHE-HONGRIE

ASSELINE (L.). * **Histoire de l'Autriche,** depuis la mort de Marie-Thérèse jusqu'à nos jours. 1 vol. in-12. 3ᵉ édit. 3 fr. 50
BOURLIER (J.). * **Les Tchèques et la Bohème contemporaine.** 1 vol. in-12. 1897. 3 fr. 50
AUERBACH, professeur à Nancy. * **Les races et les nationalités en Autriche-Hongrie.** In-8. 1898. 5 fr.
SAYOUS (Ed.), professeur à la Faculté des lettres de Besançon. **Histoire des Hongrois et de leur littérature politique, de 1790 à 1815.** 1 vol. in-12. 3 fr. 50
RECOULY (R.), agrégé de l'Univ. **Le pays magyar.** 1903. 1 v. in-12. 3 fr. 50

ITALIE

SORIN (Élie). * **Histoire de l'Italie,** depuis 1815 jusqu'à la mort de Victor-Emmanuel. 1 vol. in-12. 1888. 3 fr. 50
GAFFAREL (P.), professeur à l'Université d'Aix. * **Bonaparte et les Républiques italiennes** (1796-1799). 1895. 1 vol. in-8. 5 fr.
BOLTON KING (M. A.). * **Histoire de l'unité italienne.** Histoire politique de l'Italie, de 1814 à 1871, traduit de l'anglais, par M. MACQUART, introduction de M. Yves GUYOT. 1900. 2 vol. in-8. 15 fr.

ESPAGNE

REYNALD (H.). * **Histoire de l'Espagne,** depuis la mort de Charles III jusqu'à nos jours. 1 vol. in-12. 3 fr. 50

ROUMANIE

DAMÉ (Fr.). * **Histoire de la Roumanie contemporaine,** depuis l'avènement des princes indigènes jusqu'à nos jours. 1 vol. in-8. 1900. 7 fr.

RUSSIE

CRÉHANGE (M.), agrégé de l'Université. * **Histoire contemporaine de la Russie** (1801-1894). 1 vol. in-12. 2ᵉ édit. 1895. 3 fr. 50

SUISSE

DAENDLIKER. * **Histoire du peuple suisse.** Trad. de l'allem. par Mᵐᵉ Jules FAVRE et précédé d'une Introduction de Jules FAVRE. 1 vol. in-8. 5 fr.

SUÈDE

SCHEFER (C.). * **Bernadotte roi** (1810-1818-1844). 1 vol. in-8. 1899. 5 fr.

GRÈCE, TURQUIE, ÉGYPTE

BÉRARD (V.), docteur ès lettres. * **La Turquie et l'Hellénisme contemporain.** (Ouvrage cour. par l'Acad. française.) 1 v. in-12. 5ᵉ éd. 3 fr. 50
RODOCANACHI (E.). * **Bonaparte et les îles Ioniennes,** épisode des conquêtes de la République et du premier Empire (1797-1816). 1 volume in-8. 1899. 5 fr.
MÉTIN (Albert), professeur à l'École coloniale. **La Transformation de l'Egypte.** 1 vol. in-12. 1903. 3 fr. 50

CHINE

CORDIER (H.), professeur à l'Ecole des langues orientales. *Histoire des relations de la Chine avec les puissances occidentales (1860-1900), avec cartes. T. I. — 1861-1875. T. II. — 1876-1887. T. III. — 1888-1902. 3 vol. in-8, chacun séparément.   10 fr.
COURANT (M.), maître de conférences à l'Université de Lyon. En Chine. *Mœurs et institutions. Hommes et faits.* 1 vol. in-16.   3 fr. 50

AMÉRIQUE

DEBERLE (Alf.). * Histoire de l'Amérique du Sud, 1 vol. in-12. 3ᵉ édit., revue par A. MILHAUD, agrégé de l'Université.   3 fr. 50

BARNI (Jules). * Histoire des idées morales et politiques en France au XVIIIᵉ siècle. 2 vol. in-12. Chaque volume.   3 fr. 50
— * Les Moralistes français au XVIIIᵉ siècle. 1 vol. in-12 faisant suite aux deux précédents.   3 fr. 50
BEAUSSIRE (Émile), de l'Institut. La Guerre étrangère et la Guerre civile. 1 vol. in-12.   3 fr. 50
LOUIS BLANC. Discours politiques (1848-1881). 1 vol. in-8.   7 fr. 50
BONET-MAURY. * Histoire de la liberté de conscience depuis l'édit de Nantes jusqu'à juillet 1870. 1 vol. in-8. 1900.   5 fr.
BOURDEAU (J.). * Le Socialisme allemand et le Nihilisme russe. 1 vol. in-12. 2ᵉ édit. 1894.   3 fr. 50
— *L'évolution du Socialisme. 1901. 1 vol. in-16.   3 fr. 50
D'EICHTHAL (Eug.). Souveraineté du peuple et gouvernement. 1 vol. in-12. 1895.   3 fr. 50
DESCHANEL (E.), sénateur, professeur au Collège de France. *Le Peuple et la Bourgeoisie. 1 vol. in-8. 2ᵉ édit.   5 fr.
DEPASSE (Hector). Transformations sociales. 1894. 1 vol. in-12.   3 fr. 50
— Du Travail et de ses conditions (Chambres et Conseils du travail). 1 vol. in-12. 1895.   3 fr. 50
DRIAULT (E.), prof. agr. au lycée de Versailles. * Les problèmes politiques et sociaux à la fin du XIXᵉ siècle. In-8. 1900.   7 fr.
— * La question d'Orient, préface de G. MONOD, de l'Institut. 1 vol. in-8. 2ᵉ édit. 1900. (Ouvrage couronné par l'Institut.)   7 fr.
DU CASSE. Les Rois frères de Napoléon Iᵉʳ. 1 vol. in-8.   10 fr.
GUÉROULT (G.). * Le Centenaire de 1789, évolution polit., philos., artist. et scient. de l'Europe depuis cent ans. 1 vol. in-12. 1889.   3 fr. 50
HENRARD (P.). Henri IV et la princesse de Condé. 1 vol. in-8.   6 fr.
LAVELEYE (E. de), correspondant de l'Institut. Le Socialisme contemporain. 1 vol. in-12. 10ᵉ édit. augmentée.   3 fr. 50
LICHTENBERGER (A.). *Le Socialisme utopique, *étude sur quelques précurseurs du Socialisme.* 1 vol. in-12. 1898.   3 fr. 50
— * Le Socialisme et la Révolution française. 1 vol. in-8.   5 fr.
MATTER (P.). La dissolution des assemblées parlementaires, étude de droit public et d'histoire. 1 vol. in-8. 1898.   5 fr.
NOVICOW. La Politique internationale. 1 vol. in-8.   7 fr.
PHILIPPSON. La Contre-révolution religieuse au XVIᵉ s. In-8.   10 fr.
REINACH (Joseph). Pages républicaines. 1 vol. in-12.   3 fr. 50
— *La France et l'Italie devant l'histoire. 1 vol. in-8.   5 fr.
SPULLER (E.). * Éducation de la démocratie. 1 vol. in-12. 1892.   3 fr. 50
— L'Évolution politique et sociale de l'Église. 1 vol. in-12. 1893.   3 fr. 50

PUBLICATIONS HISTORIQUES ILLUSTRÉES

*DE SAINT-LOUIS A TRIPOLI PAR LE LAC TCHAD, par le lieutenant-colonel MONTEIL. 1 beau vol. in-8 colombier, précédé d'une préface de M. DE VOGÜÉ, de l'Académie française, illustrations de RIOU. 1895. *Ouvrage couronné par l'Académie française (Prix Montyon).* broché 20 fr., relié amat.   28 fr.

*HISTOIRE ILLUSTRÉE DU SECOND EMPIRE, par Taxile DELORD. 6 vol. in-8, avec 500 gravures. Chaque vol. broché,   8 fr.

HISTOIRE POPULAIRE DE LA FRANCE, depuis les origines jusqu'en 1815. — 4 vol. in-8, avec 1323 gravures. Chacun,   7 fr. 50

F. ALCAN. — 18 —

BIBLIOTHÈQUE DE LA FACULTE DES LETTRES
DE L'UNIVERSITÉ DE PARIS

HISTOIRE et LITTÉRATURE ANCIENNES

*De l'authenticité des épigrammes de Simonide, par H. HAUVETTE, maître de conférences à l'Ecole Normale, 1 vol. in-8.   5 fr.

*Les Satires d'Horace, par M. le Prof. A. CARTAULT. 1 vol. in-8.   11 fr.

*De la flexion dans Lucrèce, par M. le Prof. A. CARTAULT, 1 v. in-8. 4 fr.

La main-d'œuvre industrielle dans l'ancienne Grèce, par M. le Prof. GUIRAUD. 1 vol. in-8.   7 fr.

Recherches sur le Discours aux Grecs de Tatien, suivies d'une *traduction française du discours*, avec notes, par A. PUECH, maître de conférences. 1 vol. in-8.   6 fr.

MOYEN AGE

*Premiers mélanges d'histoire du Moyen âge, par MM. le Prof. A. LUCHAIRE, DUPONT-FERRIER et POUPARDIN. 1 vol. in-8.   3 fr. 50

Deuxièmes mélanges d'histoire du Moyen âge, publiés sous la direct. de M. le Prof. A. LUCHAIRE, par MM. LUCHAIRE, HALPHEN et HUCKEL. 1 vol. in-8.   6 fr.

Troisièmes mélanges d'histoire du Moyen âge, par MM. LUCHAIRE, BEYSSIER, HALPHEN et CORDEY. 1 vol. in-8.   8 fr. 50

*Essai de restitution des plus anciens Mémoriaux de la Chambre des Comptes de Paris, par MM. J. PETIT, GAVRILOVITCH, MAURY et TÉODORU, préface de M. CH.-V. LANGLOIS, chargé de cours. 1 vol. in-8. 9 fr.

Constantin V, empereur des Romains (740-775). *Étude d'histoire byzantine*, par A. LOMBARD, licencié ès lettres. Préface de M. Ch. DIEHL, maître de conférences. 1 vol. in-8.   6 fr.

Étude sur quelques manuscrits de Rome et de Paris, par M. le Prof. A. LUCHAIRE, membre de l'Institut. 1 vol. in-8.   6 fr.

PHILOLOGIE et LINGUISTIQUE

*Le dialecte alaman de Colmar (Haute-Alsace) en 1870, grammaire et lexique, par M. le Prof. VICTOR HENRY. 1 vol. in-8.   8 fr.

*Études linguistiques sur la Basse-Auvergne, phonétique historique du patois de Vinzelles (Puy-de-Dôme), par ALBERT DAUZAT, préface de M. le Prof. ANT. THOMAS. 1 vol. in-8.   6 fr.

*Antinomies linguistiques, par M. le Prof. VICTOR HENRY, 1 v. in-8. 2 fr.

Mélanges d'étymologie française, par M. le Prof. A. THOMAS. In-8. 7 fr.

PHILOSOPHIE

L'imagination et les mathématiques selon Descartes, par P. BOUTROUX, licencié ès lettres. 1 vol. in-8.   2 fr.

GÉOGRAPHIE

La rivière Vincent-Pinzon. *Étude sur la cartographie de la Guyane*, par M. le Prof. VIDAL DE LA BLACHE. In-8, avec grav. et planches hors texte. 6 fr.

HISTOIRE CONTEMPORAINE

*Le treize vendémiaire an IV, par HENRY ZIVY. 1 vol. in-8. 4 fr.

TRAVAUX DE L'UNIVERSITÉ DE LILLE

PAUL FABRE. La polyptyque du chanoine Benoît, in-8.   3 fr. 50

MÉDÉRIC DUFOUR. Sur la constitution rythmique et métrique du drame grec. 1re série, 4 fr. ; 2e série, 2 fr. 50 ; 3e série, 2 fr. 50.

A. PINLOCHE. * Principales œuvres de Herbart.   7 fr. 50

A. PENJON. Pensée et réalité, de A. SPIR, trad. de l'allem. in-8. 10 fr.

G. LEFÈVRE. Les variations de Guillaume de Champeaux et la question des Universaux. Étude suivie de documents originaux. 1898. 3 fr.

A. PENJON. L'énigme sociale. 1902. 1 vol. in-8.   2 fr. 50

ANNALES DE L'UNIVERSITÉ DE LYON

Lettres intimes de J.-M. Alberoni adressées au comte J. Rocca, par Emile BOURGEOIS, 1 vol. in-8.   10 fr.
La républ. des Provinces-Unies, France et Pays-Bas espagnols, de 1630 à 1650, par A. WADDINGTON. 2 vol. in-8.   12 fr.
Le Vivarais, essai de géographie régionale, par BURDIN. 1 vol. in-8.   6 fr.

---

*RECUEIL DES INSTRUCTIONS
DONNÉES AUX AMBASSADEURS ET MINISTRES DE FRANCE
DEPUIS LES TRAITÉS DE WESTPHALIE JUSQU'A LA RÉVOLUTION FRANÇAISE

Publié sous les auspices de la Commission des archives diplomatiques
au Ministère des Affaires étrangères.
Beaux vol. in-8 rais., imprimés sur pap. de Hollande, avec Introduction et notes.

I. — AUTRICHE, par M. Albert SOREL, de l'Académie française. *Épuisé.*
II. — SUÈDE, par M. A. GEFFROY, de l'Institut.............. 20 fr.
III. — PORTUGAL, par le vicomte DE CAIX DE SAINT-AYMOUR..... 20 fr.
IV et V. — POLOGNE, par M. Louis FARGES. 2 vol............ 30 fr.
VI. — ROME, par M. G. HANOTAUX, de l'Académie française..... 20 fr.
VII. — BAVIÈRE, PALATINAT ET DEUX-PONTS, par M. André LEBON. 25 fr.
VIII et IX. — RUSSIE, par M. Alfred RAMBAUD, de l'Institut. 2 vol.
   Le 1er vol. 20 fr. Le second vol.................... 25 fr.
X. — NAPLES ET PARME, par M. Joseph REINACH.............. 20 fr.
XI. — ESPAGNE (1649-1750), par MM. MOREL-FATIO et LÉONARDON (t. I). 20 fr.
XII et XII bis. — ESPAGNE (1750-1789) (t. II et III), par les mêmes.... 40 fr.
XIII. — DANEMARK, par M. A. GEFFROY, de l'Institut............ 14 fr.
XIV et XV. — SAVOIE-MANTOUE, par M. HORRIC de BEAUCAIRE. 2 vol. 40 fr.
XVI. — PRUSSE, par M. A. WADDINGTON. 1 vol. (Couronné par l'Institut.) 28 fr.

---

*INVENTAIRE ANALYTIQUE
DES ARCHIVES DU MINISTÈRE DES AFFAIRES ÉTRANGÈRES
Publié sous les auspices de la Commission des archives diplomatiques

Correspondance politique de MM. de CASTILLON et de MARILLAC, ambassadeurs de France en Angleterre (1537-1542), par M. JEAN KAULEK, avec la collaboration de MM. Louis Farges et Germain Lefèvre-Pontalis. 1 vol. in-8 raisin.............. 15 fr.
Papiers de BARTHÉLEMY, ambassadeur de France en Suisse, de 1792 à 1797 par M. Jean KAULEK. 4 vol. in-8 raisin.
   I. Année 1792, 15 fr. — II. Janvier-août 1793, 15 fr. — III. Septembre 1793 à mars 1794, 18 fr. — IV. Avril 1794 à février 1795.   20 fr.
Correspondance politique de ODET DE SELVE, ambassadeur de France en Angleterre (1546-1549), par M. G. LEFÈVRE-PONTALIS. 1 vol. in-8 raisin.......................... 15 fr.
Correspondance politique de GUILLAUME PELLICIER, ambassadeur de France à Venise (1540-1542), par M. Alexandre TAUSSERAT-RADEL. 1 fort vol. in-8 raisin .... 40 fr.

Correspondance des Deys d'Alger avec la Cour de France (1579-1833), recueillie par Eug. PLANTET, attaché au Ministère des Affaires étrangères. 2 vol. in-8 raisin avec 2 planches en taille-douce hors texte. 30 fr.
Correspondance des Beys de Tunis et des Consuls de France avec la Cour (1577-1830), recueillie par Eug. PLANTET, publiée sous les auspices du Ministère des Affaires étrangères. 3 vol. in-8 raisin. TOME I (1577-1700). *Épuisé.* — TOME II (1700-1770). 20 fr. — TOME III (1770-1830). 20 fr.

Les introducteurs des Ambassadeurs (1589-1900). 1 vol. in-4, avec figures dans le texte et planches hors texte.   20 fr.

*REVUE PHILOSOPHIQUE

DE LA FRANCE ET DE L'ÉTRANGER

Dirigée par Th. RIBOT, Membre de l'Institut, Professeur honoraire au Collège de France.

(29ᵉ année, 1904.)

Paraît tous les mois, par livraisons de 7 feuilles grand in-8, et forme chaque année
deux volumes de 680 pages chacun.

Abonnement : Un an : Paris, **30 fr.** — Départements et Etranger, **33 fr.**
La livraison, **3 fr.**

Les années écoulées, chacune **30 francs**, et la livraison, **3 fr.**

Tables des matières (1876-1887), in-8...... 3 fr. — (1888-1895), in-8...... **3 fr.**

Journal de Psychologie Normale et Pathologique

DIRIGÉ PAR LES DOCTEURS

Pierre JANET   et   Georges DUMAS
Professeur au Collège de France.   Chargé de cours à la Sorbonne.

(1ʳᵉ année, 1904.)

Paraît tous les deux mois, par livraisons grand in-8 de 6 feuilles environ.

Abonnement : France et Etranger, **14 fr.** — La livraison, **2 fr. 60.**

Le prix d'abonnement est de 12 fr. pour les abonnés de la Revue philosophique.

*REVUE HISTORIQUE

Dirigée par G. MONOD

Membre de l'Institut, Maître de conférences à l'École normale,
Président de la section historique et philologique à l'École des hautes études.

(29ᵉ année, 1904.)

Paraît tous les deux mois, par livraisons grand in-8 de 15 feuilles et forme par an
trois volumes de 500 pages chacun.

Abonnement : Un an : Paris, **30 fr.** — Départements et Etranger, **33 fr.**
La livraison, **6 fr.**

Les années écoulées, chacune **30 fr.**; le fascicule, **6 fr.** Les fascicules de la 1ʳᵉ année, **9 fr.**

TABLES GÉNÉRALES DES MATIÈRES

I. 1876 à 1880. 3 fr ; pour les abonnés, 1 fr. 50 | III. 1886 à 1890. 5 fr.; pour les abonnés, 2 fr. 50
II. 1881 à 1885. 3 fr.;   —   1 fr. 50 | IV. 1891 à 1895. 3 fr.;   —   1 fr. 50
V. 1896 à 1900. 3 fr.; pour les abonnés, 1 fr. 50

ANNALES DES SCIENCES POLITIQUES

REVUE BIMESTRIELLE

**Publiée avec la collaboration des professeurs et des anciens élèves
de l'Ecole libre des Sciences politiques**

(19ᵉ année, 1904.)

COMITÉ DE RÉDACTION : M. Emile BOUTMY, de l'Institut, directeur de l'Ecole;
M. ALF. DE FOVILLE, de l'Institut, conseiller maître à la Cour des comptes; M. R.
STOURM. ancien inspecteur des finances et administrateur des Contributions indi-
rectes; M. Alexandre RIBOT, de l'Institut, ancien ministre; M. L. RENAULT, de l'In-
stitut, professeur à la Faculté de droit; M. Albert SOREL, de l'Académie fran-
çaise; M. A. VANDAL, de l'Académie française; M. Aug. ARNAUNÉ, Directeur de la
Monnaie; M. Em le BOURGEOIS, maître de conférences à l'Ecole normale supérieure;
Directeurs des groupes de travail, professeurs à l'Ecole.

Rédacteur en chef : M. A. VIALLATE, Prof. à l'Ecole.

Abonnement. — Un an : Paris, **18 fr.**; Départements et Etranger, **19 fr.**
La livraison, **3 fr. 50.**

Les trois premières années (1886-1887-1888), *chacune* **16 *francs*; *les livraisons,***
chacune **5 *francs*; *la quatrième* (1889) *et les suivantes, chacune* **18 *francs*; *les li-***
vraisons, chacune **3 fr. 50.**

Revue de l'École d'Anthropologie de Paris

(14ᵉ année, 1904.)

Recueil mensuel publié par les professeurs :

MM. CAPITAN (Anthropologie pathologique), Mathias DUVAL (Anthropogénie et Embryologie), Georges HERVÉ (Ethnologie), André LEFÈVRE (Ethnographie et Linguistique),
MANOUVRIER (Anthropologie physiologique), MAHOUDEAU (Anthropologie zoologique),
SCHRADER (Anthropologie géographique), A. DE MORTILLET (Technique ethnogra-
phique), H. THULIÉ, directeur de l'Ecole.

Abonnement : France et Étranger, **10 fr.** — Le numéro, **1 fr.**
TABLE GÉNÉRALE DES MATIÈRES, 1891-1900. . . . **2 fr.**

ANNALES DES SCIENCES PSYCHIQUES

Dirigée par le Dʳ DARIEX

(14ᵉ année, 1904.)

Paraissent tous les deux mois par numéros de quatre feuilles in-8 carré (64 pages)

Abonnement : France et Etranger, **12 fr.** — Le numéro, **2 fr. 50.**

BIBLIOTHÈQUE SCIENTIFIQUE

INTERNATIONALE

Publiée sous la direction de M. Émile ALGLAVE

LISTE DES OUVRAGES

101 VOLUMES IN-8, CARTONNÉS A L'ANGLAISE, OUVRAGES A 6, 9 ET 12 FR.

1. TYNDALL (J.). * Les Glaciers et les Transformations de l'eau, avec figures. 1 vol. in-8. 7ᵉ édition.   6 fr.

2. BAGEHOT. * Lois scientifiques du développement des nations dans leurs rapports avec les principes de la sélection naturelle et de l'hérédité. 1 vol. in-8. 6ᵉ édition.   6 fr.

3. MAREY. * La Machine animale, locomotion terrestre et aérienne, avec de nombreuses fig. 1 vol. in-8. 6ᵉ édit. augmentée.   6 fr.

4. BAIN. * L'Esprit et le Corps. 1 vol. in-8. 6ᵉ édition.   6 fr.

5. PETTIGREW. * La Locomotion chez les animaux, marche, natation et vol. 1 vol. in-8, avec figures. 2ᵉ édit.   6 fr.

6. HERBERT SPENCER. * La Science sociale. 1 v. in-8. 12ᵉ édit.   6 fr.

7. SCHMIDT (O.). * La Descendance de l'homme et le Darwinisme. 1 vol. in-8, avec fig. 6ᵉ édition.   6 fr.

8. MAUDSLEY. * Le Crime et la Folie. 1 vol. in-8. 7ᵉ édit.   6 fr.

9. VAN BENEDEN. * Les Commensaux et les Parasites dans le règne animal. 1 vol. in-8, avec figures. 4ᵉ édit.   6 fr.

10. BALFOUR STEWART. * La Conservation de l'énergie, suivi d'une Étude sur la nature de la force, par M. P. de SAINT-ROBERT, avec figures. 1 vol. in-8. 6ᵉ édition.   6 fr.

11. DRAPER. Les Conflits de la science et de la religion. 1 vol. in-8. 10ᵉ édition.   6 fr.

12. DUMONT (L.). * Théorie scientifique de la sensibilité. 1 vol. in-8. 4ᵉ édition.   6 fr.

13. SCHUTZENBERGER. * Les Fermentations. 1 vol. in-8, avec fig. 6ᵉ édit.   6 fr.

14. WHITNEY. * La Vie du langage. 1 vol. in-8. 4ᵉ édit.   6 fr.

15. COOKE et BERKELEY. * Les Champignons. 1 vol. in-8, avec figures. 4ᵉ édition.   6 fr.

16. BERNSTEIN. * Les Sens. 1 vol. in-8, avec 91 fig. 5ᵉ édit.   6 fr.

17. BERTHELOT. * La Synthèse chimique. 1 vol. in-8. 8ᵉ édit.   6 fr.

18. NIEWENGLOWSKI (H.). * La photographie et la photochimie. 1 vol. in-8, avec gravures et une planche hors texte.   6 fr.

19. LUYS. * Le Cerveau et ses fonctions, avec fig. 1 v. in-8. 7ᵉ édit. 6 fr.

20. STANLEY JEVONS. * La Monnaie et le Mécanisme de l'échange. 1 vol. in-8. 5ᵉ édition.   6 fr.

21. FUCHS. * Les Volcans et les Tremblements de terre. 1 vol. in-8, avec figures et une carte en couleurs. 5ᵉ édition.   6 fr.

22. GÉNÉRAL BRIALMONT. * Les Camps retranchés et leur rôle dans la défense des États, avec fig. dans le texte et 2 planches hors texte. 3ᵉ édit. Épuisé.

23. DE QUATREFAGES. * L'Espèce humaine. 1 v. in-8. 13ᵉ édit.   6 fr.

24. BLASERNA et HELMHOLTZ. *Le Son et la Musique. 1 vol. in-8, avec figures. 5ᵉ édition. 6 fr.
25. ROSENTHAL. * Les Nerfs et les Muscles. 1 vol. in-8, avec 75 figures. 3ᵉ édition. Épuisé.
26. BRUCKE et HELMHOLTZ. * Principes scientifiques des beaux-arts. 1 vol. in-8, avec 39 figures. 4ᵉ édition. 6 fr.
27. WURTZ. *La Théorie atomique. 1 vol. in-8. 8ᵉ édition. 6 fr.
28-29. SECCHI (le père). * Les Étoiles. 2 vol. in-8, avec 63 figures dans le texte et 17 pl. en noir et en couleurs hors texte. 3ᵉ édit. 12 fr.
30. JOLY. * L'Homme avant les métaux. 1 v. in-8, avec fig. 4ᵉ éd. Épuisé.
31. A. BAIN. * La Science de l'éducation. 1 vol. in-8. 9ᵉ édit. 6 fr.
32-33. THURSTON (R.). * Histoire de la machine à vapeur, précédée d'une introduction par M. HIRSCH. 2 vol. in-8, avec 140 figures dans le texte et 16 planches hors texte. 3ᵉ édition. 12 fr.
34. HARTMANN (R.). *Les Peuples de l'Afrique. 1 vol. in-8, avec figures. 2ᵉ édition. Épuisé.
35. HERBERT SPENCER. * Les Bases de la morale évolutionniste. 1 vol. in-8. 6ᵉ édition. 6 fr.
36. HUXLEY. *L'Écrevisse, introduction à l'étude de la zoologie. 1 vol. in-8, avec figures. 2ᵉ édition. 6 fr.
37. DE ROBERTY. *De la Sociologie. 1 vol. in-8. 3ᵉ édition. 6 fr.
38. ROOD. * Théorie scientifique des couleurs. 1 vol. in-8, avec figures et une planche en couleurs hors texte. 2ᵉ édition. 6 fr.
39. DE SAPORTA et MARION. *L'Évolution du règne végétal (les Cryptogames). 1 vol. in-8, avec figures. 6 fr.
40-41. CHARLTON BASTIAN. *Le Cerveau, organe de la pensée chez l'homme et chez les animaux. 2 vol. in-8, avec figures. 3ᵉ éd. 12 fr.
42. JAMES SULLY. *Les Illusions des sens et de l'esprit. 1 vol. in-8, avec figures. 3ᵉ édit. 6 fr.
43. YOUNG. *Le Soleil. 1 vol. in-8, avec figures. Épuisé.
44. DE CANDOLLE. * L'Origine des plantes cultivées. 4ᵉ éd. 1 v. in-8. 6 fr.
45-46. SIR JOHN LUBBOCK. * Fourmis, abeilles et guêpes. 2 vol. in-8, avec 65 figures dans le texte et 13 planches hors texte, dont 5 coloriées. Épuisé.
47. PERRIER (Edm.). La Philosophie zoologique avant Darwin. 1 vol. in-8. 3ᵉ édition. 6 fr.
48. STALLO. *La Matière et la Physique moderne. 1 vol. in-8. 3ᵉ éd., précédé d'une Introduction par CH. FRIEDEL. 6 fr.
49. MANTEGAZZA. La Physionomie et l'Expression des sentiments. 1 vol. in-8. 3ᵉ édit., avec huit planches hors texte. 6 fr.
50. DE MEYER. *Les Organes de la parole et leur emploi pour la formation des sons du langage. 1 vol. in-8, avec 51 figures, précédé d'une Introd. par M. O. CLAVEAU. 6 fr.
51. DE LANESSAN.*Introduction à l'Étude de la botanique (le Sapin). 1 vol. in-8. 2ᵉ édit., avec 143 figures. 6 fr.
52-53. DE SAPORTA et MARION. *L'Évolution du règne végétal (les Phanérogames). 2 vol. in-8, avec 136 figures. 12 fr.
54. TROUESSART. *Les Microbes, les Ferments et les Moisissures. 1 vol. in-8. 2ᵉ édit., avec 107 figures. 6 fr.
55. HARTMANN (R.).*Les Singes anthropoïdes, et leur organisation comparée à celle de l'homme. 1 vol. in-8, avec figures. 6 fr.
56. SCHMIDT (O.).*Les Mammifères dans leurs rapports avec leurs ancêtres géologiques. 1 vol. in-8, avec 51 figures. 6 fr.
57. BINET et FÉRÉ. Le Magnétisme animal. 1 vol. in-8. 4ᵉ édit. 6 fr.
58-59. ROMANES.* L'Intelligence des animaux. 2 v. in-8. 3ᵉ édit. 12 fr.
60. LAGRANGE (F.). Physiol. des exerc. du corps. 1 v. in-8 7ᵉ éd. 6 fr.
61. DREYFUS.* Évol. des mondes et des sociétés. 1 v. in-8 3ᵉ édit. 6 fr.
62. DAUBRÉE. * Les Régions invisibles du globe et des espaces célestes. 1 vol. in-8, avec 85 fig. dans le texte. 2ᵉ édit. 6 fr.

63-64. SIR JOHN LUBBOCK. **L'Homme préhistorique. 2 vol. in-8, avec 228 figures dans le texte. 4° édit. **12 fr.

65. RICHET (Ch.). **La Chaleur animale. 1 vol. in-8, avec figures. 6 fr.

66. FALSAN (A.). **La Période glaciaire. 1 vol. in-8, avec 105 figures et 2 cartes. *Épuisé.*

67. BEAUNIS (H.). **Les Sensations internes. 1 vol. in-8. 6 fr.

68. CARTAILHAC (E.). **La France préhistorique, d'après les sépultures et les monuments. 1 vol. in-8, avec 162 figures. 2° édit. **6 fr.

69. BERTHELOT. **La Révol. chimique, Lavoisier. 1 vol. in-8. 2° éd. 6 fr.

70. SIR JOHN LUBBOCK. ** Les Sens et l'instinct chez les animaux, principalement chez les insectes. 1 vol. in-8, avec 150 figures. 6 fr.

71. STARCKE. **La Famille primitive. 1 vol. in-8. **6 fr.

72. ARLOING. ** Les Virus. 1 vol. in-8, avec figures. **6 fr.

73. TOPINARD. ** L'Homme dans la Nature. 1 vol. in-8, avec fig. **6 fr.

74. BINET (Alf.). **Les Altérations de la personnalité. 1 vol. in-8, avec figures. 2° édit. **6 fr.

75. DE QUATREFAGES (A.). **Darwin et ses précurseurs français. 1 vol. in-8. 2° édition refondue. **6 fr.

76. LEFÈVRE (A.). ** Les Races et les langues. 1 vol. in-8. **6 fr.

77-78. DE QUATREFAGES (A.). **Les Émules de Darwin. 2 vol. in-8, avec préfaces de MM. E. PERRIER et HAMY. **12 fr.

79. BRUNACHE (P.). **Le Centre de l'Afrique. Autour du Tchad. 1 vol. in-8, avec figures. **6 fr.

80. ANGOT (A.). **Les Aurores polaires. 1 vol. in-8, avec figures. 6 fr.

81. JACCARD. **Le pétrole, le bitume et l'asphalte au point de vue géologique. 1 vol. in-8, avec figures. **6 fr.

82. MEUNIER (Stan.). **La Géologie comparée. 2° éd. in-8, avec fig. 6 fr.

83. LE DANTEC. **Théorie nouvelle de la vie. 2° éd. 1 v. in-8, avec fig. 6 fr.

84. DE LANESSAN. ** Principes de colonisation. 1 vol. in-8. **6 fr.

85. DEMOOR, MASSART et VANDERVELDE. **L'évolution régressive en biologie et en sociologie. 1 vol. in-8, avec gravures. **6 fr.

86. MORTILLET (G. de). **Formation de la Nation française. 2° édit. 1 vol. in-8, avec 150 gravures et 18 cartes. **6 fr.

87. ROCHÉ (G.). **La Culture des Mers (pisciculture, pisciculture, ostréiculture). 1 vol. in-8, avec 81 gravures. **6 fr.

88. COSTANTIN (J.). **Les Végétaux et les milieux cosmiques (adaptation, évolution). 1 vol. in-8, avec 171 gravures. **6 fr.

89. LE DANTEC. L'évolution individuelle et l'hérédité. 1 vol. in-8. 6 fr.

90. GUIGNET et GARNIER. **La Céramique ancienne et moderne. 1 vol., avec grav. **6 fr.

91. GELLE (E.-M.). ** L'audition et ses organes. 1 v. in-8, avec gr. 6 fr.

92. MEUNIER (St.). **La Géologie expérimentale. 2° éd. in-8, av. gr. 6 fr.

93. COSTANTIN (J.). **La Nature tropicale. 1 vol. in-8, avec grav. 6 fr.

94. GROSSE (E.). **Les débuts de l'art. Introduction de L. MARILLIER. 1 vol in-8, avec 32 gravures dans le texte et 3 pl. hors texte. **6 fr.

95. GRASSET (J.). **Les Maladies de l'orientation et de l'équilibre. 1 vol. in-8, avec gravures. **6 fr.

96. DEMENŸ (G.). **Les bases scientifiques de l'éducation physique. 1 vol. in-8, avec 196 gravures. **6 fr.

97. MALMÉJAC (F.). **L'eau dans l'alimentation. 1 v. in-8, av. grav. 6 fr.

98. MEUNIER (Stan.). **La géologie générale. 1 v. in-8, av. grav. 6 fr.

99. DEMENŸ (G.). **Mécanisme et éducation des mouvements. 1 vol. in-8, avec 565 gravures. **9 fr.

100. BOURDEAU (L.). **Histoire de l'habillement et de la parure. 1 vol. in-8. **6 fr.

101. MOSSO (A.). **L'esprit dispos et le corps robuste. 1 vol. in-8. 6 fr.

LISTE PAR ORDRE DE MATIÈRES DES VOLUMES
COMPOSANT LA
BIBLIOTHÈQUE
SCIENTIFIQUE INTERNATIONALE
(101 volumes parus)

Tous les volumes **6 fr.**, sauf DÉMENY. *Mécanisme*, à **9 fr**

RÉCENTES PUBLICATIONS

HISTORIQUES, PHILOSOPHIQUES ET SCIENTIFIQUES
qui ne se trouvent pas dans les collections précédentes.

ALAUX. Esquisse d'une philosophie de l'être. In-8. 1 fr.
— Les Problèmes religieux au XIX° siècle. 1 vol. in-8. 7 fr. 50
— Philosophie morale et politique, in-8. 1893. 7 fr. 50
— Théorie de l'âme humaine. 1 vol. in-8. 1895. 10 fr. (Voy. p. 2.)
— Dieu et le Monde. *Essai de phil. première.* 1901. 1 vol. in-12. 2 fr. 50
ALTMEYER. Les Précurs. de la réforme aux Pays-Bas 2 v. in-8. 12 fr.
AMIABLE (Louis). Une loge maçonnique d'avant 1789. 1 v. in-8. 6 fr.
Annales de sociologie et mouvement sociologique (Première année, 1900-1901), publ. par la Soc. belge de Sociologie. 1 vol. in-8. 1903. 12 fr.
ANSIAUX (M.). Heures de travail et salaires, in-8. 1896. 5 fr.
ARNAUNE (A.), directeur de la Monnaie. La monnaie, le crédit et le change, 2° édition, revue et augmentée. 1 vol. in-8, 1902. 8 fr.
ARRÉAT. Une Éducation intellectuelle. 1 vol. in-18. 2 fr. 50
— Journal d'un philosophe. 1 vol. in-18. 3 fr. 50 (Voy. p. 2 et 5.)
AZAM. Hypnotisme et double conscience. 1 vol. in-8. 9 fr.
BAISSAC (J). Les Origines de la religion. 2 vol. in-8. 12 fr.
BALFOUR STEWART et TAIT. L'Univers invisible. 1 vol. in-8. 7 fr.
BARTHÉLEMY-SAINT-HILAIRE. (Voy. pages 6 et 11, ARISTOTE.)
— *Victor Cousin, sa vie, sa correspondance. 3 vol. in-8. 1895. 30 fr.
BERNATH (de). Cléopâtre. *Sa vie, son règne.* 1 vol in-8. 1903. 8 fr.
BERTAULD (P.-A.). Positivisme et philos. scientif. In-12. 1899. 3 fr. 50
BERTON (H.), docteur en droit. L'évolution constitutionnelle du second empire. Doctrines, textes, histoire. 1 fort vol. in-8. 1900. 12 fr.
BLONDEAU (C.). L'absolu et sa loi constitutive. 1 vol. in-8. 1897. 6 fr.
BLUM (E.), agrégé de philosophie. La Déclaration des Droits de l'homme. Texte et commentaire. Préface de M. G. COMPAYRÉ, recteur de l'Académie de Lyon. 1 vol. in-8. 1902. 3 fr. 75
BOILLEY (P.). La Législation internationale du travail. In-12. 3 fr.
— Les trois socialismes : anarchisme, collectivisme, réformisme. 3 fr. 50
— De la production industrielle. In-12. 1899. 2 fr. 50
BOURDEAU (Louis). Théorie des sciences. 2 vol. in-8. 20 fr.
— La Conquête du monde animal. In-8. 5 fr.
— La Conquête du monde végétal. In-8. 1893. 5 fr.
— L'Histoire et les historiens. 1 vol. in-8. 7 fr. 50
— * Histoire de l'alimentation. 1894. 1 vol. in-8. 5 fr. (V. p. 6.)
BOUSREZ (L.). L'Anjou aux âges de la Pierre et du Bronze. 1 vol. gr. in-8, avec pl. h. texte. 1897. 3 fr. 50
BOUTROUX (Em.). *De l'idée de loi naturelle dans la science et la philosophie. 1 vol. in-8. 1895. 2 fr. 50. (V. p. 2 et 6.)
BRANDON-SALVADOR (Mme). A travers les moissons. *Ancien Test. Talmud. Apocryphes. Poètes et moralistes juifs du moyen âge.* In-16. 1903. 4 fr.
BRASSEUR. La question sociale. 1 vol. in-8. 1900. 7 fr. 50
BROOKS ADAMS. Loi de la civilisat. et de la décad. In-8. 1899. 7 fr. 50
BUCHER (Karl). Études d'histoire et d'économie polit. In-8. 1901. 6 fr.
BUNGE (N.-Ch.). Littérature poli-économique. 1 vol. in-8. 1898. 7 fr. 50
BUNGE (C.-G.). Psychologie individuelle et sociale. In-16. 1904. 3 fr.
CARDON (G.). *Les Fondateurs de l'Université de Douai. In-8. 10 fr.
CLAMAGERAN. La Réaction économique et la démocratie. In-18. 1 fr. 25
— La lutte contre le mal. 1 vol. in-18. 1897. 3 fr. 50
COIGNET (Mme C). Victor Considérant. 1 vol. in-8. 1895. 2 fr. 50
COLLIGNON (A.). *Diderot, sa vie et sa correspondance. In-12. 1895. 3 fr. 50
COMBARIEU (J.). *Les rapports de la musique et de la poésie considérés au point de vue de l'expression. 1 vol. in-8. 1893. 7 fr. 50
CONGRÈS :
Éducation sociale (Congrès de l'), Paris 1900. 1 vol. in-8. 1901. 10 fr.

Psychologie (IVᵉ Congrès international), Paris 1900. 1 vol. in-8. 1901. 20 fr.

Sciences sociales (Premier Congrès de l'enseignement des). Paris 1900. 1 vol. in-8. 1901. 7 fr. 50

COSTE (Ad.). Hygiène sociale contre le paupérisme. In-8. 6 fr.

— Nouvel exposé d'économie politique et de physiologie sociale. In-18. 3 fr. 50 (voy. p. 2, 6 et 30.)

COUTURAT (Louis). *De l'infini mathématique. In-8. 1896. 12 fr.

DANY (G.), docteur en droit. *Les idées politiques en Pologne à la fin du XVIIIᵉ siècle. La Constit. du 3 mai 1793, in-8, 1901. 6 fr.

DAREL (Th.). La Folie. Ses causes. Sa thérapeutique. 1901, in-12. 4 fr.

— Le peuple-roi. Essai de sociologie universaliste. In-8. 1904. 3 fr. 50

DAURIAC. Croyance et réalité. 1 vol. in-18. 1889. 3 fr. 50

— Le Réalisme de Reid. In-8. 1 fr. (V. p. 2 et 6.)

DAUZAT (A.), docteur en droit. Du Rôle des Chambres en matière de traités internationaux. 1 vol. grand in-8. 1899. 5 fr. (V. p. 18.)

DEFOURNY (M.). La sociologie positiviste, Auguste Comte, In-8.1902. 6 fr.

DERAISMES (Mˡˡᵉ Maria). Œuvres complètes. 4 vol. Chacun. 3 fr. 50

DESCHAMPS. Principes de morale sociale. 1 vol. in-8. 1903. 3 fr. 50.

DESPAUX. Genèse de la matière et de l'énergie. In-8. 1900. 4 fr.

DOLLOT (R.), docteur en droit. Les origines de la neutralité de la Belgique (1609-1830). 1 vol. in-8. 1902. 10 fr.

DOUHÉRET. *Idéologie, discours sur la philos. prem. In-18. 1900. 1 fr. 25

DROZ (Numa). Etudes et portraits politiques. 1 vol. in-8. 1895. 7 fr. 50

— Essais économiques. 1 vol. in-8. 1896. 7 fr. 50

— La démocratie fédérative et le socialisme d'État. In-12. 1 fr.

DUBUC (P.). *Essai sur la méthode en métaphysique. 1 vol. in-8. 5 fr.

DUGAS (L.). *L'amitié antique. 1 vol. in-8. 1895. 7 fr. 50 (V. p. 2.)

DUNAN. *Sur les formes à priori de la sensibilité. 1 vol. in-8. 5 fr.

— Zénon d'Élée et le mouvement. In-8. 1 fr. 50 (V. p. 2.)

DUNANT (E.). Les relations diplomatiques de la France et de la République helvétique (1798-1803). 1 vol. in-8. 1902. 20 fr.

DU POTET. Traité complet de magnétisme. 5ᵉ éd. 1 vol. in-8. 8 fr.

— Manuel de l'étudiant magnétiseur. 6ᵉ éd., gr. in-18, avec fig. 3 fr. 50

— Le magnétisme opposé à la médecine. 1 vol. in-8. 6 fr.

DUPUY (Paul). Les fondements de la morale. In-8. 1900. 5 fr.

— Méthodes et concepts. 1 vol. in-8. 1903. 5 fr.

*Entre Camarades. Ouvr. publié par la Soc. des anciens élèves de la Faculté des lettres de l'Univ. de Paris. Histoire, littératures anciennes, française, étrangère, philologie, philosophie, journalisme. 1901, in-8. 10 fr.

ESPINAS (A.). *Les Origines de la technologie. 1 vol. in-8. 1897. 5 fr.

FEDERICI. Les Lois du progrès. 1 vol. in-8. Chacun. 6 fr.

FERRÈRE (F.). La situation religieuse de l'Afrique romaine depuis la fin du IVᵉ siècle jusqu'à l'invasion des Vandales. 1 v. in-8. 1898. 7 fr. 50

FERRIÈRE (Em.). Les Apôtres, essai d'histoire religieuse. 1 vol. in-12. 4 fr. 50

— L'Ame est la fonction du cerveau. 2 volumes in-18. 7 fr.

— Le Paganisme des Hébreux. 1 vol. in-18. 3 fr. 50

— La Matière et l'Énergie. 1 vol. in-18. 4 fr. 50

— L'Ame et la Vie. 1 vol. in-18. 4 fr. 50

— Les Mythes de la Bible. 1 vol. in-18. 1893. 3 fr. 50

— La Cause première d'après les données expérim. In-18. 1896. 3 fr. 50

— Étymologie de 400 prénoms. In-18. 1898. 1 fr. 50 (V. p. 11 et 30).

FLEURY (M. de). Introd. à la méd. de l'Esprit. in-8. 6ᵉ éd. 7 fr. 50 (V. p. 3.)

FLOURNOY. Des phénomènes de synopsie. In-8. 1893. 6 fr.

— Des Indes à la planète Mars. 1 vol. in-8, avec grav. 3ᵉ éd. 1900. 8 fr.

— Nouv. observ. sur un cas de somnambulisme. In-8. 1902. 5 fr.

Fondation universitaire de Belleville (La). Ch. GIDE. Tr. intellect. et tr. manuel. —J. BARDOUX. Prem. efforts et prem. année. 1901. In-16. 1 fr. 50

GELEY (V.). Les preuves du transformisme et les enseignements de la doctrine évolutionniste. 1 vol. in-8. 1901. 6 fr.

GOBLET D'ALVIELLA. **L'Idée de Dieu**, d'après l'anthr. et l'histoire. In-8. 6 fr.
— **La représentation proportionnelle en Belgique**, 1900. 4 fr. 50
GOURD. **Le Phénomène.** 1 vol. in-8. 7 fr. 50
GREEF (Guillaume de). **Introduction à la Sociologie. 2** vol. in-8. 10 fr.
— **L'évol. des croyances et des doctr. polit.** In-12. 1895. 4 fr.(V.p.3 et 7.)
GRIMAUX (Ed.). *Lavoisier (1748-1794), d'après sa correspondance et divers documents inédits. 1 vol. gr. in-8, avec gravures. 3ᵉ éd. 1898. 15 fr.
GRIVEAU (M.). **Les Éléments du beau.** In-18. 4 fr. 50
— **La Sphère de beauté**, 1901. 1 vol. in-8. 10 fr.
GUYAU. **Vers d'un philosophe.** In-18. 3ᵉ édit. 3 fr. 50 (Voy. p. 3, 7 et 11.)
GYEL (Dʳ E.). **L'être subconscient.** 1 vol. in-8, 1899. 4 fr.
HALLEUX (J.). **Les principes du positivisme contemporain,** exposé et critique. (Ouvrage récompensé par l'Institut). 1 vol. in-12. 1895. 3 fr. 50
— **L'Évolutionnisme en morale** (*H. Spencer*). In-12. 1901. 3 fr. 50
HARRACA (J.-M.). **Contribution à l'étude de l'Hérédité et des principes de la formation des races.** 1 vol. in-18. 1898. 2 fr.
HENNEGUY (Félix). **Le Sphinx.** Poèmes dramatiques. 1 v. in-18. 1899. 3 fr. 50
— **Les Aïeux.** Poèmes dramatiques. 1 vol. in-18. 1901. 3 fr. 50
HIRTH (G.). **La Vue plastique, fonction de l'écorce cérébrale.** In-8. Trad. de l'allem. par L. Arréat, avec grav. et 34 pl. 8 fr. (Voy. p. 7.)
— **Pourquoi sommes nous distraits ?** 1 vol. in-8. 1895. 2 fr.
HOCQUART (E.). **L'Art de juger le caractère des hommes sur leur écriture,** préface de J. Crépieux-Jamin. Br. in-8. 1898. 1 fr.
HORVATH, KARDOS et ENDRODI. *Histoire de la littérature hongroise, adapté du hongrois par J. Kont. Gr. in-8, avec gr. 1900. Br. 10 fr. Rel. 15 fr.
ICARD **Paradoxes ou vérités.** 1 vol. in-12. 1890. 3 fr. 50
JOURDY (Général). **L'instruction de l'armée française,** de 1815 à 1902. 1 vol. in-16. 1903. 3 fr. 50
JOYAU. **De l'Invention dans les arts et dans les sciences.** 1 v. in-8. 5 fr.
— **Essai sur la liberté morale.** 1 vol. in-18. 3 fr. 50
KARPPE (S.), docteur ès lettres. **Les origines et la nature du Zohar,** précédé d'une *Étude sur l'histoire de la Kabbale.* 1901. in-8. 7 fr. 50
KAUFMANN. **La cause finale et son importance.** In-12. 2 fr. 50
KINGSFORD (A.) et MAITLAND (E.). **La Voie parfaite ou le Christ ésotérique,** précédé d'une préface d'Edouard Schuré. 1 vol. in-8. 1892. 6 fr.
KOSTYLEFF. **L'Esquisse d'une évolution dans l'histoire de la philosophie.** 1 vol. in-16. 1903. 2 fr. 50
KUFFERATH (Maurice). **Musiciens et philosophes.** (Tolstoï, Schopenhauer, Nietzsche, Richard Wagner). 1 vol. in-12. 1899. 3 fr. 50
LAFONTAINE. **L'art de magnétiser.** 7ᵉ édit. 1 vol. in-8. 5 fr.
— **Mémoires d'un magnétiseur.** 2 vol. gr. in-18. 7 fr.
LANESSAN (de). **Le Programme maritime de 1900-1906.** In-12. 2ᵉ éd. 1903. 3 fr. 50
LAVELEYE (Em. de). **De l'avenir des peuples catholiques.** In-8. 25 c.
— **Essais et Études.** Première série (1861-1875). — Deuxième série (1875-1882). — Troisième série (1892-1894). Chaque vol. in-8. 7 fr. 50
LEMAIRE (P.). **Le cartésianisme chez les Bénédictins.** In-8. 6 fr. 50
LEMAITRE (J.), professeur au Collège de Genève. **Audition colorée et Phénomènes connexes observés chez des écoliers.** In-12. 1900. 4 fr.
LETAINTURIER (J.). **Le socialisme devant le bon sens.** In-18. 1 fr. 50
LEVI (Eliphas). **Dogme et rituel de la haute magie.** 3ᵉ édit. 2 vol. in-8, avec 24 figures. 18 fr.
— **Histoire de la magie.** Nouvelle édit. 1 vol. in-8, avec 90 fig. 12 fr.
— **La clef des grands mystères.** 1 vol. in-8, avec 22 pl. 12 fr.
— **La science des esprits.** 1 vol. 7 fr.
LÉVY (Albert). *Psychologie du caractère. In-8. 1896. 5 fr.
LÉVY-SCHNEIDER (L.), docteur ès lettres. **Le conventionnel Jeanbon Saint-André** (1749-1813). 1901. 2 vol. in-8. 15 fr.
LICHTENBERGER (A.). **Le socialisme au XVIIIᵉ siècle.** In-8. 1895. 7 fr. 50

MABILLEAU (L.). *Histoire de la philos. atomistique. In-8. 1895. 12 fr.
MAINDRON (Ernest). *L'Académie des sciences (Histoire de l'Académie;
fondation de l'Institut national; Bonaparte, membre de l'Institut). In-8 ca-
valier, 53 grav., portraits, plans. 8 pl. hors texte et 2 autographes. 12 fr.
MALCOLM MAC COLL. Le Sultan et les grandes puissances. In-8. 5 fr.
MANACÉINE (Marie de). L'anarchie passive et Tolstoï. In-18. 2 fr.
MANDOUL.(J.) Un homme d'État italien: Joseph de Maistre.In-8. 8 fr.
MARIÉTAN (J.). Problème de la classification des sciences, d'Aris-
tote à saint Thomas. 1 vol. in-8. 1901. 3 fr.
MARSAUCHE (L.). La Confédération helvétique d'après la Constitu-
tion, préface de M. Frédéric Passy. 1 vol. in-18. 1891. 3 fr. 50
MATAGRIN. L'esthétique de Lotze. 1 vol. in-12. 1900. 2 fr.
MATTEUZZI.Les facteurs de l'évolutiondes peuples.In-8. 1900. 6 fr.
MERCIER (Mgr). Les origines de la psych. contemp. In-12. 1898. 5 fr.
— La Définition philosophique de la vie. Broch. in-8. 1899. 1 fr. 50
MILHAUD (G.) *Le positiv. et le progrès de l'esprit.In-12.1902. 2 fr. 50
MISMER (Ch.). Principes sociologiques. 1 vol. in-8. 2e éd. 1897. 5 fr.
MONCALM. Origine de la pensée et de la parole. In-8. 1899. 5 fr.
MONNIER (Marcel). *Le drame chinois. 1 vol. in-16. 1900. 2 fr. 50
MONTIER (Amand). Robert Lindet, grand in-8. 1899. 10 fr.
MORIAUD (P.). La liberté et la conduite humaine In-12.1897. 3 fr. 50
NEPLUYEFF (N. de). La confrérie ouvrière et ses écoles, in-12. 2 fr.
NODET (V.). Les agnoscies, la cécité psychique. In-8. 1899. 4 fr.
NOVICOW (J.). La Question d'Alsace-Lorraine. In-8.1 fr. (V. p. 4, 9 et 17.)
— La Fédération de l'Europe. 1 vol. in-18. 2e édit. 1901. 3 fr. 50
— L'affranchissement de la femme. 1 vol. in-16. 1903. 3 fr.
PARIS (comte de). Les Associationsouvrières en Angleterre (Trades-
unions). 1 vol. in-18. 7e édit. 1 fr. — Édition sur papier fort. 2 fr. 50
PAUL-BONCOUR (J.). Le fédéralisme économique, préf. de M. WALDECK-
ROUSSEAU. 1 vol. in-8. 2e édition. 1901. 6 fr.
PAULHAN (Fr.). Le Nouveau mysticisme. 1 vol. in-18. 1891. 2 fr. 50
PELLETAN (Eugène). *La Naissance d'une ville (Royan). In-18. 2 fr.
— *Jarousseau, le pasteur du désert. 1 vol. in-18. 2 fr.
— *Un Roi philosophe, Frédéric le Grand. In-18. 3 fr. 50
— Droits de l'homme. 1 vol. in-12. 3 fr. 50
— Profession de foi du XIXe siècle. In-12. 3 fr. 50 (V. p. 30.)
PEREZ (Bernard). Mes deux chats. In-12, 2e édition. 1 fr. 50
— Jacotot et sa Méthode d'émancipation intellect. In-18. 3 fr.
— Dictionnaire abrégé de philosophie. 1893. in-12. 1 fr. 50 (V.p.9.)
PHILBERT (Louis). Le Rire. In-8. (Cour. par l'Académie française.) 7 fr. 50
PHILIPPE (J.). Lucrècedans la théologie chrétienne. In-8. 2 fr. 50
PIAT (C.). L'Intellect actif. 1 vol. In-8. 4 fr. (V. p. 9, 12, 13.)
— L'Idée ou critique du Kantisme. 2e édition 1901. 1 vol. in-8. 6 fr.
PICARD (Ch.). Sémites et Aryens (1893). In-18. 1 fr. 50
PICARD (E.). Le Droit pur. 1 v. in-8.1899. 7 fr. 50
PICAVET (F.). La Mettrie et la crit. allem. 1889. In-8. 1 fr. (V. p. 9.)
PICTET (Raoul). Étude critique du matérialisme et du spiritua-
lisme par la physique expérimentale. 1 vol. gr. in-8. 1896. 10 fr.
PINLOCHE (A.), professeur honoraire de l'Université de Lille. *Pestalozzi et
l'éducation populaire moderne. 1 vol. in-12. 1902. 2 fr. 50
POEY. Littré et Auguste Comte. 1 vol. in-18. 3 fr. 50
PORT. La Légende de Cathelineau. In-8. 5 fr.
*Pour et contre l'enseignement philosophique, par MM. VANDEREM
(Fernand), RIBOT (Th.), BOUTROUX (E.), MARION (H.), JANET (P.), FOUILLÉE
(A.); MONOD (G.), LYON (Georges), MARILLIER (L.), CLAMADIEU (abbé),
BOURDEAU (J.), LACAZE (G.), TAINE (H.). 1894. In-18. 2 fr.
PRAT(Louis). Le mystère dePlaton (Aglaophamos). 1 v.in-8.1900. 4fr.
— L'Art et la beauté (Kalliklès). 1 vol. in-8. 1903. 5 fr.
PRÉAUBERT. La vie, mode de mouvement. In-8. 1897. 5 fr.

PRINS (Ad.). L'organisation de la liberté. 1 vol. in-8. 1895. 4 fr.

PUJO (Maurice). *Le règne de la grâce. 1 vol. in-18. 3 fr. 50

RATAZZI (Mme). Emilio Castelar. In-8, avec illustr., portr. 1899. 3 fr. 50

RAYMOND (P.). L'arrondissement d'Uzès avant l'Histoire. In-8. 6 fr.

RENOUVIER, de l'Inst. Uchronie. Utopie dans l'Histoire, 2e é. 1901. In-8. 7 50

RIBERT (L.). Essai d'une philosophie nouvelle. 1 vol. in-8. 1898. 6 fr.

RIBOT (Paul). Spiritualisme et Matérialisme. 2e éd. 1 vol. in-8. 6 fr.

ROBERTY (J.-E.) Auguste Bouvier, pasteur et théologien protestant.
  1826-1893. 1 fort vol. in-12. 1901. 3 fr. 50

ROISEL. Chronologie des temps préhistoriques. In-12. 1900. 1 fr.

ROTT (Ed.). La représentation diplomatique de la France auprès
  des cantons suisses confédérés. T. I (1498-1559). 1 vol. gr. in-8.
  1900, 12 fr. — T. II (1559-1610). 1 vol. gr. in-8. 1902. 15 fr.

RUTE (Marie-Letizia de). Lettres d'une voyageuse. In-8. 1896. 3 fr.

SANDERVAL (O. de). De l'Absolu. La loi de vie. 1 vol. in-8. 2e éd. 5 fr.

— Kahel. Le Soudan français. In-8, avec gravures et cartes. 8 fr.

SAUSSURE (L. de). Psychol. de la colonisation franç. In-12. 3 fr. 50

SAYOUS (E.), *Histoire générale des Hongrois. 2e éd. revisée. 1 vol.
  grand in-8, avec grav. et pl. hors texte. 1900. Br. 15 fr. Relié. 20 fr.

SCHINZ (W.). Problème de la tragéd. en Allemagne. In-8. 1903. 1 fr. 25

SECRÉTAN (Ch.). Études sociales. 1889. 1 vol. in-8. 3 fr. 50

— Les Droits de l'humanité. 1 vol. in-18. 1891. 3 fr. 50

— La Croyance et la civilisation. 1 vol. in-18. 2e édit. 1891. 3 fr. 50

— Mon Utopie. 1 vol. in-18. 3 fr. 50

— Le Principe de la morale. 1 vol. in-8. 2e éd. 7 fr. 50

— Essais de philosophie et de littérature. 1 vol. in-12. 1896. 3 fr. 50

SECRÉTAN (H.). La Société et la morale. 1 vol. in-12. 1897. 3 fr. 50

SKARZYNSKI (L.). *Le progrès social à la fin du XIXe siècle. Préface
  de M. Léon Bourgeois. 1901. 1 vol. in-12. 4 fr. 50

SOLOWEITSCHEK (Leonty). Un prolétariat méconnu, étude sur la situation sociale et économique des ouvriers juifs. 1 vol. in-8. 1898. 2 fr. 50

SOREL (Albert), de l'Acad. franç. Traité de Paris de 1815. In-8. 4 fr. 50

SPIR (A.). Esquisses de philosophie critique. 1 vol. in-18. 2 fr. 50

— Nouvelles esquisses de philosophie critique. In-8. 1899. 3 fr. 50

STOCQUART (Emile). Le contrat de travail. In-12. 1895. 3 fr.

TEMMERMAN, Directeur d'École normale. Notions de psychologie
  appliquées à la pédagogie et à la didactique. In-8, avec fig. 1903. 3 fr.

TERQUEM (A.). Science romaine à l'époque d'Auguste. In-8. 3 fr.

TISSOT. Principes de morale. 1 vol. in-8. 6 fr. (Voy. p. 11.)

VACHEROT. La Science et la Métaphysique. 3 vol. in-18. 10 fr. 50

VAN BIERVLIET (J.-J.). Psychologie humaine. 1 vol. in-8. 8 fr.

— La Mémoire. Br. in-8. 1893. 2 fr.

— Études de psychologie. 1 vol. in-8. 1901. 4 fr.

— Causeries psychologiques. 1 vol. in-8. 1902. 3 fr.

VIALLATE (A.). Chamberlain. In-12, préface de E. Boutmy. 2 fr. 50

VIALLET (C.-Paul). Je pense, donc je suis. In-12. 1896. 2 fr. 50

VIGOUREUX (Ch.). L'Avenir de l'Europe au double point de vue de la politique de sentiment et de la politique d'intérêt. 1892. 1 vol. in-18. 3 fr. 50

WEIL (Denis). Droit d'association et Droit de réunion. In-12. 3 fr. 50

— Élections législatives, législation et mœurs. 1 vol. in-18. 1895. 3 fr. 50

WUARIN (L.). Le Contribuable. 1 vol. in-16. 3 fr. 50

WULF (M. de). Histoire de la philosophie scolastique dans les Pays-
  Bas et la principauté de Liège jusqu'à la Révol. franç. In-8. 5 fr.

— Sur l'esthétique de saint Thomas d'Aquin. In-8.

ZIESING (Th.). Érasme ou Salignac. Étude sur la lettre de François
  Rabelais. 1 vol. gr. in-8. 4 fr.

ZOLLA (D.). Les questions agricoles d'hier et d'aujourd'hui. 1894,
  1895. 2 vol. in-12. Chacun. 3 fr. 50

Bibliothèque Utile

HISTOIRE. — GÉOGRAPHIE. — SCIENCES PHYSIQUES ET NATURELLES. — ENSEIGNEMENT.
ÉCONOMIE POLITIQUE ET DOMESTIQUE. — ARTS. — DROIT USUEL.

125 élégants volumes in-32, de 192 pages chacun

Le volume broché, 60 centimes; en cartonnage anglais, 1 franc.

TABLE ALPHABÉTIQUE DES AUTEURS

TABLE DES AUTEURS ÉTUDIÉS

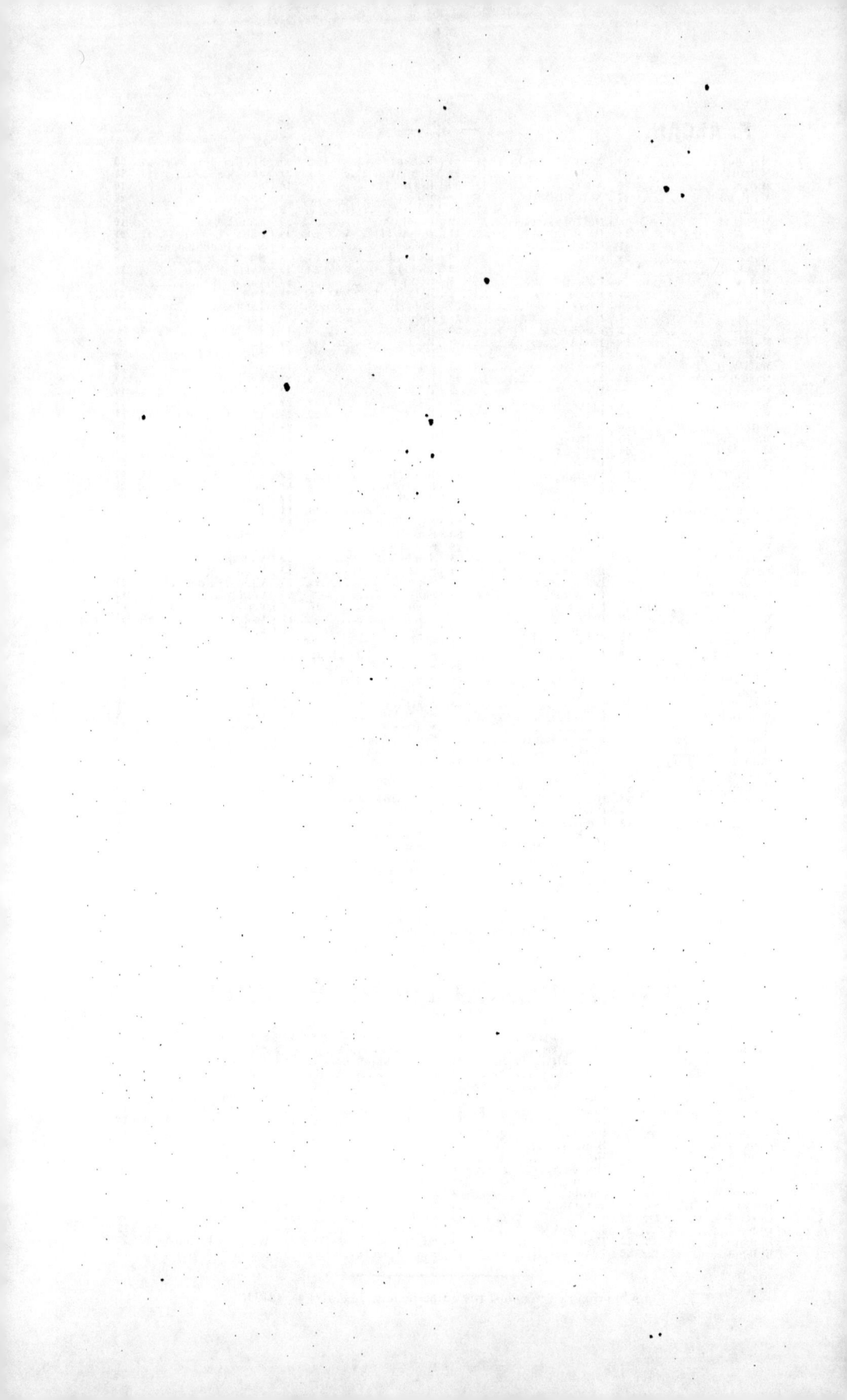

www.ingramcontent.com/pod-product-compliance
Lightning Source LLC
Chambersburg PA
CBHW031611210326
41599CB00021B/3136